V&R Academic

Herrschaft und soziale Systeme in der Frühen Neuzeit

Band 25

Herausgegeben im Auftrag
des Arbeitskreises Militär und Gesellschaft
in der Frühen Neuzeit e. V.
von Matthias Asche, Horst Carl, Marian Füssel,
Bernhard R. Kroener, Stefan Kroll, Markus Meumann,
Ute Planert und Ralf Pröve

Kaspar von Greyerz / André Holenstein /
Andreas Würgler (Hrsg.)

Soldgeschäfte, Klientelismus, Korruption in der Frühen Neuzeit

Zum Soldunternehmertum der Familie Zurlauben im schweizerischen und europäischen Kontext

Mit 3 Abbildungen

V&R unipress

SWISSLOS
Kanton Aargau

MIX
Papier aus verantwortungsvollen Quellen
FSC www.fsc.org FSC® C083411

Bibliografische Information der Deutschen Nationalbibliothek

Die Deutsche Nationalbibliothek verzeichnet diese Publikation in der Deutschen Nationalbibliografie; detaillierte bibliografische Daten sind im Internet über http://dnb.d-nb.de abrufbar.

ISSN 2198-1574
ISBN 978-3-8471-0859-7

Weitere Ausgaben und Online-Angebote sind erhältlich unter: www.v-r.de

Gedruckt mit freundlicher Unterstützung durch den Swisslos-Fonds Kanton Aargau.

Redaktion: Tobias Berger

Der vorliegende Band erscheint im Zusammenhang mit dem Abschluss der Edition der Acta Helvetica der Familie Zurlauben. Die Sammlung wird in Kürze online zugänglich sein unter: http://kbaargau.visual-library.de/

Printed in Germany.
Titelbild: »Diebold Schilling-Chronik 1513«, Eigentum Korporation Luzern, (Standort: ZHB Luzern, Sondersammlung). Aus einer Luzerner Ratsstube tragen die Eidgenossen in ihren Hüten das Geld heraus, das ihnen der französische Botschafter Antoine de Baissey für den Dienst in Italien bezahlte (um 1495). S. auch S. 291.
Druck und Bindung: CPI books GmbH, Birkstraße 10, D-25917 Leck

Gedruckt auf alterungsbeständigem Papier.

Inhalt

Teil I: Einleitung

Kaspar von Greyerz / André Holenstein / Andreas Würgler

Soldgeschäfte, Klientelismus, Korruption in der Frühen Neuzeit. Zum Sold-Unternehmertum der Familie Zurlauben im schweizerischen und europäischen Kontext

I. Die Acta Helvetica

Der vorliegende Band ist eng mit der Edition der *Acta Helvetica* der Familie Zurlauben verbunden. Der Abschluss der nahezu vierzigjährigen Editionsarbeit vor gut zwei Jahren gab den Anlass für die Durchführung einer Tagung, die am 28. und 29. Oktober 2016 in Aarau stattfand. Sie wird durch diesen Band dokumentiert. Die *Acta Helvetica* sind ein Teil eines riesigen Aktenbestandes, der 1803 durch Kauf an die Kantonsbibliothek Aarau gelangt ist. Beim Gesamtbestand, zu dem die *Acta Helvetica* gehören, also bei den sogenannten *Zurlaubiana*, handelt es sich um das Familienarchiv der vom Spätmittelalter bis weit ins 18. Jahrhundert führenden Zuger Familie Zurlauben.[1] Beim Familienarchiv der Zurlauben haben wir es mit völlig unüblichen, enormen Dimensionen zu tun, auch wenn die Familie mit Beat Fidel Zurlauben 1799 ausgestorben ist und sich die entsprechenden Bestände daher im Wesentlichen auf das 15.–18. Jahrhundert beziehen.[2]

Die Zurlauben waren eine der bedeutenden Soldunternehmerfamilien der frühneuzeitlichen Zentralschweiz. Für diese Familien war das Soldwesen ein in einzelnen Fällen sogar europaweit verzweigtes Familiengeschäft. In der Politik am Herkunftsort, wo es unter anderem um die Verteilung lukrativer Pensionen ging, die von ausländischen Mächten an ihre Parteigänger in der Schweiz verteilt wurden, wurde nicht selten hart und gegebenenfalls auch skrupellos um die Erhaltung und, wenn möglich, Vergrößerung der eigenen Anhängerschaft gekämpft. Das reibungslose Funktionieren des Soldunternehmertums hing sehr stark vom gut ausgebauten Klientelwesen zu Hause ab. Die großen Profite im Soldunternehmertum fallen in die Zeit des späteren 16. und des 17. Jahrhun-

1 Vgl. dazu Kurt-Werner Meier, Die Zurlaubiana. Werden – Besitzer – Analysen: Eine Zuger Familiensammlung, Grundstock der Aargauischen Kantonsbibliothek, 2 Bde, Aarau 1981.
2 Zu Beat Fidel Zurlauben vgl. Ursula Pia Jauch, Beat Fidel Zurlauben. Söldnergeneral und Büchernarr, 1720–1799, Zürich 1999.

derts. Die militärischen Umwälzungen des 17. Jahrhunderts, die bessere Bewaffnung, der Übergang zu viel größeren Truppeneinheiten, den sogenannten Linienregimentern des 18. Jahrhunderts, sowie das Aufkommen stehender Heere, verteuerten für die Soldunternehmer die fälligen Investitionen und verkleinerten deren Profit.[3] Die deutlich gestiegenen Investitionskosten führten am Ende zu einer »Demontage des selbständigen Unternehmertums«; die Leitung der Soldkompanien wurden seit der Mitte des 18. Jahrhunderts aus vornehmlich wirtschaftlichen Gründen von den involvierten europäischen Staaten in ihre Eigenregie übernommen.[4]

Die vielfältigen Aspekte des frühneuzeitlichen Soldwesens, das in der Geschichte der alten Eidgenossenschaft sowie des Wallis und der Drei Bünde eine zentrale Rolle spielte, werden durch die *Acta Helvetica* auf reichhaltige Weise dokumentiert. Hier ist beinahe unermesslich viel Stoff vorhanden für eine modernen wissenschaftlichen Ansprüchen entsprechende Geschichte des Soldwesens in der alten Eidgenossenschaft, d.h. für eine umfassendere Darstellung desselben, die uns bis heute fehlt.[5] Namentlich auch zu den wirtschaftlichen Aspekten des Soldwesens bieten die *Zurlaubiana* mit ihren unzähligen Mannschaftsrödeln, Soldlisten und Jahresabrechnungen wertvolle Aufschlüsse.

Die insgesamt 184 Manuskriptbände der *Acta Helvetica* sind thematisch ungeordnet. Da die Editionsarbeit in den Jahren 1973 bis 2014 identisch war mit der Erschließung des gewaltigen Aktenbestandes war eine thematische Strukturierung des Ganzen ausgeschlossen.[6] Eine gezielte thematische Suche innerhalb des gesamten Bestandes wird erst mit Hilfe der online-Datenbank möglich werden. Diese ist im Entstehen begriffen. Über die Probleme der Edition sowie

3 Geoffrey Parker, Die militärische Revolution. Die Kriegskunst und der Aufstieg des Westens 1500–1800, Frankfurt/M 1990.

4 Kurt Messmer, Peter Hoppe, Luzerner Patriziat. Sozial- und wirtschaftsgeschichtliche Studien zur Entstehung und Entwicklung im 16. und 17. Jahrhundert, Luzern 1976, S. 383.

5 Detailstudien haben u.a. vorgelegt: Hermann Suter, Innerschweizerisches Militärunternehmertum im 18. Jahrhundert, Zürich 1971; Hans Conrad Peyer, Wollgewerbe, Viehzucht, Solddienst und Bevölkerungsentwicklung in Stadt und Landschaft Freiburg i.Ue. vom 14. bis 16. Jahrhundert, in: Freiburger Geschichtsblätter 61 (1977), S. 17–42 (zu Peyer s. auch unten Anm. 20 und 22); Walter Bührer, Der Zürcher Solddienst des 18. Jahrhunderts: Sozial- und wirtschaftsgeschichtliche Aspekte, Bern u.a. 1977; Hermann Romer, Herrschaft, Reislauf und Verbotspolitik. Beobachtungen zum rechtlichen Alltag der Zürcher Solddienstbekämpfung im 16. Jahrhundert, Zürich 1995; Hans Steffen, Die soziale und wirtschaftliche Bedeutung der Stockalperschen Solddienste, in: Louis Carlen, Gabriel Imboden (Hrsg.), Wirtschaft des alpinen Raums im 17. Jahrhundert, Brig 1988, S. 179–203; Benjamin Hitz, Kämpfen um Sold: Eine Alltags- und Sozialgeschichte schweizerischer Söldner in der Frühen Neuzeit, Köln u.a. 2015.

6 Die einzelnen in den *Acta Helvetica* enthaltenen Dokumente sind heute als PDF über die Homepage der Kantonsbibliothek Aarau URL:<https://www.ag.ch> zugänglich. Dort finden sich Links zu den in 21 Serien aufgeteilten Bänden 1–179.

der digitalen Erfassung derselben informiert der Beitrag von Urspeter Schelbert und Ruth Wüst in diesem Band.

II. Ökonomische Zweckrationalität versus politische Selbstbescheidung

Monokausale Erklärungen sind in der Geschichtswissenschaft meistens problematisch. Deswegen ist die neuere schweizerische Historiographie nicht der von Paul Schweizer 1895 vertretenen und in den 1960er Jahren von Edgar Bonjour weitgehend übernommenen Ansicht gefolgt, der Beginn der Schweizer Neutralität sei aus der Selbstbesinnung der Eidgenossen nach ihrer schweren Niederlage bei Marignano im Jahre 1515 hervorgegangen.[7] Sie schreibt vielmehr eine plurikausale Geschichte der schweizerischen Neutralität fort, wie sie etwa der Westschweizer Theologe und Historiker David Lasserre in der Zeit des Zweiten Weltkriegs (1941) vertreten hat.[8] Er sprach von einem »désaccord politique«, der diese Niederlage herbeigeführt und der die eidgenössische Tagsatzung in der Folge gehindert habe, auch nur wenigstens einen Anlauf zu nehmen »pour réparer ce désastre militaire«.[9] In der sodann in den 1520er Jahren einsetzenden »stagnation politique« sei die politische Disharmonie perpetuiert und durch die Reformation verschärft worden. Die mit dieser Stagnation verbundene Rückbesinnung (»repliement«) auf die eigenen, vorwiegend »innenpolitischen«

7 Paul Schweizer, Geschichte der schweizerischen Neutralität, Frauenfeld 1895; Edgar Bonjour, Geschichte der schweizerischen Neutralität, 9 Bde, Basel u. a. 1965–70. Bonjour verfasste dieses höchst umfangreiche Werk im Auftrag des schweizerischen Bundesrats und war diesem Auftrag entsprechend insbesondere an der Geschichte der schweizerischen Neutralität im 20. Jahrhundert interessiert. Im ersten, auf die Vorgeschichte derselben fokussierten Band übernahm der Basler Historiker weitgehend die identitätspolitisch überhöhte Sicht des Zürcher Historikers Paul Schweizer, der Marignano 1515 als Zäsur hypostasierte. Für diese Sicht spricht faktisch nichts, außer dass sie mit der spezifisch zürcherischen, durch den Reformator Huldrych Zwingli inspirierten Zurückhaltung gegenüber den Soldiensten konvergierte, die der Zürcher Rat erst 1614 (Beitritt zum französischen Soldbündnis) aufgeben sollte. Zu Schweizer vgl. u. a. Andreas Suter, Neutralität. Prinzip, Praxis und Geschichtsbewusstsein, in: Manfred Hettling u. a., Eine kleine Geschichte der Schweiz. Der Bundesstaat und seine Traditionen, Frankfurt/M. 1998, S. 133–188, hier S. 163–168.

8 Vgl. dazu u. a. André Holenstein, L'enjeu de la neutralité: les cantons suisses et la guerre de Trente Ans, in: Jean-François Chanet, Christian Windler (Hrsg.), Les Ressources des faibles. Neutralités, sauvegardes, accomodements en temps de guerre (XVIe–XVIIIe siècle), Rennes 2009, S. 47–61; Thomas Maissen, L'invention de la tradition de neutralité helvétique: une adaptation au droit des gens naissant du XVIIe siècle, in: Jean-François Chanet, Christian Windler (Hrsg.), Les ressources des faibles, S. 17–46; Andreas Würgler, Symbiose ungleicher Partner. Die französisch-eidgenössische Allianz, 1516–1798/1815, in: Jahrbuch für Europäische Geschichte 12 (2011), S. 53–75.

9 David Lasserre, Alliances confédérales, 1291–1815, Erlenbach-Zürich 1941, S. 89.

Anliegen sei hauptsächlich aus der konfessionellen Spaltung hervorgegangen.[10] Gleichzeitig brachte Lasserre das Ende des Wachstums des eidgenössischen Bündnisgeflechts nach aussen mit den Militärkapitulationen in Verbindung, die die Eidgenossen im frühen 16. Jahrhundert mit Nachbarstaaten abschlossen. Diese hätten auf ganz natürlichem Wege zu einer Verfestigung der äusseren Grenzen geführt.[11] Tatsächlich wuchs die Eidgenossenschaft danach nur noch im Westen im Zuge der bernisch(-freiburgischen) Eroberung der Waadt im Jahre 1536.[12] Die erste explizite Neutralitätserklärung der Tagsatzung stammt erst aus der Zeit nach dem Dreissigjährigen Krieg, aus dem Jahre 1674.[13] Sie erfolgte im Kontext des Entstehens des internationalen Völkerrechts und in einer Zeit, in der Ludwig XIV. von Frankreich damit begann, die Nachbarstaaten der Eidgenossenschaft mit Expansionskriegen zu überziehen.

Die Überlegungen von David Lasserre deuten es an: Das militärische »still sitzen« der Eidgenossen im weiteren Verlauf des 16. und im 17. Jahrhundert war die Voraussetzung für das Engagement schweizerischer Soldunternehmer auf den europäischen Gewaltmärkten[14] der Frühen Neuzeit. Dies hatte viel mit wirtschaftlicher Zweckrationalität zu tun und kaum etwas mit politischer Selbstbescheidung, zumal die 1521 mit Frankreich eingegangene und bis 1777 immer wieder erneuerte Soldallianz als formelles Bündnis »eine faktische Bevorzugung der französischen Krone« bedeutete,[15] also aus heutiger Sicht kaum als neutrale Haltung bezeichnet werden kann. Zu Recht ist betont worden, dass sich das durch die gesamte Frühe Neuzeit hindurch erfolgreiche eidgenössische Arrangement einer »Staatsbildung ohne direkte Steuern und stehendes Heer« der »Intensität der Aussenverflechtungen und des Ausmasses der dadurch vermittelten Ressourcen« verdankte.[16] Diese Ressourcen wurden mehrheitlich durch die schweizerischen Solddienste im Ausland generiert. Das Interesse an dieser Konstellation war durchaus reziprok. Dies spiegelt sich zum Beispiel in den Hauptmotiven der Missionen fremder Mächte bei der in periodischen Ab-

10 Ebd., S. 89f.

11 Ebd., S. 89. Ähnlich auch die entsprechenden Überlegungen von Thomas Maissen, Geschichte der Schweiz, Baden 2010, S. 127.

12 Dazu Tom Scott, The Swiss and their neighbours, 1460–1560. Between accommodation and aggression, Oxford 2017.

13 Vgl. z.B. Würgler, Symbiose ungleicher Partner (wie Anm. 8), S. 55.

14 Zum Begriff vgl. Georg Elwert, Gewaltmärkte. Beobachtungen zur Zweckrationalität der Gewalt, in: Trutz von Trotha (Hrsg.), Soziologie der Gewalt, Wiesbaden 1997, S. 86–101.

15 Würgler, Symbiose ungleicher Partner (wie Anm. 8), S. 55.

16 Christian Windler, »Ohne Geld keine Schweizer«. Pensionen und Söldnerrekrutierung auf den eidgenössischen Patronagemärkten, in: Hillard von Thiessen, Christian Windler (Hrsg.), Nähe in der Ferne. Personale Verflechtung in den Außenbeziehungen der Frühen Neuzeit, Berlin 2005, S. 105–133, hier S. 107.

ständen stattfindenden, eidgenössischen Tagsatzung; sie waren in erster Linie an schweizerischen Söldnern interessiert.[17]

An der Umsetzung und Perpetuierung dieses »Geschäftsmodells« waren in den 13 Orten der frühneuzeitlichen Eidgenossenschaft sowie in den mit der Eidgenossenschaft verbundenen Republiken der Drei Bünde und des Wallis vorrangig die politisch, wirtschaftlich und sozial führenden Familien beteiligt. In der Zentralschweiz waren das namentlich (nebst mehreren anderen) die Geschlechter der Reding, Ab Yberg, Ceberg, Gasser und Schorno in Schwyz, der von Beroldingen und Bessler in Uri, der Pfyffer, Fleckenstein und Sonnenberg in Luzern, der Lussy und Achermann in Nidwalden und der Zurlauben und Brandenberg in Zug.

III. Soldunternehmertum und politisch-soziale Oligarchisierung

Auch die Pensionen fielen wie der Sold und das Einkommen aus dem Soldunternehmertum zwischen dem späten 15. und dem 17. Jahrhundert mehr ins Gewicht als im 18. Jahrhundert, wenngleich lokale Unterschiede zu beachten sind. Jean Steinauer hat die Situation Freiburgs wie folgt auf den Punkt gebracht: »La Ville-Etat de Fribourg a donc lié son existence au développement de l'émigration militaire, depuis son entrée dans la Confédération (1481) jusqu'à son renversement par les armées révolutionnaires (1798).«[18] Im Blick auf das 18. Jahrhundert macht er also keine Ausnahme. Für die Zeit bis zur Mitte des 17. Jahrhunderts ist »den Fremden Diensten und den damit zusammenhängenden Einnahmen an Sold, Pensionen und Bundesgeldern«, laut Martin Körner, »generell die positive Zahlungsbilanz der Schweiz zuzuschreiben.«[19] Dabei ist in erster Linie an Geld aus Frankreich zu denken. Andere Soldbündnisse fielen wirtschaftlich gesehen weniger ins Gewicht. Die ungleiche Verteilung der im Zusammenhang mit den Solddiensten ausbezahlten sogenannten Pensionen förderte freilich den politischen Klientelismus sowie die sozio-politische Ungleichheit im Lande.

Damit verstärkte der Reislauf mit seinen Folgen längerfristige Entwick-

17 Andreas Würgler, Die Tagsatzung der Eidgenossen. Politik, Kommunikation und Symbolik einer repräsentativen Institution im europäischen Kontext (1470–1798), Epfendorf 2013, S. 374.

18 Jean Steinauer, Fribourg face au marché européen du mercenariat: le poids de la France, in: Philippe Rogger, Benjamin Hitz (Hrsg.), Söldnerlandschaften. Frühneuzeitliche Gewaltmärkte im Vergleich, Berlin 2014, S. 107–117, hier S. 108.

19 Martin Körner, Glaubensspaltung und Wirtschaftssolidarität (1515–1648), in: Geschichte der Schweiz und der Schweizer, Bd. 2, Basel 1983, S. 7–96, hier S. 30; auch ders., Solidarités financières suisses au XVIe siècle: Contribution à l'histoire monétaire, bancaire et financière des cantons suisses et des états voisins, Lausanne 1980, S. 112–116.

lungstendenzen, die seit der Mitte des 16. Jahrhunderts sowohl in den Städten wie auch in den Landsgemeindeorten der Eidgenossenschaft zu einer Oligarchisierung des politischen Systems (die ältere Forschung sprach von »Aristokratisierung«) führte. Auf diese Tendenzen braucht hier nicht im Einzelnen eingegangen zu werden.[20] Zu den Merkmalen der Oligarchisierung gehörte

> »die praktisch weitgehend erbliche Besetzung der Räte und wichtigen Verwaltungsämter, die Verfolgung eines immer einheitlicheren Lebensstiles durch eine immer größere Anzahl von Angehörigen einer immer beschränkteren Anzahl von Geschlechtern«.[21]

Bei der zunehmenden Konzentration der politischen Macht in einem abnehmenden Kreis von Geschlechtern verschärfte sich der Wettbewerb um politische Ämter. Die im Laufe des 17. Jahrhunderts in den Städten und Landsgemeindekantonen immer wieder wiederholten und verschärften Mandate gegen das Trölen und Praktizieren, wie sie auch in den *Acta Helvetica* vorkommen, sind ein Ausdruck dieser zunehmenden Konkurrenzsituation.[22]

Die durch die Solddienste generierten Pensionen trugen einerseits mit zur Oligarchisierung des politischen Systems bei, andererseits genauso auch zur Stabilisierung desselben. In Schwyz hing dies zum Beispiel damit zusammen, dass die meisten führenden Familien, die sogenannten Häuptergeschlechter, »nicht nur im Soldgeschäft, sondern auch in der Landesverwaltung und in der Politik vertreten« waren, »so dass der Söldnermarkt [...] zu einer Art staatlichem Monopol geworden war.«[23] Dies war nicht nur in Schwyz so, sondern auch in den anderen in das Soldgeschäft involvierten Innerschweizer Kantonen, in Luzern, Nidwalden und Zug. Wenn von den Gemeinen Herrschaften als Kitt die Rede ist, die mit dazu beitrugen, das wegen der konfessionellen Frage oft instabile Bündnissystem der alten Eidgenossenschaft zusammenzuhalten,[24] geht

---

20 Vgl. dazu Hans Conrad Peyer, Die Anfänge der schweizerischen Aristokratien, Einführung in: Messmer, Hoppe, Luzerner Patriziat (wie Anm. 4), S. 1–28.

21 Ebd., S. 26f. Zu den Landsgemeindekantonen vgl. u. a. P. Rainald Fischer, Von der Reformation zur Landteilung, in: P. Rainald Fischer u. a., Appenzeller Geschichte, Bd. 1, 2. Aufl., Appenzell u. a. 1976, S. 401–537, hier S. 406.

22 Vgl. Acta Helvetica (wie Anm. 6); vgl. u. a. Kurt Meyer, Solothurnische Verfassungszustände zur Zeit des Patriziates, Olten 1921, S. 71f.; Gustav Leu, Schaffhausen unter der Herrschaft der Zunftverfassung. Verfassungsgeschichte der Stadt Schaffhausen und ihres Gebietes vom 15. bis 18. Jahrhundert, Schaffhausen 1931, S. 237; Christoph von Steiger, Innere Probleme des bernischen Patriziates an der Wende zum 18. Jahrhundert, Bern 1954, S. 114f.; Alfred Müller, Die Ratsverfassung der Stadt Basel von 1521 bis 1798, in: Basler Zeitschrift für Geschichte und Altertumskunde 53 (1954), S. 5–98, hier S. 24–26. Zusammenfassend dazu Hans Conrad Peyer, Verfassungsgeschichte der alten Schweiz, Zürich 1978, S. 111–113.

23 Natalie Büsser, Militärunternehmertum, Aussenbeziehungen und fremdes Geld, in: Geschichte des Kantons Schwyz, Bd. 3, Zürich 2012, S. 69–127, hier S. 85f.

24 Zuerst bei Peter Stadler, Eidgenossenschaft und Reformation, in: Heinz Angermeier (Hrsg.), Säkulare Aspekte der Reformationszeit, München u. a. 1983, S. 91–99, hier S. 91.

zuweilen vergessen, in welchem Ausmaß die vom frühen 16. bis zum späten 18. Jahrhundert regelmäßig in die Eidgenossenschaft fließenden französischen Kronen ebenfalls systemstabilisierend wirkten. Das gilt auch noch für das 18. Jahrhundert, wenngleich im Solddienst jetzt nicht mehr dieselben Einkünfte wie im 16. und 17. Jahrhundert zu erzielen waren. In Uri verdankte sich noch um die Mitte des 18. Jahrhunderts der gesamte öffentliche Haushalt den erhaltenen Pensionen.[25]

Die Allianz der Eidgenossen mit Frankreich von 1521 habe im Wallis zu einem »monopole du service de France« geführt - so Louiselle Gally-de Riedmatten.[26] Die Zahlungen der französischen Krone hätten bald einmal eine gewisse Komplexität wegen ihrer unterschiedlichen Formen angenommen: »les pensions de paix et d'alliance, mais aussi les pensions d'écoliers, ou celles par rôle, particulières et à volonté«.[27] Erstere waren offizielle, öffentliche Pensionen, in der deutschsprachigen Schweiz auch Standespensionen genannt, da sie an einen Ort ausbezahlt wurden und die weitere Verteilung vor Ort erfolgte. Sie gingen auf den Ewigen Frieden von 1516 und auf die Allianz von 1521 zurück. Man darf sich nun allerdings nicht vorstellen, dass sie wie vereinbart regelmäßig an Lichtmess ausbezahlt worden wären. Besonders in den Jahren der französischen Religionskriege (1562–1598) flossen praktisch keine Pensionen, auch nicht in der Eidgenossenschaft.[28] Die Walliser Regierung (bestehend aus Landrat, Bischof und Domkapitel) bezahlte von diesen ordentlichen Pensionen ihre Schulden und außerdem ihre Funktionsträger, zu denen auch die Pensionenabholer gehörten. Der Rest des Geldes ging an die sieben Zenden, wo es weiter verteilt wurde.[29] Von den Pensionen für Studenten profitierten sowohl im Wallis wie in der Eidgenossenschaft junge Männer aus den führenden, im Solddienst engagierten Familien. Ihre Auszahlung war nicht vertraglich geregelt, konnte also von französischer Seite ganz gezielt eingesetzt werden, wurde jedoch im 16. Jahrhundert bis zum Einschnitt von 1588–1601 mit großer Regelmäßigkeit ausbezahlt.[30] Ebenfalls vertraglich nicht geregelt und daher nicht öffentlich waren die »pen-

25 Urs Kälin, Salz, Sold und Pensionen. Zum Einfluss Frankreichs auf die politische Struktur der innerschweizerischen Landsgemeindedemokratien im 18. Jahrhundert, in: Der Geschichtsfreund 149 (1996), S. 105–124, hier S. 114; ders. Urs Kälin, Die Urner Magistratenfamilien. Herrschaft, ökonomische Lage und Lebensstil einer ländlichen Oberschicht, 1700–1850, Zürich 1991.

26 Louiselle Gally-de Riedmatten, A qui profitait le service étranger? Une étude de la repartition des pensions en Valais au XVIe siècle, in: Rudolf Jaun, Pierre Streit (Hrsg.), Schweizer Solddienst: Neue Arbeiten, Neue Aspekte / Service étranger en Suisse: Nouvelles Études, Nouveaux Aspects, Birmensdorf 2010, S. 139–170, hier S. 139.

27 Ebd.

28 Ebd, S. 143–145.

29 Ebd., S. 151.

30 Ebd., S. 151f.

sions par rôle«, die Partikularpensionen, sowie die »pensions à volonté«. Die Auszahlung dieser Partikularpensionen war im Wallis nicht ausschließlich mit den Solddiensten verknüpft. Sie diente vielmehr dazu, sich unter den führenden Familien eine Frankreich günstig gesonnene Klientel zu erhalten.[31] Auch Benjamin Hitz betont:

> »Die Partikularpensionen waren für die Beeinflussung der Politik am wichtigsten und machten entsprechend den größten Anteil aller Pensionen aus – sie beliefen sich zum Beispiel 1597 auf das Vierfache der Luzerner Standespension.«[32]

Solche geheimen oder höchstens halboffiziellen Zahlungen vor allem der französischen Krone »alimentierten langfristig eine Schicht von Ratsherren, Soldunternehmern, Salzhändlern und Pensionenausteilern. Die Konstanz dieser französischen Geldflüsse ermöglichte es dieser Schicht, von solchen Tätigkeiten dauerhaft zu leben.«[33] Umso schmerzhafter war für die Walliser und innerschweizerische Honoratiorenschicht das Versiegen der französischen Pensionen in den Jahren 1588–1601. In jenen Jahren gelang es Savoyen und Spanien-Mailand, auf den schweizerischen Söldnermarkt vorzudringen.[34] Die Bedeutung ihrer Pensionen reichte jedoch nie an die entsprechenden französischen Zahlungen heran.

Wenn in Luzern vor allem die Ratsherren von der Verteilung der Pensionen profitierten und weitere Amtsträger und Bürger kaum davon profitierten, so scheint in Schwyz auch die Landbevölkerung in bescheidenem Masse mit in die Verteilung involviert gewesen zu sein. Hauptprofiteure waren aber auch hier die beiden Pensionenausteiler, die der französische Ambassadeur unter Angehörigen der führenden Geschlechter rekrutierte.[35]

31 Ebd., S. 154–157. Vgl. dazu auch Philippe Rogger, Geld, Krieg und Macht. Pensionsherren, Söldner und eidgenössische Politik in den Mailänderkriegen 1494–1516, Baden 2015, S. 15: »Diese Gelder wurden als Anerkennung für geleistete Dienste und in der Erwartung künftiger Verbindlichkeiten wie Gesandten- oder Vermittlertätigkeit, Mithilfe beim Abschluss von Bündnissen, einer allgemeinen Gewogenheit oder für die Stellung von Söldnern entrichtet. Gelang es kriegführenden Parteien nicht, eine Soldallianz mit den Orten abzuschließen, war schon viel erreicht, wenn diese nicht dem Gegner zuliefen.«

32 Hitz, Kämpfen um Sold (wie Anm. 5), S. 49.

33 Würgler, Symbiose ungleicher Partner (wie Anm. 8), S. 67.

34 Vgl. den Überblick über die entsprechenden Verträge der Eidgenossen mit europäischen Mächten von 1499 bis 1589, in: Körner, Solidarités financières (wie Anm. 19), S. 111 f.; und allg. ders., Allianzen, in: Historisches Lexikon der Schweiz (HLS), URL:<http://www.hls-dhs-dss.ch/textes/d/D9802.php>, Version vom 19.09.2006.

35 Hitz, Kämpfen um Sold (wie Anm.5), S. 51; Büsser, Militärunternehmertum (wie Anm. 23), S. 93. Zur starken Stellung der Pensionenverteiler vgl. auch Ulrich Pfister, Politischer Klientelismus in der frühneuzeitlichen Schweiz, in: Schweizerische Zeitschrift für Geschichte 42 (1992), S. 28–68, hier S. 48. Für die französische Perspektive: Georges Livet (Hrsg.), Suisse, T. 1: Les XIII cantons / avec une introduction générale et des notes; T. 2: Genève, les Grisons, Neuchâtel et Valangin, l'Évêché de Bâle, le Valais, Paris 1983.

Erhellende Einblicke in die Besonderheiten der Zuger Pensionenverteilung namentlich im 17. Jahrhundert bieten die Mikroanalysen von Daniel Schläppi und Cécile Huber / Katrin Keller in diesem Band. Schläppi beleuchtet insbesondere das Mit- und Gegeneinander von lokalen korporativen Strukturen und Klientelbeziehungen und betont u. a., dass wir unter dem Einfluss des Klientelismus-Modells zu sehr dazu neigen, lokale monetäre Beziehungen als vertikale zu verstehen. Huber / Keller konzentrieren sich auf die Rolle der Zurlauben als lokale Pensionen-Broker der französischen Krone zwischen dem späten 16. Jahrhundert und 1731 und auf die Möglichkeiten der Bereicherung, die sich dieser Familie in der Rolle des Brokers eröffneten.

IV. Familienpolitik und Geschlechterrollen

Zwar gibt es in den Bänden der *Acta Helvetica* Apothekerbriefe sowie Rechnungen von Schuhmachern und Lebkuchenbäckern, sogar Lebkuchenrezepte und manch andere Quelle mehr, die uns die alltäglichen Lebenswelten und auch die Tätigkeitsbereiche der Frauen in der Familie Zurlauben näherbringen, aber es ist andererseits nicht übertrieben hinzuzufügen, dass in den *Acta Helvetica* vornehmlich die frühneuzeitliche Männerwelt abgebildet ist.

Dennoch sind die *Acta Helvetica* derart reichhaltig, dass auch neue Einsichten in die Rollenverteilung in einem auf dem Soldwesen basierenden aristokratischen Haushalt möglich sind. Nathalie Büsser zeigt in ihrem Beitrag zu diesem Band und außerdem in verschiedenen, zu einem früheren Zeitpunkt erschienenen Aufsätzen, welche wichtige Rolle die Frauen im Haushalt der Zurlauben selbst in der Verwaltung der Soldtruppen spielten, insbesondere dann, wenn die Männer über längere Zeit bei ihren Soldaten und nicht zu Hause waren.[36] Im hier betrachteten Zeitraum gilt dies namentlich für Maria Jakobea Zurlauben, verheiratet Andermatt (1658–1716), und Maria Barbara Zurlauben (1660–1724), die mit ihrem Cousin Beat Jakob II. Zurlauben (1660–1717) verheiratet war. Beide

36 Nathalie Büsser, Die »Frau Hauptmannin« als Schaltstelle für Rekrutenwerbungen, Geldtransfer und Informationsaustausch, in: Hans-Jörg Gilomen u. a. (Hrsg.), Dienstleistungen. Expansion und Transformation des »dritten Sektors« (15.–20. Jahrhundert), Zürich 2007, S. 143–153 [wieder abgedruckt in: Rudolf Jaun, Pierre Streit (Hrsg.), Schweizer Solddienst: Neue Arbeiten, Neue Aspekte / Service étranger en Suisse: Nouvelles Études, Nouveaux Aspects, Birmensdorf 2010, S. 105–114]; dies., Drängende Geschäfte. Die Söldnerwerbungen Maria Jakobea Zurlaubens um 1700 und ihr verwandtschaftliches Beziehungsnetz, in: Der Geschichtsfreund 161 (2008), S. 189–224; dies., »...et donné moy bien de vos nouvelles« – Grenzüberschreitende Briefkorrespondenzen Zentralschweizer Soldunternehmerfamilien um 1700, in: Dorothea Nolde, Claudia Opitz (Hrsg.), Grenzüberschreitende Familienbeziehungen. Akteure und Medien des Kulturtransfers in der Frühen Neuzeit, Köln u. a. 2008, S. 191–207.

Frauen waren in das Werbegeschäft involviert sowie in die Verwaltung von Soldkompanien. Mit Blick auf die Familienorganisation der Zurlauben werden diese thematischen Zugänge im Beitrag Nathalie Büssers vertieft, wobei sie u. a. festhält, dass das verwandtschaftliche Beziehungsnetz im Grunde viel komplexer war, als dies die ausschließliche Konzentration auf die patrilineare Linie suggeriert.

Im 18. Jahrhundert arbeitete Maria Josefa Elisabetha Reding (1721–1797) in Schwyz »beim Transfer von Rekruten nach Frankreich« mit dem Gardehauptmann Beat Fidel Zurlauben (1720–1799) zusammen.[37] Eine ähnliche Rollenteilung zwischen den Geschlechtern lässt sich auch bei aristokratischen Familien Graubündens, die sich im Soldgeschäft engagierten, beobachten.[38]

Wie die anderen Autorinnen und Autoren dieses Bandes, die aus der Fülle der zurlaubenschen *Acta Helvetica* schöpfen, macht sich Philippe Rogger die Dichte der Aktenüberlieferung zunutze, und zwar insbesondere hinsichtlich des Managements der Kompanie Zurlauben in dem in französischen Diensten stehenden Regiment Pfyffer während der militärunternehmerischen Umbruchszeit um 1700. Dabei geraten vor allem die entsprechenden Aktivitäten Beat Jakobs II. Zurlauben in den Blick.

Wie so manche ranghohe Innerschweizer Familie der frühen Neuzeit waren die Zurlauben Soldunternehmer großen Zuschnitts. Ihre soziale und politische Bedeutung und herausragende Stellung unterstrichen solche Familien mit dem Bau von Herrenhäusern und Palästen. Zu solchen Palästen ist im Wallis der zwischen 1651 und 1671 erbaute Stockalper-Palast in Brig zu zählen. Sein Bauherr, der Salz-Monopolist und Soldunternehmer Kaspar Jodok Stockalper (1608–1691), verwaltete und befehligte von Brig aus in den Jahren 1639–1679 zwei bis vier Kompanien, die im Felde durch Stellvertreter geführt wurden. In Bezug auf die Innerschweiz denkt man in erster Linie an das von Ital Reding d. J. (1573–1651) 1609 erbaute Herrenhaus im Brüel und natürlich an den Zurlaubenhof in Zug.[39] Der Erbauer des Zurlaubenhofs, so wie wir den Hof heute kennen, war Konrad III. Zurlauben (1571–1629), der seine politische Karriere 1590 als Zuger Stadtschreiber begann und danach in weitere Ämter aufstieg. Seit

---

37 Büsser, Militärunternehmertum (wie Anm. 23), S. 120.

38 Hier bedarf dieses Thema allerdings noch der genaueren Erforschung. Einen kleinen Hinweis gibt Silvio Färber, Politische Kräfte und Ereignisse im 17. und 18. Jahrhundert, in: Handbuch der Bündner Geschichte, Bd. 2, Chur 2000,S. 85–140, hier S. 120. Sehr ausführlich zu den »auswärtige(n) Militärdienste(n)« der Drei Bünde im 18. Jahrhundert, jedoch ohne Bezug zu dem hier angesprochenen Aspekt: Johann Andreas von Sprecher, Kulturgeschichte der Drei Bünde im 18. Jahrhundert [1976], bearb. und neu hrsg. von Rudolf Jenny, Chur 2006, S. 232–261.

39 Markus Bamert, Die Ital-Reding-Hofstatt in Schwyz, 2. Aufl., Bern 1991; Abbildung des Zurlaubenhofs in: Carmen Furger, Die Erschliessung der *Acta Helvetica* aus dem Nachlass der Zuger Familie Zurlauben, in: Tugium 2012, S. 7–14.

dem frühen 17. Jahrhundert war er der Verteiler der französischen Pensionen in Zug und in den Jahren 1619 bis zu seinem Tod in der Pest von 1629 Inhaber einer Gardekompanie im Dienst der französischen Krone.[40] Der Ausbau des Zurlaubenhofs erfolgte hauptsächlich in den Jahren 1597–1621.

V. Erfolgsfaktoren des zurlaubenschen Soldunternehmertums

Es sind insbesondere vier Tätigkeitsbereiche, deren gegenseitige Verzahnung den wirtschaftlichen und politischen Erfolg der Zurlauben ausmachte. An erster Stelle sind die engen Beziehungen zum französischen Ambassadeur in Solothurn zu nennen, an zweiter Stelle die zentrale Stellung in der lokalen Politik in Zug. Wie Andreas Affolter in seinem Beitrag zeigt, war die Patronagebeziehung des Soldunternehmers zu den Vertretern fremder Mächte in der Eidgenossenschaft – und insbesondere zum Vertreter der französischen Krone – eine unabdingbare Voraussetzung des geschäftlichen Erfolgs. Die führenden Vertreter der Familie Zurlauben standen regelmäßig in engem brieflichen Kontakt mit dem Ambassadeur und unterrichteten diesen u. a. über die politischen Vorgänge in Zug und in der Innerschweiz. Das war nicht zu jeder Zeit eine unproblematische Beziehung, etwa wenn der Vertreter der französischen Krone Druck auf seine Partner in Zug ausübte oder sie zu manipulieren versuchte. Das war zum Beispiel der Fall, als Beat Kaspar Zurlauben (1644–1706) sich die Doppelrolle eines französischen und savoyischen Parteigängers aneignete. Solche Doppelrollen konnten sich für Soldunternehmer unter Umständen lohnen, »etwa wenn ein Herrscher die ganze Familie in seinen Dienst zurückführen wollte und sie deshalb weiterhin umwarb und mit Ressourcen bedachte«.[41] Im konkreten Fall nutzte der französische Ambassadeur diese Situation für sich aus, indem er die beiden Halbbrüder Beat Kaspar und den älteren Beat Jakob II. Zurlauben (1660–1717) dazu brachte, sich gegenseitig zu überwachen. 1703 beauftragte er den älteren der beiden mit der geheimen Verteilung von besonderen Gratifikationen hinter dem Rücken von Beat Kaspar, den er in der Rolle des offiziellen Verteilers der französischen Pension in Zug beließ.[42] Andererseits gelang es Beat Jakob II., den lokalen Konkurrenten und spanischen Pensionenmakler Johann Jakob Brandenberg schachmatt zu setzen, und zwar mit Hilfe des französischen

40 Urs Ammacher, Zurlauben, Konrad, in: HLS, URL:<http://www.hls-dhs-dss.ch/textes/d/D26830.php>, Version vom 03.03.2014.

41 Natalie Büsser, Salpeter, Kupfer, Spitzeldienste und Stimmenkauf. Die kriegswirtschaftlichen Tätigkeiten des Zuger Militärunternehmers und Magistraten Beat Jakob II. Zurlauben um 1700 für Frankreich, in: Valentin Groebner u. a. (Hrsg.), Kriegswirtschaft / Wirtschaftskriege, Zürich 2008, S. 71–84, hier S. 78.

42 Ebd.

Ambassadeurs, bei dem er Brandenberg gezielt anschwärzte, worauf der Ambassadeur wiederum den außerordentlichen spanischen Botschafter in Luzern dazu brachte, Brandenberg abzusetzen.[43] Die Stellung der Zurlauben in der Diplomatie sowie in der Politik Zugs und der Eidgenossenschaft wurde auch durch deren besondere Beziehung zur eidgenössischen Tagsatzung gestützt: »Als Kommunikatoren ihrer Politik profitierten die Zurlauben von ihrer beispiellosen Kontinuität als Tagsatzungspolitiker [...].«[44] Diese wurde durch ihre kontinuierliche wirtschaftliche Abkömmlichkeit für Gesandtschaftsaufgaben bewerkstelligt, so dass Familienangehörige von 1600 bis 1730 die zugerische Tagsatzungspolitik in hohem Masse zu bestimmen und zu kontrollieren vermochten.[45] Diese Kontinuität ermöglichte einerseits die Verleihung des Kommandos über eine französische Gardekompanie, andererseits aber vor allem die zeitweise schwierige Aufrechterhaltung der sozialen und politischen Dominanz in Zug.[46] Diese ging am 18. Juli 1729 im Rahmen des weiter unten beschriebenen sog. Schumacherhandels (bzw. dem ersten Harten- und Lindenhandel) zu Ende, als Fidel Zurlauben aufgrund von Bestechungsvorwürfen und Korruptionsvorwürfen hinsichtlich des Pensionengeschäfts und des Salzhandels zu einer hohen Wiedergutmachungsleistung und zur Verbannung verurteilt wurde. Fidel Zurlauben starb 1731 in Luzern.[47]

Der dritte für die Stellung der Familie Zurlauben essentielle Tätigkeitsbereich war die Präsenz in der Verwaltung von Untertanengebieten, namentlich in der Gemeinen Herrschaft der Freien Ämter in unmittelbarer Nachbarschaft Zugs.[48]

---

43 Ebd., S. 79.

44 Daniel Schläppi, »In allem Übrigen werden sich die Gesandten zu verhalten wissen«. Akteure in der eidgenössischen Aussenpolitik des 17. Jahrhunderts: Strukturen, Ziele und Strategien am Beispiel der Familie Zurlauben von Zug, in: Der Geschichtsfreund 151 (1998), S. 5–90, hier S. 11; ders., Diplomatie im Spannungsfeld widersprüchlicher Interessen: Das Beispiel von Zug, einer schweizerischen Landsgemeindedemokratie (17. und 18. Jahrhundert), in: Hillard von Thiessen, Christian Windler (Hrsg.), Akteure der Aussenbeziehungen. Netzwerke und Interkulturalität im historischen Wandel, Köln u. a. 2010. S. 95–112.

45 Ebd. Zum Einfluss der Zurlauben auf die Abfassung der Zuger Tagsatzungsinstruktionen vgl. Kurt W. Meier u. a., Grundzüge zugerischer Politik im 17. Jahrhundert dargestellt anhand von Tagsatzungsinstruktionen an die Zurlauben, in: Zuger Neujahrsblatt (1977), S. 5–30; Würgler, Die Tagsatzung der Eidgenossen (wie Anm. 17), S. 286 u. 289.

46 Vgl. dazu Schläppi, »In allem Übrigen werden sich die Gesandten zu verhalten wissen« (wie Anm. 44), S. 19–28. Zu den Besonderheiten des Gardediensts vgl. Hitz, Kämpfen um Sold (wie Anm. 5), S. 46. Vgl. auch Martin Bundi, Zum Anteil von Schweizer Söldnern am Mordgeschehen der Bartholomäusnacht (24. August 1572), in: Schweizerische Zeitschrift für Geschichte 65 (2015/2), S. 293–310, hier S. 294.

47 Fabian Brändle, Demokratie und Charisma. Fünf Landsgemeindekonflikte im 18. Jahrhundert, Zürich 2005, S. 175–192. Vgl. auch Urs Amacher, Zurlauben, Fidel, in: HLS, URL:<http://www.hls-dhs-dss.ch/textes/d/D26829.php>, Version vom 11.07.2013. Zum Schumacherhandel vgl. unten Abschnitt VII.

48 Anton Wohler, Freie Ämter. Unter den Eidgenossen, in: HLS, URL:<http://www.hls-dhs-dss.

Dort bekleideten Vertreter der Familie von 1617–1630 und von 1633–1715 die Stelle des Landschreibers,[49] der in Gemeinen Herrschaften häufig eine Vormachtstellung innehatte, weil er in seiner Funktion nicht turnusgemäß abgelöst wurde wie die Landvögte. Seine Person verkörperte somit das lokale und regionale Herrschaftswissen. Die Freien Ämter wurden von den Zurlauben als Werbegebiet instrumentalisiert.[50] In der ersten Hälfte des 17. Jahrhunderts ermöglichte die Kontrolle dieser mehrheitlich von katholischen Kantonen verwalteten Gemeinen Herrschaft den Durchzug von Truppen im spanischen Sold, 1604 und 1605 noch in Richtung Flandern, danach vor allem in Richtung Norditalien, bis die eidgenössische Tagsatzung in Baden 1638 sämtliche Durchzüge fremder Truppen durch die Eidgenossenschaft unterband.[51] Außerdem konnten die Zurlauben im späten 17. und in der ersten Hälfte des 18. Jahrhunderts auf Vertreter der Familien in einflussreichen geistlichen Ämtern als Äbte der Benediktinerklöster Muri und Rheinau zählen, wie dies Dominik Sieber im vorliegenden Band dokumentiert. Wie er zeigen kann, arbeiteten sich dabei »Söldner und Geistliche gegenseitig in die Hände«.

Schließlich, viertens, ist auf die mit dem Soldunternehmertum verknüpfte Handelstätigkeit als Garant wirtschaftlicher und sozialer Macht hinzuweisen. Von 1693 an, während Frankreich ab 1688 zunächst im Pfälzischen Krieg und sodann – ab 1701 – im Spanischen Erbfolgekrieg engagiert war und auf die Einfuhr von Kriegsmaterialien wie Salpeter, Schießpulver, Blech, Hanf und Kupfer angewiesen war, lieferte Beat Jakob II. Zurlauben solche Waren an die Vertreter der französischen Krone im elsässischen Hüningen, wo Ludwig XIV. eine Festung vor den Toren Basels hatte errichten lassen.[52] Wichtig war außerdem der Salzhandel. In der Eidgenossenschaft stellte er seit dem 17. Jahrhundert an den meisten Orten ein obrigkeitliches Monopol dar. In Bern wurde 1623 ein obrigkeitliches Salzmonopol eingeführt,[53] in Freiburg 1651, wo in der Zeit des

ch/textes/d/D8298.php>, Version vom 09.11.2006; Rainer Stöckli, Die Familie Zurlauben und die Freien Ämter, in: Unsere Heimat. Jahresschrift der Historischen Gesellschaft Freiamt 50 (1978), S. 12–37.

49 Büsser, Drängende Geschäfte (wie Anm. 36), S. 202; Schläppi, »In allem Übrigen werden sich die Gesandten zu verhalten wissen« (wie Anm. 44), S. 54.

50 Büsser, Drängende Geschäfte (wie Anm. 36), S. 202f, Anm. 61; Schläppi, »In allem Übrigen werden sich die Gesandten zu verhalten wissen« (wie Anm. 44), S. 68.

51 Zur Problematik der Durchzüge von in spanischen Diensten stehenden Truppen seit den 1580er Jahren vgl. Rudolf Bolzern, Spanien, Mailand und die katholische Eidgenossenschaft. Militärische, wirtschaftliche und politische Beziehungen zur Zeit des Gesandten Casati (1594–1621), Luzern u.a. 1982, S. 73–108; zur Rolle Spaniens ferner: Andreas Behr, Diplomatie als Familiengeschäft. Die Casati als spanisch-mailändische Gesandte in Luzern und Chur (1660–1700), Zürich 2015.

52 Büsser, Salpeter, Kupfer, Spitzeldienste (wie Anm. 41), S. 72–74.

53 Benjamin Spielmann, Bohren, Feilschen, Politisieren. Der Salzhandel im Kanton Bern im 19. Jahrhundert, Nordhausen 2013, S. 44–47.

Dreißigjährigen Krieges der Soldunternehmer Franz Peter König genannt von Mohr noch ohne Intervention des Rates einen schwungvollen Salzhandel mit den Salinen der burgundischen Freigrafschaft betreiben konnte.[54] Der bedeutende Walliser Soldunternehmer Kaspar Jodok Stockalper (1609–1691) war ebenfalls, neben weiteren Geschäftstätigkeiten außerhalb der Solddienste, als Salzimporteur großen Stils tätig.[55] Der Walliser Landrat verlieh ihm dazu 1647 das Salzmonopol.[56] Das Soldgeschäft, namentlich mit Frankreich, verschaffte Stockalper »Handels- und Transportprivilegien und günstige Salzpreise«.[57] In Luzern errichtete der Rat 1641 ein Salzmonopol, das er jedoch im Bauernkrieg von 1653 wieder aufgeben musste. Erst das 1676 neu errichtete Monopol sollte sich dann endgültig durchsetzen.[58] In Zürich fiel die Einrichtung der »neuen Salzhandlung«, ein obrigkeitliches Monopol, ebenfalls in das Jahr 1676.[59] In Zug führte, wie erwähnt, nicht nur die Kritik an der Pensionenverteilung der Zurlauben,

54 Steinauer, Fribourg face au marché européen du mercenariat (wie Anm. 18), S. 114. Vgl. auch Verena Villiger u.a., Im Galopp durchs Kaiserreich. Das bewegte Leben des Franz Peter König, Baden 2006; Verena Villiger, Jean Steinauer, Variations sur la foi: les frères Koenig, mercenaires, in: Bertrand Forclaz, Philippe Martin (Hrsg.), Religion et piété au défi de la Guerre de Trente Ans, Rennes 2015, S. 99–109.

55 Steffen, Die soziale und wirtschaftliche Bedeutung der Stockalperschen Solddienste (wie Anm. 5), S. 179; Gabriel Imboden, Die Handels- und Rechnungsbücher Kaspar Stockalpers vom Thurm 1609–1691, in: Markus A. Denzel u.a. (Hrsg.), Kaufmannsbücher und Handelspraktiken vom Spätmittelalter bis zum beginnenden 20. Jahrhundert. Merchant's books and mercantile »pratiche« from the late Middle Ages to the beginning of the 20th century, Stuttgart 2002, S. 153f. u. 170: »Mit den Gewinnen aus dem Solddienst finanziert er [Stockalper] durch Verrechnung und Wechsel im Ausland – Lyon und Mailand – weitgehend den Salzhandel, d.h. er bringt Geld in Form von Salz ins Wallis [...] und kann mit dem Monopolschutz auf dem einheimischen Salzgeschäft, an dem buchstäblich niemand vorbeikommt, sein Schuldensystem konsolidieren, mithin seine Machtstellung bis zur Unverzichtbarkeit (oder eben bis zum Sturz [1679]) ausweiten.«

56 Imboden, Die Handels- und Rechnungsbücher (wie Anm. 55), S. 171. Es handelte sich dabei um ein vom Landrat, der aus den Abgeordneten der sieben Zenden (bzw. Grossgemeinden) bestand, verpachtetes Handelsmonopol. Vgl. dazu Alain Dubois, Die Salzversorgung des Wallis 1500–1610. Wirtschaft und Politik, Winterthur 1965, passim.

57 Louis Carlen, Die Familie Stockalper und die Fremden Dienste, S. 153; vgl. Dubois, Die Salzversorgung des Wallis 1500–1610 (wie Anm. 56). Zu den französischen und spanischen (die Freigrafschaft Burgund betreffenden) Salzkonzessionen an führende Berner und Luzerner des späten 16. Jahrhunderts vgl. Windler, »Ohne Geld keine Schweizer« (wie Anm. 16), S. 127f. Zur französischen, eng mit den fremden Diensten verzahnten Salzpolitik gegenüber der frühneuzeitlichen Schweiz vgl. Jean-François Bergier, Une histoire du sel, Fribourg 1982, S. 187f. Allgemein zu den mit dem französischen Soldgeschäft verbundenen Handelsprivilegien: Würgler, Symbiose ungleicher Partner (wie Anm. 8), S. 74. Vgl. außerdem Büsser, Militärunternehmertum (wie Anm. 23), S. 90, zu den immateriellen Subsidien.

58 Christoph Baumgartner, Salz in Luzern. Eine Untersuchung des spätmittelalterlichen und frühneuzeitlichen Salzwesens der Innerschweiz, in: Der Geschichtsfreund 162 (2009), S. 5–106.

59 Bruno Fritzsche, Der Zürcher Salzhandel im 17. Jahrhundert. Der Aufbau eines Salzmonopols, Zürich 1964, S. 82f.

sondern auch an deren Salzhandel zum Sturz Fidel Zurlaubens 1729. Hier wurde allerdings das obrigkeitliche Salzregal erst 1798 eingerichtet, »am spätesten von allen innerschweizerischen Kantonen«.[60] Obwohl es 1697 in Stadt und Amt Zug Bestrebungen gab, ein obrigkeitliches Salzmonopol zu errichten, blieb die Stadt bei der Meinung, das Salzgewerbe sei dem freien Handel zu überlassen.[61] Die Vermutung liegt nahe, dass die Zurlauben dabei ein wenig nachgeholfen haben könnten, denn in den 1690er Jahren bis zu seinem Tod 1717 war Beat Jakob Zurlauben der Zuger Hauptpächter des Salzes aus Hall im Tirol und handelte zudem mit Salz aus Salins in der Freigrafschaft Burgund. Nach seinem Tod führte sein Bruder Fidel diese Geschäfte bis zu seiner Verbannung 1729 weiter.

VI. Die Söldner und ihre Motive

Von den Pensionen profitierte das Gros der Söldner jedoch kaum, zumal viele von ihnen gar nicht aus den Orten stammten, deren Namen die einzelnen Soldkompanien trugen. Die Untersuchung der Rödel des luzernischen Söldnerzuges von 1589/90 zeigt, »dass die Luzerner Hauptleute ihre Kompanien nur zur Hälfte aus Luzernern bilden konnten«.[62] Die betreffenden Quellen lassen außerdem den Schluss zu, dass im Bevölkerungsdruck kaum eine wesentliche Ursache des in der alten Eidgenossenschaft seit dem letzten Drittel des 15. Jahrhunderts weit verbreiteten Phänomens des Reislaufens zu sehen ist. Hans Conrad Peyer hat seinerzeit davor gewarnt, die Verbreitung des Reislaufs in der frühneuzeitlichen Schweiz zu überschätzen, in der Regel seien etwa drei bis vier Prozent der Bevölkerung beteiligt gewesen. Das bedeutete, dass im 16. Jahrhundert »nie mehr als 40'000 Mann gleichzeitig in fremden Diensten« waren.[63] Wenn man jedoch bedenkt, dass im 16. Jahrhundert kaum eine schweizerische Stadt mehr als 10.000 Bewohner aufwies und die meisten unter ihnen deutlich weniger, so ist diese Zahl dennoch erstaunlich. Nathalie Büsser

60 Margrit Hauser-Kündig, Das Salzwesen der Innerschweiz bis 1798, Zug 1927, S. 79.

61 Dazu und zum Folgenden: ebd., S. 82–84.

62 Benjamin Hitz, Wer ging überhaupt und weshalb? Die Eidgenossenschaft als Söldnerlandschaft: Das Beispiel von Luzern im späten 16. Jahrhundert, in: Philippe Rogger, Benjamin Hitz (Hrsg.), Söldnerlandschaften. Frühneuzeitliche Gewaltmärkte im Vergleich, Berlin 2014, S. 203–222, hier S. 212. Die Herkunftsfrage müsste auch bei anderen Städten untersucht werden, z. B. im Fall der »zeitweise gegen 4.000 Mann«, die während der Dreißigjährigen Krieges aus Solothurn stammten: Zitat: Rudolf Bolzern, Solddienst im 17. und 18. Jahrhundert: »Es werdent etlichen die Hosen zytteren«, in: Bernhard Schneider (Hrsg.), Alltag in der Schweiz seit 1300, Zürich 1991, S. 159–168, hier S. 161.

63 Hans Conrad Peyer, Die wirtschaftliche Bedeutung der fremden Dienste für die Schweiz vom 15. bis zum 18. Jahrhundert, Stuttgart 1978, S. 703; vgl. Philippe Henry, Fremde Dienste, in: HLS, übersetzt aus dem Französischen, URL:<http://www.hls-dhs-dss.ch/textes/d/D8608.php>, Version vom 08.12.2017.

schätzt, dass sich im 18. Jahrhundert allerhöchstens zwei Prozent der Innerschweizer »dauerhaft« in fremden Kriegsdiensten aufhielten, »was unter den Beteiligungsquoten verschiedener Mittellandregionen und Städte liegt«.[64]

Die Tätigkeit des Reisläufers verlor nicht entscheidend an Attraktivität, obwohl die Kaufkraft des einfachen Söldners kontinuierlich abnahm: Während gegen Ende des 15. Jahrhunderts ein städtischer Maurer zweimal weniger verdiente als ein Reisläufer, so betrug sein Einkommen gegen Ende des 18. Jahrhunderts zwei- bis dreimal so viel wie dasjenige eines Söldners.[65] Dass die Dienstnahme als Söldner selbst unter den finanziell ungünstigeren Bedingungen des 18. Jahrhunderts für manche attraktiv blieb, hing zweifelsohne auch damit zusammen, dass viele nicht aus dem Handwerk, sondern aus der Landwirtschaft stammten, wo die Zahl von Arbeitsplätzen saisonal stark fluktuierte.[66] Der Gewinn der Hauptleute nahm zwar ebenfalls kontinuierlich ab, stellte aber dennoch ein Vielfaches des Verdienstes eines einzelnen Soldaten dar. Die beiden Ebenen lassen sich kaum vergleichen.

Die Soldunternehmer hatten also ein bedeutendes wirtschaftliches Interesse an der Rekrutierung dienstwilliger junger Männer. Hin und wieder griffen sie bei der Werbung auch zu unlauteren Methoden;[67] an diesen waren nicht selten lokale Wirte mit beteiligt.[68] Solche illegitimen Praktiken vergrößerten jedoch die Zahlen vermutlich nur unmerklich, zumal den Werbungen im 18. Jahrhundert eine steigende Zahl von Desertionen gegenüberstand. Es stellt sich also die Frage, weshalb sich die Werber bis ans Ende des Ancien Régime auf ein innerhalb der sozialen Zielgruppen weiterhin vorhandenes Interesse verlassen konnten, auch wenn dieses, wie vor allem Hermann Suter betont hat, in der zweiten Hälfte des 18. Jahrhunderts merklich zurückging.[69] Suter begründet dies mit dem zunehmend schlechteren Ruf der Solddienste innerhalb der Bevölkerung. Hinzu kam zweifelsohne die durch das Aufkommen der protoindustriellen Textilproduktion

64 Nathalie Büsser, Militärunternehmertum (wie Anm. 22), 71.

65 Peyer, Die wirtschaftliche Bedeutung der fremden Dienste (wie Anm. 63), S. 706.

66 Marc Höchner, Das Söldnerwesen in der Zentralschweiz 1500–1800 als Migrationsbewegung, in: Der Geschichtsfreund 167 (2014),S. 11–29, hier S. 20.

67 Vgl. den Abschnitt »Missbräuche« in: Hermann Suter, Innerschweizerisches Militär-Unternehmertum im 18. Jahrhundert, Zürich 1971, S. 44–49.

68 Bolzern, Solddienst (wie Anm. 62), S. 161 f. Zur vielfältigen Funktion der Wirte als Broker vgl. Philippe Rogger, Solvente Kriegsherren, vernetzte Wirte, empfängliche Politiker: Interessenpolitik auf den eidgenössischen Gewaltmärkten um 1500, in: Gisela Hürlimann u. a. (Hrsg.), Lobbying. Die Vorräume der Macht, Zürich 2016, S. 49–60, hier S. 53 f.; und zur Rolle des Berner Löwenwirts Michel Glaser in den Könizer Unruhen von 1513, die mit seiner Hinrichtung als eine Art obrigkeitliches Bauernopfer endete, ebd., S. 58. Ausführlich dazu auch Rogger, Geld, Krieg und Macht (wie Anm. 31), passim; vgl. insbesondere das instruktive Soziogramm 1, ebd. S. 230 f., zur Broker-Tätigkeit Glasers im bernischen Pensionennetzwerk.

69 Suter, Innerschweizerisches Militärunternehmertum (wie Anm. 67), S. 124–129.

auf dem Lande in der zweiten Hälfte des 18. Jahrhunderts entstehende Konkurrenzsituation. Fest steht, dass die Städte und auch die voralpinen Gebiete als Rekrutierungsorte prozentual unbedeutend waren, während viele Soldaten aus Untertanengebieten und Gemeinen Herrschaften des Mittellandes stammten.[70] Es handelte sich um politisch unterprivilegierte Männer. Von da aus auf ihre sozial und wirtschaftlich schwierige Situation zu schließen, wäre unzulässig. Sicher haben sich einzelne junge Männer aus einer sozialen Notlage heraus rekrutieren lassen, bei manch anderen war es jedoch vor allem die Abenteuerlust.[71] Für nochmals andere war der Kriegsdienst eine Lohnarbeit unter anderen: Engelberger

> »Talleute zogen zwar schwergewichtig in der frühen Erwachsenenzeit in fremde Dienste, doch dies bedeutet keineswegs, dass die Soldtruppen eine Warteschlaufe für ledige, stellenlose Jünglinge gewesen wären. Die Kriegsdienste waren schlicht eine Beschäftigungsmöglichkeit unter anderen: Diese machten sich auch verheiratete Männer zunutze, die in der Heimat eine andere Arbeit gefunden hätten.«[72]

Wirtschaftliche Zwänge lassen sich im Engelberger Tal nicht als ein wesentliches Motiv für den Solddienst erkennen.[73] In vielen Fällen vorrangig war dagegen bei den Dienstnahmen eine gewisse Familientradition.[74] »Am wenigsten fassbar«, wie Benjamin Hitz betont, ist in den vom ihm untersuchten Luzerner Quellen »das Gewinnstreben, die Aussicht auf guten Sold und reiche Beute«.[75] Wenn wir davon ausgehen, dass bei der Zusammensetzung frühneuzeitlicher Soldkompanien regionale und sogar lokale quantitative Unterschiede hinsichtlich der Zahl der Dienstnahmen ins Auge fallen, ist es vermutlich nicht falsch anzu-

70 Höchner, Söldnerwesen in der Zentralschweiz (wie Anm. 66), S. 18. Geographisch weiter gefasste Herkunftsangaben bei Benjamin Hitz, »Kein andre nattion dann schwytzer«? Zum Begriff der Nation im Solddienst des 16. Jahrhunderts, in: Brigitte Studer u.a. (Hrsg.), Die Schweiz anderswo. AuslandschweizerInnen – SchweizerInnen im Ausland, La Suisse ailleurs: les Suisses de l'étranger – les Suisses à l'étranger, Zürich 2015, S. 53–66, hier S. 62. Etwas anders gelagert waren die Dinge in der alpinen Welt des Wallis. Hier spielten wirtschaftliche und soziale Motive offenkundig eine vergleichsweise bedeutendere Rolle. Vgl. Steffen, Bedeutung der Stockalperschen Solddienste (wie Anm. 5), S. 194f.

71 Rogger, Solvente Kriegsherren (wie Anm. 68), S. 51. Vgl. auch Arnold Esch, Der Alltag der Entscheidung. Beiträge zur Geschichte der Schweiz an der Wende vom Mittelalter zur Neuzeit, Bern 1998.

72 Nicolas Disch, Hausen im wilden Tal. Alpine Lebenswelt am Beispiel der Herrschaft Engelberg (1600–1800), Köln u.a. 2012, S. 201.

73 Ebd., 206. Vgl. auch Nicolas Disch, ›Lust am Krieg‹? Sozial- und Kulturgeschichte des alpinen Soldwesens am Beispiel der Freien Herrschaft Engelberg 1600–1800, in: Titlisgrüsse 93,2 (2007), S. 42–52, hier S. 48; vgl. auch die »Typologie der Engelberger Soldaten im 17. und 18. Jahrhundert«, ebd., S. 49.

74 Ebd., S. 221. Vgl. auch Hitz, Wer ging überhaupt und weshalb? (wie Anm. 62), S. 214: »Solddienst war vielleicht auch Familientradition.« Hitz verweist dabei auf Beispiele aus verschiedenen luzernischen Vogteien.

75 Hitz, Wer ging überhaupt und weshalb? (wie Anm. 62), S. 221.

nehmen, dass spezifische regional und lokal vorrangige »Motivmuster« sich voneinander unterschieden haben.

VII. Frühneuzeitliche Korruptionsvorwürfe und anti-oligarchischer Widerstand: Die Schweiz ist kein europäischer Sonderfall

Doch zurück zu den politischen Rahmenbedingungen. Die Stabilität des mit dem Soldwesen namentlich in der Innerschweiz aufs Engste verwobenen politischen Systems hatte freilich auch ihre Grenzen. Das hat die Untersuchung von Fabian Brändle über Konflikte in Landsgemeindekantonen des 18. Jahrhunderts besonders deutlich am Beispiel Joseph Anton Schumachers von Zug gezeigt.[76] Schumacher war Sprecher und Anführer einer popularen Opposition gegen die in Zug seit Generationen dominierende Vorherrschaft der Zurlauben und forderte als solcher die ausgeglichenere Verteilung der Pensionsgelder. 1731 wurde Schumacher in der Maienlandsgemeinde zum Ammann gewählt. Zwei Jahre später folgte die Landsgemeinde dem Rat Schumachers und beschloss den Austritt Zugs aus dem französischen Bündnis. Doch die nunmehr mit dem habsburgischen Kaiser abgeschlossene Militärkonvention brachte offenbar nicht den erhofften Geldsegen ins Land. Am 13. Februar 1735 wurde Schumacher als Ammann zusammen mit fünf seiner Parteigänger abgewählt. Einen Monat später traten die Stadt Zug und Menzingen erneut dem französischen Bündnis bei und waren der Meinung, dass inskünftig die Pensionen wieder an Private fließen sollten. Im Mai 1735 wurde Joseph Anton Schumacher zu einer dreijährigen Galeerenstrafe verurteilt. Er starb auf dem Weg in die Galeerengefangenschaft am 6. Juli 1735 in Turin. Der hier bloß skizzierte Zuger Harten- und Lindenhandel der 1720er und 30er Jahre ist gleichsam ein Lehrstück dafür, wie eng Pensionenverteilung und Klientelismus miteinander verzahnt waren und wie leicht aus der dem Klientelismus inhärenten Patronage Korruptionsvorwürfe an die führenden Familien erwachsen konnten.[77]

76 Brändle, Demokratie und Charisma (wie Anm. 47), S. 165–210.

77 Der mit den Solddiensten in der Schweiz der Frühen Neuzeit verbundene Klientelismus ist 1992 in einem seither oft zitierten Aufsatz von Ulrich Pfister thematisiert worden: Pfister, Politischer Klientelismus (wie Anm. 35). Vgl. außerdem Simon Teuscher, Bekannte – Klienten – Verwandte. Soziabilität und Politik in der Stadt Bern um 1500, Köln u. a. 1998; Philippe Rogger, Mit Fürsten und Königen befreundet. Akteure, Praktiken und Konfliktpotenzial der zentralschweizerischen Pensionennetzwerke um 1500, in: Der Geschichtsfreund 165 (2012), S. 223–254, hier S. 228–230. Die neuere Patronageforschung kontrastiert den Patronagesystemen inhärenten Klientelismus stärker mit der zeitgenössischen Patronagediskussion. Für die Schweiz vgl. dazu insbesondere Andreas Suter, Korruption oder Patronage? Außenbeziehungen zwischen Frankreich und der Alten Eidgenossenschaft als

Weder die Solddienste noch die Korruption waren in der Frühen Neuzeit spezifisch schweizerische Phänomene. Im Dreißigjährigen Krieg zum Beispiel kämpften neben deutschen, böhmischen, dänischen und schwedischen Soldaten auch Söldner aus Kroatien, Irland und Schottland sowie anderen Gegenden Europas sowie Kosaken.[78] Hinzu kamen im 18. Jahrhundert auch noch Panduren, Sepoys und andere »ethnische Gewaltakteure«.[79] Unter den Deutschen sind die Landsknechte aus der Sicht der schweizerischen Solddienste nicht zu übersehen, waren sie doch im 16. Jahrhundert die Erzrivalen der schweizerischen Reisläufer.[80] Dennoch ist davon auszugehen, dass es wohl kein Land im frühneuzeitlichen Europa gab, das im selben Ausmaß wie die Schweiz von den Einkünften aus dem Solddienst und weiteren, mit diesem verbundenen wirtschaftlichen Privilegien (z. B. im Salzhandel) abhängig war.[81] Ebensowenig kann man von der Korruptionsdebatte und gelegentlichem offenem Widerstand gegen die den Mächtigen angelastete Korruption von einem besonderen schweizerischen Phänomen sprechen. In der einen wie in der anderen Hinsicht fügte sich die Schweiz voll und ganz in das europäische Geschehen ein.[82]

Die Aktivitäten anderer als schweizerischer Gewaltakteure konnten in diesem Band aus Raumgründen nur punktuell berücksichtigt werden. Stellvertretend für diese Perspektive steht der Beitrag von Marian Füssel, der sich insbesondere

Beispiel (16.–18. Jahrhundert), in: Niels Grüne und Simona Slanička (Hrsg.), Korruption: Historische Annäherungen an eine Grundfigur politischer Kommunikation, Göttingen 2010, S. 188–218.

78 Vgl. u. a. Peter Burschel, Söldner im Nordwestdeutschland des 16. und 17. Jahrhunderts, Göttingen 1994, S. 145–165.

79 Marian Füssel, Panduren, Kosaken und Sepoys. Ethnische Gewaltakteure im 18. Jahrhundert zwischen Sicherheit und Stigma, in: Philippe Rogger, Benjamin Hitz (Hrsg.), Söldnerlandschaften. Frühneuzeitliche Gewaltmärkte im Vergleich, Berlin 2014, S. 181–199.

80 Reinhard Baumann, Süddeutschland als Söldnermarkt, in: Philippe Rogger, Benjamin Hitz (Hrsg.), Söldnerlandschaften. Frühneuzeitliche Gewaltmärkte im Vergleich, Berlin 2014, S. 67–83; ders., Landsknechte. Ihre Geschichte und Kultur vom späten Mittelalter bis zum Dreißigjährigem Krieg, München 1994, S. 127.

81 André Holenstein, Mitten in Europa. Verflechtung und Abgrenzung in der Schweizer Geschichte, Baden 2014, S. 32–40.

82 Vgl. insbesondere Jens Ivo Engels, Politische Korruption und Modernisierungsprozesse. Thesen zur Signifikanz der Korruptionskommunikation in der westlichen Moderne, in: Niels Grüne, Simona Slanička (Hrsg.), Korruption. Historische Annäherungen an eine Grundfigur politischer Kommunikation, Göttingen 2010, S. 35–54; ders., Die Geschichte der Korruption. Von der Frühen Neuzeit bis ins 20. Jahrhundert, Frankfurt/M. 2014; Robert Bernsee, Zur Legitimität von Patronage in Preußens fürstlicher Verwaltung: Das Beispiel der Korruptionskritik des Kriegs- und Domänenrates Joseph Zerboni (1796–1802), in: Ronald G. Asch u. a. (Hrsg.), Integration – Legitimation – Korruption: Politische Patronage in Früher Neuzeit und Moderne, Frankfurt/M. u. a. 2011, S. 267–284; ders., Korruption und Bürokratisierung: Debatten, Praktiken und Reformen in Deutschland während der Sattelzeit (1780–1820), Göttingen 2016; Suter, Korruption oder Patronage? (wie Anm. 77), S. 167–203, der den Korruptionsbegriff kritisch gegenüber dem Klientelismus-Konzept in Stellung bringt.

mit den europäischen Rekrutierungspraktiken im Zeitraum 1648–1815 auseinandersetzt und auf die besonderen Perspektiven und Probleme der neuen Militärgeschichte hinweist. Die transnationalen, europäischen Dimensionen des Themas sind ganz ohne Zweifel ein wichtiger, nicht zu vernachlässigender Aspekt: Die nachstehenden Beiträge zum Soldunternehmertum der Zurlauben sollen und wollen keineswegs als eine Art »zurlaubenscher Tunnelblick«, so die Formulierung eines Tagungsteilnehmers, verstanden sein. Der Anlass zur Tagung, den dieser Band dokumentiert, schien jedoch eine vertiefte Auseinandersetzung mit dem Familienunternehmen der Zurlauben nicht nur zu rechtfertigen, sondern geradezu zu fordern. Die sowohl für die Solddienste wie für die frühneuzeitliche Korruptionsdebatte gegebenen europäischen Dimensionen kommen jedoch in den Beiträgen zu Aspekten von Patronage und Korruption zum Tragen.

VIII. Patronage und frühneuzeitliche Korruptionsdiskurse: Die Schweiz und ihre Nachbarländer

Klientelismus fußt auf Patronage. Die Patronage der Frühen Neuzeit, so Birgit Emich, »war eine soziale Norm, [...] eine soziale Institution, eine Kulturform samt eigener Semantik und Symbolik, Ethik und Performanz«.[83] Wer in der Schweiz der Frühen Neuzeit seine Klientel bei Laune halten wollte, offerierte Gratis-Verköstigungen, bediente sich heimlicher Absprachen und verteilte Pensionen und Geldgeschenke. Die Versuche, den entsprechenden Wildwuchs moralisch strikteren Regeln zu unterwerfen, ziehen sich wie ein roter Faden durch die Politik sämtlicher 13 Orte der alten Eidgenossenschaft im 15. und 16. Jahrhundert und dann insbesondere im späteren 17. und 18. Jahrhundert.[84]

83 Birgit Emich, Staatsbildung und Klientel – Politische Integration und Patronage in der Frühen Neuzeit, in: Ronald G. Asch u.a (Hrsg.), Integration – Legitimation – Korruption: Politische Patronage in Früher Neuzeit und Moderne, Frankfurt/M. u.a. 2011, S. 33–48, hier S. 48.

84 Oliver Landolt, Trölen und Praktizieren im Alten Land Schwyz. Wahlbestechungen, Wahlmanipulationen und Ämterkauf als Instrumente politischen Handelns in der frühneuzeitlichen Gesellschaft, in: Der Geschichtsfreund 160 (2007), S. 219–308, passim. Vgl. Andreas Würgler, Verflechtung und Verfahren: Individuelle und kollektive Akteure in den Außenbeziehungen der Alten Eidgenossenschaft, in: Hillard von Thiessen, Christian Windler (Hrsg.), Außenbeziehungen in akteurszentrierter Perspektive: Verflechtung – Gender – Interkulturalität, Köln u.a. 2010, S. 79–93. Zur politischen Theorie und territorialen Gesetzgebung im Deutschland des 16. und 17. Jahrhunderts vgl. Niels Grüne, »Gabenschlucker« und »verfreundte rät«. Zur patronagekritischen Dimension frühneuzeitlicher Korruptionskommunikation, in: Ronald G. Asch u.a. (Hrsg.), Integration – Legitimation – Korruption: Politische Patronage in Früher Neuzeit und Moderne, Frankfurt/M. u.a. 2011, S. 215–246, hier S. 231.

Zug stellte also keine Ausnahme dar, wenn dort Ammann und Rat von Stadt und Amt Zug 1678 das bei der Vergabe von Landvogteien in den Gemeinen Herrschaften offenbar üblich gewordene Praktizieren und Trölen unter Strafe stellten.[85] Mit dem Begriff »Trölen« war die Verpflichtung von Parteigängern durch Geldgeschenke sowie durch gemeinsame Essen und Trinkgelage gemeint. »Trölen und Praktizieren« waren die gängigen zeitgenössischen Begriffe für die illegitime Anwerbung von Parteigängern und politischen Klienten.[86] »Praktizieren« bezog sich vorrangig auf die diversen Formen von Bestechung.

In der noch jungen geschichtswissenschaftlichen Erforschung frühneuzeitlicher Korruptionsdebatten wird einerseits auf den wichtigen Stellenwert der Aufklärung im Sinne einer deutlicheren ethischen Grundierung des gängigen Korruptionsbegriffs abgehoben,[87] von anderer Seite wird vor allem die Kontinuität der entsprechenden frühneuzeitlichen Diskussionen hervorgehoben. Jedenfalls gilt es in der neueren und neuesten Frühneuzeitforschung nicht mehr als angemessen, hinsichtlich der Zeit vor ca. 1800 den Gegenstand der Korruption generell als Anachronismus zu betrachten.[88]

Ein grundlegender Ausgangspunkt für die geschichtswissenschaftliche Beschäftigung mit frühneuzeitlicher Korruption stellt die 2000 erschienene Untersuchung Valentin Groebners über entsprechende Phänomene und den popularen Widerstand gegen als korrupt empfundene politische Praktiken in eidgenössischen Städten im Übergang vom 15. zum 16. Jahrhundert dar.[89] Groebner verweist darauf, dass in dem von ihm betrachteten Zeitraum Geschenke im obrigkeitlich-administrativen Bereich nicht einfach im Sinne traditioneller deutscher Verfassungs- und Verwaltungsgeschichte als archaisch und antistaatlich verstanden werden müssen, sondern dass man sie umgekehrt, im Sinne neuerer italienischer Forschungsansätze, vielmehr als konstitutiv für das Entstehen eines vormodernen Gemeinwesens erachten kann.[90] Die durch Geschenke gleichsam untermauerte Patronage erscheint aus dieser Perspektive als systemstabilisierend. Ob im Kontext der sich entwickelnden fremden Dienste Pensionen, die an schweizerische Soldunternehmer von fremden Mächten ausbezahlt wurden, als moralisch anstößig empfunden wurden, entschied sich in der Öffentlichkeit an Kriterien des gemeinen Nutzens und der »haimlichkeit«. Schien letztere (konkret: Intransparenz) zu überwiegen, konnte es zu Unruhen

85 Acta Helvetica (wie Anm. 6), Bd. 135, S. 88.

86 Landolt, Trölen und Praktizieren (wie Anm. 84); Pfister, Politischer Klientelismus (wie Anm. 35), S. 33.

87 Vgl. oben Anm. 82.

88 Grüne, »Gabenschlucker« und »verfreundte rät« (wie Anm. 84), S. 217–219.

89 Valentin Groebner, Gefährliche Geschenke. Ritual, Politik und die Sprache der Korruption in der Eidgenossenschaft im späten Mittelalter und am Beginn der Neuzeit, Konstanz 2000.

90 Ebd., S. 99f.

kommen, wie zum Beispiel 1513 in Bern, Solothurn und Luzern.[91] Diesen Unruhen (unter Einbezug derjenigen in Zürich vom Herbst und Winter 1515), die sich nach der ausgesprochen verlustreichen Schlacht von Novara (1513) und der durch die Eidgenossen verlorenen Schlacht von Marignano (1515) gegen die Franzosenfreunde in den Städten richteten, hat Philippe Rogger neuerdings eine eingehende Untersuchung gewidmet. Er kann u. a. zeigen, dass die Einigungsverträge zwischen Obrigkeiten und Landbevölkerung, die die betreffenden Unruhen beendeten, einerseits den Widerstand der Landbevölkerung gegen die zunehmende städtisch-herrschaftliche Durchdringung des Landes dokumentieren, andererseits aber genauso den Widerstand gegen die heimlichen Pensionen und die mit ihnen einhergehenden sozialen Ungerechtigkeiten.[92] Aber er betont auch, dass die öffentlichen oder Standespensionen in keinem dieser Orte von den Aufständischen in Frage stellt wurden.[93]

Grundsätzlich hat Valentin Groebner festgehalten: Die Pensionen - und er meint hier durchaus auch die Partikularpensionen -

> »prägen die Formation der eidgenössischen politischen Eliten ebenso wie die lokalen Systeme von Patronage und Ämtervergabe; sie stellen die Verwaltung einzelner eidgenössischer Orte auf völlig neue Grundlage und ermöglichen den Aufstieg einer Schicht wohlhabender und abkömmlicher eidgenössischer Honoratioren und Kriegsunternehmer. Die Herrschaftsstrukturen der frühneuzeitlichen Eidgenossenschaft entstehen mit und durch diese Zahlungen.«[94]

Dieser Befund lässt sich heute über die Belange der Schweizer Geschichte hinausgehend verallgemeinern. »Schriftlichkeit, Archiv und Registratur, klare Zuständigkeiten und innerbehördliche Hierarchien, Berichtstätigkeiten sowie schlicht das Anwachsen des Verwaltungsapparats wurden durch Patronage nicht behindert, im Gegenteil [...].«[95] Der Übergang von einer vormodernen zu einer neuzeitlichen Beurteilung von Patronage in der öffentlichen Verwaltung war zudem keineswegs abrupt. In Preußen zum Beispiel ging im 18. und noch bis ins frühe 19. Jahrhundert hinein die formale Ablehnung von Patronage Hand in Hand mit ihrer praktischen Billigung.[96]

91 Ebd., S. 172f. Vgl. auch Rogger, Mit Fürsten und Königen befreundet (wie Anm. 77), S. 242–248.
92 Rogger, Geld, Krieg und Macht (wie Anm. 31), S. 107–112.
93 Ebd., S. 109.
94 Ebd., S. 165f.
95 Engels, Geschichte der Korruption (wie Anm. 82), S. 64.
96 Robert Bernsee, Zur Legitimität von Patronage (wie Anm. 82). Zur Relativierung des Übergangs vom 18. zum 19. Jahrhundert als Umbruchphase im Umgang mit Korruption vgl. auch Niels Grüne, »Und sie wissen nicht, was es ist«. Ansätze und Blickpunkte historischer Korruptionsforschung, in: Niels Grüne, Simona Slanička (Hrsg.), Korruption: Historische Annäherungen an eine Grundfigur politischer Kommunikation, Göttingen 2010, S. 11–34, hier S. 32f.

Zeithistorikerinnen und-historiker freilich, die sich mit der Geschichte des 20. und frühen 21. Jahrhunderts beschäftigen, werden diese historische Erklärung als paradox empfinden. In der Tat: Korruption in Ost- und Südosteuropa, um hier nur diese zu erwähnen, wird sich nicht morgen oder übermorgen als politischer Stabilisierungsfaktor erweisen. Woran liegt dieser epochale Unterschied? Es wird in diesem Zusammenhang gerne auf die aus moderner Sicht noch nicht vollzogene Trennung zwischen öffentlichen und privaten Sphären in der frühneuzeitlichen Gesellschaft verwiesen. Dieser Hinweis ist jedoch ungenau, da »Öffentlichkeit« in der mittel- und westeuropäischen Stadt vom 15. bis zum frühen 18. Jahrhundert nicht dasselbe bedeutete wie in der Moderne, »sondern eine Gemengelage neben- und ineinander gelagerter städtischer Öffentlichkeit*en*, eine Öffentlichkeit in der Mehrzahl«.[97] Es empfiehlt sich vielmehr, den angesprochenen Unterschied als Resultat eines tiefgreifenden Wandels im Verständnis des öffentlichen Amtes zu verorten, wie er sich Schritt für Schritt im Laufe des 18. Jahrhunderts, und zwar vor allem in Frankreich und England,[98] vollzogen hat. Im Anschluss an Jürgen Habermas' bekannte Thesen zur Entwicklung einer bürgerlichen Öffentlichkeit wird diese immer wieder gerne mit dem Entstehen der aufklärerischen Sozietäten der zweiten Hälfte des 18. Jahrhunderts verknüpft. In der Weiterentwicklung von Überlegungen Rudolf Brauns hat Andreas Würgler auf die Entwicklung eines »öffentlichen Raisonnements« in der Schweiz bereits seit dem Ende des 17. Jahrhunderts hingewiesen.[99]

Der heute gängige Begriff der Korruption etablierte sich nur langsam. Zwar weist Andreas Suter darauf hin, dass Jean Bodin in seinen *Six Livres de la République* von 1576 bereits das Verb »corrompre« benutzte, womit er zweifelsohne »eine moralisch verwerfliche, ja strafwürdige Tat« meinte.[100] Das Bei-

97 Groebner, Gefährliche Geschenke (wie Anm 89), S. 122.

98 Das Zedlersche Universal-Lexikon (1732–1754) enthält kein Lemma »Korruption«, aber in Band 6 (1733) ist von »korrumpieren« die Rede (S. 706, Sp. 1373: »Corrumpiren, heist verderben, verführen, verwüsten, bestechen, schmieren, so von demjenigen gesagt wird, die die Richter beschencken, und auf andere Gedancken bringen« URL:<https://www.zedler-lexikon.de/>, 26.02.2018. Doch im vierbändigen Grammatisch-kritischen Wörterbuch der hochdeutschen Mundart von Johann Christoph Adelung von 1811 tauchen weder der Begriff »corrumpiren« noch »Corruption« bzw. »Korruption« auf, URL:<http://lexika.digitale-sammlungen.de/adelung/online>, 22.2.2017. Im Schweizerischen Idiotikon finden sich ausführliche Einträge zu »praktizieren« (Bd. 5, 1905) und »trölen« (Bd. 14, 1987) mit frühneuzeitlichen Nachweisen, jedoch fehlt auch hier ein Lemma »Korruption«, URL:<https://www.idiotikon.ch>, 22.02.17. Weitere Angaben in Suter, Korruption oder Patronage? (wie Anm. 77), S. 175f.

99 Andreas Würgler, Politische Öffentlichkeit in der Schweiz im 18. Jahrhundert, in: Schweizerische Zeitschrift für Geschichte 48 (1996), S. 26–42.

100 Suter, Korruption oder Patronage? (wie Anm. 77), S. 171. Der mailändische Gesandte Ascanio Marso erklärte 1558 die Käuflichkeit der Eidgenossen wie folgt: »Hanno gran colpa i principi, i quali la simplicità de questi populi hanno per loro interessi cominciato a corrompere«, zit. in: Würgler, Tagsatzung (wie Anm. 17), S. 487.

spiel scheint jedoch nicht breit rezipiert worden zu sein. Denn noch in Pierre Bayles *Dictionnaire historique et critique* in der ersten vierbändigen Ausgabe von 1702 (eigentlich 1701) sucht man vergeblich nach einem entsprechenden Eintrag,[101] obwohl man ihn gerade im Rahmen dieses Werks erwarten würde. Aber nur zwei Jahrzehnte später findet sich der Begriff des korrumpierten Hofes in Montesquieus *Lettres persanes* von 1721.[102] In der *Encyclopédie* von Diderot und d'Alembert (1751–1765) ist das entsprechende Lemma dann fest etabliert.[103] Im vorliegenden Band fokussiert Robert Bernsee diesen Wandel am Ende des 18. Jahrhunderts in Bayern und Preußen im Kontext der veränderten politischen Rahmenbedingungen und der intensivierten öffentlichen Diskussion sowie vor dem Hintergrund eines neuartigen Sozietätengefüges.

Die Impulse, die von der soeben angesprochenen Arbeit Valentin Groebners ausgingen, verpufften zunächst im Kontext der Geschichte der schweizerischen Frühen Neuzeit. Außerhalb derselben ergaben sich praktisch zum gleichen Zeitpunkt Konvergenzen in zentralen Fragen historischer Interpretation der Differenz von Patronage und Korruption. Zu nennen sind hier insbesondere die Forschungen von Birgit Emich zur päpstlichen Herrschaft im Kirchenstaat.[104] In ihrem Beitrag zu diesem Band erweist sich für sie die Formalisierung des Informellen als eigentliches »Betriebsgeheimnis der frühneuzeitlichen Verwaltung« überhaupt. Kam es in diesem Prozess jedoch zu Grenzüberschreitungen aus der Sicht der Zeitgenossen, so wurden diese als korrupt gebrandmarkt. Weil die Wahrnehmung einer solchen Grenzüberschreitung sozial, kulturell und regional beeinflusst sein konnte, gibt es keine hieb-und stichfeste Definition von Korruption. Sie lässt sich nur nach ihren hervorstechenden Merkmalen beschreiben:

> »Es handelt sich um eine kritische Bewertung von Handlungen und Praktiken, die im Konflikt zwischen öffentlich-universalen und privat-individualistischen Normen ent-

---

101 Vgl. URL:<http://artfl.atilf.fr./dictionnaires/BAYLE/>, 26.02.2018.

102 Montesquieu, Lettres persanes [1721], texte établi par Paul Vernière, Paris 1980, S. 21f: »Mais, quand je vis que ma sincérité m'avait fait des ennemis […]; que, dans une cour corrompue, je ne me soutenais plus que par une faible vertu: je résolus de la quitter.« (Lettre VIII).

103 Vgl. URL:<http://www.lexilogos.com/encyclopedie_diderot_alembert.htm>, 26.02.2018. Zur Begriffsgeschichte vgl. auch Grüne, »Und sie wissen nicht, was es ist« (wie Anm. 96), S. 24f.

104 Grundlegend: Birgit Emich, Bürokratie und Nepotismus unter Paul V. (1605–1621). Studien zur frühneuzeitlichen Mikropolitik in Rom, Stuttgart 2001; außerdem u.a. dies., Kardinalprotektorate im Kirchenstaat der Frühen Neuzeit, in: Tilman Haug u.a. (Hrsg.), Protegierte und Protektoren. Asymmetrische politische Beziehungen zwischen Partnerschaft und Dominanz (16. bis frühes 20. Jahrhundert), Köln u.a. 2016, S. 243–259; dies., Staatsbildung und Klientel (wie Anm. 83).

stehen. In der Regel geht es um Kritik an der Verteilung von Ressourcen, die einem Amtsträger zugänglich sind sowie um die Bewertung seiner Motive.«[105]

Mit Blick auf Frankreich im 17. Jahrhundert betont Lothar Schilling die Ubiquität von Patronage, die allerdings im konkreten Fall von ganz unterschiedlicher Dauer sein konnte. Generell lässt sich jedoch sagen, dass sie mit der Verwaltungs- und Herrschaftstätigkeit der Kardinäle Richelieu (reg. 1624–1642) und Mazarin (reg. 1642–1661) länger zu dauern vermochte als in den unsicheren Zeiten der Religionskriege und des Übergangs zu stabileren Verhältnissen unter Heinrich IV. (reg. 1589–1610). Obwohl gerade unter der französischen Krone die Patronage im Laufe des 17. Jahrhunderts einen besonders hohen Grad an Systemimmanenz erreichte, wurde gleichwohl die Fiktion ihrer Freiwilligkeit aufrechterhalten.

Auch in unserer Gegenwartsgesellschaft erfüllt Patronage hier und dort weiterhin wichtige Funktionen, wie zum Beispiel in der Welt der Universitäten, wo von Professorinnen und Professoren auch heute noch erwartet wird, dass sie sich als *patrons* um den ihnen anvertrauten Nachwuchs kümmern. In der Welt der Wirtschaft ist der Patron alten Zuschnitts, der sich um jeden einzelnen seiner Angestellten kümmert, eine vom Aussterben bedrohte Spezies. Der Manager, der dem Aktionär mehr verpflichtet ist als dem Angestellten, hat den Patron abgelöst. Der Blick in die Tageszeitung zeigt, dass sich die Korruption diesem sozioökomischen Wandel problemlos angepasst hat.[106] Ein Gefühl der Überlegenheit unter uns Heutigen gegenüber der in diesem Band verhandelten Frühen Neuzeit wäre in dieser besonderen Hinsicht nicht nur völlig unangebracht, sondern würde auch den Blick für grundlegende frühneuzeitliche Mechanismen verstellen.

105 Ronald G. Asch u. a., Einleitung, in: Dies. (Hrsg.), Integration – Legitimation – Korruption: Politische Patronage in Früher Neuzeit und Moderne, Frankfurt/M. u. a. 2011, S. 7–30, hier S. 20.

106 Um nur eines unter vielen möglichen Beispielen zu nennen, sei auf die große Schmiergeld-Affäre bei Siemens hingewiesen. Vgl. dazu u. a. *URL:*<www.zeit.de> › *DIE ZEIT Archiv* › *Jahrgang 2007* › *Ausgabe: 29*; www.handelsblatt.com › *Unternehmen* › *Management,* 22.4. 2014 – »Die gerichtliche Aufarbeitung des milliardenschweren Korruptionsskandals bei *Siemens* steht vor dem Abschluss«.

Urspeter Schelbert / Ruth Wüst

Die Acta Helvetica des Zurlaubenarchivs gehen Online. Metamorphose einer 200-jährigen Erschließungsgeschichte

Das umfangreiche Privatarchiv der einflussreichen Zuger Familie Zurlauben – besser bekannt als *Zurlaubiana* – ist heute größtenteils Eigentum des Kantons Aargau und lagert in den Magazinräumen der Aargauer Kantonsbibliothek.[1] Kleinere, verstreute Teile des Nachlasses verteilen sich auf verschiedene Archive im In- und Ausland.[2]

Der Zurlaubennachlass in Aarau umfasst einerseits eine weit über 8.000 Titel zählende Privatbibliothek des 16. bis 18. Jahrhunderts und andererseits umfangreiche, handschriftliche Unterlagen, sowie 33 Urkunden zu Rechtstiteln, die vor allem das Freiamt betreffen (heute im Staatsarchiv Aargau), 11 Inkunabeln, 17 Bände mit Zeichnungen und 16 Bände mit Kartensammlungen. Ein Großteil der disparaten handschriftlichen Einzeldokumente mit politischen, militärischen, literarischen, wissenschaftlichen oder privaten Inhalten ist in 335 graue Pappbände gebunden, die nach 1774 aus Sicherheitsüberlegungen und wohl auch zu Transportzwecken erstellt wurden.[3] Der letzte männliche Vertreter der

1 Einen umfassenden Überblick über das Privatarchiv der Familie Zurlauben vermittelt die faktenreiche, zweibändige Dissertation von Kurt-Werner Meier, Die Zurlaubiana. Werden, Besitzer, Analysen. Eine Zuger Familiensammlung. Grundstock der aargauischen Kantonsbibliothek, 2 Bde, Aarau, 1981.

2 Weitere zurlaubensche Archivbestände finden sich im Klosterarchiv und in der Stiftsbibliothek Engelberg, im Familienarchiv Schumacher (heute im Staatsarchiv Luzern), in der Zentral- und Hochschulbibliothek Luzern (7 Schachteln), in der Klosterbibliothek von Muri-Gries, in der Bibliothèque Nationale in Paris, im Abteiarchiv Sankt Paul im Lavantthal in Kärnten, in der Klosterbibliothek Wettingen-Mehrerau, im Familienarchiv Luthiger, Zug, im Staatsarchiv Zug, in der Stadt- und Kantonsbibliothek Zug, in der Zentralbibliothek Zürich. Vergleiche Meier, Zurlaubiana (wie Anm. 1), S. 1018–1023.

3 Die politische Stimmung hatte sich gegen die Zurlauben gewendet. Fidel Zurlauben fühlte sich in Zug nicht mehr sicher. »Die schlimmen Erfahrungen der vorausgegangenen Jahre veranlassten Beat Fidel Zurlauben, die Bücher und das Familienarchiv, also die ganze Sammlung, in das sichere Zurlauben-Pfrundhaus in der Stadt zu flüchten, und hieher verbrachte er im Sommer 1774 auch seine Bücher und Handschriften aus Paris. Jetzt wollte er die Bibliothek sogar katalogisieren, beschränkte sich aber schließlich darauf, die übrigen noch lose vorhandenen Papiere in grauen Karton einbinden zu lassen. Das umfangreiche Material wurde dabei nicht geordnet.« Nach: Alfred Häberle, Collectanea Turri-Laubiana. Die Manuskript-

Familie Zurlauben, Beat Fidel Zurlauben, nahm eine grobmaschige Gruppierung nach 14 summarischen Kategorien mit vielen Überschneidungen vor. Eine innere Ordnung der Dokumente innerhalb der einzelnen Pappbände lässt sich nicht erkennen.

Als *Zurlaubiana* im engeren Sinn wird die Kategorie *Acta Helvetica* bezeichnet. Das sind 186 Pappbände oder rund 32.000 Einzeldokumente. Der vollständigen Titel, so wie ihn Beat Fidel Zurlauben verfasst hat, lautet: *Acta Helvetica, Gallica, Germanica, Hispanica, Sabaudica etc. necnon genealogica stemmatis Zur-Laubiani.*[4] Diese 186 Bände stehen im Zentrum dieses Beitrags und des Online-Prozesses.

I. Die Familie Zurlauben, in Stadt und Amt Zug, in der alten Eidgenossenschaft und auf dem europäischen Parkett

Die ersten Zurlauben werden gegen Ende des 15. Jahrhunderts in Zug aktenkundig.[5] 1488 wird Johann Zurlauben aus Zürich kommend, aber ursprünglich aus dem Wallis stammend, von Beruf Ziegelmacher, ins Zuger Stadtbürgerrecht aufgenommen.[6] Dreihundert Jahre später erlischt das Geschlecht der Zurlauben, das zahlenmäßig immer sehr klein blieb. Es umfasste 95 Frauen, wovon nur 58 das 15. Altersjahr erlebten und 94 Männer, beziehungsweise 60. 1799 stirbt der 79-jährige General Beat Fidel Zurlauben als letzter männlicher Nachkomme. Sein einziger Sohn stirbt sechsjährig an Kinderblattern bereits 1766.

Während 300 Jahren nehmen die Zurlauben in Zug führende Stellungen ein.[7] Der Aufstieg beginnt durch Teilnahme an Kriegsdiensten. Ab 1588 bekleiden die Zurlauben regelmäßig das Landammannamt. Sie stellen Landschreiber des Freiamtes. Sie sind sehr oft Gesandte von Stadt und Amt Zug bei Tagsatzungen, aber auch Gesandte und oft Vermittler bei Konflikten im Auftrag einzelner

Sammelbände der Zurlauben-Bibliothek in der Aargauischen Kantonsbibliothek in Aarau und ihre Erschließung, in: Festschrift Karl Schib zum siebzigsten Geburtstag am 7. September 1968, Thayngen 1968, S. 351.

4 Aargauer Kantonsbibliothek Signatur: MsZ 1–186.

5 Auszug aus dem Jahrzeitenbuch St. Michael, Zug: »Hans Zerloben von Wallis [...] Agnesa Schriberin, sin Ewirtin, Antoni Z'Löben, ir beyder Sun, wz Ziegler ze Zug, Dorothe Hermannin von Zürich, sin Ewirtin [...]«. zitiert nach: Meier, Zurlaubiana (wie Anm. 1), S. 113.

6 Häberle. Collectanea Turri-Laubiana (wie Anm. 3), S. 328.

7 Im Stadtregiment: Stabführer, Stadtschreiber, Stadträte, Unterweibel, Seckelmeister, Baumeister, Pfleger zu St. Oswald, Umgelder, Obervögte von Steinhausen, von Cham, von Risch, von Hünenberg und von Walchwil, Twingherren von Oberrüti. Im Regiment von Stadt und Amt: Ammann, Statthalter, Stadt- und Amtsräte, Landschreiber, Großweibel, Mitglied des Großgericht, Mitglied des Wochengerichts, Vögte der Gemeinen Herrschaften, Landschreiber in den Freien Ämtern.

eidgenössischer Stände oder der ganzen alten Eidgenossenschaft bei innereidgenössischen Konferenzen wie auf dem weiten europäischen Parkett. Ihre große internationale Bedeutung erlangen sie im Solddienst für verschiedene Herrscherhäuser (Frankreich, Toskana, Savoyen, Venedig, Spanien, Heiliger Stuhl). In Frankreich besitzen sie eigene Kompanien und Regimenter.[8]

Nicht wenige Männer und Frauen wirken auch an einflussreichen Positionen in kirchlichen Institutionen mit, als Konventuale und Äbte in den Benediktinerklöstern Engelberg, Muri und Rheinau, im Zisterzienserkloster Wettingen, als Kapuziner sowie als Konventualinnen und Äbtissinnen im Zisterzienserinnenkloster Feldbach, in Frauenthal, in Tänikon und Wurmsbach und im Kapuzinerkloster Zug.[9]

Dank ihren Beziehungen zum königlichen französischen Adel werden sie geadelt. In diesem Zusammenhang ist auf die konstruierte Adelsabstammung aus dem Walliser Adelsgeschlecht der Herren von Thurn und Gestelenburg, das in der zweiten Hälfte des 14. Jahrhunderts erlosch, hinzuweisen. So nennen sie sich stolz »de Zurlauben von Thurn und Gestelenburg«.[10]

II. Das Ende der Familie Zurlauben

Zu Beginn des zweiten Viertels des 18. Jahrhunderts spaltet der Linden- und Hartenhandel den Stand Zug. Die antifranzösische Partei obsiegt und damit ist auch das politische Schicksal der Zurlauben besiegelt. Sie fallen in Zug in Ungnade und werden nicht mehr in politische Ämter gewählt.

Hinzu kommt, dass es der Zurlauben-Familie nicht gelingt, durch Nachkommenschaft den Fortbestand der Familientradition zu sichern.

Der letzte Zurlauben, ein gebildeter Mann mit einer Leidenschaft für die Wissenschaft und Geschichte, General Beat Fidel, geboren 1720, erfährt zwar in Paris noch größte militärische Ehrungen. Im Alter von 60 Jahren beendet er seine militärische Karriere in Frankreich und kehrt endgültig nach Zug zurück. Persönlich gelingt es ihm nicht mehr, in der zugerischen und eidgenössischen Politik Fuß zu fassen. Als im Gefolge der französischen Revolution auch die Pensionszahlungen aus Frankreich versiegen, plagen ihn existenzielle finanzielle Nöte. Er versucht seine Bibliothek und das umfangreiche Archiv, das er durch unzählige Kopien von Akten und Urkunden aus anderen Archiven angereichert hat, zu verkaufen. Schließlich findet er im Kloster St. Blasien im Schwarzwald einen Käufer. Er erhält 5.600 Gulden und eine jährliche Leibrente und wichtig für

8 Meier, Zurlaubiana (wie Anm. 1), S. 146–164.
9 Ebd., S. 189–195.
10 Ebd., S. 113–121.

ihn, er darf bis zu seinem Ableben die Bibliothek und das Archiv in Zug behalten und weiterhin nutzen. Kurz nach seinem Tod 1799 beginnt der Umzug des Nachlasses und das Feilschen um deren Besitz.[11]

III. Das Zurlaubenarchiv, der Grundstock der Aargauer Kantonsbibliothek

Der Umzug des Zurlaubenarchivs samt Bibliothek in den Schwarzwald wird in die Wege geleitet. Doch Philipp Albert Stapfer, der Minister der Künste und Wissenschaften der helvetischen Republik, der um die Bedeutung dieser Sammlung als nationales Kulturgut weiß, erwirkt einen Arrest. Er verfolgt das Ziel, diesen Nachlass einer geplanten Nationalbibliothek einzuverleiben. Für 12.920 Gulden erwirbt die helvetische Republik das Zurlaubenarchiv vom Kloster St. Blasien, das selbst wenig später säkularisiert und aufgehoben wird.[12]

Nach der Gründung des Kantons Aargau kauft der junge Kanton 1803/04 das wertvolle Kulturgut der helvetischen Liquidationskommission ab. Es bildet den Grundstock der 1807 eröffneten Kantonsbibliothek.[13]

IV. Die erste summarische Ordnung durch Beat Fidel Zurlauben

Noch im Familienbesitz unternimmt Beat Fidel Zurlauben Anstrengungen, die Bücher zu verzeichnen und die »ungeordnete Papiermasse« von Akten, Briefen, Notizen, Druck- und Flugschriften, Zeichnungen und anderem mehr zu ordnen. Er verteilt die Unterlagen summarisch auf 14 Abteilungen und lässt diese in 335 Pappbände binden. Innerhalb der Abteilungen und der Bände ist keine sichtbare Ordnung feststellbar. Er selber foliiert bzw. paginiert alle Bände und nummeriert die Dokumente.

Diese physische Ordnung ist noch heute erhalten:

1. Acta Helvetica , Gallica, Germanica, Hispanica, Sabaudica etc. necnon genealogica stemmatis Zur-Laubiani *33.000 Einzeldokumente*	186 Bände
2. Register dazu *erstellt von Beat Fidel Zurlauben*	2 Bände
3. Stemmatographia Helvetiae *3.000 Brief an Beat Fidel Zurlauben und Antwortkonzepte*	102 Bände

11 Häberle, Collectanea Turri-Laubiana (wie Anm. 3), S. 352.
12 Ebd., S. 352f.
13 H. Kurz, Katalog Aargauer Kantonsbibliothek, Bd. 1 (1857), S. 21–26.

(Fortsetzung)

4. Miscellanea Helveticae Historiae *uneinheitliche Sammlung von Briefen und Akten, z. T. Abschriften*	10 Bände
5. Monumenta Helcetico-Tugiensia *Abschriften von Urkunden*	9 Bände
6. Helveticae Cartae *Abschriften von Urkunden*	3 Bände
7. Cartae Burgundicae, Sabaudicae et Helveticae *Abschriften von Urkunden*	2 Bände
8. Res Tugienses Akten *zu burgundischem Salz, Schwarzen Schumacher und Beat Fidel Zurlaubens Bemühen, wieder in die Zuger Politik einzusteigen*	2 Bände
9. Varia Scripta *Schreiben und Korrespondenzen des 17. und 18. Jahrhunderts*	1 Band
10. Tugiensis Tumultus *Harten- und Lindenhandel (1728–1736)*	1 Band
11. Turri-Laubiani Stemmatis Cartae genealogicae *Quellen zur Genealogie Zurlauben*	6 Bände
12. Lettres diverses *Briefe von Beat Franz Placidus Zurlauben an Gattin 1747*	1 Band
13. Lettres diverses *Korrespondenzen 1713–1767 zu Fremde Dienste und Familie*	1 Band
14. Missiva (1–6) – Varia Helvetiae (7 und 8) *Zur Geschichte der Zurlauben – Briefe französischer Gesandter*	8 Bände
15. Briefe an Füssli *von Beat Fidel Zurlauben an Johann Heinrich Füssli*	1 Band

V. Versuche, dem in Bänden gebundenen Papierberg Herr zu werden

Einen ersten Versuch planen die beiden Mitglieder der ersten kantonalen Bibliothekskommission, Dr. Heinrich Zschokke und der katholische Pfarrer Georg Viktor Keller (ehemals Mönch in St. Blasien) schon kurz nach der Gründung der Kantonsbibliothek: Sie wollen in ihren Mußestunden mit der Erschließung beginnen. Aber es bleibt beim Wollen.[14]

Der Kantonsbibliothekar Franz Xaver Bronner beginnt ein gutes Vierteljahrhundert später, für jeden Band ein Inhaltsverzeichnis zu erstellen. Er bleibt beim Verzeichnen des ersten Bandes stecken.[15]

Der Kantonsbibliothekar und Staatsarchivar Hans Herzog liest sich gegen

14 Häberle, Collectanea Turri-Laubiana (wie Anm. 3), S. 354.
15 Ebd., S. 354f.

Ende des 19. Jahrhunderts im Hinblick auf sein Forschungsziel, eine Biographie von Beat Fidel Zurlauben zu schreiben, durch all die Pappbände und erstellt einen Zettelkatalog. Er kommentiert seine Lektüre, wohl mit einigem Respekt: »Der Wust ist so gross, dass man etwelchen Humor bedarf, um dieses papierene Meer auch nur rasch zu kreuzen«.[16] Seine handschriftlichen Zettel in Holzkisten sind Zeugnis seines Eifers.

Der Kantonsbibliothekar und Staatsarchivar Nold Halder findet um die Mitte des 20. Jahrhunderts im damaligen Landesbibliothekar Wilhelm Josef Meyer einen Partner für die Erschließung der Sammelbände. Ein junger Historiker erhält den Auftrag, Kürzestregeste zu erstellen. Zwischen 1950 und 1954 entstehen Kurzregeste von wenigen Zeilen zu den *Acta Helvetica* und den *Miscellanea Helveticae Historiae*, sowie zu den *Monumenta Helvetico-Tugiensia* und *Res Tugienses* und den *Stemmatographia Helvetiae.* Diese befriedigen allerdings qualitativ nicht.[17]

Der Kantonsbibliothekar Alfred Häberle will die Erschließung methodisch durch die Formulierung von kurzen Regesten und einem umfassenden Orts-, Personen- und Sachregister an die Hand nehmen. Er schätzt, dass für die 186 Bände der *Acta Helvetica* allein über 800.000 Karteikarten notwendig sein werden. Um sie einem breiten Publikum zugänglich zu machen, schwebt ihm ein Druck vor. Häberle überprüft seine Vorgaben an einem einzigen Band und braucht dafür 300 Arbeitsstunden. Er umschreibt seine Erfahrung:

> »Dem Benützer eines derart umfangreichen Verzeichnisses ist nur gedient, wenn jedem Ordnungswort möglichst ein kurzer Regesttext beigefügt oder mindestens ein Hinweis auf den Zusammenhang beigefügt wird, in den die registrierte Stelle gehört.«[18]

Während der Jahre 1954 und 1969 erstellt Alfred Häberle für alle Dokumente der ersten 8 Bände Regeste, allerdings ohne Register.

VI. Das Erschließungsprojekt der Jahre 1973 bis 2014

Der Kantonsbibliothekar Kurt Meyer findet in Professor Gottfried Bösch von der Universität Freiburg einen Verbündeten. Gemeinsam lancieren sie ein Nationalfonds-Projekt, das die begonnene Arbeit von Alfred Häberle weiterführen soll.

Drei Historiker erhalten den Auftrag, von den über 32.000 in 186 Pappbänden

16 Ebd., S. 355. – Aargauer Kantonsbibliothek (Hrsg.), Bericht zum Abschluss der Erschließung der »Acta Helvetica« (1973–2014), verfasst von der Zurlauben-Kommission am 22. Januar 2015, Aarau 2015, S. 5.

17 Die Typoskripte sind digitalisiert und als PDF einsehbar.

18 Häberle, Collectanea Turri-Laubiana (wie Anm. 3), S. 359.

gebundenen Dokumenten der Abteilung *Acta Helvetica* Regesten zu erstellen, sowie diese durch ein Orts-, Personen- und Sachregister zu erschließen. Es ist ausdrücklich keine Text- und schon gar nicht eine Volltextedition vorgesehen. Ebenso soll eine Kommentierung und Erläuterung der Inhalte auf das Notwendigste beschränkt bleiben. Als ein integrierter Teil des Erschließungsprojektes wird die Veröffentlichung der Regesten und der dazugehörigen Register in Buchform verstanden. Damit wird auch als Ziel formuliert, die umfangreichen historischen Quellen, die im Archiv der Familie Zurlauben in der Aargauer Kantonsbibliothek schlummern, sowohl der Fachwelt wie einer interessierten Öffentlichkeit, bekannt zu machen und im Besonderen die wichtige Abteilung *Acta Helvetica* vereinfacht zugänglich zu machen.[19]

Am 1. Oktober 1973 beginnen Kurt-Werner Meier, Josef Schenker und Rainer Stöckli mit der Arbeit. Die 186 Acta-Helvetica-Bände werden willkürlich in 22 ähnlich umfangreiche Serien eingeteilt. In regelmäßigen Abständen werden die Regesten Serie für Serie mit einem dazugehörigen Registerband unter dem Titel *Regesten und Register zu den Acta Helvetica, Gallica, Germanica, Hispanica, Sabaudica etc. necnon genealogica stemmatis Zur-Laubiani / Sammlung Zurlauben* gedruckt und veröffentlicht. Zum ersten Mal erscheint 1976 eine Serie. Die Problematik eines Sachregisters ist bei der Zielformulierung unterschätzt worden. Die Bearbeiter entscheiden sich für einen vorläufigen Verzicht auf ein eigentliches Sachregister, dafür unterteilen sie die Ortseinträge und die Personeneinträge der Zurlauben nach Sachbegriffen. Sie hegen die Hoffnung, dass nach Abschluss der Erstellung aller Regesten, im Rahmen des vorgesehenen Gesamtregisters auch ein umfassendes Sachregister erstellt werden könne.

Nach über 30 Jahren – bis zur Pensionierung von Kurt-Werner Meier und Rainer Stöckli – liegen 17 Serien beziehungsweise 151 Originalbände als gedruckte Regestbände und 17 je in sich abgeschlossene Registerbände vor. 2004 erscheinen die letzten gedruckten Regesten für die Bände 136 bis 143 mit einem Registerband.

Ein neues Bearbeiterteam, das sich mehrheitlich aus jungen Historikerinnen und Historikern zusammensetzt und sich durch häufige Wechsel ständig verändert, setzt unter der Leitung von Stefan Hächler (2006–2010) und Carmen Furger (2010–2014) die Erschließung fort. Mit dem Generationenwechsel wird auch die Modernisierung der Arbeitsmittel in Angriff genommen. Der Zettelkatalog und die Schreibmaschine werden durch einen Computer und entspre-

19 Für Details zur Projektorganisation und die finanzielle Trägerschaft (Kanton Aargau, Schweizersicher Nationalfonds, die Stadt und der Kanton Zug sowie die Kantone Uri, Schwyz, Nidwalden, Obwalden Luzern und Solothurn) verweisen wir auf den ausführlichen Bericht zum Abschluss der Erschließung der »Acta Hevetica« (1973–2014), verfasst von der Zurlauben-Kommission am 22. Januar 2015, hrsg. Aargauer Kantonsbibliothek, Aarau 2015.

chende Standardprogramme, sowie das Erschließungsprogramm FAUST abgelöst.

Dies hat auch eine einschneidende Umstellung der Arbeitsweise zur Folge: Die Register werden vereinfacht und ohne Sachbezug in eine interne Datenbank eingetragen. Die Regesten, zunächst als Word-Dokumente erstellt, werden bandweise als PDF-Dokument auf der Website der Kantonsbibliothek publiziert. Alle noch zu erschließenden Originaldokumente werden gescannt, so dass für die Lektüre statt mit den Originalpappbänden mit den digitalen Bilddateien gearbeitet werden kann. Die Zoommöglichkeiten erleichtern das Lesen und bisweilen das Entziffern der Handschriften erheblich. Dadurch werden die Originale, die nur noch selten benutzt werden müssen, geschont. Bis Ende 2014 sind schließlich rund 32.000 Regesten für alle 186 Bände der *Acta Helvetica* erstellt.

VII. Erschließungsmetamorphose: Überführung in Aargau Digital

Die Regesten zu den während mehr als 40 Jahren erschlossenen Dokumenten der *Acta Helvetica* sind heute auf der Website *Sammlung Zurlauben* innerhalb der Plattform *Aargau Digital* der Aargauer Kantonsbibliothek open access zugänglich.

Ziel der Onlinepublikation der Regesten und Register zu den *Acta Helvetica* war es:

- Eine große Menge von heterogenen Erschließungsdaten, entstanden über viele Jahrzehnte und vorhanden in unterschiedlichen Datenformaten (Excel, Word, PDF), auf einer Webplattform im Volltext und strukturiert recherchierbar zu machen.
- Ein virtuelles Gesamtregister zu erstellen, das zusammen mit den digitalisierten und »born digital« Regesten suchbar ist.
- Eine gezielte Recherche nach Personen, Ortsnamen, Regesttiteln, Datum oder Erschließungstiefe anzubieten.
- Alle Regesten mit einem Kurztitel in deutscher Sprache und einer Datierung zu identifizieren.
- Die Daten in einem standardisierten Format für die Langzeitarchivierung zur Verfügung zu stellen.

Heterogene Ausgangslage:
Drei primäre Datenquellen wurden für die Onlinestellung aufbereitet:

1. Rund 32.000 Regesten, digitalisiert von der Druckausgabe und in PDFs konvertiert und generische Worddokumente, ebenfalls in PDFs konvertiert.

2. Rund 32.000 Regesttitel in Excelformat mit den entsprechenden Regestsignaturen.
3. Komplexe Registereinträge für Personen und Orte: 17 digitalisierte Registerbände, Registerexporte aus der proprietären Faust-Datenbank und generisch erzeugte Exceltabellen für Serie 18 mit einer gesamten Datenmenge von jeweils 300.000–400.000 nicht normierten Personen- und Ortsnamen.

Webplattform Visual Library

Für die digitale Sammlung Zurlauben wird die Software Visual Library genutzt, eine Plattform, die von vielen Archiven und Bibliotheken im deutschsprachigen Raum für die digitale Präsentation von Sammlungen gebraucht wird. In der Schweiz nutzen unter anderem die Websites *e-rara* oder *e-manuscripta* der Hochschulbibliotheken diese Software.

Maßgebend für den Entscheid waren neben den Volltextsuchmöglichkeiten, dass Datensätze im internationalen MEDS Standard generiert werden und dass permanente DOI oder URN Links sichere Zitiermöglichkeiten bieten. Die MEDS Datensätze ermöglichen es, die Metadaten in die digitale Langzeitarchivierung zu übernehmen ebenso wie das Harvesting durch andere Repositorien mittels OAI.

Als die Erschließung in den 1970er Jahren begann, war der Druck die gängige Publikationsform, an eine digitale Edition war nicht zu denken. Für den Druck wurde entschieden, die Regesten in der originalen Ordnung der Sammlung abzubilden. Das heißt, dass die Besonderheit der *Acta Helvetica* Sammlung, nämlich dass die über 150.000 Seiten umfassende Sammlung keinerlei erkennbare Ordnung aufweist, im Druck reproduziert wurde. Das hatte zur Folge, dass die gedruckten Regesten ohne den Zugang über Register nicht sinnvoll genutzt werden können.

Für jeweils sieben oder mehr Regestbände wurde ein Registerband gedruckt mit dem Plan, bei Projektende ein gedrucktes Gesamtregister herauszugeben. Wie bei vielen langjährigen Projekten zeigte sich jedoch noch mitten in der Erschließungsarbeit, nach über 30 Jahren, dass ein gedrucktes Gesamtregister kaum zu realisieren wäre und auch aus der Benutzerperspektive als nicht mehr sinnvoll erschien. Nicht nur ein Gesamtregister, sondern auch der Druck von einzelnen Regestbänden erschien bei Projektabschluss 2014 als nicht mehr zeitgemäß.

Das waren die Bedingungen mit denen die Aargauer Kantonsbibliothek 2016 an die Onlinestellung der disparaten Daten der *Acta Helvetica* ging. Die Herausforderung dieser Onlinestellung lag grundsätzlich in der heterogenen und oft inkonsistenten, gleichzeitig aber großen Menge an Ursprungsdaten. Vorhanden waren die digitalisierte, gedruckte Ausgabe, resultierend in PDFs, generisch erstellte Worddokumente, Metadaten aus einer proprietären Datenbank, eine

Titelliste und Registereinträge in Exceldateien. Die Aufgabe der Normierung der Datenmenge, insbesondere der Registerdaten war ebenfalls nicht zu unterschätzen.

Die Registereinträge für Personen und Orte belaufen sich auf mehrere Hunderttausend Einträge. Diese mussten normiert und dedoubliert werden. Es mussten Entscheide über Namensansetzungen getroffen werden und die vielen gedruckten Verweise mussten in die Metadaten der Namen integriert werden. Oft zeigte erst die digitale Zusammenführung von Namen Unterschiede in den einzeln gedruckten Registereinträgen. Die Regesten und Registerdaten mussten schließlich mit der Titelliste von über 32.000 Einträgen verknüpft werden. Schließlich wurden mehrere Tausend Worddokumente in PDFs umgewandelt.

Suchen in Regesten und Titel

Für die Onlineversion wurden die über 32.000 Regesttexte OCR erkannt und in Visual Library importiert. Das erlaubt eine Volltextsuche über alle Regesten.

Für eine spezifische Suche im Regesttitel kann die Suche auf das Titelfeld eingeschränkt werden. Da alle Titel überarbeitet wurden, werden bei der Titelsuche jetzt bessere Ergebnisse erzielt. Die ursprünglichen Regesttitel der gedruckten Ausgabe werden in der Volltextsuche nach wie vor berücksichtigt, ergeben aber oft keine nützlichen Ergebnisse. Ein Beispiel:

Regest 90/88 enthält ein Verzeichnis »wass uf beiden den 1. und 30. Augusti AO 1632 … gehaltnen conferenzen zue Baden, wegen des … Thurgew- und Rheinthalischen Gescheffts […]«.

Der für die strukturierte Suche umgearbeitete Titel lautet nun:

> »Abrechnung der Kosten der Konferenzen vom…….der Fünf katholischen, im Thurgau und Rheintal mitregierenden Orte«.

Die Volltextsuche kann mit der spezifischen Recherche in den Registern oder dem Datum kombiniert werden. Eine gezielte Suche nach Orten und/oder Personen ist möglich. Jedes Regest steht zusätzlich als PDF zum Download zur Verfügung.

Die Originaldokumente sind in verschiedenen Sprachen (Neuhochdeutsch, Latein, Altfranzösisch, Italienisch, Spanisch) verfasst. Die Regesten, insbesondere der französischsprachigen Dokumente, sind oft eine Mischung von Regest und Teiltranskription. Aufgrund der in den Regesten enthaltenen Teiltranskriptionen müssen bei der Volltextsuche verschiedene Schreibweisen von Wörtern ebenso berücksichtigt werden, wie je nach Thema zum Beispiel das französische Äquivalent.

Die überarbeiteten, neuhochdeutschen Regesttitel sind auch deshalb für die Onlinepublikation ein zentrales Suchinstrument. Bezeichnungen für Dokumente wie Korrespondenzen oder Drucke wurden ebenfalls vereinheitlicht.

Briefe können zum Beispiel recherchiert werden mit »Schreiben an« oder »Schreiben von«. Die zahlreichen und seltenen Einzelausgaben von Zeitungen (z.B. die Post- und Ordinari Schaffhauser Samstags-Zeitung) und rund 400 Einzeldrucke sind jetzt einheitlich unter der Bezeichnung »Druck« einfach über eine Titelsuche auffindbar.

Neben Korrespondenz enthält das Archiv rund 3.000 Notizen der Zurlauben zu Tagsatzungen, Ratssitzungen und anderen Geschäften. Auch hier wurden die entsprechenden Titel vereinheitlicht und sind jetzt unter dem Begriff »Notiz« in Kombination mit einem genauen Datum oder einem Zeitraum einfach zu finden. Alleine für den Zeitraum von 1641–1650 finden sich über eintausend Notizen zu verschiedenen Ereignissen. Diese können weiter eingegrenzt werden, indem über sogenannte Facetten die Ergebnisse nach Orten oder Personen gefiltert werden können.

Suchergebnisse können mittels Facetten für Orte, Personen und Jahre sinnvoll eingeschränkt werden.

Herausforderung Register

Die Druckausgabe der Regesten (Bde. 1–143) umfasst 17 einzelne Registerbände mit jeweils pro Band über 5.000 Personen- und Ortsnamen. Die Komplexität dieser Register wurde durch ein integriertes Sachregister deutlich erhöht. Sachbegriffe finden sich innerhalb der Ortsnamen, mit Ausnahme der Personeneinträge für die Familie Zurlauben, wo zusätzlich zu den Personennamen ebenfalls Sachbegriffe eingetragen wurden. Die Nutzung der gedruckten Register wurde damit auch für den geübten Forschenden zur Herausforderung. Die Extraktion der Sachbegriffe erwies sich – zumindest für eine erste Version der Onlineausgabe – als schwer umsetzbar. Alleine die vielen gedruckten Verweise zwischen den Registern erforderten mehr manuelle Aufbereitung als erwartet. Für eine thematische Suche ist deshalb der Volltextzugriff auf die Regesttexte umso wichtiger (siehe: http://kbaargau.visual-library.de/).

Vorteile der Onlinepublikation

Die Versuche im 19. Jahrhundert, die *Acta Helvetica* zugänglich zu machen, scheiterten. Erst die Erschließung ab den 1970er Jahren bot einen Zugang in Form von gedruckten Regesten. Die heutige Onlinepublikation dieser Regesten und Register bietet zum ersten Mal strukturierten und inhaltlichen Zugang zu Inhalten, die über Jahrhunderte nur wenigen Forschenden bekannt waren.

Die digitale Präsentation der *Acta Helvetica* bietet die Möglichkeit zur systematischen Suche nach den unzähligen Soldlisten, Abrechnungen und Rödel. Eine Volltextsuche mit Stichwort »Bestechung« findet zum Beispiel einen Bericht von Beat Jakob Anton Zurlauben über Pensionen aus dem Jahr 1744 mit dem Regesttext: »Die österreichisch Gesinnten haben nebst den eigenen Anhängern viele Pensionenempfänger mit Bestechungsgeldern und mit ›fressen und sauffen‹ umgarnt [...]« (Regest 177/189). Aber nicht nur unzählige Dokumente zum Solddienst wurden aufbewahrt: eine Stichwortsuche fördert auch sehr spezielle Schreiben ans Tageslicht, wie eine Abschrift eines Schreibens des Kaisers von China an Papst Clemens XI. (Regest 139/219). Gleichzeitig können interessante Inhalte für Sozial- und Wirtschaftshistoriker recherchiert werden.

Eine einfache Recherche nach dem Stichwort »Hexen« in der online-Datenbank weist beispielsweise auf eine Hexenprozessordnung von 1642 aus Bremgarten hin. In der gedruckten Ausgabe findet man die Hexenprozessordnung nur, wenn im 3. Registerband, umfassend die Originalbände 17 bis 24 im Ortsregister unter dem Stichwort »Bremgarten« die Liste der mehrgliedrigen Sachbegriffe durchgesehen wird (s. Abb. 1).

Die über 700 Rechnungen von Handwerkern, Schneidern, Tuchmachern oder Kaufleuten, darunter unter anderem mehr als 20 Schuhmacherrechnungen aus dem 17. Jahrhundert dürften für Wirtschaftshistoriker von Interesse sein. Listen von Hinterlassenschaften oder Eheverträge können jetzt durch eine Kombination von Volltextsuche und Registereinträgen herausgefiltert werden.

Potential

Alle Dokumente der *Acta Helvetica* sind über digital suchbare Regesten erschlossen. Das Archiv der Familie Zurlauben birgt jedoch noch weitere Tausende von Dokumenten und Briefen, die in weit über 200 Bänden, der sogenannten Stemmatographia Sammlung, liegen.

Die umfangreiche Bibliothek Zurlauben, die im Katalog der Aargauer Kantonsbibliothek verzeichnet ist (http://aargauer.aquabrowser.com), beinhaltet Werke, die auch in den Dokumenten der *Acta Helvetica* erwähnt werden.

Einen weiteren Mehrwert für die Forschung böten auch die für die letzte Phase der Erschließung digitalisierten über 20.000 Originalseiten; diese könnten auf der Plattform mit den Regesten verknüpft werden.

153 OR

BREISACH [Fortsetzung]
- Gouverneure:
  - *Erlach Johann Ludwig von* *1641: 23/122
  - *Saint-Geniez, Henri de Montaut Bénac, comte de* *1656: 21/68
- Hoflager *1661: 22/5
- Kriegswirren *1656: 21/68
- Lieutenant du Gouverneur: *s. Oysonville, Paul Le Prevost, baron d'*
- lokal: 18/96; 20/125; 22/153; 23/141
- Stockhaus *1656: 21/68

BREISGAU [D Baden-Württemberg]
- Beziehungen zu:
  - Bourgogne *1674: 23/179
  - Elsass *1674: 23/179
  - Lothringen *1674: 23/179
- Generalvikar des Zisterzienserordens: *s. Schneider Edmund*
- Intendant de Justice, Polices et Finances *La Grange Jacques de*
  *1695: 18/94

BREMGARTEN [AG]
- Amtmann der Abtei Muri *1690: 21/40
- Armenwesen *1709: 18/102
- Armleutehaus *1658: 18/65
- Bauernkrieg 1653: 21/42,62
- Baumeister *Honegger Johann Balthasar* *1648: 21/187
- Beziehungen zu:
  - Frankreich *1626: 17/120
  - Orten neugl. *1646: 21/66
  - Wettingen, Abtei *1646: 21/66
  - Zug, Stadt und Amt *1622: 17/46 *1694: 21/47
  - Zürich *1709: 18/102
  s. ferner Zurlauben Beat II., Konrad III.
- Bürger/Hintersassen *1648: 21/187
  s. auch Bucher, Frick, Guomann, Honegger, Kyd, Meyer, Schön, Weissenbach, Wender
- Fähnrich *1677: 20/216
- Fischerei *1709: 18/102
- Gasthöfe/Wirtshäuser *1642: 21/48 *1656: 20/28
  - Adlerwirt *1648: 21/187
  - Engel *1640: 20/107 *1644:20/177 *1647: 21/182
  - Weisses Kreuz *1659: 20/181
- Gericht *1694: 21/47 *1709: 18/102
- Gerichtsfälle *1646: 21/67 *1659: 20/128,165,181,194
  *1694: 21/47
- Gesandte:
  - *Bucher NN* *1646: 21/66,67
  - *Bucher Niklaus* *1646: 21/66,67
  - *Kruttdumen NN* *1646: 21/66,67
  - *Meienberg Hans* *1626: 17/120
  - *Ritzard Johann Balthasar* *1694: 21/47
  - *Zurlauben Beat II.* *1626: 17/120
- Gesandtschaften nach:
  - Baden, Tagsatzung *1646: 21/66

Abb. 1: Ausschnitt aus dem Ortsregister des 3. Registerband der Bände 17–24.

Teil II: Freundschaft, Patronage, Korruption – Europäische Perspektiven

Lothar Schilling

Patronage im frühneuzeitlichen Frankreich

Patronage war im frühneuzeitlichen Frankreich ein ubiquitäres Phänomen. Tatsächlich dürfte es nur wenige Bereiche des gesellschaftlichen und politischen Lebens in diesem Land gegeben haben, in denen Patronage keine Rolle spielte. So vielfältig wie die Institutionen, Orte und sozialen Milieus, in denen Patronage praktiziert wurde, waren auch deren Spielarten und Funktionen. Das gesamte Spektrum der Patronage im frühneuzeitlichen Frankreich samt den zu ihrem Verständnis unverzichtbaren Kontexten darzustellen, ist im hier gesetzten Rahmen schlechterdings unmöglich. Stattdessen konzentriert sich der folgende Beitrag auf die Patronagebeziehungen der Krone und die sich daraus ergebenden Gestaltungsspielräume und Risiken; er blendet somit vielfältige Erscheinungsformen und Funktionen von Patronage aus. Nicht behandelt wird auch die Zeit nach 1715, obwohl ein Blick auf die Entwicklung der Patronagepraxis im Zeitalter von *monarchie administrative* und *Lumières* fraglos besonders interessant wäre.[1] Nach einigen allgemeinen Überlegungen zur Patronage als sozialer Praxis und als Forschungskonzept soll im Folgenden deren Bedeutung als Herrschaftsinstrument der französischen Krone im 16. sowie (knapper) im 17. Jahrhundert zusammenfassend charakterisiert werden.

I. Patronage im Kontext personal-informeller Beziehungen der Vormoderne

Die Patronage ist ins Zentrum der Frühneuzeitforschung gerückt. Ablesbar ist dies an zahllosen Studien, die dieses Phänomen freilich bislang nicht für alle

1 Als lohnendes, bislang freilich noch keineswegs erschöpfend untersuchtes Forschungsfeld kann etwa die Klientelpolitik der Marquise de Pompadour gelten; vgl. dazu Eva-Kathrin Pollmann, Die Marquise de Pompadour: Ein weiblicher Günstling am Hof Ludwigs XV, in: Arne Karsten, Hillard von Thiessen (Hrsg.), Nützliche Netzwerke und korrupte Seilschaften, Göttingen 2006, S. 88–113. Zum Ganzen auch Edward Andrew, Patrons of Enlightenment. Toronto 2006, v. a. S. 99–118 u. 135–153.

Gemeinwesen des frühneuzeitlichen Europa in gleicher Intensität in den Blick genommen haben.[2] Ein Ergebnis dieser Studien, das die Bedeutung von Patronage für frühneuzeitliche Gemeinwesen unterstreicht und das Interesse am Gegenstand weiter befeuert, ist die Überwindung der von der älteren Forschung in der Tradition Max Webers vertretenen Annahme einer systematischen Unvereinbarkeit von Patronage und anderen Formen personaler Bindung einerseits und institutionalisierter, staatlich-bürokratischer Herrschaft andererseits.[3] Diese Entwicklung hat den Blick freigegeben für die enge Verflechtung von personal-patrimonialer und bürokratischer Herrschaftspraxis in der Frühen Neuzeit. Sie prägte auch die Politik europäischer Fürsten, die parallel zum Ausbau ihrer Prärogativen und ihrer Amtsträgerschaft versuchten, als Patrone die Loyalität der Eliten ihres Herrschaftsbereichs zu sichern.[4]

---

2 Die gesamteuropäisch-vergleichende Perspektive wurde in der Patronageforschung von Anfang an berücksichtigt; vgl. etwa die Sammelbände von Yves Durand (Hrsg.), Hommage à Roland Mousnier. Clientèles et fidélités en Europa à l'époque moderne, Paris 1981, und von Antoni Mączak, Elisabeth Müller-Luckner (Hrsg.), Klientelsysteme im Europa der Frühen Neuzeit, München 1988. Neben dem sich aus verfassungsgeschichtlichen Gründen für die Erforschung von Patronagestrukturen besonders eignenden Kirchenstaat der Frühen Neuzeit gehört die französische Monarchie des 16. und 17. Jahrhunderts zu den bevorzugten Forschungsfeldern der Patronageforschung.

3 Max Weber ordnete die Entwicklung von Herrschaftsapparaten und administrativen Strukturen bekanntlich ausschließlich der Durchsetzung ›rationaler‹ Herrschaft zu; vgl. Max Weber, Die drei reinen Typen legitimer Herrschaft, in: Max Weber, Gesamtausgabe, hrsg. von Horst Baier u. a., Bd. 22–4, Tübingen 2005, S. 717–742.

4 Vgl. dagegen Heiko Droste, Patronage in der Frühen Neuzeit – Institution und Kulturform, in: Zeitschrift für historische Forschung 30 (2003), S. 555–590, der zwar konstatiert, dass Fürsten von Patronagebeziehungen profitierten, die Fürsten selbst aber nicht als Patrone versteht (»[der Fürst war] nicht an einer auf Gegenseitigkeit beruhenden Gabenkultur beteiligt. Es war also nicht möglich, die Gnade des Fürsten als prinzipiell unverdienter [!] und voraussetzungslos gewährter [!] Gabe einzufordern« [S. 585]; »der König ist zwar Quelle aller Gaben in seinem Reich, aber deshalb noch [?] nicht Patron« [ebd., Anm. 110]). Droste missversteht Patronage womöglich als Rechtsinstitut, das beide Seiten nach Art eines Vertrags verpflichtet hätte (was mit der ›absolutistischen‹ Lehre, wonach ein Fürst mit seinen Untertanen keine Verträge schließen darf, unvereinbar gewesen wäre). Seine Behauptung ist jedenfalls weder durch den zeitgenössischen Sprachgebrauch noch durch die soziale Praxis gedeckt. Was den Sprachgebrauch in Frankreich angeht, sei auf die bekannte Definition der ersten Aufl. des Dictionnaire de l'Académie. Paris 1694, Bd. 2, S. 200, verwiesen; dort heißt es: *Patron, Se dit aussi en parlant d'un Prince, d'un Ministre, d'un grand Seigneur auquel on s'attache, & sous la protection duquel on se met pour faire sa fortune, pour avoir de l'appuy. Un tel Prince est son Patron. Il a un bon Patron à la Cour* (Hervorhebungen im Original). Vgl. zu Drostes Thesen bereits Birgit Emich u. a., Stand und Perspektiven der Patronageforschung. Zugleich eine Antwort auf Heiko Droste, in: Zeitschrift für historische Forschung 32 (2005), S. 233–265, hier S. 255; zuletzt Oliver Mallick, ›Spiritus intus agit‹. Die Patronagepolitik der Anna von Österreich 1643–1666, München 2016, S. 21 f. Zum Ganzen ferner Mark Hengerer, Amtsträger als Klienten und Patrone? Anmerkungen zu einem Forschungskonzept, in: Stefan Brakensiek, Heide Wunder (Hrsg.), Ergebene Diener ihrer Herren? Herrschaftsvermittlung im alten Europa, Köln u. a. 2005, S. 45–78.

Obschon eine exakte Abgrenzung von »Patronage« nicht einfach ist, besteht in der Forschung doch weitgehende Einigkeit über vier zentrale Charakteristika:[5] Patronage stellt (a) eine dyadische personale Beziehung zwischen zwei Individuen dar, die häufig deren jeweilige Familien einschließt. Sie beruht (b) auf einer reziproken, aber durch ein Ungleichgewicht zwischen Gabe und Gegengabe gekennzeichneten Tauschbeziehung. Die »Gabe« des Patrons kann in verschiedensten Formen materieller oder ideeller Unterstützung vom Kredit über die Vergabe eines Amtes bis zur Patenschaft bestehen oder aber in der Bereitstellung eines Kommunikationskanals zu einer noch höher gestellten Person, etwa dem König – also Interzession bzw. »brokerage«. Der Klient wiederum leistet im Gegenzug einen »Dienst«, etwa indem er sein Amt im Sinne seines Patrons ausübt oder ihn militärisch oder symbolisch unterstützt – oder indem er seinerseits Beziehungen vermittelt.[6] Je größer und bedeutender die Klientel, desto größer die Macht – so lässt sich der Nutzen aus Sicht des Patrons zusammenfassen. Patronage schließt also (c) eine wechselseitige Verpflichtung ein und sie ist (d) im Grundsatz längerfristig angelegt. Anders als bei Lehensbeziehungen fehlt bei der Patronage das dingliche Substrat der Überlassung eines Lehens an den Vasallen. Zu bedenken ist zudem, dass Patronage in der Frühen Neuzeit anders als in der römischen Republik kein Rechtsinstitut darstellt[7], sondern den Versuch, eine ebenso vielfältig wie flexibel gehandhabte soziale Praxis begrifflich zu fassen, die sich systematisierenden Zugriffen bis zu einem gewissen Grad entzieht, weil die Erbringung der jeweiligen Leistungen an Ehre und Tugend der

---

5 Vgl. etwa Arlette Jouanna, Artikel ›Clientèles‹, in: Lucien Bély (Hrsg.), Dictionnaire de l'Ancien Régime. Royaume de France, XVIe-XVIIIe siècle, Paris 1996, S. 268–270; Gérard Lenclud, Le patronage politique. Du contexte aux raisons, in: Dionigi Albera u. a. (Hrsg.), L'anthropologie de la Méditerranée/ Anthropology of the Mediterranean. Paris 2001, S. 277–306; Guido O. Kirner, Politik, Patronage und Gabentausch. Zur Archäologie vormoderner Sozialbeziehungen in der Politik moderner Gesellschaften, in: Berliner Debatte Initial 14 (2003), S. 168–183; Birgit Emich u. a., Stand und Perspektiven (wie Anm. 4), S. 237; Hillard von Thiessen, Klientel, in: Friedrich Jaeger (Hrsg.), Enzyklopädie der Neuzeit, Bd. 6, Stuttgart 2007, Sp. 780–786.

6 Die Bedeutung von »Brokern«, die als Mittler zwischen Zentrum und Peripherie maßgeblich zur herrschaftlichen Integration lokaler und regionaler Klientelnetzwerke beitrugen, kann schwerlich überschätzt werden. Es ist fraglos sinnvoll, das Vermitteln bzw. Makeln von Loyalitätsbeziehungen als eigenen Typus im Spektrum der Patronage zu profilieren; vgl. bereits (in sozialwissenschaftlicher Perspektive) Jeremy Boissevain, Friends of Friends. Networks, Manipulators and Coalitions, Oxford 1974, bes. S. 147–169; (in historischer Perspektive) Sharon Kettering, Patrons, Brokers and Clients in Seventeenth-Century France, Oxford 1986, S. 4; Christian Windler, Beziehungen makeln. Gemeinde und königliche Gerichte in Spanien im ausgehenden Ancien Régime, in: Zeitschrift für Historische Forschung 24 (1997), S. 53–87; ferner (den Forschungsstand missverständlich zusammenfassend) Droste, Patronage (wie Anm. 4), S. 585f.

7 Vgl. Andrew William Lintott, Artikel ›cliens‹, in: Der Neue Pauly, Bd. 3 (1997), Sp. 32f.; ders., Artikel ›patronus‹, in: ebd., Bd. 9 (2000), Sp. 421f; von Thiessen, Artikel ›Klientel‹ (wie Anm. 5), Sp. 780f.

jeweiligen Akteure festgemacht wurde, was deren Fixierung prinzipiell entgegenstand.

Tatsächlich sind die Korrespondenzen zwischen Patronen und Klienten, die fraglos die wichtigsten Quellen der Patronageforschung darstellen, geprägt durch sprachliche Gestaltungsprinzipien, die im Unterschied etwa zu Verträgen die zu erbringenden Leistungen und die im Falle der Nichterbringung zu gewärtigenden Folgen in der Regel nicht genau definieren und auch den Charakter der jeweiligen Bindung tendenziell dissimulieren. Zwar wird in den Quellen die hierarchische Ordnung meist eindeutig bezeichnet (im Französischen durch Begriffspaare wie *maître* bzw. *protecteur* vs. *fidèle*, *serviteur*, seltener *créature*, oder Verben wie *protéger* und *soutenir* vs. *servir* bzw. *suivre*); Natur und Gegenstand des Tauschgeschäfts indes werden meist umschrieben. Die Rede ist von *amour*, *affection* und *amitié*, von *passion*, von *dévouement* und *obéissance*, von *humble et fidèle service*, von *bienveillance* und *bonnes grâces*, von *vertu* und *honneur*[8] – kaum jedoch von *intérêts*[9]. Wenn *utilité* oder *avantage* genannt werden, dann entweder mit Blick auf den Patron, oder aber in einer übergeordneten, das Gemeinwohl in den Blick nehmenden Perspektive.[10]

Die Frage nach dem Verhältnis zwischen dem Selbstverständnis der zeitgenössischen Akteure, den sprachlichen Formeln und Topoi, mit deren Hilfe sie Patronagebeziehungen bezeichneten, und den sozialen Funktionen dieser Beziehungen wird von der Forschung nicht einheitlich beantwortet. Mit Blick auf Frankreich sei etwa an die divergierenden Ansätze Roland Mousniers, Sharon Ketterings und Kristen Neuschels erinnert. Mousnier unterscheidet zwischen *fidélités*, die er in Anlehnung an das mittelalterliche Lehnswesen als in hohem Maße affektiv fundierte Treuebeziehungen deutet, und *clientèles*, die vor allem auf Interessen beruhten.[11] Sharon Kettering leugnet zwar keineswegs die Exis-

8 Vgl. etwa Jouanna, Artikel ›Clientèles‹ (wie Anm. 5), S. 268; Kristen B. Neuschel, Word of Honour. Interpreting Noble Culture in Sixteenth-Century France, Ithaca, NY 1989, S. 69–131; Ariana Boltanski, Clientélisme et construction monarchique. La clientèle du duc de Nevers dans la seconde moitié du XVIe siècle, in: Hypothèses 3 (1999), S. 145–152, bes. S. 149f.

9 Wenn in den Quellen von *Interesse* die Rede ist, so fast durchweg mit pejorativem Beiklang; vgl. etwa Christian Wieland, Fürsten, Freunde, Diplomaten. Die römisch-florentinischen Beziehungen unter Paul V. (1605–1621), Köln u.a. 2004, S. 480.

10 Die Tendenz zeitgenössischer Akteure, das Verhalten innerhalb von Patronagebeziehungen als desinteressiert und gemeinwohlorientiert dazustellen, betonen zu Recht Emich u.a., Stand und Perspektiven (wie Anm. 4), S. 236f.

11 Roland Mousnier, Les concepts d'*Ordres*, d'*États*, de *fidélité* et de *monarchie absolue* en France de la fin du XVe siècle à la fin du XVIIIe siècle, in: Revue historique 247 (1972), S. 289–312; ders., Les survivances médiévales dans la France du XVIIe siècle, in: XVIIe siècle 106/107 (1975), S. 59–76; ders., Les fidélités et les clientèles en France aux XVIe, XVIIe et XVIIIe siècles, in: Histoire sociale/ Social History 15/29 (1982), S. 35–46; vgl. ferner Durand (Hrsg.), Hommage à Roland Mousnier (wie Anm. 2); sowie ders., Artikel ›Fidélité‹, in: Lucien Bély (Hrsg.) Dictionnaire de l'Ancien Régime (wie Anm. 5), S. 268–270.

tenz emotionaler Beziehungen, hält aber (mit guten Argumenten) eine systematische Unterscheidung zwischen Treue- und Klientelbeziehungen für nicht möglich und erblickt im Übrigen gut amerikanisch just in der Nutzenmaximierung rational urteilender und handelnder Akteure den eigentlichen Kern der Patronage[12] – sie spricht in diesem Zusammenhang von »patronage in and for itself«[13], die sie hinter den betreffenden zeitgenössischen Repräsentationen identifizieren zu können glaubt. Gegen die Verkennung der Bedeutung zeitgenössischer (zumal sprachlicher) Repräsentationen wiederum wendet sich Kristen Neuschel – freilich mit dem Ergebnis, dass bei ihr (ähnlich wie schon bei Mousnier) die materielle Dimension (und damit die soziale Praxis) der Patronage weitgehend hinter deren Repräsentationen verschwindet.[14]

Letztlich ist alles, was wir über frühneuzeitliche Patronage quellenmäßig fassen können, durch zeitgenössische (und zumal sprachliche) Repräsentationen geprägt, deren Semantik nur über die Rekonstruktion der Kontexte ihres Gebrauchs erschlossen werden kann. Diese Repräsentationen zielten weder auf die rechtliche Definition gegenseitiger Ansprüche ab noch auf die präzise Beschreibung von Gefühlen. Die Attraktivität der Patronage lag vielmehr gerade darin begründet, dass sie es dank rhetorischer Freundschafts- und Treuebe-

12 Vgl. Kettering, Patrons, Brokers and Clients (wie Anm. 6), S. 20 u. ö.; dies., Patronage in Early Modern France, in: French Historical Studies 17 (1992), S. 839–862, hier S. 851; ferner dies., Patronage and Politics during the Fronde, in: French Historical Studies 3 (1986), S. 409–441; dies., The Historical Development of Political Clientelism, in: Journal of Interdisciplinary History 18 (1988), 419–447; dies., Clientage During the French Wars of Religion, in: The Sixteenth Century Journal 20 (1989), S. 221–239; dies., Patronage and Kinship in Early Modern France, in: French Historical Studies 16 (1989), 408–435; dies., Brokering at the Court of Louis XIV, in: The Historical Journal 36 (1993), S. 69–87; dies., Patronage in Sixteenth and Seventeenth Century France, Aldershot 2002; dies., Power and Reputation at the Court of Louis XIII. The Career of Charles d'Albert, duc de Luynes (1578–1621), Manchester 2008.

13 So Kettering: Patronage in Early Modern France (wie Anm. 12), S. 862.

14 Vgl. Neuschel, Word of Honour (wie Anm. 8); vgl. zur weiteren Diskussion über die vorgenannten Ansätze David Parker, Class, Clientage and Personal Rule in Absolutist France, in: Seventeenth Century French Studies 9 (1987), S. 192–213, hier S. 192–195; James Russell Major, Vertical Ties through Time, in: French Historical Studies 17 (1992), 863–871; Arlette Jouanna, Réflexions sur les relations internobiliaires en France aux XVIe et XVIIe siècles, in: French Historical Studies 17 (1992), 872–881; Arthur Herman, The Language of Fidelity in Early Modern France, in: The Journal of Modern History 67 (1995), S. 1–24; Wolfgang Reinhard, Freunde und Kreaturen. Historische Anthropologie von Patronage-Klientel-Beziehungen, in: Freiburger Universitätsblätter 139 (1998), 127–151, hier S. 134; Emich u. a., Stand und Perspektiven (wie Anm. 4), S. 259f.; David L. Potter, ›Alliance‹, ›Clientèle‹ and Political Action in Early Modern France: the Prince of Condé's Association in 1562, in: Véronique Gazeau (Hrsg.), Liens personnels, réseaux, solidarités en France et dans les îles Britanniques (XIe-XXe siècle), Personal Links, Networks and Solidarities in France and the British Isles (11th-20th Century). Actes de la table ronde organisée par le GDR 2136 et l'Université de Glasgow (10–11 Mai 2002), Paris 2006, S. 199–219.

zeugungen sowie durch die Berufung auf einen gemeinsamen Wertehorizont erlaubte, innere Überzeugungen auszublenden, genaue Festlegungen über die zu erbringenden Leistungen zu vermeiden und dennoch Vertrauen zu schaffen. Da Patrone und Klienten in der Regel kein Interesse an scharfen definitorischen Abgrenzungen hatten, weist auch das Forschungskonzept »Patronage« notgedrungen unscharfe Ränder auf.

Patronage begegnet also in vielfältigen Spielarten und ist nicht immer klar von anderen Formen personaler Beziehungen abgrenzbar. Dies hängt einerseits damit zusammen, dass der Grad der Verbindlichkeit der sich aus solchen Beziehungen ergebenden Verpflichtungen in der Regel nicht eindeutig festgelegt war und stattdessen die Fiktion der Freiwilligkeit aufrechterhalten wurde. Zudem blieb auch der zeitliche Horizont, innerhalb dessen Gabe und Gegengabe ausgetauscht wurden, oftmals unbestimmt. Wenn etwa ein Patron einem Klienten ein Amt verschaffte, konnte durchaus offen sein, in welcher Weise und wann sich der Klient dafür erkenntlich zeigte – und ob er dies überhaupt tat oder tun konnte. Auch Patrone gingen also Risiken ein – etwa, wenn sich ein in ein Amt empfohlener Klient als untauglich erwies.

Nicht selten lösten sich Klienten, etwa im Kontext konfessioneller oder politischer Konflikte, aus ihrer Bindung an einen Patron oder eine Patronin. Im frühneuzeitlichen Frankreich findet man dafür prominente Beispiele: Michel de L'Hospital etwa verdankte 1560 seine Berufung zum Kanzler seiner Zugehörigkeit zur Klientel der Guise, entfremdete sich über der Konfessionsfrage aber rasch von seinen langjährigen Patronen.[15] Die Karriere Kardinal Richelieus am Hof Ludwigs XIII. wurde erst durch die Protektion der Königinmutter Maria von Medici ermöglicht, was ihn indes später nicht daran hinderte, die Entmachtung und Verbannung seiner ehemaligen Patronin zu veranlassen.[16]

Langfristigkeit war fraglos ein für die zeitgenössischen Vorstellungen von Patronage prägendes, ja konstitutives Ideal. Auch in der Praxis der Patronage spielten langfristige, oft über viele Generationen gepflegte Beziehungen eine wichtige Rolle – sie schufen (mit Hillard von Thiessen) »Vertrauen aus Vergangenheit«.[17] Welche Bedeutung solche nicht selten ganze Familienverbände

15 Vgl. zur Biographie L'Hospitals Loris Petris, La plume et la tribune. Michel de L'Hospital et ses discours (1559–1562), Suivi de l'édition du ›De initiatione Sermo‹ (1559) et des Discours de Michel de L'Hospital (1560–1562), Genf 2002; Seong-Hak Kim, Michel de L'Hôpital. The Vision of a Reformist Chancellor during the French Religious Wars, Kirksville, MO 1997; Denis Crouzet, La sagesse et le malheur. Michel de l'Hospital, chancelier de France, Seyssel 1998.

16 Vgl. Joseph Bergin, The Rise of Richelieu, London 1991. Weitere Beispiele bei Sharon Kettering, Patrons, Brokers and Clients (wie Anm. 6), S. 29f.

17 Vgl. Hillard von Thiessen, Vertrauen aus Vergangenheit. Anciennität in grenzüberschreitender Patronage am Beispiel der Beziehungen von Adelshäusern des Kirchenstaats zur spanischen Krone im 16. und 17. Jahrhundert, in: Frank Bezner, Kirsten Mahlke (Hrsg.),

einbeziehende Bindungen erlangen konnten, wird am Beispiel Heinrichs IV. deutlich, der seine Anerkennung als König nicht zuletzt den weitverzweigten, über viele Generationen aufgebauten Klientelbeziehungen des Hauses Bourbon verdankte, die auch während der Religionskriege über konfessionelle Grenzen hinweg fortbestanden.[18]

Andererseits gibt es genügend Belege nicht nur für das Zerbrechen von Patronagebeziehungen, sondern auch für kurzfristige Versuche, solche Beziehungen anzuknüpfen – etwa im Kontext der »Bewerbung« um Ämter, deren Übernahme oder anderer Formen des sozialen Aufstiegs einzelner Akteure. La Bruyère hat die dabei wirksamen Mechanismen treffend beschrieben: »Que d'amis, que de parens naissent en une nuit au nouveau Ministre« – so die Beobachtung des Moralisten, der zugleich mit feiner Ironie das vor dem Hintergrund ständisch-traditionaler Ordnungsvorstellungen plausible Bestreben andeutet, die Neuigkeit solcher »Beziehungswünsche« zu verschleiern: »les uns font valoir leurs anciennes liaisons, leur société d'études, les droits du voisinage, les autres feuilletent leur généalogie, remontent jusqu'à un très ayeul, rapellent le côté paternel & maternel«.[19]

Patronage war also ein Muster sozialen Verhaltens, das es erlaubte, viele Parameter der jeweiligen Beziehung in der Schwebe zu halten: die Motive und Interessen der Akteure etwa, das Verhältnis von Gabe und Gegengabe, den Grad der Exklusivität, der Aktivierung wie auch der institutionellen Verdichtung der jeweiligen Beziehung, nicht zuletzt deren zeitliche Erstreckung. Nicht die explizite, sanktionsbewehrte gegenseitige Selbstverpflichtung wie im Vertragsrecht bildete die Grundlage solcher Beziehungen, sondern der Rekurs auf einen (stets deutbaren) gemeinsamen Tugend- und Ehrenkodex sowie auf (teilweise weit zurückreichende) Erfahrungen. Dies bedingte ein von Fall zu Fall unterschiedliches, im Vergleich zu rechtsförmlichen Regelungen jedenfalls deutlich erhöhtes Maß an Unbestimmtheit und Risiko, aber auch eine hohe Variabilität und Flexibilität, die den Tausch und die gegenseitige Verrechnung höchst unterschiedlicher Güter ebenso ermöglichte wie die Aufrechterhaltung von Optionen sozialer Interaktion über tiefgreifende, etwa konfessionelle Gegensätze hinweg.

Zwischen Wissen und Politik. Archäologie und Genealogie frühneuzeitlicher Vergangenheitskonstruktionen, Heidelberg 2011, S. 21–39.

18 Vgl. Kettering, Patrons, Brokers and Clients (wie Anm. 6), S. 232f.; Neuschel, Word of Honor (wie Anm. 8), S. 132–185; Arlette Jouanna, Le temps des guerres de Religion en France (1559–1598), in: Jacqueline Boucher u.a., Histoire et dictionnaire des guerres de religion, Paris 1998. S. 1–446, hier S. 395–400.

19 Jean de La Bruyère, Les Caractères de Théophraste, traduits du grec, avec les Caractères ou les Mœurs de ce siècle, zuerst 1688, hier zitiert nach der 2. Aufl., Paris 1699, S. 223. In der ersten Aufl. findet sich die Passage noch nicht.

II. Patronage als Herrschaftsinstrument 1500–1715

Die bereits angesprochene Verflechtung von personal-patrimonialer und »staatlich«-institutioneller Herrschaft tritt am Beispiel des Verhältnisses der französischen Könige zu den Eliten ihres Landes deutlich hervor. Schon zu Beginn des 16. Jahrhunderts galten die französischen Könige als »absolute« Monarchen, die sich über das von Menschen geschaffene Recht wie über tradierte Verfahren und Spielregeln der Entscheidungsfindung hinwegsetzen konnten. Allerdings stimmten die sich zu dieser Frage artikulierenden Akteure weithin überein, dass dieser Anspruch nur in Notfällen eingelöst werden sollte.[20] Die zeitgenössische Literatur entwarf das Ideal eines Königtums, das ungeachtet seiner »Absolutheit« »Herrschaftsbremsen« akzeptierte und den Konsens der Eliten suchte.[21] Es spricht viel für die Annahme, dass dies in den ersten Jahrzehnten des 16. Jahrhunderts recht gut gelungen ist.

Dabei spielten vor allem zwei Faktoren eine Rolle: Einerseits verfügte die Monarchie über Institutionen und Verfahren der Konsensstiftung, etwa die durch das Registrierungs- und Remonstranzrecht gewährleistete Einbindung der Obergerichte in das Gesetzgebungsverfahren oder den als »roi collectif réuni en présence et sous la direction du souverain« fungierenden »großen königlichen Rat«, in dem Hochadelsfamilien und Würdenträger der Kirche ebenso vertreten waren wie erfahrene Juristen und Amtsträger.[22]

---

20 Vgl. im Einzelnen Lothar Schilling, Normsetzung in der Krise. Zum Gesetzgebungsverständnis im Frankreich der Religionskriege, Frankfurt/M. 2005, S. 313–318.

21 Dargelegt wird das Konzept der »Herrschaftsbremsen« (*freins*) bei Claude de Seyssel, La monarchie de France et deux autres fragments politiques [1519], hrsg. von Jacques Poujol, Paris 1961.

22 Vgl. zum Ganzen Félix Aubert, Histoire du Parlement de Paris de l'origine à François Ier, 1250–1515, 2 Bde, Paris 1894, v. a. Bd. I, S. 357–364; Édouard Maugis, Histoire du Parlement de Paris de l'avènement des rois Valois à la mort d'Henri IV, 3 Bde, Paris 1913–1916, hier v. a. Bd. I, S. 517–546; Christopher Stocker, ›Parti‹, Clientage, and Lineage in the Fifteenth-Century ›parlement‹ of Paris, in: Proceedings of Annual Meeting of the Western Society for French History 13 (1986), S. 10–20; James Hosea Kitchens, The Parlement of Paris during the Ministry of Cardinal Richelieu, 1624–1642, 2 Bde, Ph.D. thesis. The Louisiana State University Baton Rouge 1974, S. 73–81; Françoise Autrand, Naissance d'un grand corps de l'État: Les Gens du Parlement de Paris, 1345–1454, Paris 1981; Lothar Schilling, Krisenbewältigung durch Verfahren? Zu den Funktionen konsensualer Gesetzgebung im Frankreich des 16. und frühen 17. Jahrhunderts, in: Barbara Stollberg-Rilinger (Hrsg.), Vormoderne politische Verfahren, Berlin 2001, S. 449–491, hier S. 460–467; ders., Normsetzung (wie Anm. 20), S. 139–149 u. 213–216; ders., Das Ohr des Königs. Zur Frage der Zugänglichkeit des Monarchen im Frankreich des 16. und frühen 17. Jahrhunderts, in: Silvia Serena Tschopp, Wolfgang E.J. Weber (Hrsg.), Macht und Kommunikation. Augsburger Studien zur europäischen Kulturgeschichte, Berlin 2012, S. 81–115, hier S. 93–95; Sophie Petit-Renaud, ›Faire loy‹ au royaume de France de Philippe VI à Charles V (1328–1380), Paris 2003, S. 324–341; das Zitat bei Emmanuel Le Roy Ladurie, L'État royal, 1460–1610, Paris 1987, S. 127, unter Be-

Neben solchen Verfahren der institutionalisierten politischen Beteiligung der Eliten setzte die Krone auf informelle Formen der Loyalitätsstiftung durch eine zumal auf die Gewährung von Ämtern, *pensions* und Geschenken bauende, Akzeptanz ohne direkte Partizipation sichernde Patronagepolitik.[23] Es gab ja tatsächlich nicht wenig zu verteilen im Frankreich der ersten Jahrzehnte des 16. Jahrhunderts. Im Zuge der italienischen Kriege winkten Schwert- und Amtsadligen, Gelehrten und Künstlern prestigeträchtige und lukrative Kommandos und Ämter, der diplomatische Verkehr wurde ausgebaut, auch innerhalb Frankreichs wuchs die Zahl der zu vergebenden Ämter rasch an. Gerade am Beispiel der Ämterpatronage wird dabei die untrennbare Verquickung von institutionellen Strukturen und patrimonialen Praktiken der Besetzung deutlich.[24]

Dieses für beide Seiten komfortable System der Sicherung von Loyalität geriet freilich um die Mitte des 16. Jahrhunderts in die Krise. Dass unter Franz I. der große königliche Rat an Bedeutung verlor und Entscheidungen zunehmend in einem kleinen, kabinettartigen Gremium getroffen wurden, sorgte zunächst kaum für Aufsehen, zumal es dafür gute Gründe gab. Zudem überdeckten der Glanz sowie die Erfolge Franz' I. und die durch sie ermöglichte großzügige Patronagepraxis der Krone mögliche Bedenken gegen die Abkehr vom *gouvernement par grand conseil.*[25]

---

zugnahme auf die Studie von Mikhaël Harsgor, Recherches sur le personnel du conseil du roi sous Charles VIII et Louis XII, 4 Bde, Paris 1980.

23 Vgl. zu deren Anfängen Peter S. Lewis, Reflections on the Role of Royal Clientèles in the Construction of the French Monarchy (mid-XIVth / mid XVth centuries), in: Neithard Bulst u. a. (Hrsg.), L'État ou le roi. Les fondations de la modernité monarchique en France (XIVe–XVIIe siècles), Table ronde du 25 mai 1991 à l'École Normale Supérieure, Paris 1996, S. 51–67.

24 Vgl. etwa William Arthur Weary, Royal policy and patronage in Renaissance France, The monarchy and the house of Trémouille. Ph. D. thesis Yale, CT 1972, Ann Arbor, MI 1973, insbes. S. 12–14; Malcolm Walsby, The Counts of Laval. Culture, Patronage and Religion in Fifteenth and Sixteenth-Century France, Aldershot u. a. 2007, S. 81–112; Robert J. Knecht, Renaissance Warrior and Patron. The Reign of Francis I., Cambridge 1994, S. 105–121 u. 425–461; ders., The French Renaissance court, 1483–1589, New Haven, CT 2008; zuletzt Cédric Michon, François Ier: Les femmes, le pouvoir et la guerre, Paris 2015, v. a. S. 121–138 u. 233–258; ferner (mit zahlreichen Seitenblicken auf die Patronagepolitik des Königs) Barbara M. Stephenson, The Power and Patronage of Marguerite de Navarre, Aldershot 2004.

25 Vgl. zum Ganzen v. a. Arlette Jouanna, Le devoir de révolte. La noblesse française et la gestation de l'Etat moderne, 1559–1661, Paris 1989; S. 332–334; ferner dies., Die Debatte über die absolute Gewalt im Frankreich der Religionskriege, in: Ronald G. Asch, Heinz Duchhardt (Hrsg.), Der Absolutismus – ein Mythos? Strukturwandel monarchischer Herrschaft in West- und Mitteleuropa (ca. 1550–1700), Köln u. a. 1996, S. 57–78, hier S. 59; dies., Artikel ›Absolutisme‹, in: Jacqueline Boucher u. a., Histoire et dictionnaire des guerres de religion, Paris 1998, S. 630–632; Roger Doucet, Les institutions de la France au XVIe siècle, 2 Bde, Paris 1948, Bd. I, S. 138–144; Jean-Louis Thireau, Le Conseil du Roi au XVIe siècle, in: Revue administrative 52 (1999), Numéro spécial 3, S. 10–19; Nicola Mary Sutherland, The French Secretaries of State in the Age of Catherine de Medici, London 1962, S. 7–94.

Dies änderte sich, als unter Heinrich II. militärische Misserfolge nicht nur das Ansehen des Königs belasteten, sondern auch die patronagepolitischen Spielräume der Krone nach und nach einengten. An attraktive Ämter und Kommandos in Oberitalien war kaum mehr zu denken, Geschenke und *pensions* flossen angesichts der Erschöpfung der finanziellen Ressourcen der Krone spärlicher als in den Jahrzehnten zuvor; schließlich sorgte die Generalisierung der zur Milderung der Finanznot eingeführten Ämterkäuflichkeit dafür, dass zunehmend weniger Ämter auf dem Wege der Ämterpatronage vergeben werden konnten. All dies schwächte die Integrationskraft der Krone, die angesichts des sich verschärfenden konfessionellen Konflikts besonders gefordert gewesen wäre.[26] Als König Heinrich II. im Sommer 1559 an den Folgen eines Turnierunfalls starb, war die Krise der Monarchie offensichtlich, zumal Heinrichs ältester Sohn, Franz II., mit 15 Jahren zwar volljährig war, aber weder willens noch fähig, allein zu regieren.[27]

Franz II. reagierte wie vor ihm ansatzweise schon sein Vater und nach ihm nicht wenige europäische Monarchen des späten 16. und 17. Jahrhunderts – mit der Einführung eines Favoritensystems[28]. Alle militärischen Angelegenheiten übertrug er Herzog Franz von Guise; dessen Bruder, Kardinal Karl von Guise,

26 Vgl. zum Einflussverlust der Krone bereits Lucien Romier, Le Royaume de Catherine de Médicis. La France à la veille des guerres de Religion, 2 Bde, Paris 1922/25; zur Einordnung Romiers ferner Mark Greengrass, Functions and Limits of Political Clientelism in France before Cardinal Richelieu, in: Bulst u.a. (Hrsg.), L'État ou le roi (wie Anm. 23), S. 69–82; James Russell Major, The loss of royal initiative and the decay of the estates general in France 1421–1615, in: Album Helen Maud Cam, Bd. 2, Löwen u.a. 1961, S. 247–259; ders., From Renaissance Monarchy to Absolute Monarchy. French Kings, Nobles & Estates. Baltimore, MD 1994, S. 108–112; Robert R. Harding, Anatomy of a Power Elite. The Provincial Governors of Early Modern France, London 1978, S. 68–87.

27 Vgl. Henri Naef, La conjuration d'Amboise et Genève, Genf 1922; Lucien Romier, La Conjuration d'Amboise. L'Aurore sanglante de la liberté de conscience; le Règne et la mort de François II, 3. Aufl., Paris 1923; Louis-Henri Lefèvre, Les Français pendant les guerres de religion. Le Tumulte d'Amboise, Paris 1949; Nicola Mary Sutherland, Calvinism and the Conspiracy of Amboise, in: History 47 (1962), S. 111–138; Corrado Vivanti, La congiura d'Amboise, in: Yves-Marie Bercé, Elena Fasano Guarini (Hrsg.), Complots et conjurations dans l'Europe moderne. Actes du colloque international organisé par l'École française de Rome, l'Institut de recherche sur les civilisations de l'Occident moderne de l'Université de Paris-Sorbonne et le Dipartimento di storia moderna e contemporanea dell'Università degli studi di Pisa, Rom 1996, S. 439–450.

28 Vgl. zum Grundsätzlichen John H. Elliott, Lawrence W. B. Brockliss (Hrsg.), The World of the Favourite, London 1999; Ronald Asch: »Lumine solis«. Der Favorit und die politische Kultur des Hofes in Westeuropa, in: Michael Kaiser, Andreas Pečar (Hrsg.), Der zweite Mann im Staat. Oberste Amtsträger und Favoriten im Umkreis der Reichsfürsten der Frühen Neuzeit, Berlin 2003, S. 21–38; ferner Jean-Marie Constant, Les Guise, Paris 1986, S. 37–51; Stuart Carroll, Noble Power during the Wars of Religion. The Guise Affinity and the Catholic Cause in Normandy, Cambridge 1998, S. 89–115; Éric Durot, François de Lorraine, duc de Guise entre Dieu et le Roi, Paris 2012, S. 461–581.

betraute er mit der Sanierung der Finanzen des Königreichs. Damit übernahmen zwei dem lothringischen Herzogsgeschlecht entstammende *ducs et pairs* die faktische Führung des Landes – und agierten, wie auch andere Favoriten der Zeit agierten: Sie nutzten die Gunst des Königs, um Angehörige ihrer Klientel in Schlüsselpositionen als Gouverneure, Festungskommandanten, Parlamentsräte usw. zu bringen – und um den Zugang zum König zu kontrollieren, ihnen genehme Bitten zu unterstützen und Rivalen von ihm fernzuhalten.

Die Erwartungen des jungen Königs, mit Hilfe der Guise seine Herrschaft zu stabilisieren, erfüllten sich indes nicht. Der Rückhalt der Guise im französischen Adel war gering, sie galten als »Ausländer«, die sich ihren Status als *ducs et pairs* und ihre Favoritenstellung erschlichen hatten – und sie sahen sich anderen Großen des Reichs gegenüber, die sich nicht nur für weit eher berechtigt hielten, die Geschicke Frankreichs zu lenken, sondern auch über größere Klientelverbände verfügten als sie selbst – Herzog Anne de Montmorency etwa, der unter Heinrich II. eine dominante Stellung am Hof eingenommen hatte, oder König Antoine von Navarra und sein jüngerer Bruder Louis de Condé.[29] Dass letzteren zudem nachgesagt wurde, den Protestanten nahezustehen, führte zu einer Verknüpfung der Favoritenfrage mit der Konfessionsfrage und trug maßgeblich zu jener Konstellation bei, die 1560 die Verschwörung von Amboise und schließlich 1562 den Ausbruch des Ersten Religionskriegs nach sich zog.[30]

Es ist hier nicht der Ort, die Entwicklung des Patronagewesens in der Zeit der Religionskriege im Detail vorzustellen. Festzuhalten ist, dass der Verlust der patronagepolitischen Gestaltungsspielräume der Krone im Zusammenspiel mit der konfessionellen Spaltung, der persönlichen Schwäche einzelner Könige und schließlich der dynastischen Krise des Hauses Valois die Integration des Herrschaftsverbandes massiv gefährdete. Je weniger die französischen Könige in der Lage waren, als Patrone Gnaden zu verteilen, desto mehr entwickelten sich die Klientelverbände des Hochadels zu untereinander rivalisierenden Parteien. Deren innerer Zusammenhalt war zwar meist durch religiöse Überzeugungen geprägt, sie blieben indes in ihrer sozialen Organisation nichts anderes als Klientelverbände – ablesbar nicht zuletzt an ihrem geringen Institutionalisierungsgrad.[31]

---

29 Vgl. Kettering, Patrons, Brokers and Clients (wie Anm. 6), S. 217; Antoine Pacault, La clientèle des ducs de Montmorency à la Chambre des comptes de Nantes de 1542 à 1632, in: Annales de Bretagne et des Pays de l'Ouest 108–4 (2001), S. 171–193; Mark Greengrass, Property and politics in sixteenth-century France: the landed fortune of Constable Anne de Montmorency, in: French History 2 (1988), S. 371–398; Brigitte Bedos-Rezak, Anne de Montmorency. Seigneur de la Renaissance, Paris 1990; Neuschel, Word of Honor (wie Anm. 8), S. 148–150; Potter: ›Alliance‹, ›Clientèle‹ and Political Action (wie Anm. 14).

30 Vgl. im Einzelnen Schilling, Das Ohr (wie Anm 22), S. 97–101.

31 Zwar sind in einigen Fällen schriftliche Erklärungen überliefert, in denen Adlige sich verpflichteten, einem hochadligen Patron gegen alle Feinde (mit Ausnahme des Königs) Ge-

Die seit der Jahrhundertmitte unternommenen Versuche, das geschwundene Patronagepotential des Königtums durch ein Favoritensystem zu kompensieren und die mächtigsten Hochadelsfamilien gegeneinander auszuspielen, sind gescheitert – ja sie trugen weit mehr als die zuvor praktizierte, die königlichen Gnaden relativ breit streuenden Patronagepolitik dazu bei, einzelne Hochadelsfamilien zu stärken und ihnen zu ermöglichen, in offene Patronagekonkurrenz zur Krone zu treten. Das Beispiel der Guise, die ihr nach 1559 deutlich gewachsenes Klientelnetz nutzten, um an der Spitze der ersten und zumal der zweiten katholischen Liga König Heinrich III. in die Enge zu treiben, macht dies deutlich.[32] Auch Henri Ier de Montmorency-Damville, der zweite Sohn des bereits erwähnten Anne de Montmorency, nutzte die von seinem Vater auf ihn übergegangene Stellung als Gouverneur des Languedoc, um eine weitgehend vom König unabhängige Machtstellung im Süden Frankreichs aufzubauen und dort (zeitweise in offenem Gegensatz zum König) eine auf konfessionellen Ausgleich abzielende Politik zu verfolgen, aber auch um Kontakte zum Herzog von Savoyen und zum König von Spanien zu knüpfen.[33] Seine Macht verdankte er freilich nicht allein seinem Amt, sondern auch der Tatsache, dass es ihm gelang, beinahe alle maßgeblichen Adligen und Amtsträger im Süden Frankreichs als Klienten zu gewinnen. In den Quellen heißt es mit einer einige Jahrzehnte zuvor bereits mit Blick auf Franz I. verwendeten Formel, er sei *merveilleusement aimé*[34] gewesen.

Angesichts der negativen Erfahrungen mit Favoriten aus dem Kreis der *ducs et pairs* versuchte Heinrich III., durch die gezielte Förderung einzelner Adliger aus der *noblesse seconde* ein Gegengewicht gegen diese Familien zu schaffen.[35] Aus

folgschaft zu leisten; doch abgesehen davon blieben die Religionskriegsparteien wenig durchorganisiert; vgl. Jouanna, Artikel ›Clientèles‹ (wie Anm. 5), 269.

32 Vgl. etwa Élie Barnavi, Fidèles et Partisans dans la Ligue Parisienne (1585–1594), in: Hommage à Roland Mousnier, S. 139–152; Jean-Marie Constant, La Ligue, Paris 1996; Ariane Boltanski, Laurent Bourquin, La noblesse et la Ligue: historiographie et pistes de recherche, in: Europa Moderna 1 (2010), S. 29–36.

33 Vgl. u.a. Arlette Jouanna, Protection des fidèles et fidélité au roi: l'exemple de Henri Ier de Montmorency Damville, in: Hommage à Roland Mousnier, S. 279–296; Mark Greengrass, Noble Affinities in Early Modern France: The Case of Henri I de Montmorency, Constable of France, in: European History Quarterly 16 (1986), S. 275–311; Joan Davies, The politics of the marriage bed. Matrimony and the Montmorency family 1527–1612, in: French History 6 (1992), S. 63–95, v.a. S. 70–73; dies., Neither Politique Nor Patriot? Henri, Duc de Montmorency and Philip II, 1582–1589, in: The Historical Journal 34 (1991), S. 539–566.

34 Zit. nach Jouanna, Protection des fidèles (wie Anm. 33), S. 283. Auf Franz I. gemünzt wurde diese Formel bereits 1525 vom kaiserlichen Botschafter de Praet, der im Zusammenhang mit der Gefangenschaft des Königs nach der Schlacht bei Pavia berichtete, der König sei »si merveilleusement aimé, que si sa rançon fust convertie en argent comptant, que l'on ne la sauroit faire si excessive que tost elle ne fust preste«; zit. nach Aimé Champollion-Figeac (Hrsg.), Captivité du roi François Ier, Paris 1847, S. 385, Anm. 1.

35 Vgl. zum Folgenden Arlette Jouanna, Faveurs et favoris: l'exemple des mignons de Henri III., in: Robert Sauzet (Hrsg.), Henri III et son temps: actes du Colloque international du Centre

dem »zweiten Adel« rekrutierte der König bekanntlich seine *mignons*, darunter die *archimignons* Anne de Joyeuse und Jean Louis de Nogaret de La Valette, die er zu Herzögen und *pairs* erheben ließ. Die vergleichsweise jungen Favoriten, die der König mit Ehren, Geschenken und Ämtern überhäufte, sollten ein neues, durch Kultiviertheit, Bildung und unbedingte Loyalität zu seiner Person gekennzeichnetes Adelsethos verkörpern – ein Ethos, das auch den neubegründeten Heiliggeist-Orden[36] prägen sollte. Dieses Ethos, das in einer die traditionelle Formelsprache der Patronage übersteigernden Form zum Ausdruck gebracht wurde, stieß indes in weiten Kreisen des Adels auf Ablehnung, Verachtung, ja offenen Hass, die sich gegen Ende der 1580er Jahre in einer Hetzkampagne ungeahnten Ausmaßes sowie schließlich in der Ermordung des Königs entluden.[37] Damit begann der letzte und längste der Religionskriege des 16. Jahrhunderts, dessen erste Jahre zugleich eine Phase weitgehenden patronagepolitischen Kontrollverlusts der Krone waren.

Das 17. Jahrhundert gilt insgesamt als Jahrhundert der neuerlichen »centralisation des clientèles«[38] seitens der Krone. Diese Zentralisierung erfolgte nicht linear. Wie schon die Jahre nach dem Tod Heinrichs II. 1559 waren auch die beiden Regentschaften nach der Ermordung Heinrichs IV. 1610 und nach dem Tod Ludwigs XIII. 1643 Zeiten patronagepolitischer Schwäche der Krone, in denen Angehörige des Hochadels wie etwa die Herzöge von Condé ihre Klientelverbände gegen die Krone in Stellung brachten, ja ins Feld führten – die Adelsfronde der Jahrhundertmitte ist ein letztes Beispiel einer solchen Konstellation, in der es in Ermangelung eines politisch voll zurechnungsfähigen Königs nicht gelang, die Großen des Reiches als Klienten an die Krone zu binden.[39]

---

de la Renaissance de Tours, octobre 1989. Paris 1992, S. 155–165; Nicolas Le Roux, La faveur du roi. Mignons et courtisans au temps des derniers Valois (vers 1547–vers 1589), Seyssel 2001; zu Heinrichs Hofhaltung Jeroen Duindam, Vienna and Versailles. The Courts of Europe's Dynastic Rivals 1550–1780, Cambridge 2003, S. 161f.

36 Vgl. zum *ordre et milice du benoist Saint-Esprit* zuletzt Martin Wrede, Ohne Furcht und Tadel – Für König und Vaterland. Frühneuzeitlicher Hochadel zwischen Familienehre, Ritterideal und Fürstendienst, Ostfildern 2012, S. 288–293.

37 Vgl. u.a. David Potter, Kingship in the Wars of Religion. The Reputation of Henri III of France, in: European History Quarterly 25 (1995), S. 485–528.

38 Der Begriff ist in der französischen Forschung weithin gebräuchlich; vgl. etwa Yves Durand, Préface, in: Joël Fouilleron (Hrsg.), Sociétés et idéologies des temps modernes. Hommage à Arlette Jouanna, Montpellier 1996, Bd. 1, S. 1–8, hier S. 4; Guy Chaussinand-Nogaret, Histoire des élites en France, XVIe au XXe siècle, Paris 1991, S. 130–136; Jouanna, Artikel ›Clientèles‹ (wie Anm. 5), S. 269.

39 Vgl. zu den hochadligen Revolten gegen die Regentschaft Marias von Medici Jean-François Dubost, Marie de Médicis. La reine dévoilée, Paris 2009, S. 295–570; zur Fronde etwa Kettering, Patronage and Politics during the Fronde (wie Anm. 12); zuletzt Jean-Marie Constant, C'était la Fronde, Paris 2016; zur Rolle der Condé Katia Béguin, Les Princes de Condé. Rebelles, courtisans et mécènes dans la France du Grand siècle, Seyssel 1999, bes. S. 147–260;

Betrachtet man andererseits die Bestrebungen, die eine »Zentralisierung« der Klientelstrukturen bewirkt haben, wird deutlich, dass durchaus unterschiedliche Ansätze verfolgt wurden. Heinrich IV. knüpfte im Grunde an die in der ersten Hälfte des 16. Jahrhunderts verfolgte, die königlichen Gnaden relativ breit streuende Patronagepolitik an. Er nahm enorme Kredite auf, um nach und nach alle gegen ihn kämpfenden Hochadligen an sich zu binden – und hatte damit nicht zuletzt deshalb Erfolg, weil es dank einer günstigen Wirtschaftsentwicklung und einer klugen Steuerpolitik auch in den folgenden Jahren seiner Herrschaft etwas zu verteilen gab.[40]

Ludwig XIII. setzte nach der Emanzipation von seiner Mutter zunächst auf einen nicht dem Hochadel entstammenden Favoriten, den bald zum Herzog erhobenen Marquis d'Albert,[41] knüpfte also an die Ansätze Heinrichs III. an, ehe Kardinal Richelieu in die Rolle des Premierministers und Favoriten hineinwuchs.[42] Auch Richelieu und sein Nachfolger Mazarin entstammten nicht dem französischen Hochadel, unterschieden sich von früheren Favoriten aber durch ihren Status als hohe Kleriker und durch die lange Dauer (insgesamt mehr als dreißig Jahre), in der sie als Erste Minister die Politik Frankreichs maßgeblich gestalteten. Obwohl beide Kardinäle dezidiert Familienpolitik betrieben[43], konnten sie den aus ihrem Favoritenstatus erwachsenden Gewinn an Patronagemacht doch weniger unmittelbar vererben als etwa im 16. Jahrhundert die Guise und die Montmorency – aus Sicht des Königs ein unübersehbarer Vorteil. Dass sie ihren Favoritenstatus jeweils lange bewahren konnten, hatte viele Gründe, von der politischen Versiertheit und Verschlagenheit der beiden bis hin zur Tatsache, dass ihre Zeit durch einen langen äußeren Krieg gekennzeichnet war, den Richelieu mit herbeigeführt hatte und den beide zur Legitimation immer neuer außerordentlicher, ihre Machtstellung stärkender Maßnahmen nutzten. Umgekehrt kann die Zeit der Kardinalminister als Beleg dafür dienen,

zur Rolle der rentiers dies., Korruption als Verletzung der Repräsentationspflicht. Eine Neubewertung der Fronde der »Rentiers« (Frankreich 1649–1653), in: Nils Grüne, Simona Slanicka (Hrsg.), Korruption. Historische Annäherungen, Göttingen 2011, S. 427–442.

40 Vgl. zusammenfassend Jouanna, Le temps des guerres de Religion (wie Anm. 18), S. 395–400 u. 404–406; Michel de Waele, Réconcilier les Français. Henri IV et la fin des troubles de religion (1589–1598), Québec 2010, S. 187–206.

41 Vgl. Kettering, The Career of Charles d'Albert, duc de Luynes (wie Anm. 12).

42 Vgl. etwa Jean-Marie Constant, Les Conjurateurs: Le Premier libéralisme politique sous Richelieu, Paris 1987, S. 122–129 u. 147–165; Alanson Lloyd Moote, Richelieu as Chief Minister: A Comparative Study of the Favourite in Early Seventeenth-Century Politics, in: Joseph Bergin, Laurence Brockliss (Hrsg.), Richelieu and his Age, Oxford 1992, S. 13–44.

43 Vgl. Joseph Bergin, Cardinal Richelieu: Power and Pursuit of Wealth, London 1985; Claude Dulong, La fortune de Mazarin, Paris 1990; Robert Oresko, The marriages of the nieces of Cardinal Mazarin. Public Policy and Private Strategy in Seventeenth-century Europe, in: Rainer Babel (Hrsg.), Frankreich im europäischen Staatensystem der frühen Neuzeit, Sigmaringen 1995, S. 109–151.

dass Patronagebeziehungen ihre volle Wirksamkeit in der Regel erst in längeren Zeithorizonten entfalteten. Ihre dauerhafte Stellung im Zentrum des königlichen Patronagesystems nutzten die Kardinäle, um die Gewährung von Gnaden an langfristige Loyalität gegenüber der Krone zu binden und (nicht ohne Rückschläge, aber letztlich mit Erfolg) sicherzustellen, dass kein noch so mächtiger Hochadliger seine Patronagemacht gegen die Krone einsetzte.

Die Entscheidung Ludwigs XIV., nach dem Tod Mazarins 1661 keinen Premierminister mehr zu berufen, hat der König selbst mit dem Argument begründet, sie biete die Chance, die für die Stabilität der Monarchie unerlässlichen Gnaden- und Gunsterweise an die Eliten des Landes persönlich zu verteilen.[44] Ludwig XIV. erkannte, dass diese Gaben desto unmittelbarer Loyalität zu seiner Person (und nicht zur Person des vermittelnden Favoriten-Ministers) stifteten, je unmittelbarer sie als Akt des Königs identifizierbar waren. Er hat diese Einsicht, die Klientelbildungen dem König gegenüber unbedingt loyaler Akteure

44 In seinen Memoiren, die er in der zweiten Hälfte der 1660er Jahre für den Thronfolger redigierte, formulierte der König: »Je fis connaître qu'en quelque nature d'affaires que ce fût, il fallait me demander directement ce qui n'était que grâce, et je donnai à tous mes sujets sans distinction la liberté de s'adresser à moi à toutes heures [...] Quant aux personnes qui devaient seconder mon travail, je résolus sur toutes choses de ne point prendre de premier ministre; et si vous m'en croyez, mon fils, et tous vos successeurs après vous, le nom en sera pour toujours aboli en France, rien n'étant plus indigne que de voir d'un côté toutes les fonctions, et de l'autre le seul titre de roi. Il fallait faire connaître que mon intention n'était point de partager mon autorité.« (Louis XIV. Mémoires. Suivi de Réflexions sur le métier de Roi, Instructions au duc d'Anjou, Projet de Harangue, hg. von Jean Longnon. Paris 1927, ND Paris 2001, S. 43f.); zu den Hintergründen dieser Entscheidung vgl. die allgemeinen Überlegungen des Königs zu den von einem Favoriten oder Premierminister ausgehenden Gefahren: »Mais, principalement, s'il en est quelqu'un qui, par notre inclination, ou par son industrie, vienne se distinguer de ses pareils, on ne manque jamais de penser qu'il est le maître absolu de notre esprit, on le regarde incontinent comme un favori déclaré, on lui attribue quelquefois des choses dont il n'a pas eu la moindre participation, et le bruit de sa faveur est infiniment plus grand dans le monde qu'elle ne l'est en effet dans notre cœur. [...] cette opinion, quoique de soi vaine, peut, en durant trop, nuire à notre réputation et augmenter effectivement le crédit de celui même qui l'a fait naître. Car, comme chacun s'empresse à devenir de ses amis, il trouve souvent moyen de faire par les autres ce qu'il n'eût jamais entrepris de son chef, et, parce qu'on s'imagine qu'il peut tout, on veut lui plaire par toutes les voies. Ceux même à qui nous donnons le plus de familiarité auprès de nous cherchent à se fortifier par son appui. On prend avec lui des engagements secrets [...], on l'informe de tout ce qu'on voit, on nous parle toujours dans ses sentiments, on approuve ou blâme ce qu'il veut, on éloigne ce qui lui déplaît, on facilite ce qu'il désire; en sorte que, sans qu'il paraisse y contribuer, nous nous trouvons, comme par merveille, mais merveille presque infaillible, portés dans tous ses sentiments« *(*ebd., S. 248f.*)*; vgl. zum Ganzen Jean-Christian Petitfils, Louis XIV, Paris 1995, S. 191–194; Leonhard Horowski, Das Erbe des Favoriten. Minister, Mätressen und Günstlinge am Hof Ludwigs XIV., in: Jan Hirschbiegel, Werner Paravicini (Hrsg.), Der Fall des Günstlings. Hofparteien in Europa vom 13. bis zum 17. Jahrhundert, Ostfildern 2004, S. 77–125, hier S. 78f.

wie Colberts und der Marquise de Maintenon keineswegs ausschloss,[45] bekanntlich zu einem System übersteigerter persönlicher Herrschaft ausgebaut – mit dem Hof in Versailles als sinnfälligster Repräsentation einer ganz auf ihn als Gnaden- und Lichtspender hin geordneten sozialen Wirklichkeit.[46] Das von Saint-Simon ebenso penibel wie malkontent dokumentierte System der königlichen Gnadenökonomie[47] blieb nicht auf die Sphäre des Hofes beschränkt, es umfasste die gesamte Herrschafts- und Sozialordnung Frankreichs.[48] Die Forschung hat dessen »Leistungen« etwa im Hinblick auf die Kontrolle der massiv ausgebauten königlichen Armee[49] oder bei der Integration peripherer, auch neu eroberter Provinzen[50] überzeugend herausgearbeitet. Was die ältere, zumal deutsche Forschung lange einseitig unter Bezugnahme auf das (im Hinblick auf Repräsentationen und Diskurse durchaus tragfähige, die Herrschaftspraxis aber nur sehr unzureichend erfassende) Konzept des ›Absolutismus‹ zu erklären versucht hat[51], erscheint in dieser Perspektive als in hohem Maße auf einen Kompromiss mit den schwert- und amtsadligen Eliten gestützte Herrschaft, als »social collaboration«, wie es William Beik treffend formuliert hat.[52] Dass im

45 Vgl. zu Colberts Klientel noch immer Daniel Dessert, Jean-Louis Journet, Le lobby Colbert, un royaume ou une affaire de famille?, in: Annales E.S.C. 6 (1975), S. 1303–1336; Daniel Dessert, Argent, pouvoir et société au Grand Siècle, Paris 1984, S. 325–340; Benjamin Steiner, Colberts Afrika. Eine Wissens- und Begegnungsgeschichte in Afrika im Zeitalter Ludwigs XIV, München 2014, S. 187–197; zu Madame de Maintenon Michel Vergé-Franceschi, La clientèle de Madame de Maintenon dans la Marine du roi, in: Alain Niderst (Hrsg.), Autour de Françoise d'Aubigné, marquise de Maintenon. Actes des Journées de Niort 23–25 mai 1996, Bd. 2, Paris 1999, 281–294.

46 Vgl. etwa Peter Burke, The Fabrication of Louis XIV, New Haven, CT 1992 (dt.: Ders., Ludwig XIV. Die Inszenierung des Sonnenkönigs, Berlin 1993); Gérard Sabatier, Versailles ou la figure du roi, Paris 1999.

47 Vgl. zuletzt Christophe Blanquie, Saint-Simon ou la politique des Mémoires, Paris 2014.

48 Vgl. zu den Erfolgen dieser Klientelpolitik William Beik, Absolutism and Society in Seventeenth-Century France. State Power and Provincial Aristocracy in Languedoc, Cambridge 1985; Roger Mettam, Power and Faction in Louis XIV's France, Oxford 1988; mit Blick auf die öffentlichen Finanzen Mark Potter, Corps and Clienteles: Public Finance and Political Change in France, 1688–1715, Aldershot 2003.

49 Vgl. Guy Rowlands, Patronage, Absolutism and the Integration of France under Louis XIV – The Role of the Army, in: Roland G. Asch u. a. (Hrsg.), Integration, Legitimation, Korruption. Politische Patronage in Früher Neuzeit und Moderne, Frankfurt/M. 2011, S. 61–82.

50 Vgl. Kettering, Patrons, Brokers and Clients (wie Anm. 6), v. a. S. 98–140; zur Integration der 1674 eroberten Franche-Comté Darryl Dee, Expansion and Crisis in Louis XIV's France. Franche-Comté and Absolute Monarchy, 1674–1715, Rochester, NY 2009, v. a. S. 61–84.

51 Vgl. zu diesem Forschungskonzept mit Blick auf Frankreich u. a. Fanny Cosanday, Robert Descimon, L'absolutisme en France. Histoire et historiographie, Paris 2002; Lothar Schilling (Hrsg.), Absolutismus, ein unersetzliches Forschungskonzept? Eine deutsch-französische Bilanz/ L'absolutisme, un concept irremplaçable? Une mise au point franco-allemande, München 2008.

52 William Beik, The Absolutism of Louis XIV as Social Collaboration, in: Past & Present 188 (2005), S. 195–224.

Rahmen dieser »Zusammenarbeit« nicht allein der König die Bedingungen setzte, dürfte einleuchten. Tatsächlich ist in jüngerer Zeit verstärkt auf die aus dieser Zusammenarbeit zumal langfristig erwachsenen Zwänge und Belastungen für die Krone hingewiesen worden – erinnert sei nur an die Arbeit Leonhard Horowskis über den königlichen Hof, die das Verhältnis des Königs zu seinen Klienten in das Bild einer »Belagerung« fasst.[53]

III. Zusammenfassung

Abschließend sei nochmals die Ausschnitthaftigkeit des hier vorgestellten Zugriffs auf die Patronage im frühneuzeitlichen Frankreich betont. Selbst mit Blick auf deren Bedeutung als Herrschaftsinstrument wären zahlreiche Dimensionen hinzuzufügen, etwa die Überschneidungen zwischen dem Patronage- und dem Supplikationswesen, mit dem ich mich an anderer Stelle auseinandergesetzt habe.[54] Besonders interessant wäre zudem die Einbeziehung der Bedeutung von Patronage für die Außenbeziehungen Frankreichs – ein Thema, das auch deshalb besondere Aufmerksamkeit verdient, weil in Frankreich spätestens seit dem Mord an Heinrich IV. die Annahme von Pensionen und anderen Gaben auswärtiger Potentaten diskreditiert war und als Majestätsverbrechen verfolgt werden sollte, während andererseits die äußere Politik der französischen Könige in breitem Maße auf Patronagebeziehungen setzte.[55]

Was die vorgestellten Ergebnisse angeht, sei nochmals auf die Parallelität von Patronagesystem und Ämterwesen hingewiesen, die einander ergänzten und

53 Leonhard Horowski, Die Belagerung des Thrones. Machtstrukturen und Karrieremechanismen am Hof von Frankreich 1661–1789, Ostfildern 2012.

54 Vgl. Lothar Schilling, Gnadengewalt und höchstrichterliche Gewalt im frühneuzeitlichen Frankreich (ca. 1550 bis ca. 1715), in: Gabriele Haug-Moritz, Sabine Ullmann (Hrsg.), Frühneuzeitliche Supplikationspraxis und monarchische Herrschaft in europäischer Perspektive, Wien 2015, S. 349–369.

55 Vgl. zum Ganzen Schilling, Normsetzung (wie Anm. 20), S. 400 u. 413; Hillard von Thiessen, Außenpolitik im Zeichen personaler Herrschaft. Die römisch-spanischen Beziehungen in mikropolitischer Perspektive, in: Wolfgang Reinhard (Hrsg.), Römische Mikropolitik unter Papst Paul V. Borghese (1605–1621) zwischen Spanien, Neapel, Mailand und Genua, Tübingen 2004, S. 21–177, hier S. 23–31; Anuschka Tischer, Diplomaten als Patrone und Klienten: der Einfluss personaler Verflechtungen in der französischen Diplomatie auf dem Westfälischen Friedenskongress, in: Rainer Babel (Hrsg.), Le diplomate au travail. Entscheidungsprozesse, Information und Kommunikation im Umkreis des Westfälischen Friedenskongresses, München 2005, S. 173–197; Christian Kühner, Hochadlige Außenverflechtung zwischen Fürstendienst und Hochverrat: Der Grand Condé als europaweit tätiger Akteur, in: Hillard von Thiessen, Christian Windler (Hrsg.), Akteure der Außenbeziehungen. Netzwerke und Interkulturalität im historischen Wandel, Köln u. a. 2010, S. 63–77; Tilman Haug, Ungleiche Außenbeziehungen und grenzüberschreitende Patronage. Die französische Krone und die geistlichen Kurfürsten (1648–1679), Köln u. a. 2015.

stützten. Tatsächlich spielte im Grundsatz jeder Amtsträger des Königs auf zwei »Klaviaturen«. Wenn man ihm gehorchte, so selbstverständlich deshalb, weil er den König repräsentierte, aber auch deshalb, weil er in die »richtigen« Klientelnetze eingebunden war – in dieser Hinsicht unterschied sich das Frankreich Ludwigs XIV. kaum von jenem Franz' I. Die fundamentale Bedeutung von Patronagebeziehungen für die erfolgreiche Ausübung von Ämtern dürfte andererseits aber auch plausibel machen, weshalb die Funktionsfähigkeit der Monarchie und die Machtstellung des Königs immer dann gefährdet waren, wenn es der Krone nicht gelang, die Eliten über Patronagebeziehungen einzubinden.

Das Patronagewesen bildet also noch unter Ludwig XIV. eine entscheidende Basis der Königsherrschaft. Allerdings sollten wir auch nicht übersehen, dass sich die Herrschaft der französischen Könige nicht auf ihre Rolle als zentrale Patrone reduzieren lässt. Schlaglichtartig verdeutlicht dies der Fall des vierten Herzogs von Montmorency, Henri II (*1595), der sich als Gouverneur des Languedoc wie sein »wunderbar geliebter« Vater auf ein breites Klientelnetz stützen konnte und wie dieser eine auf Unabhängigkeit von der Krone abzielende Politik verfolgte. Als er freilich 1632 einen gegen Richelieu und Ludwig XIII. gerichteten Aufstand im Languedoc unterstützte, reagierte die Krone nicht allein mit dem Entzug königlicher Gnadengaben; Montmorency wurde vielmehr wegen Majestätsverbrechen zum Tode verurteilt und hingerichtet.[56]

56 Vgl. Yves-Marie Bercé, La naissance dramatique de l'absolutisme 1598–1661, Paris 1992, S. 137f.; ferner Véronique Lacarde, La rébellion des Grands en France (1620–1660): »le passé d'une illusion?«, in: Anne-Marie Cocula, Marie Boisson-Gabarron (Hrsg.), Adhésion et résistances à l'État en France et en Espagne, 1620–1660. Pessac 2001, S. 39–56.

Birgit Emich

»Der Hof ist die Lepra des Papsttums« (Papst Franziskus). Patronage und Verwaltung an der römischen Kurie der Frühen Neuzeit

Im Oktober 2013 erschien in der italienischen Tageszeitung *La Repubblica* das Transkript eines langen Gesprächs, das Papst Franziskus kurz zuvor mit dem italienischen Intellektuellen (und atheistischen Zeitungsgründer) Eugenio Scalfari geführt hatte. Zeitgleich, d.h. am Tag der Veröffentlichung, traf der erst sechs Monate zuvor gewählte Papst im Vatikan erstmals mit den acht Mitgliedern des von ihm neu eingesetzten Kardinalsrats zusammen. Dieser Kardinalsrat fungiert als Beratergremium; er soll Vorschläge für die Reform der Kirche und der Kurie ausarbeiten. Dass er gerade mit Blick auf die Kurie einen massiven Bedarf an Reformen sieht, brachte Franziskus auch in besagtem Interview zum Ausdruck. Dort ließ er sich zum Stichwort Kurie folgendermaßen zitieren:

»Die Führer der Kirche waren oft narzisstisch, von Schmeichlern umgeben und von ihren Höflingen zum Üblen angestachelt. Der Hof ist die Lepra des Papsttums.« Auf die Nachfrage, was genau mit »Hof« gemeint sei, ob er damit auf die Kurie anspiele, präzisierte Franziskus: »An der Kurie gibt es manchmal Höflinge, aber insgesamt ist die Kurie etwas Anderes. Sie ist eine Art Intendanz, sie verwaltet die Dienstleistungen, die der Heilige Stuhl braucht.«[1]

1 Die Originalversion findet sich auf der online-Präsenz der Zeitung *La Repubblica* unter: URL:<http://www.repubblica.it/cultura/2013/10/01/news/papa_francesco_a_scalfari_cos_cambier_la_chiesa-67630792/?ref=HREA-1&refresh_ce>, 26.02.2018. Eine Übersetzung der Kernaussagen des Papstes aus diesem Interview bietet die deutschsprachige online-Präsenz von Radio Vatikan in einem Bericht vom 1.10.2013. Da es sich hierbei um eine quasi-offizielle Quelle handelt, folge ich dieser Übersetzung. URL:<http://de.radiovaticana.va/storico/2013/10/01/%C3%BCberraschung_papst-interview_mit_%E2%80%9Ela_repubblica%E2%80%9C/ted-733261>, 04.09.2017. Die im Text zitierte Passage lautet im Original *(kursiv gedruckt sind die im Zeitungsartikel referierten Aussagen und Nachfragen des Gesprächspartners Scalfari, es folgen die Aussagen des Papstes in wörtlicher Rede): »Anche molti Capi della Chiesa lo sono stati.« (= narcisi).* »Sa come la penso su questo punto? I Capi della Chiesa spesso sono stati narcisi, lusingati e malamente eccitati dai loro cortigiani. La corte è la lebbra del papato.« *La lebbra del papato, ha detto esattamente così. Ma qual è la corte? Allude forse alla Curia? ho chiesto.* »No, in Curia ci sono talvolta dei cortigiani, ma la Curia nel suo complesso è un'altra cosa. È quella che negli eserciti si chiama l'intendenza, gestisce i servizi che servono alla Santa Sede.« Die im Text zitierte Passage geht so weiter: »Aber sie hat einen Nachteil: Sie ist Vatikan-

Hof und Kurie sind für Franziskus also verschiedene Dinge: Die Kurie erbringt die Dienstleistungen, die der Heilige Stuhl benötigt – sie ist die Verwaltungszentrale, das funktionale Herzstück des Papsttums und der Weltkirche. Der Hof hingegen, den Franziskus als Lepra bezeichnet, als ansteckende Krankheit, dieser Hof steht für eine andere Welt: für die Welt des Schmeichelns und Einflüsterns, für Parteilichkeit und Gunsterweise, für narzisstische Führer und servile Karrieristen – für das, was man auch als Klientelismus und Patronage bezeichnen könnte.

Wie sich Franziskus das Verhältnis von Verwaltung und Patronage vorstellt, liegt auf der Hand: Die Verwaltungsbehörden sollen ihren Dienst an der Kirche leisten, die Schmeichler, Karrieristen und Klientelisten dagegen das Weite suchen. Karrieristen seien Diebe und Banditen, die Jesus seines Glanzes beraubten, so Franziskus schon unmittelbar nach seiner Wahl – an seiner Kurie hätten höfisches Gebaren und klienteläre Ambitionen keinen Platz.[2] Dass der Papst hier zutiefst moralisch argumentiert, ist offenkundig: Lepra ist bekanntlich nicht nur eine Krankheit. In vielen Kulturen und Zeiten ist der Aussatz, wie die Lepra im Deutschen genannt wurde, genau damit verbunden: mit sozialer Ausgrenzung und kultischer Unreinheit. Ebenso klar ist, dass Franziskus von seinen Mitarbeitern mehr als eine korrekte Amtsführung im Sinne bürokratischer Effizienz

zentriert. Sie sieht und pflegt die Interessen des Vatikans, die immer noch zu großen Teilen weltliche Interessen sind. Diese Vatikan-zentrierte Sicht vernachlässigt die Welt, die uns umgibt. Ich teile diese Sicht nicht, und ich werde alles tun, um sie zu ändern. Die Kirche ist – oder sie sollte es wieder sein! – eine Gemeinschaft des Volkes Gottes, in der Priester, Pfarrer, Bischöfe als Hirten im Dienst am Volk Gottes stehen. Das ist die Kirche; nicht zufällig ist das ein anderes Wort als Heiliger Stuhl. Dieser hat eine wichtige Funktion, steht aber im Dienst der Kirche. Ich hätte nie vollen Glauben an Gott und an seinen Sohn haben können, wenn ich nicht in der Kirche aufgewachsen wäre, und ich hatte in Argentinien das Glück, mich in einer Gemeinschaft zu finden, ohne die ich nicht zum Bewusstsein meiner selbst und meines Glaubens gefunden hätte.«

2 Über eine Predigt des am 13.03.2013 gewählten Papstes berichtete *News online* am 22.3.2013: »In der katholischen Kirche gibt es keinen Platz für Karrieretypen: Papst Franziskus hat davor gewarnt, das Christentum zum Tauschgeschäft mit Gott zu instrumentalisieren. Auch unter Christen gebe es ›Karrieristen‹, die nach dem Motto lebten ›Ich gebe dir Glanz, damit du mir Glanz gibst‹, sagte der Papst laut Kathpress-Meldung im Vatikan. Wer so denke, sei jedoch ein ›Dieb‹ und ›Bandit‹, weil er Jesus seinen Glanz raube, so Franziskus in einem Gottesdienst in der Kapelle des Gästehauses Santa Marta. Das ›Tor‹ zu Gott sei nicht eine geschäftemacherische Religion, sondern allein Christus.« URL:<https://www.news.at/a/papst-franziskus-keine-karrieristen-kirche>, 26.02.2018. Noch deutlicher wurde Papst Franziskus im Weihnachtsempfang für das kuriale Spitzenpersonal im Dezember 2014, in dem er zum sichtbaren Entsetzen der Anwesenden 15 Krankheiten der Kurie geißelte. Die Liste reichte von der Krankheit, sich für unersetzlich zu halten, über »geistliches Alzheimer« oder der Krankheit des Geschwätzes und Tratsches bis hin zur deutlich auf kuriale Netzwerke abzielenden »Krankheit der geschlossenen Kreise« und schließlich der Krankheit des Profits. URL:<http://de.radiovaticana.va/news/2014/12/23/die_papstansprache_an_die_kurie/1115831>, 26.02.2018.

erwartet. Aber auch wenn es dem Pontifex um eine spirituelle Erneuerung der Kirche geht: Wie er das Verhältnis von Patronage und Verwaltung beschreibt, entspricht durchaus unserem Alltagsverständnis moderner Bürokratie.

Seit den klassischen Formulierungen Max Webers gilt die moderne, rationale Bürokratie als Verwaltung nach festen Regeln und rationalen Gesetzen.[3] Ihre Kennzeichen sind abstrakte Diensttreue statt persönlicher Dienertreue, Arbeitsteilung und Spezialisierung, Schriftlichkeit, Aktenmäßigkeit und Überprüfbarkeit; kurz und klassisch: eine Amtsführung ohne Ansehen der Person.[4] Personale Beziehungen wie eben Patronage und Klientelismus, die eine Entscheidung im Ansehen der Person durchsetzen wollen, sind für Weber Hindernisse auf dem Weg zur bürokratischen Herrschaft, Störfaktoren, die es mit der Rationalisierung von Staat und Verwaltung zu überwinden gilt. Die frühneuzeitliche Administration sieht Weber auf diesem Weg. Noch haben wir es mit traditionaler Herrschaft zu tun: Amtsträger handeln, wie sie handeln sollen, nicht aus Treue zum Amt, sondern aus persönlicher Verbundenheit zu dem Patron, dem sie dieses Amt zu verdanken haben. Hier herrscht Dienertreue, nicht Diensttreue. Doch die Entwicklung von der traditionalen hin zur rationalen, bürokratischen Herrschaft ist nicht aufzuhalten: Nach und nach werden alle Elemente ausgeschaltet, die nicht sachgemäß und funktional sind. Das Informelle wird verdrängt, Aspekte, die sich auf die Person statt auf Amt und Amtspflicht konzentrieren, dürfen keine Rolle mehr spielen. Bürokratisierung besteht mithin in der Verdrängung des Informellen; personale Beziehungen, die sozialen Netzwerke der Akteure in und außerhalb der Behörden, sind das Gegenüber, das Noch-Nicht der Bürokratisierung. In der modernen Bürokratie hat Patronage laut Weber ihren legitimen Platz endgültig verloren: Wenn sie doch noch auftaucht, dann meist als Korruption. Und genau in diesem Sinne erklärte Franziskus den Hof zur Lepra des Papsttums.

Max Weber und der Papst sind sich also einig. Aus der Sicht der Frühen Neuzeit möchte man aber doch widersprechen oder wenigstens eine andere Lesart anbieten. Was wir im Rom der Frühen Neuzeit beobachten, ist nicht die Verdrängung der Patronage durch eine zunehmende Bürokratisierung, wie es

3 Kurzgefasst zur legalen Herrschaft durch bürokratische Verwaltung und deren Eigenschaften: Max Weber, Wirtschaft und Gesellschaft. Grundriss der verstehenden Soziologie, 5. Aufl., Tübingen 1980, S. 126–130. Ausführlicher hierzu das Kapitel zu »Wesen, Voraussetzungen und Entfaltung der bürokratischen Herrschaft«, S. 551–579. Webers Herrschaftssoziologie, in deren Zentrum bezeichnenderweise nicht die Frage nach dem Souverän, sondern die Verwaltung als Mittel der Herrschaft steht, ist am leichtesten greifbar in seinem Aufsatz über Die drei reinen Typen der legitimen Herrschaft, in: Max Weber, Soziologie, Universalgeschichtliche Analysen, Politik, 5. Aufl., Stuttgart 1973, S. 151–166.

4 Ausdrücklich zur Amtsführung »ohne Ansehen der Person«: Weber, Wirtschaft und Gesellschaft (wie Anm. 3), S. 562.

mit Weber zu vermuten wäre. Was wir sehen, ist vielmehr die Formalisierung des Informellen.[5]

Mit diesen Begriffen ist ein weites theoretisches Feld angesprochen: die Organisationssoziologie im Allgemeinen, ihre neoinstitutionalistischen Ansätze im Besonderen. Von zentraler Bedeutung ist zweifellos Niklas Luhmann, wenn man so möchte: ein dritter Papst. Luhmann hat sich sehr ausführlich mit den »Funktionen und Folgen formaler Organisation« befasst[6]; aber ich will die Theorie knapp halten.[7] Daher vielleicht nur so viel zu den Begriffen: Formale Organisationen sind im Kontext der Verwaltungsgeschichte, um die es mir hier ja geht, die entwickelten Behörden des modernen Staates mit ihren expliziten Regelungen und schriftlichen Ordnungen. Informalität ist hingegen das Gegenüber dieser Formalität und umfasst schlichtweg alles, was zwar auch die Behördenarbeit betrifft, aber nicht explizit geregelt ist: das soziale Miteinander der Mitglieder in Kaffeepause, Flurgespräch und Kegelabend, die impliziten Dresscodes und Sprachregelungen, und natürlich auch die berühmten informellen Beziehungen, also auch Patronage und Klientelismus. Der Organisationssoziologie zufolge gibt es in Organisationen stets beides: die formale Organisation, d.h. die Satzungen und Ordnungen und die offiziellen Abläufe, die sie vorsehen; aber auch die Ebene der Informalität, also die nicht rechtlich geregelten Kontakte und Umgangsformen der Mitarbeiter und Kunden.[8] Formale

5 Nach ersten Überlegungen aus dem Jahr 2008 (Birgit Emich, Die Formalisierung des Informellen: Der Fall Rom, in: Reinhardt Butz, Jan Hirschbiegel (Hrsg.), Informelle Strukturen bei Hof. Dresdener Gespräche III zur Theorie des Hofes, Münster 2008, S. 149–156.) hierzu dann ausführlicher: Birgit Emich, Die Formalisierung des Informellen. Ein Beitrag zur Verwaltungsgeschichte der Frühen Neuzeit, in: Peter Eich u.a. (Hrsg.), Der wiederkehrende Leviathan. Staatlichkeit und Staatswerdung in Spätantike und Früher Neuzeit, Heidelberg 2011, S. 81–95. Der vorliegende Beitrag geht zwar weiterhin von der gleichen empirischen Grundlage aus, versucht aber, ein etwas komplexeres Modell zu entwickeln. Für die zahlreichen Selbstzitate hoffe ich daher auf Nachsicht.

6 Niklas Luhmann, Funktionen und Folgen formaler Organisation, Berlin 1964. Ders., Organisation und Entscheidung, Opladen 2000.

7 Daher verzichte ich auch an dieser Stelle auf eine Diskussion des Ansatzes, den Stefan Kühl, Organisationen. Eine sehr kurze Einführung, Wiesbaden 2011, vorgeschlagen hat. Kühl definiert formale Organisation im Gefolge Luhmanns, aber mit starkem Fokus auf dem Moment des Entscheidens: Während die Formalstrukturen von (nach Luhmann über Mitgliedschaft, Zweck und Hierarchie definierten) Organisationen deren mitgeteilte Mitgliedschaftsbedingungen (S. 97) und damit die »entschiedenen Entscheidungsprämissen« (S. 98) darstellen, handelt es sich bei den informellen Strukturen um die »nicht entschiedenen Entscheidungsprämissen« (S. 116). Der Übergang vom Informalen zum Formalen vollzieht sich mithin durch eine Entscheidung (d.h. hier durch die offizielle Festlegung von Bedingungen der Mitgliedschaft in einer Organisation, die wiederum für spätere Entscheidungen dieser Organisation wichtig und in diesem Sinne Entscheidungsprämissen sein werden).

8 Vgl. z.B. Walther Müller-Jentsch, Organisationssoziologie. Eine Einführung, Frankfurt/M 2003, S. 12–15; Peter Preisendörfer, Organisationssoziologie. Grundlagen, Theorien und Problemstellungen, 2. Aufl., Wiesbaden 2008, S. 66–73. In kommunikations- oder system-

Strukturen haben folglich immer eine informelle Dimension, und auf beiden Ebenen können wir Formalisierung beobachten. Mit Formalisierung ist dabei gemeint, dass Regeln explizit gemacht und Verfahren im Sinne bürokratischer Organisationen umgestaltet werden: Schriftlichkeit, Aktenmäßigkeit, Archivierung sind Indizien einer solchen Formalisierung. Auf der Ebene der formalen Organisation ist Formalisierung also nichts anderes als Bürokratisierung, womit wir wieder bei Max Weber wären. Aber auch auf der Ebene des Informellen kann eine Formalisierung stattfinden, und um diesen Prozess, der in der Forschung meist ausgeblendet wird, geht es mir. Diese Formalisierung des Informellen ist kein bizarres Randphänomen des frühneuzeitlichen Papsttums. Sie ist vielmehr, so meine These, das Betriebsgeheimnis der frühneuzeitlichen Verwaltung überhaupt. In Rom lässt sich dieses Phänomen besonders gut beobachten. Deswegen möchte ich am Beispiel der römischen Kurie darlegen, was ich meine.

Bereits ein grober Blick auf die Ämter und Behörden zeigt, dass in Rom die an den meisten Höfen dieser Zeit zu beobachtende Ausdifferenzierung der Behördenlandschaft in vollem Gang war.[9] Die Behörden, die dem Papst zur Verwaltung der Kirche, für die internationale Diplomatie und für seine Aufgaben als Landesherr des Kirchenstaats zur Verfügung standen, nahmen an Zahl, Größe und Bedeutung kontinuierlich zu. Das Ausmaß dieser fachlichen Differenzierung und Spezialisierung machen vor allem die Kongregationen deutlich, eine Reihe kollegial verfasster Gremien, die im Verlauf des 16. Jahrhunderts entstanden und mit der Kurienreform von 1588 auf 15 ausgebaut worden waren: Neun Kongregationen kümmerten sich seit 1588 um kirchliche Fragen, sechs Behörden dieser Art standen für die Probleme der Staatsverwaltung bereit. Vom Seelenheil zum Straßenbau – in Rom fand fast jedes Thema eine eigene Behörde, in der sachliche Entscheidungen im Interesse des gemeinen Wohls und ohne Ansehen der Person getroffen werden sollten. All das lässt sich zutreffend mit Weber als Bürokratisierung oder auch mit Luhmann als Formalisierung auf der Ebene der formalen Organisation beschreiben. Hinzu kommt aber eine Formalisierung des Informellen, die, so meine These, das Funktionieren der for-

---

theoretischer Lesart ergibt sich aus der Einsicht in die dauerhafte Existenz einer informellen Organisation die überaus fruchtbare Frage nach Interaktion in Organisationen, vgl. hierzu grundlegend André Kieserling, Interaktion in Organisationen, in: Klaus Dammann u. a. (Hrsg.), Die Verwaltung des politischen Systems. Neuere systemtheoretische Zugriffe auf ein altes Thema, Opladen 1994, S. 168–183; sowie André Kieserling, Kommunikation unter Anwesenden. Studien über Interaktionssysteme, Frankfurt/M 1999.

9 Einen ersten Überblick über die Entwicklung der kurialen Behördenlandschaft bietet Birgit Emich, Bürokratie und Nepotismus unter Paul V. (1605–1621). Studien zur frühneuzeitlichen Mikropolitik in Rom, Stuttgart 2001, S. 18–34. Weit detailliertere Angaben zu den kurialen Behörden liefern Lajos Pásztor, Guida delle fonti per la storia dell'America Latina negli archivi della Santa Sede e negli archivi ecclesiastici d'Italia, Città del Vaticano 1970, sowie Niccolò Del Re, La curia romana. Lineamenti storico-giuridici, 3. Aufl., Rom 1970.

malen Organisation und damit die frühneuzeitliche Verwaltung überhaupt erst möglich machte. Diese Formalisierung des Informellen weist drei Dimensionen auf, ich nenne sie zunächst im Überblick: 1. die Institutionalisierung der Klientelpolitik im Amt des Patronagemanagers, 2. die Entstehung einer regelrechten Patronagebürokratie samt Patronagesekretariat und 3. die Integration der klientelären Logik in das Verwaltungshandeln der Behörden. Diese drei Dimensionen möchte ich in der gebotenen Kürze darlegen.

Ausgangspunkt ist folgende Beobachtung: So eindrucksvoll sich die Entfaltung der römischen Behördenlandschaft ausnimmt – mit einer Trennung der Behörden von der Welt des Informellen darf man das nicht verwechseln. Dies zeigt der Blick auf den Amtsträger an der Spitze der Behörden.[10] Von 1538 bis 1692 wurde fast durchgehend mit Pontifikatsbeginn ein Neffe des neuen Papstes sowohl zum Kardinal als auch zum Superintendenten des Kirchenstaates ernannt. Dieser sogenannte Kardinalnepot stand als eine Art Superminister fast allen Behörden zur Verwaltung des Territoriums sowie dem für die internationale Politik zentralen Staatssekretariat als Leiter vor. Gleichzeitig verkörperte der Kardinalnepot wie kein Zweiter den nicht von Ungefähr nach ihm benannten Nepotismus, die römische Klientel- und Vetternwirtschaft. Denn neben der nominellen Leitung der Behörden gehörte es zu seinen Aufgaben, Reichtümer anzuhäufen und damit die kurze Zeit des Onkels auf dem päpstlichen Thron zum sozio-ökonomischen Statusgewinn der Familie zu nutzen. Vor allem aber fungierte der Nepot als Patronagemanager der päpstlichen Klientel. Schließlich brauchte der Papst wie jeder andere Landesherr eine verlässliche Gefolgschaft, auf die er seine Herrschaft in und außerhalb der Ämter stützen konnte: Loyalität zum Herrscher war noch immer eine Frage der persönlichen Bindung. Als Oberhaupt der Kirche war der Papst indes zu einer gewissen Überparteilichkeit verpflichtet, und so überließ er die Betreuung der Klientel seinem Neffen. Der Kardinalnepot war also nicht nur der oberste Behördenchef der Kurie, gleichzeitig fungierte er als Haupt der Klientel. Verbergen musste er das nicht: Ganz offiziell wurde der papstverwandte Superminister als *Cardinale Padrone*, als Kardinalnepot und Klientelchef, bezeichnet. Diese Institutionalisierung der Patronage im Amt des obersten Patrons ist die erste Dimension der Formalisierung des Informellen: Die Patronagenetzwerke, auf die sich die traditionale Herrschaft nach Max Weber in der Vormoderne stützte, wurden im 16. und 17. Jahrhundert nicht überwunden, sondern institutionalisiert; der oberste Patron wurde zum ersten Beamten.

Die Institutionalisierung des Patronagemanagers hatte Folgen – ich komme

10 Zum Typus des Kardinalnepoten vgl. demnächst ausführlich Birgit Emich, The Cardinal-nephew: formalized nepotism and informal rule at the Roman Curia, in: Mary Hollingsworth u. a. (Hrsg.), Companion to the Early Modern Cardinal, voraussichtlich Leiden 2018.

zur zweiten Dimension. Da sich Klienten von nah und fern mit ihren Wünschen an den Kardinalpatron wandten, wuchs die entsprechende Korrespondenz ins Massenhafte. Schließlich gehörte es zu den Spielregeln traditionaler Herrschaft, dass Amtsträger, aber auch verdiente Klienten ohne Amt, für Loyalität und Dienertreue gegenüber der regierenden Dynastie mit Privilegien, Zugeständnissen und anderen Akten der Patronage belohnt wurden. Und dieses klienteläre Geben und Nehmen war Gegenstand einer umfangreichen Korrespondenz. Deren Bearbeitung erfolgte keineswegs im geschützten Raum des Informellen, im Gegenteil. Zur Bewältigung dieser Post entstand in Rom ganz offen und offiziell ein eigenes Sekretariat: ein Büro, das sich um 1610 aus dem für Politik und Diplomatie zuständigen Staatssekretariat ausdifferenzierte und zur selbstständigen Institution weiterentwickelte, eine Einrichtung, die man angesichts ihres Tätigkeitsprofils nur als ein spezielles Patronagesekretariat bezeichnen kann.[11] Inhaltlich war diese Stelle mit Bitten um Privilegien und Ehren, mit Empfehlungsschreiben für Personalentscheidungen, mit Weihnachtsgrüßen, mit Hilfegesuchen jeder Art und allen anderen Wünschen und Gaben befasst, wie sie Patrone und Klienten überall in Europa austauschten. In seiner Arbeitsweise und Aktenführung, in seinen bürokratischen Prozeduren vom Eingangsvermerk bis zum Auslaufregister unterschied sich das Patronagesekretariat aber in nichts vom Staatssekretariat. Angesichts dieser behördlichen Organisation der Patronage können wir also eine zweite Dimension der Formalisierung festhalten: Mit der Institutionalisierung der Patronage im Amt des obersten Patrons entwickelte sich eine regelrechte Patronagebürokratie. Informelle Beziehungen waren hier nicht der Gegner der Bürokratie, sie waren ihr Gegenstand.

Neben die Amtskorrespondenz, die die Fachbehörden mit den Amtsträgern vor Ort führten, war mit der Patronagekorrespondenz also ein zweiter kommunikativer Strang getreten. Die Gesprächspartner waren hierbei die gleichen: In der Patronagekorrespondenz stand der Nepot als Patron seinen Klienten gegenüber, in der Amtskorrespondenz sprach er als Behördenchef die Amtsträger als Bürokraten an. Da nicht nur die Bearbeitungswege, sondern auch die Semantik dieser Korrespondenzen zusehends formalisiert wurde, lassen sich Briefe amtlichen Inhalts anhand von einschlägigen Grußformeln, Signalworten und festen Wendungen sofort von der Patronagekorrespondenz unterscheiden. In der Sache aber gehören beide Korrespondenzarten untrennbar zusammen, und auch das Handeln der Akteure erschließt sich nur dann vollständig, wenn neben der amtlichen die informelle Dimension dieser Beziehungen in den Blick

11 Zum Patronagesekretariat sehr ausführlich für das Borghese-Pontifikat: Emich, Bürokratie und Nepotismus (wie Anm. 9), v.a. S. 263–283. Ebd., S. 345–356 Hinweise zum funktional vergleichbaren Proprio-Sekretariat des Kardinalnepoten im Pontifikat Urbans VIII.

gelangt. Vor allem aber entfaltete diese Verknüpfung von Formalität und Informalität funktionale Effekte für die römische Verwaltung: Dass der Nepot sowohl Behördenchef als auch Patron war, musste die Autorität seiner Anordnungen – ob amtlicher oder patronagerelevanter Art – erhöhen. Dass die Amtsträger mit ihrem Behördenchef zugleich ihrem Patron gehorchten, stärkte die Loyalität des Personals und verlieh den noch schwachen jungen Behörden eine Autorität, die sie ohne die Integration dieser informellen Aspekte nicht gehabt hätten.[12] Formalisierte informelle Beziehungen stabilisierten also die formale Organisation. Sie hatten eine unmittelbare Herrschaftsfunktion und leisteten auch langfristig einen Beitrag zur Stärkung behördlicher Strukturen.

Überdies ermöglichen Formalisierungen Fiktionen: Mit der Formalisierung der informellen Beziehungen kam klienteläre Vernetzung auch ohne tatsächliche persönliche Verbundenheit, ja sogar ohne persönliche Bekanntschaft aus. So stößt man in den Bänden des Patronagesekretariats immer wieder auf Briefwechsel, in denen der Kardinalnepot etwa einem Gouverneur seine aus tiefster Zuneigung gespeiste Hilfsbereitschaft versichert und der in der Provinz tätige Klient im Gegenzug seine unverbrüchliche Dienertreue gegenüber der Papstfamilie beschwört – und zwar auch dann, wenn sich die beiden Korrespondenzpartner persönlich noch nie im Leben begegnet waren.[13] Der Gebrauch solcher formalisierten Formeln verpflichtete auch ohne persönliche Nähe; Interaktion, persönliche Begegnung und Anwesenheit, waren nicht mehr nötig.[14] Wenn sich aber die Dienertreue des Personals auch auf dem Postweg herstellen ließ, erhöhte dies die Reichweite klientelärer Verflechtung enorm. Und das musste gerade für die Integration peripherer Provinzen im Europa der zusammengesetzten Monarchien von größtem Nutzen sein. Niklas Luhmann sagt: Die Wachstumsgrenzen der auf Interaktion beschränkten Strukturbildung werden durch Formalisierung überwunden – hier sehen wir, was damit gemeint ist.

Die Formalisierung des Informellen hatte zur Stärkung formaler Strukturen aber noch mehr beizutragen. So zeigt ein Blick auf die Verfahren und Entscheidungen der Behörden, dass Patronage und Behördenarbeit nicht nur parallel liefen und das Eine das Andere zwar stärkte, in der Sache aber unberührt ließ. Immer wieder kam es zu Überschneidungen, immer wieder betrafen klienteläre Wünsche ausdrücklich die Entscheidungen der Behörden, die doch

12 Dies ist die These bei Emich, Bürokratie und Nepotismus (wie Anm. 9).

13 Vgl. hierzu das ausführlich diskutierte Beispiel bei Birgit Emich u. a., Stand und Perspektiven der Patronageforschung. Zugleich eine Antwort auf Heiko Droste, in: Zeitschrift für Historische Forschung 32 (2005), S. 233–265, hier S. 239–244.

14 Wie sich die Sprache der Treue als eine auf einen Werthorizont abzielende Handlung fassen und solche Treuebekundungen mithin als Sprechakte begreifen lassen, die auch unter persönlich Unbekannten Bindungen stiften, erörtert Arthur L. Herman, The Language of Fidelity in Early Modern France, in: The Journal of Modern History 67 (1995), S. 1–24.

eigentlich allein dem Gemeinwohl zu dienen hatten. Entschärfen ließ sich dieser Widerspruch, indem die Logik der Patronage qua Verfahren in das Verwaltungshandeln integriert wurde. Und dies ist die dritte Dimension der Formalisierung des Informellen: Informelle Aspekte, das Ansehen der Person, wurden mit Hilfe geregelter Verfahren behördlich handhabbar gemacht, in die Entscheidungsfindung der Verwaltung eingespeist und damit zugleich in ihrem dysfunktionalen Potential entschärft. Das aber, so meine These, verschaffte vormodernen Verfahren überhaupt erst Legitimität: Erst wenn auch diese Formalisierung des Informellen gelang, konnte Verwaltung in der Frühen Neuzeit funktionieren.

Was ich damit meine, ließe sich auf nahezu jedem Feld der frühneuzeitlichen Politik zeigen. Das Prinzip ist überall das gleiche: Eine Fachbehörde stand für die Behandlung der Fragen gemäß ökonomischer, technischer oder sonstiger Aspekte, aber ohne Ansehen der Person bereit, das Patronagesekretariat kümmerte sich um die klienteläre Dimension der anstehenden Entscheidungen. Nehmen wir die Getreidepolitik im Kirchenstaat.[15] Das Problem lag hier oftmals nicht im schieren Mangel, sondern in der Frage, wer die Erlaubnis zum Export seiner Ernte erhielt. Da die Getreidepreise außerhalb des Kirchenstaates oft höher lagen, waren solche Exportlizenzen bares Geld wert und entsprechend begehrt. Gleichzeitig galt es aber sicherzustellen, dass genügend Korn im Land der Päpste verblieb, um die Grundversorgung auch der Armen zu garantieren. Um dies zu gewährleisten, etablierte sich ein kompliziertes Bewilligungsverfahren. Mehrere Instanzen und Fachbehörden vom Provinzgouverneur über die römische Kammerverwaltung bis zum Papst persönlich sammelten Informationen über Erntemenge und Bedarf, und am Ende durfte nur so viel Korn exportiert werden, wie es die ökonomische Rationalität zuließ. Wessen Korn das Land verlassen durfte, oblag indes einem parallelen Verfahren. So flankierte den formalen Antrag auf eine Exportlizenz, den die Apostolische Kammer als oberste Wirtschaftsbehörde erhielt, in aller Regel ein schriftliches Hilfegesuch an den Kardinalnepoten, der als Haupt der päpstlichen Klientel den Aspekt der Gunst zu prüfen hatte. Der Nepot war es denn auch, der der Kammer signalisierte, mit welcher Dringlichkeit wessen Antrag zu prüfen und zu bewilligen war. Dieses doppelte Verfahren stellte sicher, dass die nach klientelärer Logik richtigen Leute das Korn exportieren durften, das nach ökonomischer Logik zur Ausfuhr freigegeben war. Die ökonomische Rationalität hatte qua Verfahren mit der Logik des Klientelären Frieden geschlossen.

---

15 Ausführlicher geschildert wird dieses exemplarische Feld bei Birgit Emich, Verwaltungskulturen im Kirchenstaat? Konzeptionelle Überlegungen zu einer Kulturgeschichte der Verwaltung, in: Stefan Brakensiek u. a. (Hrsg.), Herrschaft und Verwaltung in der Frühen Neuzeit, Berlin 2014, S. 163–180.

Damit aber entsprach das Verfahren den Grundwerten der Gesellschaft: Brot für alle, Gewinne für die Klienten des regierenden Papstes. Indem die Patronagepolitik in das Verwaltungsverfahren eingebaut wurde, konnte sie administrativ unter Kontrolle gebracht und damit in ihren ökonomischen Risiken entschärft werden. Die Masse der Armen blieb versorgt, die Stützen der Herrschaft wussten sich gleichwohl als Klienten bedacht. Auch die Eliten konnten daher einem Verfahren zustimmen, das in weiten Teilen, hier im Blick auf die exportierbaren Erntemengen, sachgerechte Entscheidungen ohne Ansehen der Person produzierte. So gesehen, verschaffte gerade die kontrollierte Integration des Informellen der formalen Organisation zweierlei: die Legitimation des Verfahrens, deren es bedurfte, um überhaupt funktionieren zu können, und die nötigen Freiräume, um unabhängig von informellen Gesichtspunkten zu entscheiden.

Und was ist mit Korruption? Könnte es sein, dass meine Analyse ein wenig zu idyllisch ausgefallen ist? Tatsächlich kam es immer wieder zu Kollisionen: Wenn seine persönlichen Interessen oder die Wünsche eines besonders verdienten Klienten es geboten, konnte der Nepot seine Doppelrolle auch gegen die Interessen der Behörden ausspielen und Entscheidungen im Ansehen der Person gegen jeden sachlichen Einwand herbeiführen. Immer wieder wurden Grenzen überschritten: Grenzen der Bereicherung, wenn der Kardinalnepot ohne Rücksicht auf Verluste seine persönlichen ökonomischen Vorteile verfolgte, Grenzen der Parteilichkeit, wenn er es mit seiner Unterstützung eines engen Getreuen zu weit trieb. Solche Anliegen waren mit den gesellschaftlichen Grundwerten nicht zu vereinbaren, und tatsächlich wurden sie mitunter ganz offen als Korruption gebrandmarkt. Aufzuspüren sind solche Grenzverstöße aber weder in der Patronage- noch in der Amtskorrespondenz. Für Fälle dieser Art entwickelte sich eine dritte Ebene der Kommunikation: ein Privatsekretariat des Nepoten mit eigenem Stab, eigener Korrespondenz und eigener Ablage.[16] Offenbar haben wir es hier mit einer Abschichtung des Informellen zu tun: Je stärker die Patronage formalisiert wurde, umso größer wurde der Bedarf an einem Ort des eigentlich Informellen. Dieses eigentlich Informelle bestand indes nicht nur aus grenzwertigen Machenschaften. So finden sich in den Bänden des Privatsekretariats neben den Fällen, die mit den Grundwerten der Gesellschaft nicht zu vereinbaren waren, auch jene Korrespondenzen, aus denen eine besondere persönliche Vertrautheit, ja so etwas wie Freundschaft spricht. Ob illegale Praktiken oder emotionale Nähe: die Spielarten der Informalität, die mit

16 Zum Privatsekretariat Borgheses: Emich, Bürokratie und Nepotismus (wie Anm. 9), S. 284–316. Beispiele für die Eingriffe des Privatsekretariats im persönlichen Interesse des Kardinalnepoten finden sich ebd., S. 381–393, Beispiele für seinen Einsatz für Klienten jenseits des üblichen Maßes ebd., S. 363–381.

der formalisierten Patronage nicht zu erfassen waren, suchten sich offenbar einen eigenen Raum.

Damit komme ich zum Schluss. Er besteht aus 4 knappen Thesen.

1. Für Franziskus mag der Hof die Lepra des Papsttums sein – historisch gesehen, sind Informalität und Formalität aber stets zwei Seiten einer Medaille: Sie strukturieren sich wechselseitig, sie wirken nur gemeinsam, und ohne das Eine ist das Andere nicht zu verstehen. Das gilt natürlich auch für die Sozialform der Patronage. Welche Formen die personale Verflechtung jeweils annimmt, wie sich ihre Sinnhorizonte, Praktiken und Funktionen verändern, ist nicht zu verstehen ohne die Entwicklung auf der formalen Ebene. Beides zugleich, die formale Ebene wie die informelle Dimension, gehört daher zu einer Kulturgeschichte der Verwaltung. Wer heute zum Teambuilding in den Hochseilgarten geschickt oder aufgefordert wird, freitags möglichst casual zu erscheinen, weiß, was gemeint ist. Und genauso dürften die Zurlauben-Forscher die Patronage ihrer Helden mit den formalen Strukturen in deren Umfeld in Verbindung bringen.
2. Um die Komplexität von Verwaltung zu erfassen, muss nicht nur das Verhältnis von Formalität und Informalität punktuell bestimmt, sondern auch der Prozess von Formalisierung und Informalisierung mitbedacht werden. Formalisierung generiert Informalisierung: Das Informelle verschwindet nicht, es sucht sich neue Räume und Formen, die zum Gesamtbild dazugehören. In Rom etwa veränderte sich mit der Formalisierung des Informellen der Charakter der klientelären Beziehungen, die technischer, unpersönlicher, eben: formalisierter wurden. Dass sich für die besonders engen Klienten der Papstfamilie dagegen neue Kommunikationswege und Formen der Begegnung eröffneten, dass sich eine neue Informalität mit eigenen Briefwechseln, Praktiken und Semantiken abschichtete, konnte ich nur andeuten. Festzuhalten bleibt, dass sich nicht nur Formalität und Informalität wechselseitig bedingen. Auch Formalisierung als Prozess ist ohne Informalisierung offenkundig nicht zu haben.
3. Angesichts der zunehmenden Regelungen in vielen Bereichen des Lebens könnte man die Frühe Neuzeit mit Barbara Stollberg-Rilinger geradezu als Epoche der Formalisierung charakterisieren.[17] Was die Frühe Neuzeit aber vor allem prägt, ist meines Erachtens nicht Formalisierung an sich. Zeittypisch ist vielmehr die Formalisierung des Informellen: Informelle Beziehungen als Kernstück der Informalität werden institutionalisiert, bürokratisiert, in das Verwaltungshandeln integriert. Diese Formalisierung des In-

17 Vgl. Barbara Stollberg-Rilinger, Die Frühe Neuzeit – eine Epoche der Formalisierung?, in: Andreas Höfele u.a (Hrsg.), Die Frühe Neuzeit. Revisionen einer Epoche, Berlin u.a. 2013, S. 3–27.

formellen stabilisiert formale Strukturen, sie erlaubt es, Wachstumsgrenzen zu überwinden, sie prägt das Verwaltungshandeln aber auch in der Sache und schafft damit Legitimität. Mit anderen Worten: Die Formalisierung des Informellen ist das Betriebsgeheimnis der frühneuzeitlichen Verwaltung. Und das nicht nur in Rom. So wie dort die Kardinalnepoten als Superminister und Superpatrone zugleich auftraten, agierten an anderen Höfen der Zeit die Günstlingsminister, in Frankreich etwa Richelieu, in Wien Melchior Klesl, in England der Herzog von Buckingham, in Spanien der Herzog von Lerma oder der Conde-Duque de Olivares.[18] Die Formalisierung des Informellen war offenbar eine adäquate Antwort auf Strukturprobleme in den Monarchien Europas. Dass es vergleichbare Phänomene aber auch bei den Eidgenossen gab, zeigen andere Beiträge zu diesem Band.

4. Zu betonen bleibt, dass wir es in der Geschichte der Verwaltung mit fortwährenden Prozessen der Formalisierung und Informalisierung zu tun haben und diese Kategorien folglich über alle Epochengrenzen hinweg unverzichtbar sind. Tatsächlich bieten sie die Möglichkeit, nicht nur Epochenspezifika, sondern auch Prozesse langer Dauer zu beschreiben. Gerade in der Verwaltungsgeschichte zeigt sich historischer Wandel als Abfolge spezifischer Konstellationen im Verhältnis von formaler und informeller Organisation: Im 16. und 17. Jahrhundert dominierte die formalisierte Form der Patronage, im 18. Jahrhundert unterlagen die bislang offen gepflegten und zur Schau gestellten klientelären Beziehungen zunehmend einem Visibilisierungsverbot. Was vorher moralisch geboten war, wurde nun als Korruption diskreditiert, und zwar nicht nur und nicht erst, wenn Grenzen überschritten wurden, sondern generell. Der Bedeutung informeller Beziehungen tat dies aber keinen Abbruch: An die Stelle der Patronage alten Typs dürfte die neue Patronage der Parteien und Vereine getreten sein.[19]

Mir bleibt nur ein letztes Wort zu Rom und dem Papsttum: In Rom ist das Ende der formalisierten Patronage leicht zu datieren: 1692 wurde das Amt des Kardinalnepoten offiziell abgeschafft.[20] Finanziell war dies eine große Erleichterung

18 Als Überblick immer noch: John H. Elliott, Lawrence W. B. Brockliss (Hrsg.), The World of the Favourite, New Haven, CT 1999. Zu vergleichbaren Phänomenen im deutschsprachigen Raum: Michael Kaiser, Andreas Pečar (Hrsg.), Der zweite Mann im Staat. Oberste Amtsträger und Favoriten im Umkreis der Reichsfürsten in der Frühen Neuzeit, Berlin 2003.

19 Vgl. hierzu den Beitrag von Robert Bernsee in diesem Band sowie ders., Moralische Erneuerung. Korruption und bürokratische Reformen in Bayern und Preußen, 1780–1820, Göttingen 2017.

20 In der in Rom durchaus geführten Debatte um den Nepotismus wurde in der zweiten Hälfte des 17. Jahrhunderts die Kritik an der zwar in der Norm der Pietas verankerten, aber doch teuren Versorgung der Verwandten immer lauter. Zugleich traten andere Normen wie die wiederbelebten tridentinischen Ideen oder auch meritokratische Vorstellungen in den

für die angespannte Papstfinanz, funktional kein Problem: Um in die institutionelle Schlüsselposition des Kardinalnepoten einzurücken, stand der Kardinalstaatssekretär bereit. Der einst rangniedere Sekretär, der im Windschatten des Nepoten schon lange die Geschäfte geführt hatte und dafür immer häufiger mit dem Kardinalshut belohnt worden war, begann nun, die Post der Kurie im eigenen Namen, kraft seines Amtes, zu unterzeichnen. Die Betreuung der Klientel hingegen scheint an Dringlichkeit eingebüßt zu haben: Ein eigener *Cardinale Padrone* stand dafür wenigstens nicht mehr zur Verfügung.[21] Natürlich heißt das nicht, dass Patronage und Klientelismus an der Kurie schlagartig verschwunden wären. Aber langfristig setzten sich doch andere Modelle der Rekrutierung verlässlichen Personals und auch andere Ideale der Amtsführung durch. Dass Papst Franziskus mit dem Hof als Chiffre Patronage und Klientelismus zur Lepra des Papsttums erklären kann, steht am Ende dieser Entwicklung. Dass seine Reformkommission allerdings noch kaum eine echte Reform auf den Weg gebracht hat, spricht indes für die Schwerkraft sozialer Beziehungen: Ohne Rücksicht auf das Informelle wird auch dieser Papst kaum regieren können.

Vordergrund. Nachgezeichnet wird diese Debatte bei Marzio Bernasconi, Il cuore irrequieto dei papi. Percezione e valutazione ideologica del nepotismo sulla base dei dibattiti curiali del XVII secolo, Frankfurt/M. 2004. Den Schritt von 1692 und die Entwicklung bis zu diesem Eingriff schildert auch Antonio Menniti Ippolito, Il tramonto della curia nepotista. Papi, nipoti e burocrazia curiale tra XVI e XVII secolo, Rom 2008. Miles Pattenden hat unlängst erneut dafür plädiert, bei der Suche nach Erklärungen für den Umgang der Päpste mit dem Nepotismus das Ringen um das Kräfteverhältnis zwischen Papst und Kardinälen verstärkt zu berücksichtigen: Miles Pattenden, Electing the Pope in Early Modern Italy, 1450–1700, Oxford 2017, mit Blick auf 1692 v. a. S. 247f. Stützen kann sich diese Forderung auf die Befunde Pattendens zur ersten großen antinepotistischen Offensive der Päpste 1560/61 und ihren Hintergründen: Miles Pattenden, Pius IV and the Fall of the Carafa: Nepotism and Papal Authority in Counter-Reformation Rome, Oxford 2013.

21 Allerdings gibt es Indizien für eine Rückkehr des Nepotismus im informellen Gewand: Der Posten des Sekretärs der Memoriali, der dem Papst die Bitten aus aller Welt vorzutragen hatte, scheint sich nach 1692 als eine Art Ausweichposition für papstverwandte Kardinäle angeboten zu haben. Antonio Menniti Ippolito, Il Segretario di Stato e il Segretario dei Memoriali: la difficile ricerca di stabilità all'interno della Curia papale prima e dopo l'abolizione del nepotismo, in: Archivum Historiae Pontificiae 46 (2008, ma 2010), S. 75–106, sowie ders., La »Familia« del papa. Struttura e organizzazione, in: Armand Jamme, Olivier Poncet (Hrsg.), Offices, écrits et papauté, Rom 2007, S. 545–558, v. a. S. 553 zur Interpretation dieses Phänomens als Kryptonepotismus. Festzuhalten bleibt jedoch, dass der formalisierte Nepotismus 1692 sein Ende gefunden hat.

Robert Bernsee

Korruption im Wandel. Debatten und Praktiken in Bayern und Preußen am Ende des 18. Jahrhunderts

Patronage gilt als wesentliches Strukturmerkmal frühneuzeitlicher Verwaltungen, ähnlich wie das Sportelwesen, der Ämterkauf und die Ämtererblichkeit. Diese Praktiken konnten zwar durchaus der Kritik ausgesetzt sein, wie jüngere Studien belegen.[1] Nichtsdestotrotz waren sie in Europa nicht nur vielerorts in Gebrauch, sondern standen in Einklang mit anderen Wert- und Normsystemen.[2] Um 1800 sollte sich dieser Zustand jedoch ändern. In vielen Gemeinwesen Kontinentaleuropas etablierten sich *in praxi* Verfassungs- oder Verwaltungskonzepte, die die alten Praktiken grundsätzlich nicht mehr akzeptierten. Dieser Umstand bedeutete weniger deren völliges Verschwinden etwa auf lokaler Ebene,[3] sondern vielmehr deren völlige Delegitimierung in den öffentlichen Debatten und im institutionellen (rechtlichen) Gefüge.[4] Die neuen Konzepte verstanden sich dezidiert als Gegenentwurf zu den Praktiken des Ancien Régimes und Versuch, diese zu überwinden. Wie aber kam es zu diesem Ergebnis und welche Faktoren zeichneten dafür verantwortlich?

Ziel des Aufsatzes ist es zu zeigen, dass den erneuerten Verwaltungen zwei Wandlungsprozesse vorausgingen. Zum einen veränderte sich die Kommuni-

---

1 Vgl. Niels Grüne, »Gabenschlucker« und »verfreundte rät«. Zur patronagekritischen Dimension frühneuzeitlicher Korruptionskommunikation, in: Ronald G. Asch, Birgit Emich, Jens Ivo Engels (Hrsg.), Integration – Legitimation – Korruption. Politische Patronage in Früher Neuzeit und Moderne, Frankfurt/M 2011, S. 215–246.

2 Vgl. etwa Birgit Emich, Bürokratie und Nepotismus unter Paul V. (1605–1621). Studien zur frühneuzeitlichen Mikropolitik in Rom, Stuttgart 2001; vgl. Sharon Kettering, Patrons, brokers, and clients in seventeenth-century France, New York 1986; vgl. Hillard von Thiessen, Diplomatie und Patronage. Die spanisch-römischen Beziehungen 1605–1621 in akteurszentrierter Perspektive, Epfendorf 2010.

3 Vgl. Patrick Wagner, Bauern, Junker und Beamte. Der Wandel lokaler Herrschaft und Partizipation im Ostelbien des 19. Jahrhunderts, Göttingen 2005, passim.

4 Zum institutionellen Gefüge: vgl. Bernd Wunder, Geschichte der Bürokratie in Deutschland, Frankfurt/M 1986, S. 21–68; zur Delegitimierung: vgl. Robert Bernsee, Delegitimation through Corruption: Legal and Administrative Changes in Bavaria and Prussia during the Napoleonic Era, in: Střed / Centre. Journal for Interdisciplinary Studies of Central Europe in the 19th and 20th Centuries 7,1 (2015), S. 9–33.

kation über Korruption am Ende des 18. Jahrhunderts. Die alten Praktiken, darunter Patronage, galten nun *per se* als amoralisch; sie wurden zum Ausdruck eines überkommenen Systems, das es zu überwinden galt. Zum anderen wandelten sich die Formen personaler Verflechtung: Es entstanden neuartige Sozietäten, die die Eliten nicht nur neu zusammensetzten. Vielmehr förderten sie die Herausbildung andersartiger Wert- und Normvorstellungen, in deren Mittelpunkt ein Typus personaler Verflechtung stand, der auf anderen Austauschmechanismen der beteiligen Personen beruhte und sich als Gesinnungspatronage bezeichnen lässt.[5] Es wird zu sehen sein, dass dieser neue Typus gewissermaßen inkommensurabel mit den alten Formen der Patronage wurde und deshalb in Widerspruch mit diesen geriet, zumal in öffentlich geführten Korruptionsdebatten.

Die bisherigen Ausführungen verdeutlichen, dass Korruption hier als ein zweiteiliges Phänomen verstanden wird. Es teilt sich einerseits in Kommunikation über Korruption und andererseits in Praktiken, die die jeweiligen Zeitgenossen als korrupt deuten. Damit folge ich der Unterscheidung, wie sie in der jüngeren historischen Korruptionsforschung sowohl zur Vormoderne als auch zur Moderne Anwendung findet.[6] Korruption ist folglich die Zuschreibung eines Norm- oder Wertebruchs an die Adresse eines Akteurs, der während einer bestimmten Handlung seine ihm angedachte Rolle zum eigenen Vorteil ausgenutzt hat, obwohl er im Auftrag eines wie auch immer definierten Dritten agieren sollte.[7] Die als korrupt klassifizierten Handlungen dieses Akteurs lassen sich dabei bis auf wenige Ausnahmen – durchaus im Sinne von Marcel Mauss – als Gabentausch charakterisieren. Dieser Umstand gilt ganz besonders für personale Verflechtungen, die auf langfristig angelegte Gabentausche basieren und von unterschiedlichen Qualitäten der Gabe und Gegengabe geprägt sind.[8] Die

5 Zum Begriff und Konzept Gesinnungspatronage siehe Jens Ivo Engels, Geschichte der Korruption. Von der Frühen Neuzeit bis ins 20. Jahrhundert, Frankfurt/M 2014, S. 142–150.

6 Vgl. Jens Ivo Engels, Politische Korruption in der Moderne. Debatten und Praktiken in Großbritannien und Deutschland im 19. Jahrhundert, in: Historische Zeitschrift 282 (2006), S. 313–350.

7 Diese Definition folgt derjenigen Michael Johnstons. Vgl. Michael Johnston, The search for definitions: the vitality of politics and the issue of corruption, in: International Social Science Journal 48 (1996), S. 321–335, hier S. 331. Zur Relevanz dieser Definition für die historische Korruptionsforschung siehe Ronald Kroeze, Dutch Political Modernization and the Biliton Case (1882–1892): The Usefulness of a Neoclassical Contextual Approach to Corruption, in: Ronald G. Asch, Birgit Emich, Jens Ivo Engels (Hrsg.), Integration – Legitimation – Korruption. Politische Patronage in Früher Neuzeit und Moderne, Frankfurt/M 2011, S. 285–307.

8 Ein Beispiel dafür ist eine Patron-Klient-Beziehung, in der der Klient zumeist eine materielle Gabe des Patrons mit einer immateriellen Gegengabe erwidert, also etwa erhaltenem Geld so etwas wie Treue oder Loyalität entgegenbringt. Zu den Prinzipien dieser ›Ökonomik‹ vgl. Andreas Pečar, Die Ökonomie der Ehre. Der höfische Adel am Kaiserhof Karls VI. (1711–1740), Darmstadt 2003, S. 20–140, sowie jüngst, in etwas elaborierterer Form, Gabriele

Zuschreibung des Attributs ›korrupt‹ ist damit die Deutung von bestimmten Gabentauschakten als moralisch fehlerhaft. Gleichzeitig ist aber klar, dass Gabentauschakte selbst Normen und Werten folgen, es kann also bei Korruptionskommunikation zu einer Konfliktsituation verschiedener Moralsysteme, verschiedener Normsysteme kommen. Hillard von Thiessen hat hier kürzlich vor allem von der Konkurrenz gemeinwohl-, sozial- und religionsorientierter Normen gesprochen.[9] Dieser Einteilung folge ich hier nicht im Detail, nehme aber den Hinweis auf, dass Korruptionsdebatten oft auch Konflikte von Moralsystemen sind – oder, präziser formuliert, Arenen, in denen sich die beteiligten Akteure um Argumente bemühen, die moralisch aufgeladen sind.

Es gilt, in diesem Aufsatz zu zeigen, dass ein derartiger Wertekonflikt bei den Fallbeispielen Bayern und Preußen am Ende des 18. Jahrhunderts vorlag. Er sollte sich von den vorherigen unterscheiden und schließlich ein neues Paradigma von Korruption hervorbringen. Die Untersuchung erfolgt über zwei analytische Zugriffe: einerseits durch eine Analyse der öffentlich geführten Korruptionsdebatten in beiden Monarchien, anderseits mittels einer Analyse der Praktiken in den neuen Sozietäten. Das Quellenmaterial umfasst publizistische Schriften, aber auch verwaltungsinterne Kommunikation sowie Selbstzeugnisse und Korrespondenzen beteiligter Fürstendiener.

Der Aufsatz unterteilt sich in vier Abschnitte: Zunächst erfolgt eine zeitliche und räumliche Kontextualisierung (I.), in denen ich auf die Entwicklungen und Besonderheiten Bayerns und Preußen eingehe. Danach steht die Analyse der Korruptionsdebatten im Mittelpunkt (II.), zumal mit Blick auf den Wandel der Argumentation und der beteiligten Akteure. Im dritten Teil geht es dann um die Sozietäten und die dortige Ausprägung neuer Wert- und Normsysteme (III.). Der vierte Teil enthält schließlich den Versuch, beide Phänomene – Wertewandel in der Kommunikation und Werteausprägungen in den Sozietäten – in einen Zusammenhang zu bringen (IV.).

Jancke, Daniel Schläppi, Einleitung: Ressourcen und eine Ökonomie sozialer Beziehungen, in: Dies. (Hrsg.), Die Ökonomie sozialer Beziehungen. Ressourcenbewirtschaftung als Geben, Nehmen, Investieren, Verschwenden, Haushalten, Horten, Vererben, Schulden, Stuttgart 2015, S. 7–33.

9 Vgl. Hillard von Thiessen, Korruption und Normenkonkurrenz. Zur Funktion und Wirkung von Korruptionsvorwürfen gegen die Günstling-Minister Lerma und Buckingham in Spanien und England im frühen 17. Jahrhundert, in: Jens Ivo Engels, Andreas Fahrmeir, Alexander Nützenadel (Hrsg.), Geld, Geschenke, Politik. Korruption im neuzeitlichen Europa, München 2009, S. 91–120; vgl. zuletzt ders.: Normenkonkurrenz. Handlungsspielräume, Rollen, normativer Wandel und normative Kontinuität vom späten Mittelalter bis zum Übergang zur Moderne, in: Arne Karsten, Hillard von Thiessen (Hrsg.), Normenkonkurrenz in historischer Perspektive, Berlin 2015, S. 242–286.

I. Kontextualisierungen

Es sind drei Kontextebenen, die für die spätere Analyse von Korruptionsdebatten und Sozietäten entscheidend sind: die politik-, kommunikations- und sozialhistorische Dimension. Es gilt daher im Folgenden, jede dieser Dimensionen mit Bezug auf Bayern und Preußen im letzten Drittel des 18. Jahrhunderts knapp zu charakterisieren und kurz auf bedeutende Dynamiken einzugehen.

Hinsichtlich des politikhistorischen Kontextes ist festzuhalten, dass sich politische Herrschaft in beiden Monarchien auf Fürst und Landstände aufteilte. Dieser Umstand galt bis zum Ende des 18. Jahrhunderts, wenngleich sowohl in Bayern als auch in Preußen in dieser Zeit keine Landtage mehr einberufen wurden. Die Trennung von fürstlicher und landständischer Herrschaft unterlag in der Praxis sehr oft Aufweichungen; beide Sphären waren personell verflochten und kooperierten miteinander.[10] Nichtsdestotrotz lassen sich diese Sphären jeweils als eigene Patronageverbände begreifen, die um ökonomische und andere Ressourcen miteinander konkurrierten, um ihre wachsende Mitgliederzahl zu versorgen. Eine personelle Expansion kennzeichnete vor allem die fürstliche Verwaltung. Während des 18. Jahrhunderts kam es zu einem Ausbau der Militär- und Zivilverwaltung.[11] Damit stieg zugleich der Bedarf nach materieller Versorgung der Amtsträger und folglich die Notwendigkeit, seitens des Fürsten für entsprechende Finanzmittel zu sorgen, wollte er denn seinen Verpflichtungen als Patron nachkommen. Eine Begleiterscheinung dieser Expansion war ein wachsendes Konfliktpotential innerhalb der fürstlichen Verwaltung. Unterhalb des Fürsten bildeten sich eigene Patron-Klient-Beziehungen heraus, deren Patrone – zumeist hohe Amtsträger – sich um eine Ausdehnung verwaltungsinterner Ressourcen bemühten und diesbezüglich in Konkurrenz standen.[12] Mit Blick auf die Landstände lässt sich weiterhin konstatieren, dass die Fürsten Bayerns und Preußens nicht nur einer einzelnen Gruppe gegenüberstanden, sondern einer ganzen Reihe von ihnen. Ihre Dynastien, Wittelsbacher und Hohenzollern, vereinigten jeweils mehrere Einzelterritorien, in denen sie sich als Landesherren

10 Zum Problemkomplex Landstände-Fürst mitsamt einer Wiedergabe der aktuellen Forschungslage vgl. Tim Neu, Die Erschaffung der landständischen Verfassung. Kreativität, Heuchelei und Repräsentation in Hessen (1509–1655), Köln u. a. 2013, S. 15–55.

11 Vgl. Heinz Duchhardt, Europa am Vorabend der Moderne 1650–1800, Stuttgart 2003, S. 56–62; vgl. Joachim Bahlcke, Landesherrschaft, Territorien und Staat in der Frühen Neuzeit, München 2012, S. 20–32.

12 Ähnliches lässt sich etwa im preußischen Militär bzw. der Militärseelsorge beobachten: Vgl. Carmen Winkel, Im Netz des Königs. Netzwerke und Patronage in der preußischen Armee 1713–1786, Paderborn 2013, S. 284–287; vgl. Benjamin Marschke, Absolutely Pietist: Patronage, Factionalism, State-Building in the Early Eighteenth-Century Prussian Army Chaplaincy, Tübingen 2005, S. 117–183.

den jeweiligen Landständen gegenübersahen.[13] Die Zahl der Landstände fand in Bayern ihren Höhepunkt in den letzten Jahrzehnten des 18. Jahrhunderts, nachdem Karl Theodor 1777 die Nachfolge Kurbayerns angetreten und damit das süddeutsche Fürstentum mit der Kurpfalz und den wittelsbachischen Herrschaftsgebieten am Rhein vereinigt hatte. Auch Preußen sollte im Verlauf des 18. Jahrhunderts Territorien im Reich dazu gewinnen, zuletzt Ansbach-Bayreuth, womit auch die Anzahl der Landstände anstieg. Hinzu kam, dass sich Landstände teils deutlich voneinander unterschieden. Ihre Zusammensetzung konnte sich verschieden ausgestalten: Im preußischen Herzogtum Kleve beispielsweise waren Ritterschaft und Städte an der Landschaft beteiligt, während sich die Landstände im Herzogtum Bayern aus Prälaten, Ritter und Adel sowie Städten und Märkten zusammensetzten.[14] Zudem unterschieden sich die Landstände hinsichtlich ihrer rechtlichen Befugnisse und ihres materiellen Zugriffes auf Ressourcen. So etwa verfügten die bayerischen Landstände über eine Finanzverwaltung, die im 18. Jahrhundert etwa genauso aufkommensstark war wie diejenige des Fürsten.[15] Aufgrund dieser Unterschiede konnte sich die Ressourcenkonkurrenz sehr unterschiedlich ausgestalten. Vergleicht man in dieser Hinsicht Bayern mit Preußen, so lässt sich feststellen, dass die Konflikte in der süddeutschen Monarchie virulenter waren als im Norden. Die Hohenzollernmonarchie verfügte über einen großen Domänenbesitz und war daher finanziell weniger vom Ergebnis der Aushandlung mit den Landständen abhängig als Bayern, zumal die dortigen Fürsten auch mit einer hohen Verschuldung umgehen mussten.[16] Neben diesen inneren Konfliktlinien ist schließlich der politische Einfluss der französischen Revolution zu nennen, der für beide Territorialgebilde spätestens seit 1792 von Relevanz war. Beide verloren nicht nur ihre linksrheinischen Territorien, sondern waren auch in militärische Auseinandersetzungen mit Frankreich verwickelt – ein Umstand, der ihre Finanzsituation weiter strapazierte. In der Folge brauchte etwa Preußen seinen Staatsschatz binnen weniger Jahre auf.[17] Die Relevanz der französischen Revolution lag zudem in deren Eigenschaft als »das größte Medienereignis seit den Tagen der

13 Vgl. etwa die Übersicht bei Kersten Krüger, Die landständische Verfassung, München 2003, S. 18–24.

14 Vgl. ebd.

15 Vgl. Manfred Rauh, Verwaltung, Stände und Finanzen. Studien zu Staatsaufbau und Staatsentwicklung Bayerns unter dem späteren Absolutismus, München 1988, S. 204.

16 Vgl. Ernst Klein, Geschichte der öffentlichen Finanzen in Deutschland (1500–1870), Wiesbaden 1974, S. 69f.

17 Vgl. Willy Real, Die preußischen Staatsfinanzen und die Anbahnung des Sonderfriedens von Basel 1795, in: Forschungen zur Brandenburgischen und Preußischen Geschichte, Neue Folge 1,1 (1991), S. 53–100.

Reformation«.[18] Die mediale Rezeption profitierte dabei von einer kommunikativen Infrastruktur, die zuvor deutlich an Dynamik gewonnen hatte.

Damit ist die zweite Kontextebene angesprochen, nämlich die kommunikationshistorische Dimension. Gemeint ist hier vor allem die Intensivierung der öffentlichen Kommunikation mittels weit verbreiteter und transregional vernetzter Publikationsorgane, die ab der Mitte des 18. Jahrhunderts weiter an Dynamik gewann.[19] Das medienhistorisch Besondere dieses Jahrhunderts war nicht das Aufkommen neuer Publikationstypen – Zeitungen und Zeitschriften hatte es freilich längst vorher gegeben. Es lag vielmehr darin, dass es nun möglich wurde, wenn noch nicht vollständig von schreibender, so doch von publizierender Tätigkeit zu leben. Der Presse- und Buchmarkt expandierte enorm, insbesondere nach 1750. Titel- und Auflagenzahlen steigerten sich vielerorts in Europa, dem Reich und damit auch in Bayern und Preußen.[20] Auch qualitativ gab es Veränderungen. Das literarische Angebot differenzierte sich aus; die lateinische Sprache, die bis dahin in vielen Publikationen Verwendung gefunden hatte, wurde zunehmend durch das Deutsche ersetzt, und schließlich scheint sich die Übersetzungstätigkeit gesteigert und beschleunigt zu haben. Zu den Themen, die an Bedeutung gewannen, gehörte vermehrt die publizistische Auseinandersetzung mit politischen Theorien, Ereignissen und Praktiken im weitesten Sinne, zumal seit den 1750er und 1760er-Jahren. Abhandlungen über derlei Themen waren um 1700 nicht besonders häufig. Die expandierende, grenzüberschreitende Marktinfrastruktur ermöglichte nicht nur eine Beschleunigung der publizistischen Auseinandersetzung, etwa mit politischen Themen. Sie sorgte zudem für eine Professionalisierung des Publizisten- und Schriftstellerstandes – und schließlich zur Herausbildung eines neuen journalistischen Selbstverständnisses. Die Journalisten sahen sich ihrer Leserschaft und damit der Öffentlichkeit verpflichtet. August Ludwig von Schlözer (1735–1809) und

18 Rolf Reichardt, Die Französische Revolution als europäisches Medienereignis, in: Europäische Geschichte Online (EGO), hrsg. vom Institut für Europäische Geschichte (IEG), Mainz 2010-12-03, URL:<http://www.ieg-ego.eu/reichardtr-2010-de>, URN:<urn:nbn:de:0159-2010101173>, 25.7.2017.

19 Vgl. Andreas Würgler, Medien in der frühen Neuzeit, 2. Aufl., München 2013, S. 43–64; vgl. Barbara Stollberg-Rilinger, Die politische und soziale Physiognomie des Zeitalters. Einleitung, in: Notker Hammerstein, Ulrich Herrmann (Hrsg.), Handbuch der deutschen Bildungsgeschichte, Bd. 2: 18. Jahrhundert. Vom späten 17. Jahrhundert bis zur Neuordnung Deutschlands um 1800.München 2005, S. 1–32, hier S. 23f.; vgl. auch Timothy C. W. Blanning, Das Alte Europa 1660–1789. Kultur der Macht und Macht der Kultur, Darmstadt 2002, S. 136–142.

20 Allein zwischen 1750 und 1800 erhöhte sich die Bücherproduktion in Europa um ca. 77 Prozent, darunter ›Deutschland‹ mit knapp 49 Prozent. Berechnungen nach Eltjo Buringh, Jan Luiten van Zanden, Charting the »Rise of the West«: Manuscripts and Printed Books in Europe, A Long-Term Perspective from the Sixth through Eighteenth Centuries, in: The Journal of Economic History 69,2 (2009), S. 409–445, hier S. 417.

Wilhelm Ludwig Wekhrlin (1739–1792) können hier als herausragende Personen gelten. Beide waren die Herausgeber einflussreicher Schriften seit den 1780er-Jahren, in denen vor allem politische Themen behandelt wurden.[21] Sie vertraten dabei ein journalistisches Selbstverständnis, nach dem ihre Publikationen der politischen Information des Publikums dienten, worunter auch die Aufdeckung von Missständen fiel. Nach Wekhrlin setzten die Publizisten »der willkührlichen Regierung, dem Laster der Höfe, dem Muthwillen der Mächtigen einen Damm [...], indem sie Mißbräuche der Gewalt vor den Richterstuhl des Publikums« zogen.[22] Beide sahen sich freilich Zensurbestimmungen und obrigkeitlicher Repression ausgesetzt. Dennoch verhinderten diese Maßnahmen keineswegs die Verbreitung und Rezeption der Schriften. Es waren Publizisten wie Schlözer und Wekhrlin, die den Nährboden bereiteten, der die Französische Revolution im Reich der 1790er-Jahre zu einem Medienereignis werden ließ. Auch die Kommunikation ›unterhalb der Publikationsebene‹ unterlag einer Dynamik. Ohne das Diktum vom »Jahrhundert des Briefes« unnötig bemühen zu wollen, so sollte doch die briefliche Kommunikation Erwähnung finden. Es kam während des 18. Jahrhunderts zu einer Etablierung und Verbreitung einer ausgeprägten Briefkultur.[23] Letztere sorgte, wie die Dynamiken auf der Publikationsebene, für einen verstärkten Austausch; sie erhöhte die Nachrichtenproduktion und -zirkulation unter den Eliten Europas und damit auch Bayerns und Preußens.

Die dritte und letzte Kontextebene, die für die nachfolgende Analyse von Bedeutung ist, betrifft die sozialen Dynamiken innerhalb der verschiedenen Territorien des Alten Reiches. Kennzeichnend für das 18. Jahrhundert ist die Herausbildung eines neuartigen Sozietätsgefüges. Beschränkte sich organisierte Geselligkeit zuvor vor allem auf Haus, Hof sowie kirchliche und ständische Organisationen, traten insbesondere ab 1750 neue soziale Formen der Geselligkeit in Erscheinung, die sich von den althergebrachten in mehreren Hinsichten unterschieden.[24] Zu den Sozietäten gehörten insbesondere arkane, pa-

21 Schlözer gab zwischen 1782 und 1793 die Göttinger *Stats-Anzeigen* heraus, Wekhrlin zwischen 1784 und 1787 die Zeitschrift *Das Graue Ungeheur.* Beide Zeitschriften dürfen als Meinungsmacher in Norddeutschland bzw. Süddeutschland gelten. Zu den Personen und ihrem Schaffen: Vgl. Heinz Duchhardt, Martin Espenhorst (Hrsg.), August Ludwig (von) Schlözer in Europa, Göttingen u. a. 2012; vgl. Jean Mondot, Wilhelm Ludwig Wekhrlin: un publiciste des lumières, 2 Bde. Lille 1986.

22 [Wilhelm Ludwig Wekhrlin]: Linguet. Oder der Anecdoten aus dem Leben dieses eben so berühmten als unglücklichen Sterblichen, Ende, in: Chronologen. Ein periodisches Werk 9 (1781), S. 278–328, hier S. 328.

23 Dazu siehe zuletzt Carmen Furger, Briefsteller. Das Medium »Brief« im 17. und frühen 18. Jahrhundert, Köln 2010.

24 Zu dem neuartigen Sozietätsgefüge vgl. Ulrich Im Hof, Das gesellige Jahrhundert. Gesellschaft und Gesellschaften im Zeitalter der Aufklärung, München 1982, S. 105–236; vgl. Richard van Dülmen, Die Gesellschaft der Aufklärer. Zur bürgerlichen Emanzipation und

triotisch-gemeinnützige und Lesegesellschaften. Arkane Gesellschaften waren Geheimgesellschaften, Studentenorden und vor allem Freimaurerlogen. Letztere begannen sich seit den 1720er-Jahren, zunächst auf den britischen Inseln und wenig später auch auf dem Kontinent zu verbreiten, und zielten u.a. auf die sittliche Ausbildung ihrer Mitglieder.[25] Studentenorden entstanden an deutschsprachigen Universitäten als Alternative zu den traditionellen Landsmannschaften, vor allem ab den 1780er-Jahren.[26] Die zweite Gruppe, patriotisch-gemeinnützige Sozietäten, widmeten sich landwirtschaftlichen und gewerblichen Themen mit dem Ziel, die Ertragskraft der Wirtschaft in ihrer jeweiligen Region zu erhöhen.[27] Lesegesellschaften waren schließlich Einrichtungen, deren Mitglieder sich dem gemeinsamen Erwerb von Presseerzeugnissen und deren Lektüre widmeten.[28] Die neuen Organisationen waren sämtlich transständisch und transkonfessionell angelegt, d.h. ihre Mitglieder gehörten verschiedenen Gesellschaftsschichten und Glaubensrichtungen an.[29] Sie beruhten zudem auf freiwilliger Mitgliedschaft. Viele Mitglieder gehörten mehreren Sozietäten an und widmeten ihnen oft einen Großteil ihres Lebens. In Bayern und Preußen gewannen die genannten Sozietätstypen vor allem im letzten Drittel des 18. Jahrhunderts an Bedeutung. Ab den 1770er-Jahren entstanden viele Sozietäten, und die Mitgliederzahlen stiegen rasant.[30] Im gesamten Reich betrug die Gesamtzahl der Mitglieder von Sozietäten mehrere Zehntausend.[31] Der gesamte

aufklärerischen Kultur in Deutschland, Frankfurt/M. 1986; vgl. Horst Möller, Vernunft und Kritik. Deutsche Aufklärung im 17. und 18. Jahrhundert, Frankfurt/M. 1986, S. 212–280.

25 Vgl. Helmut Reinalter, Freimaurerei und Geheimgesellschaften, in: Ders. (Hrsg.), Aufklärungsgesellschaften, Frankfurt/M. 1993, S. 83–96.

26 Vgl. Wolfgang Hardtwig Studentenschaft und Aufklärung. Landsmannschaft und Studentenorden in Deutschland im 18. Jahrhundert, in: Étienne François (Hrsg.), Sociabilité et société bourgeoise en France, en Allemagne et en Suisse 1750–1850. Geselligkeit Vereinswesen und bürgerliche Gesellschaft in Frankreich Deutschland und der Schweiz 1750–1850, Paris 1986, S. 239–260.

27 Allgemein zu diesen Sozietäten siehe Rudolf Schlögl, Die patriotisch-gemeinnützigen Gesellschaften: Organisation, Sozialstruktur, Tätigkeitsfelder, in: Helmut Reinalter (Hrsg.), Aufklärungsgesellschaften, Frankfurt/M. 1993, S. 61–81.

28 Zu den Lesegesellschaften vgl. Marlies Stützel-Prüsener, Lesegesellschaften, in: Helmut Reinalter (Hrsg.), Aufklärungsgesellschaften, Frankfurt/M. 1993, S. 39–59.

29 Allerdings war die Mitgliedschaft von Frauen, Handwerkern und Juden in vielen Sozietäten ausgeschlossen.

30 Dieser Umstand galt vor allem für Freimaurerlogen. Vgl. Karlheinz Gerlach, Die Freimaurer im Alten Preußen: das Beispiel Magdeburg 1760–1806, in: Holger Zaunstöck, Markus Meumann (Hrsg.), Sozietäten, Netzwerke, Kommunikation. Neue Forschungen zur Vergesellschaftung im Jahrhundert der Aufklärung, Tübingen 2003, S. 193–212, vgl. die Auflistung mit Gründungsdaten für bayerische Logen bei van Dülmen, Die Gesellschaft der Aufklärer (wie Anm. 24), S. 160.

31 So dürfte es um 1800 etwa 15.000 bis 20.000 Freimaurer gegeben haben, 4.000 bis 5.000 Mitglieder in patriotisch-ökonomischen Gesellschaften und ca. 20.000 in Lesegesellschaften. Vgl. van Dülmen, Die Gesellschaft der Aufklärer (wie Anm. 24), S. 57, 69 u. 84.

Entwicklungsprozess lässt sich nicht nur für das Reich, sondern auch für andere Teile West- und Mitteleuropas konstatieren, zumal in Großbritannien, Frankreich, den Niederlanden und der Alten Eidgenossenschaft.[32] Ähnlich wie im Reich beteiligten sich auch dort die Sozietäten an dem expandierenden Publikationswesen. Die zweite Kontextebene steht also mit der dritten in einem engen Zusammenhang.

II. Korruptionsdebatten: Argumente und Akteure

Nach dieser knappen Skizzierung der drei wichtigsten Kontextebenen gilt es, die Korruptionsdebatten des späten 18. Jahrhunderts zu analysieren. Es ist dabei zu zeigen, dass sich die Kommunikation über Korruption wandelte. In den Blick genommen werden dabei Argumentationslinien sowie die beteiligten Akteure.

Dazu ist es zunächst notwendig, auf die Ausgangslage einzugehen. Gemeint ist der Zustand, wie er etwa bis in die 1780er-Jahre als dominierend zu kennzeichnen ist. Es lässt sich zweierlei beobachten: Korruptionsvorwürfe waren zum einen ein Instrument, um Ressourcenübergriffe seitens des Fürsten oder der Landstände abzuwehren. Zum anderen dienten sie dem Fürsten dazu, seine eigene Dienerschaft zu disziplinieren. Bekanntlich ging es dem Fürsten darum, seine Einnahmen zu maximieren. Insofern war er bestrebt, unerwünschten Finanzabflüssen entgegenzutreten.[33] Der Fokus der nachfolgenden Ausführungen liegt auf dem ersten Sachverhalt. Diesbezüglich ist zunächst darauf hinzuweisen, dass die Stände Korruptionsvorwurf nutzten, um Handlungen des Fürsten und vor allem seiner Verwaltung zu delegitimieren, die sie als illegitime Aneignungen oder Aneignungsversuche landständischer Ressourcen wahrnahmen. Dieser Umstand lässt sich besonders gut für Bayern konstatieren. Nach der Thronbesteigung Karl Theodors lagen die bayerischen Stände in permanentem Konflikt

32 Vgl. dazu etwa die Arbeiten, die in einem Projektzusammenhang unter André Holenstein an der Universität Bern zu der *Oekonomischen Gesellschaft Bern* entstanden sind: Vgl. Daniel Salzmann, Dynamik und Krise des ökonomischen Patriotismus. Das Tätigkeitsprofil der Oekonomischen Gesellschaft Bern 1759–1797, Nordhausen 2009; vgl. Peter Lehmann, Von der Reformsozietät zum Landwirtschaftsverein. Die Oekonomische Gesellschaft Bern in Zeiten des Übergangs 1798–1831, Nordhausen 2011.

33 So etwa versuchten die bayerische Kurfürsten Agentien – also Nebeneinkünfte der Fürstendiener – zu begrenzen. Vgl. Rauh, Verwaltung, Stände und Finanzen (wie Anm. 15), S. 62. Der preußische König, Friedrich II., disziplinierte Fürstendiener, indem er Gerichtsverfahren gegen ausgewählte ›Übeltäter‹ anstrengte. Vgl. Rolf Straubel, Der Fall Ursinus – Kabinettsjustiz oder Korruption?, in: Jürgen Ziechmann (Hrsg.), Fridericianische Miniaturen, Bd. 2, Bremen 1991, S. 37–53. Allerdings hatte die Disziplinierung Grenzen: Den Fürsten war gelegen an persönlicher und ausschließlicher Loyalität des Fürstendieners. Solange deren Handeln bestimmte Grenzen nicht überschritt bzw. zu Unruhen oder Tumulten führte, folgte eine eher laxe Verfolgung den durchaus existierenden Verboten.

mit dem neuen Landesherrn, der – zum Missfallen der Landstände – versuchte, Bayern gegen die Österreichischen Niederlande einzutauschen.[34] Aufschluss darüber, wie Korruptionsvorwürfe Anwendung fanden, liefert eine *Vorstellung* der bayerischen Landschaft von 1786. Hierin kritisierten die Landschaftsvertreter

> »jene unverantwortliche Verwaltung [...], welche besonders einige Zeit her die ergiebigsten Gefälle mehr zu eignem oder fremden Privatvortheil [...] benutzet, und [...] selbst dero höchste Person durch unächte Vorstellungen und erschlichene Begnehmigungen misbrauchet«.[35]

Namentlich kritisierten die Landstände Praktiken wie den Ämterkauf in all seinen Variationen sowie die Vergabe von Monopolen. Auch inneradministrative Patronage zum Vorteil von Ausländern banden sie in ihre Kritik ein. Die Landstände verwiesen darauf, dass die fürstlichen Verwaltungseinrichtungen gegen »Landesverfaßung und Freyheiten« – also gegen ihre althergebrachten Vorrechte – verstießen.[36] Diese »pflichtwidrige Collision zwischen den landesherrlichen und den ständlichen Gerechtsamen« sei gar das »endliche Verderben« des Vaterlandes.[37] Bemerkenswerterweise übten sie in diesem Dokument nicht nur Kritik, sondern lieferten zugleich Lösungsvorschläge. Nach ihrer Auffassung sollten die Landstände künftig derlei Verwaltungsvorgänge »begnehmigen« – immerhin würden sie das Volk repräsentieren. Zudem sollte der Kurfürst sämtliche Aufgaben »wohlerfahrenen, und unpartheyischen Landeskindern« anvertrauen.[38] Diese Lösungsvorschläge liefern Aufschluss darüber, worum es den Landständen eigentlich ging: um die Wahrung ihrer Interessen und Rechte sowie die Ausweitung des eigenen Ressourcenzugriffs. Nach ihrem Verständnis waren sie es, die das Gemeinwesen repräsentierten – oder, genauer gesagt, die das Gemeinwesen waren.[39] Folglich hing das Gemeinwohl vom Wohl ihrer Körperschaft ab.

Aus dieser Sicht konnten Ämterkäuflichkeit, Monopole oder fürstliche Patronage nicht legitim sein. Denn diese Praktiken beeinflussten gewissermaßen

34 Vgl. Karl Otmar von Aretin, Kurfürst Karl Theodor (1778–1799) und das bayerische Tauschprojekt. Ein Beitrag zur Geschichte des bayerischen Staatsgedankens der Montgelaszeit, in: Zeitschrift für bayerische Landesgeschichte 25 (1962), S. 745–800; vgl. Jutta Seitz, Die landständische Verordnung in Bayern im Übergang von der altständischen Repräsentation zum modernen Staat, Göttingen 1999.

35 Vorstellung der bayerischen Landschaft an Se. Churfürstl. Durchlaucht von [!]Pfalz, in: Neueste Weltbegebenheiten des Jahrs 1787. Erzählt von einem Weltbürger 4,1 (1787), S. 65–69, 73–76, 81–84, 89–92, 97–100 u. 105–108, hier S. 66.

36 Ebd., S. 69.

37 Ebd., S. 92.

38 Ebd., S. 107.

39 Vgl. Barbara Stollberg-Rilinger, Vormünder des Volkes? Konzepte landständischer Repräsentation in der Spätphase des Alten Reiches, Berlin 1999, S. 77–103.

das Wohl der Landstände negativ. Die Kritik an Ämterkäuflichkeit oder fürstliche Patronage war im Reich und in Europa verbreitet.[40] Sie wurde dabei vor allem vertreten von Landständen und ihren Unterstützern, wie etwa Friedrich Carl Moser (1723–1793) in den 1780er-Jahren.[41] Es waren damit vor allem Inhaber erblicher Rechte oder gar erblicher Ämter sowie deren Klienten, die diese Argumentation verwandten. Stimmen dagegen sind weniger häufig überliefert, doch sie gab es. Mosers Generalanklage gegen den ›schändlichen Diensthandel‹ erwiderte ein anonymer Autor mit nicht geringerer Schärfe. Nach dessen Auffassung war Ämterkauf nicht als problematisch anzusehen und in jedem Fall vorteilhafter einzuschätzen als die Weitergabe von Ämtern durch Vererbung. In der Schrift *Unvorgreifliche Anmerkungen…* von 1786 heißt es bei ihm:

> »Der sogenannte Dienstverkauf stellt sogar, indem er alle Familienverhältniße, die unnütze Verdienste der Voreltern, die leeren Ansprüche der vornehmen Geburt u. s. f. aufhebt, jene natürliche und vernunftmäßige Gleichheit unter den Gliedern eines Staats wieder her, welche die Basis einer klugen Wahl der Diener des Staats ist. So erscheint also jeder Bewerber um ein Amt vor dem Fürsten gleichsam ohne Vater, Mutter, Verwandten, Voreltern, Ahnen – Keiner hat mehrere noch stärkere Ansprüche, als der andere – nie ist die Wahl des Fürsten so frey und unabhängig gewesen; nie war es ihm so leicht, aus mehreren, gleich viel bietenden, immer den würdigsten mit dem gesuchten Amte zu beglücken.«[42]

Der Autor rechtfertigt in diesem Zitat den Ämterkauf und charakterisiert ihn als vernunftgeleitetes Rekrutierungsinstrument. Wichtig für seine Argumentation ist dabei vor allem seine Abgrenzung gegenüber der Ämtererblichkeit, die er als ›widernatürlich‹ ansieht, weil sie dem offenbar zentralen Wert ›Verdienst‹ diametral entgegenstehe. Damit schlug der anonyme Autor in die gleiche Kerbe wie andere fürstenfreundliche Autoren, auch wenn er seine Nähe zum Fürsten im Vorwort bestritt.[43] Jene Autoren kennzeichneten Ämtererblichkeit und landständische Patronage als endemische Missbräuche und argumentierten damit entgegengesetzt zu den Landständen. Nach ihrer Auffassung waren eben der Fürst und seine Dynastie gleichzusetzen mit Gemeinwesen und damit Gemeinwohl. In Preußen vertrat diese Position etwa Johann Heinrich Gottlob Justi (1717–1771), der sich allerdings weniger offen für den Ämterkauf aussprach.[44]

---

40 Für Frankreich etwa vgl. William Doyle, Venality. The sale of offices in eighteenth-century France, Oxford 1996.

41 Gemeint ist nachfolgende Schrift: [Friedrich Carl von Moser]: Ueber den Diensthandel deutscher Fürsten. Frankfurt/M. u. a. 1786.

42 Anonym: Unvorgreifliche Anmerkungen zu der berüchtigten Broschüre: Ueber den Diensthandel deutscher Fürsten. S. l. 1786, S. 46.

43 Vgl. ebd., S. 3–6.

44 Vgl. etwa Johann Heinrich Gottlob Justi, System des Finanzwesens, nach vernünftigen aus dem Endzweck der bürgerlichen Gesellschaften und aus der Natur aller Quellen der Ein-

Ohnehin war eine Rechtfertigung des Ämterkaufs faktisch unabdingbar, zumal Spielarten dieses Instruments Ende des 18. Jahrhunderts sowohl in Preußen als auch in Bayern in nennenswertem Umfang Anwendung fand.[45]

An den gewählten Beispielen wird deutlich, dass der Konflikt zwischen Landständen und Fürsten sowie den damit zusammenhängenden Korruptionsverständnissen und -vorwürfen noch in den 1780er-Jahren fortdauerte. Zu dieser Zeit begann sich daneben eine weitere Form von Korruptionsvorwurf und -verständnis zu etablieren. Eine Reihe an Publizisten veröffentlichte zunächst in Bayern, dann auch vermehrt in Preußen Schriften, deren Autoren sich sowohl gegen Ämterkäuflichkeit als auch gegen Ämtererblichkeit und gegen Patronage stellten, sei es seitens der Landstände oder des Fürsten. Hinzu kam eine Kritik an der Praxis der Sportulierung. Sporteln waren ein wesentlicher Vergütungsbestandteil für fürstliche und landständische Amtsträger, die nach festen Regeln direkt von den Auftraggebern amtlicher Dienstleistungen an die Amtsträger entrichtet wurden.[46] Schließlich geriet das fürstliche Arkanum ins Fadenkreuz der Korruptionskritik. Das Arkanum betraf die Praxis, Informationen innerhalb der Verwaltung nicht nach außen dringen zu lassen.[47] Wie Sporteln war auch das Arkanum ein tragendes Verwaltungselement, das noch um 1780 weitgehende Akzeptanz genoss.[48] Nunmehr galten sämtliche Grundpfeiler der Verwaltung des bayerischen und preußischen Ancien Régimes – Rekrutierung, Organisation, Vergütung – als korrupt.

Die neue Korruptionskritik basierte damit einerseits auf bereits vorhandenen Argumenten. Andererseits war sie bezüglich ihrer Inhalte wesentlich breiter

künfte des Staats hergeleiteten Grundsätzen und Regeln ausführlich abgehandelt Halle 1766, S. 526–528.

45 So lassen sich im weitesten Sinne auch Domänenverpachtung, Steuerverpachtung und Monopolvergaben unter Ämterkauf subsumieren, die in Preußen und Bayern eine gewichtige Rolle spielten. Vgl. Klein, Geschichte der öffentlichen Finanzen (wie Anm. 16), S. 58 u. 66f.; vgl. Hans-Peter Ullmann, Der deutsche Steuerstaat. Geschichte der öffentlichen Finanzen vom 18. Jahrhundert bis heute, München 2005, S. 19; vgl. Edgar Kiser, Joachim Schneider, Bureaucracy and Efficiency: An Analysis of Taxation in Early Modern Prussia, in: American Sociological Review 59,2 (1994), S. 187–204.

46 Zu Sporteln vgl. Angela Stirken, Der Herr und der Diener. Friedrich Carl von Moser und das Beamtenwesen seiner Zeit, Bonn 1984, S. 116–120; vgl. Hartmut Vogel, Sporteln und Sporteldelikte. Eine Untersuchung über die historische Entwicklung und gegenwärtige Bedeutung der Sporteldelikte, verbunden mit einem Abriss der Geschichte des Sportelwesens, Göttingen 1960.

47 Vgl. Michael Stolleis, Arcana imperii und Ratio status. Bemerkungen zur politischen Theorie des frühen 17. Jahrhunderts, Göttingen 1980; vgl. Bernhard W. Wegener, Der geheime Staat. Arkantradition und Informationsfreiheitsrecht, Göttingen 2006, S. 31–119.

48 Kritik am Arkanum gab es schon seit dem frühen 18. Jahrhundert, allerdings umschloss diese Kritik nicht unbedingt sämtliche Verwaltungsgeschäfte, sondern etwa außenpolitische Aktivitäten. Vgl. dazu Andreas Gestrich, Absolutismus und Öffentlichkeit. Politische Kommunikation in Deutschland zu Beginn des 18. Jahrhunderts, Göttingen 1994, S. 63–74.

gefächert und radikaler als zuvor. Letzterer Umstand hing auf argumentativer Ebene damit zusammen, dass ihre Vertreter ein wesentlich breiteres Gemeinwohlkonzept vertraten: Nicht mehr Landstände und Fürstendynastien bildeten demnach das Gemeinwesen, sondern vielmehr eine abstrakte, wesentlich größer verstandene Personengruppe.[49] Zu wichtigen Vertretern der neuen Korruptionskritik in Kurpfalzbayern und Preußen gehörten Simon Rottmanner (1740–1813), Friedrich Wiebekind, Joseph Zerboni (1760–1831), später auch Johann Georg Aretin (1770–1845), Hans von Held (1764–1842) und Friedrich Buchholz (1768–1843). Die meisten von ihnen waren Fürstendiener und lassen sich einer bestimmten Generation zuordnen, nämlich der in den 1740er- bis 1760er-Jahren geborenen Personen. Sie alle kritisierten in verschiedenen Schriften die oben beschriebenen Praktiken.

Das neue Korruptionsverständnis setzte sich allerdings bis zur Jahrhundertwende nicht durch. Gemeint ist damit, dass die alten Konzepte bis dahin institutionell überlebten und auch eine öffentliche Akzeptanz genossen. Anders ausgedrückt, das neue Verständnis scheiterte in den publizistisch geführten Auseinandersetzungen an den früheren Konzeptionen. Dieser Umstand lässt sich an zwei Beispielen veranschaulichen: zum einen am Illuminatenorden in Bayern und zum anderen an dem *Moralischen Vehmgericht* in Preußen. Das erste Beispiel ist zeitlich in die Mitte der 1780er-Jahre zu verorten, als die publizistische Auseinandersetzung um den Illuminatenorden sowie dessen Verfolgung seitens der fürstlichen Verwaltung ihren Höhepunkt erreichten. Der Illuminatenorden war ein Geheimbund, der 1776 von dem Ingolstädter Universitätsprofessor Adam Weishaupt gegründet wurde und vor allem in Bayern rasch Mitglieder gewann, zumal unter den Fürstendienern. Vorrangiges Ziel des Illuminatenbundes war die Verbreitung von Moral und Tugend – sowohl unter den Mitgliedern als auch innerhalb der Gesellschaft.[50] Ein Instrument, dieses Ziel zu erreichen, bestand darin, Missstände publizistisch aufzuzeigen. Dazu gehörte nicht nur die Aufdeckung des geplanten Ländertauschprojektes Karl Theodors, sondern auch die Formulierung von Korruptionsvorwürfen. Diese Vorwürfe galten insbesondere den Praktiken des in Bayern einflussreichen Jesuitenordens, den die Illuminaten zu ihrem Hauptfeind erklärt hatten.[51] Mitte der 1780er-Jahre

49 Vgl. Robert Bernsee, Corruption in German Political Discourse between 1780 and 1820: A Categorisation, in: Journal of Modern European History 11,1 (2013), S. 52–71, hier S. 84–86.

50 Vgl. Ludwig Hammermayer, Illuminaten in Bayern. Zu Geschichte, Fortwirken und Legende des Geheimbundes [1980], in: Helmut Reinalter (Hrsg.): Der Illuminatenorden (1776–1785/87). Ein politischer Geheimbund der Aufklärungszeit, Frankfurt/M. 1997, S. 21–77.

51 Vgl. etwa [Adolph Knigge], Über Jesuiten, Freymaurer und deutsche Rosencreutzer. Herausgegeben von Joseph Aloisius Maier, der Gesellschaft Jesu ehemaligen Mitglieder, Leipzig 1781, S. 49 u. 64. Unabhängig davon ähnelten Jesuitenorden und Illuminatenorden einander: Vgl. Marian Füssel, Societas Jesu und Illuminatenorden. Strukturelle Homologien und his-

änderten sich die Umstände: Der Illuminatenorden selbst geriet in das Fadenkreuz publizistischer Korruptionskritik. Verschiedene Autoren warfen dem Geheimbund unbotmäßige Patronage vor. Dieser würde versuchen, eigene Mitglieder in Positionen der fürstlichen Verwaltung Bayerns zu bringen.[52] Der Illuminatenorden galt diesen Autoren als »Verderbniß«, das das Wohl der »Menschheit« gefährde.[53] Argumentiert wurde in dieser Korruptionskritik, dass die Mitglieder des Illuminatenordens – also Fürstendiener – durch die Patronage ihren Eid gegenüber Fürst und Vaterland brechen würden. Sie würden sich nur loyal gegenüber dem Geheimbund verhalten und ihre Positionen in der fürstlichen Verwaltung zu dessen Gunsten missbrauchen. Diese Vorwürfe forderten einige Illuminaten zu Stellungnahmen heraus, darunter auch den Ordensgründer Weishaupt. In seiner *Apologie der Illuminaten* widersprach dieser dem Vorwurf unerlaubter Patronage aber nicht ausdrücklich, sondern verteidigte jene gar. Schließlich könne es kaum »Mißbrauch« sein, wenn sittlich und moralisch gebildete Personen in die Verwaltung gebracht würden.[54] Derlei Personen, so Weishaupt, seien doch nützlicher einzuschätzen als solche, die nur ihres Adelsprädikats wegen in Anstellung gelangten.[55] Weishaupts Argumentation blieb fruchtlos; der Illuminatenorden wurde nach weiteren Enthüllungen verfolgt und löste sich auf. Das zweite Fallbeispiel zeigt, dass das neue Korruptionsverständnis noch um die Jahrhundertwende scheitern konnte. Das *Moralische Vehmgericht* war ein Geheimbund, der 1796 in Preußen gegründet wurde. Seine Mitglieder orientierten sich ideell am Illuminatenorden, gingen jedoch wesentlich aggressiver in ihrer Korruptionskritik vor. Sie strebten danach, »in die geheimsten Gewebe lichtscheuer Absichten« von Fürstendienern einzudringen und diese Informationen zur »Aufklärung der niederen Stände« zu veröffentlichen.[56] Der Geheimbund wurde seitens der preußischen Verwaltung rasch aufgedeckt und seine Mitglieder mit Festungshaft bestraft.[57] Der preußische Kriegs- und Domänenrat Joseph Zerboni, der führende Kopf des Vehm-

---

torische Aneignungen, in: Zeitschrift für Internationale Freimaurer-Forschung 10 (2003), S. 11–63.

52 Zur Korruptionskritik am Illuminatenorden: Vgl. Bernsee: Corruption in German Political Discourse (wie Anm. 49), S. 59–62.

53 [Joseph Marius von Babo], Ueber Freymaurer. Erste Warnung, S.l. 1784, S. 38 u. 54.

54 [Adam Weishaupt], Apologie der Illuminaten. Frankfurt/M. u. a. 1786, S. 139.

55 Vgl. ebd., S. 35f.

56 [Joseph Zerboni], Aktenstücke zur Beurtheilung der Staatsverbrechen des Südpreussischen Kriegs- und Domainenrathes Zerboni und seiner Freunde, [Mainz] 1800, S. 112.

57 Vgl. dazu Robert Bernsee, Zur Legitimität von Patronage in Preußens fürstlicher Verwaltung. Das Beispiel der Korruptionskritik des Kriegs- und Domänenrates Joseph Zerboni (1796–1802), in: Ronald G. Asch, Birgit Emich, Jens Ivo Engels (Hrsg.), Integration – Legitimation – Korruption. Politische Patronage in Früher Neuzeit und Moderne, Frankfurt/M 2011, S. 275f.

gerichts, prangerte 1800 diesen Umstand an. In seinem Werk *Aktenstücke* veröffentlichte er weitere Missbräuche in der preußischen Verwaltung und beklagte die Bestrafung rechtschaffener Bürger bei der Aufdeckung von Verbrechen, obwohl sie sich mit dieser Tat zum Wohl aller einsetzten.[58] Zerboni scheiterte an den Vorwürfen, dass er als Fürstendiener seinen Eid gegenüber dem Fürsten gebrochen habe, indem er verwaltungsinterne Dokumente veröffentlichte und Mitglied einer Gesellschaft wie dem Vehmgericht war.[59] Anders gesagt stand sein Bemühen, Missstände innerhalb der Verwaltung aufzudecken, hinter den patrimonialen Anforderungen zurück, die die Korruptionsverständnisse der Ausgangslage grundierten.

Festzuhalten bleibt, dass sich das Korruptionsverständnis Ende des 18. Jahrhunderts wandelte. In der Ausgangslage fungierten Korruptionsvorwürfe als Instrumente seitens des Fürsten und der Landstände, um Ressourcenübergriffe mittels Ämterkauf und -erblichkeit sowie fürstliche bzw. ständische Patronage des jeweils anderen zu delegitimieren. In den 1780er-Jahren etablierte sich ein neues Verständnis, das sämtliche Argumente der vorangegangenen Debatte integrierte, aber weder nach Fürst noch Landständen differenzierte. Zudem erweiterte es sich um andere, übliche Verwaltungspraktiken des Ancien Régimes, nämlich die Sportulierungspraxis sowie das Arkanum. Träger des neuen Verständnisses waren Fürstendiener und Journalisten; im Gegensatz zu vorher fanden die Korruptionsdebatten vor allem in der Publizistik statt. Das neue Korruptionsverständnis setzte sich erst 1800 durch, als die reformorientierte Generation an die Spitze aufrückte. In Bayern trat dieser Umstand 1799 ein, in Preußen nach der Niederlage gegen das napoleonische Frankreich. Die Korruptionskritik wider das Ancien Régime avancierte in der Folge zu einem regierungsseitig gestützten Instrument, um die alten Strukturen zu delegitimieren und den Weg frei für alternative Verwaltungsstrukturen zu machen.[60]

III. Sozietäten: Werte, Gesinnungen und personale Verflechtung

Abseits von den Korruptionsdebatten lagen augenscheinlich die neuartigen Sozietäten, die sich in der Sattelzeit als neue Orte des sozialen Miteinanders herausbildeten. Nachfolgend gilt es zu zeigen, dass diese Sozietäten nicht nur Orte der Kommunikation und Geselligkeit waren. Vielmehr entwickelten sie sich

58 Vgl. Zerboni, Aktenstücke zur Beurtheilung der Staatsverbrechen (wie Anm. 56), passim.
59 Vgl. Bernsee, Zur Legitimität von Patronage (wie Anm. 57), S. 279f.
60 Vgl. Bernsee, Delegitimation through Corruption (wie Anm. 4), passim.

zu Arenen, in denen sich neue Werte konstituierten und ausprägten, die sich für ihre Mitglieder persönlich als bedeutsam herausstellen sollten.

Zu diesem Zweck ist es notwendig, die konkreten Aktivitäten und Wertvorstellungen der einzelnen Sozietäten näher zu betrachten. Für *Freimaurerlogen* war, wie weiter oben beschrieben, die moralische und sittliche Bildung ihrer Mitglieder von zentraler Bedeutung. Als leitende Werte galten dabei »allgemeine Menschenliebe«, Toleranz und Brüderlichkeit.[61] Die praktische Durchsetzung dieser Werte erfolgte auf verschiedenen Ebenen: Jede Freimaurerloge verfügte über eigene Räumlichkeiten, in denen sie regelmäßig zusammenkam, sei es formell oder informell. Diese Logenhäuser wiesen zumeist auch eigene Bibliotheken auf. Im Mittelpunkt der Versammlungen standen rituelle Handlungen, insbesondere Beförderungs- und Initiationsriten, mit dem Ziel ein »kultisch[es] Erlebnis brüderlicher Vereinigung« zu erzeugen.[62] Der Verkehr innerhalb der Loge war durch Kleider- und Verhaltensvorschriften geregelt; zudem gab es eine meist dreistufige Hierarchie. Der Aufstieg innerhalb dieser Stufen richtete sich idealiter nach der ›Sittlichkeit‹ der Kandidaten. Die Verhaltensregeln verpflichteten Logenmitglieder auch dazu, Brüder in Notfällen zu unterstützen. Wichtig war schließlich das Konzept des ›Geheimnisses‹, demzufolge die Aktivitäten innerhalb der Logen nicht nach außen dringen durften.[63] In dieser Hinsicht unterschieden sich Freimaurerlogen von den echten *Geheimgesellschaften*, bei denen der Umwelt sogar die Existenz derselben verschlossen blieb. Diese Sozietäten, wie etwa im Falle des Illuminatenordens angesprochen, verfolgten durchaus ähnliche Ziele wie die Freimaurer, etwa hinsichtlich Verbesserung von Sittlichkeit und Moral. Darüber hinaus kennzeichnete sie aber ein deutlich stärkeres Sendungsbewusstsein als jene; sie hegten also durchaus politische Ambitionen.[64] Interessant sind schließlich die Zugangskriterien, etwa der Illuminaten: Jeder Kandidat musste vor dem Eintritt genaue Angaben zu seiner Person und Herkunft machen; jedenfalls weisen darauf entsprechende Formulare und Zeitzeugenberichte hin.[65] Der Austausch zwischen den Mitgliedern scheint hier intensiver gewesen zu sein, wenn auch weniger über zentrale Orte organisiert. Die Intensität des Austausches dürfte bei *Studentenorden* ähnlich hoch gewesen sein. Dieser Sozietätstyp war nur ein kurzlebiges Phänomen. Seine Blütezeit erlebte er um 1780 und bereits 1793 erfolgte ein reichsweites Verbot.[66] Zentrale Ziele der Studentenorden waren neben Bildung und

61 Vgl. Reinalter, Freimaurerei und Geheimgesellschaften (wie Anm. 25), passim.

62 Vgl. van Dülmen, Die Gesellschaft der Aufklärer (wie Anm. 24), S. 62.

63 Vgl. Reinalter, Freimaurerei und Geheimgesellschaften (wie Anm. 25), passim.

64 Vgl. Helmut Reinalter, Die Freimaurer, 6. Aufl., München 2010, S. 83.

65 Vgl. Richard van Dülmen, Der Geheimbund der Illuminaten. Darstellung, Analyse, Dokumentation, Stuttgart-Bad Cannstatt 1975, S. 117–119.

66 Vgl. Hardtwig, Studentenschaft und Aufklärung (wie Anm. 26), passim; vgl. Jörg Schweigard,

Gelehrsamkeit vor allem Freundschaft und Geselligkeit. Sie verdichteten sich im Konzept des ›Lebensprinzips‹ (oder ›Lebensbundprinzips‹) und damit in der Verpflichtung, einander lebenslang beizustehen und in persönlichen Belangen zu unterstützen. So heißt es beispielsweise in dem ›Gesetze des Rostocker Constantistenorden von 1796‹, dass es bei dem Orden darum gehe, »dem Staate brauchbare Männer zu verschaffen«.[67] Das Selbstverständnis der Studentenorden – wie auch der Freimaurer und Geheimgesellschaften – bestand folglich darin, dass sich die künftige (und gegenwärtige) Elite in ihren Reihen befinden würde. Diese Auffassung lag zugleich bei *patriotisch-ökonomischen Gesellschaften* vor, deren Mitglieder ohnehin in vielen Fällen auch in anderen Sozietäten aktiv waren.[68] Unabhängig davon unterschied sich dieser Sozietätstyp insofern von den bisher genannten, als hier eine andere Reputationslogik vorherrschte: Waren es bei den vorherigen vor allem persönliche Dienste und sittliche Bildung, galten hier intellektuelles und gesellschaftliches Engagement als förderlich für den persönlichen Aufstieg, also etwa die Publikationstätigkeit und die Anwendung theoretischer Konzepte auf praktische Probleme.[69] Diese Sozietäten verfügten oft über eigene Publikationsorgane, wie etwa der *Bayerische Hausvater* der *Sittlich-ökonomischen Gesellschaft zu Burghausen.*[70]

Diese knappen Ausführungen sollten verdeutlicht haben, dass die Sozietäten gewissermaßen als Reputationsgeneratoren für ihre Mitglieder fungierten. Die Gesellschaften konstituierten und pflegten dabei jeweils eigene Werte, Hierarchien und Rituale, die sich durchaus voneinander unterschieden. Nichtsdestotrotz lassen sich konzeptionelle Gemeinsamkeiten bezüglich der Wertvorstellungen feststellen: *Erstens* nahmen sie sich als Elite wahr, d. h. sie schrieben ihren Mitgliedern eine herausgehobene Position innerhalb der Gesellschaftsordnung zu. Dieses Selbstverständnis als Elite gründete sich *zweitens* auf das Konzept der persönlichen Leistung. Letzteres folgte hier zwar unterschiedlichen Reputationsmodi; doch enthielt es stets die Komponente ›Bildung‹. Diese konnte sich in moralische und sittliche Eigenschaften ausdrücken, umschloss zugleich Wissen

---

Studentische Netzwerke im Zeichen der Französischen Revolution. Politische Gruppenbildungen, Meinungstransfers und Symbole an süddeutschen Hochschulen (1791–1794), in: Lothar Kreimendahl, Martin Mulsow, Guido Naschert (Hrsg.), Radikale Spätaufklärung in Deutschland. Einzelschicksale, Konstellationen, Netzwerke, Hamburg 2012, S. 317–344.

67 Quelle nach Erich Bauer, Die Gesetze des Rostocker Constantistenordens von 1796, in: Einst und Jetzt 19 (1974), S. 55–72, hier S. 59.

68 Vgl. Holger Zaunstöck, Sozietätslandschaft und Mitgliederstrukturen. Die mitteldeutschen Aufklärungsgesellschaften im 18. Jahrhundert, Tübingen 1999, S. 201.

69 Vgl. Schlögl: Die patriotisch-gemeinnützigen Gesellschaften (wie Anm. 27), passim.

70 Vgl. Ludwig Hammermayer, Zur Publizistik von Aufklärung, Reform und Sozietätsbewegung in Bayern. Die Burghausener Sittlich-Ökonomische Gesellschaft und ihr »Baierisch-Ökonomischer Hausvater« (1779–1786), in: Zeitschrift für bayerische Landesgeschichte 58 (1995), S. 341–401.

über bestimmte Gegenstände sowie die Bereitschaft, weiteres Wissen zu erwerben. Eine solcherart verstandene Leistung fungierte als Zugangs- und Aufstiegskriterium der Mitglieder zu den Sozietäten. Zugleich unterlag sie einer Kultivierung und Ritualisierung. Dieser Umstand galt gleichermaßen für das Konzept der Freundschaft. Es umschloss gemeinsame emotionale Erfahrungen und das Einstehen füreinander. Im Zusammenspiel von Elitenbewusstsein, Leistung und auch Freundschaft entstand *drittens* ein Zusammengehörigkeitsgefühl unter den Mitgliedern, das schließlich zu Solidarität untereinander führte. Den ›Kitt‹ bildeten dabei das Teilen gemeinsamer Werte und die Teilnahme an den sozietätsinternen Austauschritualen. Die Mitglieder der Sozietäten wurden gewissermaßen zu Gesinnungsgenossen.

Stellt sich die Frage, welchen Einfluss diese Wertvorstellungen auf das Handeln und das Selbstverständnis einzelner Mitglieder hatten. Grundsätzlich ist anzunehmen, dass die Werte einen sehr hohen Stellenwert unter den teilnehmenden Personen genossen. Die Sozietäten waren für viele von ihnen Orte, an denen sie äußerst viel Zeit verbrachten und deren Belange ihren Lebensalltag prägten. Oft kamen sie in jungen Jahren mit den Sozietäten in Berührung, weshalb sich daraus lebenslange Kontakte ergeben konnten. Dabei kam es durchaus vor, dass einzelne Mitglieder von Freimaurerlogen die Töchter ihrer Logenbrüder heirateten und somit künstliche Verwandtschaften konstruierten.[71] Für die Frage nach der Bedeutung der Werte bieten die Aktivitäten und Beschreibungen einzelner Zeitgenossen einigen Aufschluss. Das erste Beispiel betrifft Reichsfreiherrn Karl Gotthelf von Hund-Altengrotkau (1722–1776). Dieser war ein äußerst engagierter Freimaurer und widmete nicht nur etwa 30 Jahre seines Lebens nahezu ausschließlich diesem Bereich, sondern auch eine große Summe seines Vermögens.[72] Daran lässt sich erkennen, welch hohen Stellenwert die Mitgliedschaft in derlei Sozietäten haben konnte. Das zweite Beispiel ist Clemens von Neumayr (1766–1829), ein späterer bayerischer Staatsrat. Dieser trat siebzehnjährig dem Illuminatenorden bei. Er maß jenem in seiner Autobiografie einen »entscheidenden Einfluß« auf seine Bildung und seinen weiteren Lebensverlauf bei.[73] Er berichtet von positiven Erfahrungen,

71 Beispiele dafür lassen sich bis ins frühe 19. Jahrhundert finden, etwa beim dem preußischen Oberpräsidenten Theodor von Schön: Vgl. Ursula Fuhrich-Grubert, Verflechtungen zwischen »Öffentlichkeit« und »Privatheit«: Politische Netzwerke Theodor von Schöns, in: Bernd Sösemann (Hrsg.), Kommunikation und Medien in Preußen vom 16. bis zum 19. Jahrhundert. Stuttgart 2002, S. 323–344.

72 Vgl. Ferdinand Runkel, Geschichte der Freimaurerei in Deutschland, Bd. 1, Berlin [1931], S. 185–187.

73 Neumayrs Autobiografie findet sich in: Hans Schmidt, Ein bayerisches Beamtenleben zwischen Aufklärung und Romantik, in: Zeitschrift für bayerische Landesgeschichte 35,2 (1972), S. 591–690, hier S. 628.

etwa einer »Veredelung« seiner selbst, und von persönlichen Freundschaften.[74] Die Aufnahme in den Geheimbund habe ihm »mehr Freude, und innerliche Erhebung gewährt« als andere Höhepunkte seines Lebens, zumal beruflicher Art.[75] Auch Neumayrs Ausführungen dokumentieren, wenn auch rückblickend, welch tiefen Eindruck die Sozietäten mit ihren Praktiken und Werten bei ihren Mitgliedern hinterlassen konnten.

Die Wertvorstellungen – dies lässt sich auch an den Aussagen Neumayrs, vor allem aber am Konzept der Gruppensolidarität erkennen – beschränkten sich nicht auf das Handeln innerhalb der Sozietäten. Sie erstreckten sich vielmehr ganzheitlich auf die Person des Mitglieds. Anders ausgedrückt, die Mitglieder sollten sich auch außerhalb der Sozietäten solidarisch zueinander verhalten. Dieser Umstand lässt sich verdeutlichen am obengenannten Sendungsbewusstsein des Illuminatenbundes, am Lebensprinzip der Studentenorden oder auch an den Vorschriften, wie sie etwa für die Londoner Freimaurerloge – und daran anlehnend auch in vielen Logen im Heiligen Römischen Reich – galten.[76] Dass unter solchen Solidarisierungen auch Unterstützungen bei der Erlangung von Ämtern fielen, ist nicht nur logische Konsequenz, sondern deckt sich mit empirischen Befunden. So etwa berichtete ebenerwähnter Clemens von Neumayr wie selbstverständlich, dass er sich mithilfe eines anderen Illuminaten eine Anstellung in der österreichischen Verwaltung erhoffte, nachdem sich seine beruflichen Aussichten in Bayern aufgrund der Illuminatenverfolgung verschlechtert hatten.[77] Auf der anderen Seite empfahl Adolph Knigge in seinem Buch *Ueber den Umgang mit Menschen* (1788), sich genau aus diesem Grund nicht den arkanen und geheimen Gesellschaften anzuschließen. Denn, so der erfahrene Freimaurer und Illuminat, ein »mönchischer esprit de corps« sei für diese Sozietäten kennzeichnend. Deswegen komme es »zu Kabalen [...] und Ungerechtigkeit gegen gute Männer [...], die keine Mitglieder eines solchen oder wenigstens desselben Ordens sind«.[78] Er deutete damit nicht nur eine bevorzugte Behandlung der eigenen Sozietätsmitglieder an, sondern eine aktive Verdrängung von Nichtmitgliedern. Dass sich Knigge an derlei Praktiken selbst beteiligte, belegen seine Pamphlete gegen den Jesuitenorden in den frühen 1780er-Jahren.[79]

Die Sozietätsmitglieder betrieben - mit anderen Worten - aktiv Praktiken

74 Ebd., S. 632.
75 Ebd., S. 633.
76 Die Konstitution der Londoner Freimaurerloge in deutscher Sprache: Anonym, Gründliche Nachricht von den Frey-Maurern, nebst angehängter historischen Schutz-Schrifft. Franckfurt am Mayn 1738.
77 Vgl. Schmidt, Ein bayerisches Beamtenleben (wie Anm. 73), S. 645.
78 Adolph Knigge: Ueber den Umgang mit Menschen. Zweyter Theil, Hannover 1788, S. 171.
79 Vgl. Adolph Knigge: Über Jesuiten, Freymaurer und deutsche Rosencreutzer, passim.

personaler Verflechtung, darunter auch Patronage. Als Bindemittel des sozialen Austauschs fungierten gemeinsame Gesinnungen, also das gemeinsame Teilen von Normen und Werten, weshalb der Begriff Gesinnungspatronage verwendet werden soll. Die Zugehörigkeit zu einer bestimmten Sozietät konnte als Erkennungsmerkmal dienen, um beim Gegenüber gewünschte Normen und Werte anzunehmen. Die Sozietäten der Sattelzeit waren also keine bloßen Orte der Geselligkeit oder Kommunikation. Sie gestalteten die Erfahrungs- und Wertehaushalte der Individuen entscheidend um und bildeten Orte der Netzwerkbildung, die weit über ihre eigenen Sozietätsgrenzen hinausgehen sollten.

IV. Inkommensurable Werte: Korruptionsdebatten und Sozietäten

Die Korruptionskommunikation wandelte sich also in Bayern und Preußen während des späten 18. Jahrhunderts. Zugleich etablierten sich in den Sozietäten neue Gabentauschpraktiken und Reputationslogiken. Es gilt in einem dritten Schritt, diese noch lose nebeneinander stehenden Phänomene zu verbinden und nach einem Zusammenhang zu fragen. Ziel dieses Abschnitts ist es zu zeigen, dass die Wertausprägungen der Sozietäten inkommensurabel mit den bis dahin akzeptierten Formen des Ämterzugangs bzw. der Patronage wurden. Daraus entstand ein Widerspruch, der wiederum zu Veränderungen des Korruptionsverständnisses führte.

Zu diesem Zweck erscheint es notwendig, die Wertebasis der verschiedenen Korruptionsverständnisse einander gegenüberzustellen. In der Ausgangslage gab es, wie gesehen, zwei Korruptionsverständnisse. Das erste reflektierte die Vorstellung, dass die Landstände das Gemeinwesen seien und damit ihr Wohl maßgeblich sei, weshalb ein Eingriff in ihre Ressourcen als gemeinwohlschädlich und damit verderblich (›korrupt‹) galt. Das zweite Verständnis orientierte sich an der Vorstellung, dass der Fürst, seine Dynastie und seine Verwaltung das Gemeinwesen darstellten. Folglich waren Übergriffe auf seine Ressourcen als verderblich einzuschätzen. Mit diesen Gemeinwohlkonzepten bzw. Korruptionsverständnissen ließen sich unterschiedliche Praktiken der Patronage legitimieren bzw. delegitimieren, wie weiter oben gezeigt. Neben diesen Unterschieden hatten beide Konzepte auch Gemeinsamkeiten. Bei beiden handelte es sich um patrimonial aufgefasste Konzepte, d. h. die Patronagebeziehungen basierten auf persönlicher Loyalität und Treue, Ämtervergabe erfolgte als Eigentumsübertragung und Familie (und Haus) dienten als soziale Grundeinheit.[80] Das neu

80 Zur Bedeutung des Hauses in der europäischen Adelsgesellschaft siehe Ronald G. Asch, Europäischer Adel in der Frühen Neuzeit: Eine Einführung, Stuttgart 2008, S. 97–123.

aufgekommene Korruptionsverständnis hingegen basierte auf einem abstrakten Gemeinwohlkonzept. Es richtete sich gegen sämtliche Verwaltungspraktiken des Ancien Régimes und stellte damit klassische Prinzipien wie die persönliche Treue sowie den Ämterzugang aufgrund familiärer Verflechtungen zurück. Seine Vertreter argumentierten für eine Ämtervergabe aufgrund fachlicher Qualifikation (Bildung) und plädierten für ein öffentliches Anzeigen von Missständen.

Diese ›Werte‹ weisen strukturelle Übereinstimmungen mit denjenigen auf, die in den neuen Sozietäten vertreten und kultiviert wurden. Bildung war zentral für den Zugang zu derlei Organisationen und für den Aufstieg innerhalb der Hierarchie der Gesellschaften. In den patriotisch-ökonomischen Gesellschaften war es für die individuelle Reputation etwa förderlich, ökonomische Probleme publizistisch zu erörtern und auch Lösungen anzubieten. Weiterhin spielten ständische Hierarchien, die konzeptuell mit den alten Korruptionsverständnissen verbunden waren, keine herausragende Rolle bei den Sozietäten. Zudem waren Mehrfachmitgliedschaften üblich und erhöhten das individuelle Prestige. Ausschließliche Zugehörigkeiten, also Loyalitäten, zu einer einzelnen Sozietät waren nicht unbedingt gewünscht oder wenigstens kein Kriterium individueller Güte. Es galt, einer Sache – genauer der ›Allgemeinheit‹ – statt einer Person zu dienen. Diese Vorstellung lässt sich im Grunde bei allen hier genannten Sozietäten finden, wenn auch mit unterschiedlicher Ausprägung.

Angesichts dieser Übereinstimmungen verwundert die Tatsache kaum, dass es insbesondere begeisterte Mitglieder von Sozietäten waren, die sich in der Korruptionskommunikation engagierten und das neue Korruptionsverständnis publizistisch vertraten. Dieser Umstand trifft etwa auf Simon Rottmanner, Joseph Zerboni, Georg von Aretin oder Hans von Held zu. Sie waren alle in verwaltungsinterne Netzwerke eingebunden, die sich wiederum aus Mitgliedern von Sozietäten rekrutierten.[81] Diese Befunde sprechen dafür, dass das neue Korruptionsverständnis in einem engen Zusammenhang mit den neu konstruierten Werten in den Sozietäten stand. Mit ihren Korruptionsvorwürfen verfolgten die beteiligten Personen zwar durchaus faktionsinterne oder persönliche Ziele, indem sie damit versuchten, konkurrierende Faktionen auszuschalten. Nichtsdestotrotz wandten sie eine Argumentation an, die sich *ex negativo* aus

81 Rottmanner etwa gehörte dem Kreis um Johann Maximilian von Preysing an, einem ranghohem Illuminaten und bayerischen Fürstendiener, der sich auch in anderen Sozietäten engagierte. Vgl. Andreas Otto Weber, Rottmanner, Simon, in: Neue Deutsche Biographie 22 (2005), S. 145f.; vgl. Margit Ksoll-Marcon, Stephan Kellner, Preysing, in: Neue Deutsche Biographie 20 (2001), S. 713–715, hier S. 714. Zerboni und Held engagierten sich in dem Zirkel um Carl August von Struensee, dem preußischen Akziseminister, der ein federführendes Mitglied in örtlichen Sozietäten, etwa der Märkischen Ökonomischen Gesellschaft oder der Berliner Mittwochsgesellschaft, war. Vgl. Rolf Straubel, Carl August von Struensee. Preußische Wirtschafts- und Finanzpolitik im ministeriellen Kräftespiel (1786–1804), Potsdam 1999, S. 423f.

den zentralen Werten der Sozietäten speiste. Zudem verwendeten sie mit der Publizistik einen Kommunikationskanal, der in den Sozietäten eine hohe Akzeptanz genoss. Mittels Korruptionsvorwürfen übertrugen sie gewissermaßen die in den Sozietäten geltenden Anforderungen auf die fürstliche Verwaltung. Sie entfremdeten sich aufgrund ihrer alltäglichen Praktiken in den Sozietäten von den althergebrachten Verwaltungsprinzipien des Ancien Régimes. Die dortigen Wertvorstellungen wurden inkommensurabel mit ihren eigenen.

Diese Inkommensurabilität galt nicht nur in diese eine Richtung, sondern auch in eine entgegengesetzte. Denn die Werte der Sozietäten waren Außenstehenden eher fremd und wurden von ihnen als pathologisch wahrgenommen. Davon zeugen die publizistischen Debatten um den *Illuminatenorden* und das *Moralische Vehmgericht.* In beiden Fällen warfen die Kritiker den Mitgliedern dieser Geheimbünde vor, geltende Werte – etwa persönliche Loyalität, Familie und Vaterland – zu missachten. Ihre Kritik äußerten sie im Zusammenhang mit Korruptionsvorwürfen, nach denen die Praktiken der neuen Sozietäten als ›missbräuchlich‹ oder ›verderblich‹ anzusehen waren.[82] Viele der Sozietäten galten ihnen als bloße »Beutelschneiderey«, deren hehre Ziele nur als Schein.[83] Damit modellierten sie im Grunde die alten Korruptionsvorwürfe um, als wahlweise dem Fürsten oder den Landständen vorgeworfen wurde, sie würden eigene Ziele in gemeinwohlorientierte Absichten kleiden. Auch hier drückt sich die Inkommensurabilität der Wertsysteme aus, wenn etwa Weishaupt seinen Gegnern vorwarf, dass sie ihre eigennützigen Praktiken dem Gegenüber unterstellen würden. Doch auch seine offen vorgetragenen Werte, nämlich die Ämterbesetzung aufgrund von Bildung und Sittlichkeit, die insbesondere Illuminaten kennzeichnen würden, galten seinen Gegnern nicht nur als unzulässiges Mittel, um fürstliche Ämter zu besetzen. Vielmehr deuteten sie die bloße Mitgliedschaft als Zeichen einer Verschwörung gegen die althergebrachte Ordnung – und damit als verderblich.[84]

Anhand dieser Ausführungen sollte deutlich geworden sein, dass sich die Werte innerhalb der Sozietäten von denjenigen außerhalb, zumal im Zusammenhang mit der fürstlichen Verwaltung, unterschieden. Legitime Gabentauschpraktiken und ihre Devianzen wurden hier anders kodiert als bisher. Dieser Umstand hatte Konsequenzen für das Korruptionsverständnis, das sich letztlich als Manifestation illegitimer Gabentauschpraktiken interpretieren lässt. Auch der gewählte Kanal der neuartigen Korruptionskritik, nämlich die Publizistik, lässt sich hiermit erklären. Denn die Reputationslogiken der Sozietäten

82 Vgl. etwa [Sulpitius Cosandey, Joseph von Utzschneider, Georg Grünberger, Vitus Renner], Grosse Absichten des Ordens der Illuminaten, dem patriotischen Publikum vorgelegt von vier ehemaligen Mitgliedern, München 1786, S. 91 u. 136.

83 [Babo], Ueber Freymaurer (wie Anm. 53), S. 29 u. 52.

84 Vgl. ebd, S. 70; vgl. [Cosandey u.a.], Grosse Absichten (wie Anm. 82), S. 50 u. 159.

förderten die Publikationstätigkeit ihrer Mitglieder, zumal mit Blick auf die als Missstände wahrgenommenen Zustände. Die Inkommensurabilität der Werte galt für die Vertreter der alten und neuen Vorstellungen von Korruption. Konkret drückte sie sich in voneinander unterscheidbare Korruptionsvorwürfe aus. Damit wird klar: Korruptionsdebatten dienten nicht nur als Instrument, um eigene oder faktionsbezogene Ziele voranzutreiben. Sie fungierten vielmehr als Medium von Werten aus unterschiedlichen sozialen und kommunikativen Zusammenhängen. Korruptionsdebatten gewährleisteten damit den Wertetransfer zwischen verschiedenen Räumen in der bayerischen und preußischen Gesellschaft des späten 18. Jahrhunderts.

V. Fazit

Korruptionskommunikation und personale Verflechtung unterlagen im Bayern und Preußen des späten 18. Jahrhunderts einem Wandel, so lautete die These des vorliegenden Beitrages. Den älteren Korruptionsverständnissen, nach denen entweder Übergriffe des Fürsten oder der Landstände als Korruption gedeutet werden konnten, trat ein neues zu Seite. Dieses Verständnis richtete sich gegen sämtliche Grundsätze der Rekrutierung, Vergütung und Offenlegung, wie sie in den Verwaltungen bis dahin praktiziert worden waren. Zudem formulierten Korruptionsvorwürfe nicht mehr nur genuine Unterstützer des Fürsten oder der Landstände, sondern vor allem Fürstendiener, die sich innerhalb der expandierten Verwaltungen zunehmend auf Handlungsebenen unterhalb des Fürsten personal verflochten und als eine eigene Kraft in der Konkurrenz um Ressourcen herausgebildet hatten. Sie nutzten zumal die Publizistik als Instrument, um Korruptionsvorwürfe zu formulieren.

Doch das Motiv der Fürstendiener, ihre persönlichen Interessen und diejenigen ihrer Faktionen mittels Korruptionsvorwürfen gegen Konkurrenten voranzutreiben, erklärt nicht, warum sich die Inhalte darüber wandelten, was als Korruption zu begreifen war. Hierzu war es notwendig, die sozialen Umstände der Fürstendiener in den Blick zu nehmen. Sie beteiligten sich massiv an dem neuen Sozietätsgefüge, das sich seit dem Beginn der Sattelzeit zu etablieren begann. Innerhalb dieser Sozietäten bildeten sich neue Werte, Rituale und andere Praktiken heraus, die große Wirkung bei vielen Mitgliedern entfalteten. Insbesondere etablierten sich neue Zugangssysteme, Solidarisierungskonzepte und Reputationslogiken. Vor allem Bildung und ihre Expression durch Publikationen o.ä. erfuhren einen Bedeutungsgewinn. Diese Prozesse verblieben nicht innerhalb der Grenzen der Sozietäten, sondern gingen darüber hinaus. Denn die Solidarität galt unter den Mitgliedern lebenslänglich und auch außerhalb der Sozietäten. Die gegenseitige Unterstützung lässt sich unter dem

Begriff Gesinnungspatronage fassen. Personale Verflechtung basierte also auf dem Teilen gemeinsamer Gesinnungen oder Erfahrungen und nicht auf Herkunft, familiäre Verbindung oder pekuniären Austausch. Damit veränderte sich auch die personale Verflechtung im Vergleich zur Ausgangslage. Die in den Sozietäten gelebten Werte gerieten in einen Widerspruch zu den bis dahin verbreiteten und legitimen Verwaltungspraktiken. Die Veränderung des Korruptionsverständnisses lässt sich auf diese Inkommensurabilität der Werte zurückführen. Das neue Korruptionsverständnis setzte sich bis etwa 1800 nicht als dominierendes Konzept durch; seine Vertreter gerieten im Sinne der alten Konzepte selbst unter Korruptionsverdacht. Erst mit dem Beginn der Reformzeit und dem damit zusammenhängenden Wechsel an der Führungsspitze in Bayern und Preußen avancierte das neue Korruptionsverständnis zum regierungsseitig vertretenen Konzept.

Das neue Korruptionsverständnis lässt sich nach dieser Lesart auf die sozialen und kommunikativen Wandlungsprozesse im letzten Drittel des 18. Jahrhunderts zurückführen. Die Grenzen der hier vertretenden Argumentation sind offensichtlich: Erstens konzentriert sich dieser Beitrag auf die Situation in Bayern und Preußen, weshalb Rückschlüsse auf andere Teile Europas nur bedingt möglich sind. Zweitens beschränkt er sich auf den ersten Teil der Sattelzeit und blendet Entwicklungen und mögliche Differenzierungsprozesse nach 1800 aus. Drittens erfolgte die Analyse der Praktiken und Rituale in den Sozietäten sowie deren Einflusses auf die beteiligten Personen – und darüber hinaus – nur schemenhaft, ausschnittsweise und wenig differenziert. Viertens liefern die hier geführten Ausführungen keinen Einblick in die Amalgamierung von alten und neuen Eliten, sondern suggerieren ein scharf abgegrenztes, zeitliches ›Nacheinander‹ von verschiedenen Eliten, das es zu hinterfragen gilt.

Die genannten Grenzen dieses Beitrages implizieren ein reiches Potential an Forschungsmöglichkeiten. Letzteres beginnt bei einer geografischen und zeitlichen Ausweitung des Gegenstandes, umfasst die Tiefenbohrung der Werte und Praktiken in den verschiedenen Sozietät(styp)en, zumal in vergleichender Absicht, und reicht bis hin zu Studien zur Frage, welche konkreten Folgen für die Selbstbeschreibungen und Handlungen der sozialen Eliten daraus resultierten. Derlei Studien vermögen nicht nur, weiteres historisches Wissen über den Wandel von Korruption und über die ›Wertehaushalte‹ der Sozietäten zu generieren. Sie würden Informationen darüber bereithalten, wie sich die Adaption, Interpretation und Modifikation von Werten innerhalb historischer Gesellschaften ausgestaltete. Derlei Studien böten damit Aufschluss für heute relevante Fragen über die Funktionsweise und Mechaniken des Wertewandels.

Teil III: Klientelismus und Korruption in der alten Eidgenossenschaft

Andreas Affolter

Spielarten klientelistischer Beziehungen zwischen französischen Ambassadoren und Eidgenossen (frühes 18. Jahrhundert)

Wer als fremder Gesandter in der Frühen Neuzeit die Interessen seines Dienstherrn erfolgreich vertreten wollte, kam nicht darum herum, zu den einflussreichen Akteuren vor Ort personale Beziehungen aufzubauen.[1] In den meisten Fällen handelte es sich bei diesen Beziehungen zwischen den Vertretern fremder Mächte und lokalen Akteuren um Patronagebeziehungen, also dyadische Beziehungen zwischen einem Patron mit höherem und einem Klienten mit niedrigerem gesellschaftlichen Status, die über einen längeren Zeitraum hinweg Ressourcen austauschten, zu denen beide, meist aufgrund ihrer unterschiedlichen sozialen Position, in unterschiedlichem Masse Zugang hatten.[2] Eine klientelistische Beziehung lässt sich also als eine »personale, dauerhafte, asymmetrische und reziproke Tauschbeziehung«[3] beschreiben.

Auch in der Eidgenossenschaft gingen fremde Gesandte mit ihren Gegenübern vor Ort Beziehungen solcher Art ein. Dies gilt besonders auch für die Botschafter der französischen Könige, die vom frühen 16. bis zum Ende des 18. Jahrhunderts in der ganzen Eidgenossenschaft als Broker königlicher Gnaden auftraten und dabei selbst mächtige Patrone wurden.

Im vorliegenden Beitrag werden die Patronagebeziehungen zwischen französischen Ambassadoren und eidgenössischen Akteuren näher betrachtet. Dabei werden die verschiedenen Merkmale der Beziehungen genauer untersucht und

1 Dies geht aus der neueren Forschung zu frühneuzeitlichen Außenbeziehungen deutlich hervor. Siehe dazu etwa die in der Reihe *Externa* erschienenen Studien: Hillard von Thiessen, Christian Windler (Hrsg.), Akteure der Außenbeziehungen. Netzwerke und Interkulturalität im historischen Wandel, Köln u.a. 2010; Tilman Haug, Ungleiche Außenbeziehungen und grenzüberschreitende Patronage. Die französische Krone und die geistlichen Kurfürsten (1648–1679), Köln 2015; Nadir Weber, Lokale Interessen und große Strategie. Das Fürstentum Neuchâtel und die politischen Beziehungen der Könige von Preußen (1707–1806), Köln u.a. 2015.

2 Siehe zu einer Definition von Patronagebeziehungen Simon Teuscher, Bekannte – Klienten – Verwandte. Soziabilität und Politik in der Stadt Bern um 1500, Köln 1998, S. 135.

3 Hillard von Thiessen, Diplomatie und Patronage. Die spanisch-römischen Beziehungen 1605–1621 in akteurszentrierter Perspektive, Epfendorf 2010, S. 234.

verschiedene Spielarten und Bedingungen klientelistischer Beziehungen herausgearbeitet. In einem ersten Teil wird danach gefragt, inwieweit die Beziehungen zwischen den französischen Ambassadoren und ihren eidgenössischen Klienten tatsächlich asymmetrisch waren. Der zweite Teil rückt den Aspekt des Ressourcentausches in den Fokus, wonach im dritten Kapitel unterschiedliche Bindungsstrategien der Klienten untersucht werden. Der letzte Teil geht der Frage nach, inwiefern sich die Bedingungen für den Aufbau und die Pflege klientelistischer Bindungen in den verschiedenen eidgenössischen Republiken unterschieden und was dies für die beteiligten Akteure bedeutete.

Genauer untersucht wird die Gesandtschaft von Claude-Théophile de Bésiade, Marquis d'Avaray, der von 1716 bis 1726 als französischer Botschafter in Solothurn residierte. Die für diese Ambassade hervorragende Quellenlage – d'Avarays Korrespondenz mit seinen Klienten vor Ort[4] – ermöglicht es, die verschiedenen Spielarten klientelistischer Beziehungen in der Eidgenossenschaft genau zu analysieren.[5]

I. Asymmetrie

Im Unterschied zu Freundschaftsbeziehungen[6] zeichneten sich klientelistische Beziehungen durch ihre betonte Asymmetrie aus. Patron und Klient teilten nicht

4 Das Korrespondenzarchiv von Ambassador d'Avaray umfasst mehr als 4.000 Briefe, die der Botschafter oder sein Botschaftssekretär Laurent Corentin de La Martinière während der zehn Jahre von d'Avarays Ambassade in der Eidgenossenschaft von mehr als 200 vorwiegend eidgenössischen Akteuren erhalten haben. Die Dichte der Korrespondenzen ist dabei sehr unterschiedlich: Die sechs umfangreichsten überlieferten Korrespondenzen machen allein 45 Prozent aller erhaltenen Briefe aus. Aufbewahrt wird das Korrespondenzarchiv heute in den Archives du Ministère des Affaires étrangères (MAE) in La Courneuve (Signatur: PA-AP 460, Bde. 1–53). Siehe zum Archiv und den wichtigsten Korrespondenten: Andreas Affolter, Verhandeln mit Republiken. Die französisch-eidgenössischen Beziehungen im frühen 18. Jahrhundert, Köln u. a. 2017, S. 114–123, sowie Alexandre Dafflon, L'ambassade de Claude-Théophile de Bésiade, Marquis d'Avaray, près les cantons suisses (1716–1726). Étude du fonctionnement de l'ambassade de France en Suisse au début du XVIIIe siècle, 4 Bde., unveröffentlichte Thèse pour le diplôme d'archiviste paléographe à titre étranger. École Nationale des Chartes 1998, S. 450–546.

5 Beim vorliegenden Artikel handelt es sich in großen Teilen um eine Kurzfassung des dritten Kapitels meiner Dissertation. Siehe Affolter, Verhandeln mit Republiken (wie Anm. 4), S. 105–202 (Kap. »Das Netzwerk des Ambassadors«).

6 Siehe zum Konzept der Freundschaft in der Frühen Neuzeit: Klaus Oschema (Hrsg.), Freundschaft oder »amitié«? Ein politisch-soziales Konzept der Vormoderne im zwischensprachlichen Vergleich (15.–17. Jahrhundert), Berlin 2007; für Freundschaftskonzeptionen in den Außenbeziehungen: Tilman Haug, »Plus d'amitié et de confiance que jamais«. Dimensionen der Freundschaft in den Beziehungen Frankreichs zum Heiligen Römischen Reich zwischen den Friedensschlüssen von Westfalen und Nimwegen (1648–1679), in: Bertrand Haan, Christian Kühner (Hrsg.), Freundschaft. Eine politisch-soziale Beziehung in Deutschland und Frankreich

denselben sozialen Status und verfügten über unterschiedliche Ressourcen, die sie in die Gabentauschbeziehung einfließen lassen konnten. In den Korrespondenzen, die Ambassador d'Avaray mit verschiedensten Akteuren in der Eidgenossenschaft führte, wird die Asymmetrie des Verhältnisses augenfällig. Bereits die Anrede ließ an der Ungleichheit der Interagierenden keinen Zweifel aufkommen: Die Eidgenossen titulierten den französischen Ambassador in ihren Schreiben ohne Ausnahme als *Monseigneur* und anerkannten damit den höheren Rang des Ambassadors.[7] Die höchsten und einflussreichsten Magistraten der eidgenössischen Republiken ordneten sich also dem Gesandten des französischen Königs unter, wenn sie sich per Brief an ihn wandten.[8]

Die Ungleichheit zwischen dem Ambassador und seinen Klienten war allerdings ganz unterschiedlich stark ausgeprägt. So wagten es einige Klienten kaum, sich an den Ambassador selbst zu wenden und richteten ihre Briefe stattdessen an den Botschaftssekretär. Dies war etwa beim Neuenburger Théophile Perregaux der Fall, der hauptsächlich mit Botschaftssekretär de La Martinière korrespondierte. Wenn er sich ausnahmsweise an d'Avaray selbst wendete, fügte er der in frühneuzeitlichen Schreiben üblichen Schlussformel »le très humble et très obéissant serviteur« als zusätzliches Zeichen seiner besonderen Ergebenheit noch ein »très soumis« hinzu.[9] Die seltenen Briefe, die Perregaux vonseiten des

12.–19. Jahrhundert, Onlinepublikation 2013, URL:<http://www.perspectivia.net/content/publikationen/discussions/8-2013/haug_dimensionen>, 22.02.2018.

7 Giora Sternberg, Epistolary Ceremonial: Corresponding Status at the Time of Louis XIV, in: Past and Present 204 (2009), S. 33–88, hier S. 46, »Its [des Titels Monseigneur] appearence within a letter was the clearest sign of the adresser's recognition of his or her inferiority vis-à-vis the addressee.«

8 In der schriftlichen Kommunikation wurde die Asymmetrie zwischen den beteiligten Akteuren durch die Verwendung des Titels *Monseigneur* besonders deutlich hervorgehoben. In der mündlichen Kommunikation fand die Anrede *Monseigneur* hingegen weniger Verwendung und wurde stattdessen oft mit *Monsieur* ersetzt, womit die Unterordnung weniger augenfällig war. Siehe: Antoine-Michel Tambonneau an Ludwig XIV., Solothurn, 16.8.1687. Bundesarchiv Bern (BAR), Paris Archi, Bd. 119, 8.2.2 (MAE, CP Suisse, Bd. 85, fol. 57r). Auch auf andere Formen des Zeremoniells, die die Rangunterschiede zwischen den Interagierenden deutlich sichtbar machten, wurde in der mündlichen Kommunikation zwischen Partikularpersonen – ganz im Gegensatz zur offiziellen Kommunikation – eher verzichtet. So vermerkte etwa Ambassador de Puysieux: »J'ay toujours esté grand observateur du cérémonial dans toutes les actions publiques ce qui conserve le respect dû à un Ambassadeur du Roy. Mais je m'en suis quelquefois relâché dans le particulier, faisant souvent asseoir dans mon cabinet les personnes de confiance qui me venoient voir, soit pour me donner quelques avis, soit pour me demander quelques grâces.« Instruction de former le Cérémonial de France en Suisse, 1727. BAR, Paris Archi, Bd. 345, 5.4–6.1 (MAE, MD Suisse, Bd. 18, fol. 197r). Aufgehoben wurde die Ungleichheit zwischen den Ambassadoren und ihren eidgenössischen Klienten dadurch natürlich nicht, nur weniger stark betont als in der schriftlichen Kommunikation.

9 Théophile Perregaux an d'Avaray, o.O., 1.1.1719. MAE, PA-AP 460, Bd. 23, fol. 3600v: »[...] d'estre avec le plus profond respect dont je suis capable, Monseigneur, de Votre Excellence le très humble, tres obeissant et tres soumis serviteur.«

Ambassadors erreichten, empfing er hingegen »avec une profonde soumission et une respectueuse reconnoissance«[10]. Indem Théophile Perregaux gegenüber dem Ambassador eine sehr ausgeprägte klientelistische Ergebenheit an den Tag legte, betonte er die Asymmetrie der Beziehung besonders stark.

Andere eidgenössische Klienten versuchten hingegen gerade, die Asymmetrie ihrer Beziehung zum Vertreter des französischen Königs zu verschleiern und möglichst auf Augenhöhe mit diesem zu interagieren.

Am auffälligsten ist dieses Verhalten beim Berner Hieronymus von Erlach zu beobachten. Von Erlachs sozialer Status – er war Schultheiß der mächtigsten eidgenössischen Republik, entstammte einer der ersten Familien Berns, war vom Kaiser zum Reichsgrafen erhoben worden und verfügte über ein riesiges Vermögen – verlieh ihm ein ausgeprägtes Standesbewusstsein. Im eidgenössischen, aber auch im europäischen Kontext an große Achtungs- und Ehrerweise gewöhnt, bekundete er größeren Widerwillen, sich gegenüber den französischen Ambassadoren in klientelistischer Ergebenheit zu üben. Als ihm d'Avarays Tonfall in einem an ihn gerichteten Schreiben allzu hochfahrend erschien, setzte er die Korrespondenz mit dem Ambassador kurzerhand aus.[11] Mit der Festigung seiner Position in der Republik Bern wurde von Erlach zunehmend selbstbewusster, so dass er während der Ambassade von d'Avarays Nachfolger Jean-Louis d'Usson, Marquis de Bonnac, versuchte, die rangmäßige Distanz zum Ambassador weiter einzuebnen: Ab 1730 zeigte sich von Erlach nicht mehr bereit, den Ambassador in seinen Schreiben als *Monseigneur* anzusprechen, während dieser ihn bloß als *Monsieur* titulierte. Zu einem solchen Entgegenkommen war de Bonnac allerdings nicht bereit. Weil sich der Titulaturenstreit nicht lösen ließ, stellten von Erlach und der Ambassador ihre direkte Korrespondenz ein und kommunizierten fortan nur noch über den Botschaftssekretär de La Martinière.[12] Auch wenn es dem Berner Schultheißen nicht gelang, mit dem Ambassador auf gleicher Augenhöhe zu interagieren, so konnte er ihm doch den Titel *Monseigneur* verweigern, ohne dabei einen Unterbruch des Ressourcentauschs riskieren zu müssen. Von Erlachs Weigerung, den Ambassador als *Monseigneur* zu titulieren, blieb in der Eidgenossenschaft nicht unbemerkt und trug viel dazu bei, seinen herausgehobenen Status unter den eidgenössischen

10 Théophile Perregaux an de La Martinière, o.O., 8.1.1718. MAE, PA-AP 460, Bd. 24, fol. 3969r.

11 Hieronymus von Erlach an de La Martinière, Hindelbank, 13.1.1725. MAE, PA-AP 460, Bd. 42, fol. 151v f.: »Je prends de S.E. un tres respectueux congé par raport à d'ulterieures correspondances entre elle et moy; je ne suis plus d'humeur de süporter les manieres hautaines de S.E. à mon esgard.« Die Korrespondenz wurde nach einer Versöhnung wieder aufgenommen, siehe den Brief von Erlach an d'Avaray, Hindelbank, 10.3.1725. BAR, Paris Archi, Bd. 174, 363.1 (MAE, CP Suisse, Bd. 289, fol. 223r).

12 Irène Schärer, Der französische Botschafter Marquis de Bonnac und seine Mission bei der Eidgenossenschaft 1727–1736, Spiez 1948, S. 229.

Spitzenmagistraten zu fördern. So vermerkte eine 1739 publizierte Darstellung der eidgenössischen Bäder und Orte explizit, dass alle eidgenössischen Magistraten dem Ambassador den Titel *Monseigneur* gewährten, während Schultheiß von Erlach ihm diesen Titel verweigerte.[13]

Was die Asymmetrie ihrer Beziehungen zum Ambassador betraf, stellten Hieronymus von Erlach und Théophile Perregaux zwei extreme Positionen dar. Die übrigen eidgenössischen Klienten sind auf einem zwischen diesen beiden Polen angelegten Kontinuum zu verorten, wobei sich die meisten näher bei Perregaux positionierten und in klientelistischer Demut ihren inferioren Rang betonten. Unter den eidgenössischen Magistraten, selbst unter Schultheißen, Bürgermeistern und Landammännern, konnte niemand einen Rang beanspruchen, der jenem des französischen Ambassadors überlegen war. Das Kriterium der Asymmetrie traf auf alle Beziehungen zwischen dem Repräsentanten des französischen Königs und den Eidgenossen zu, wobei die rangmäßige Distanz zwischen Klient und Patron im Einzelfall erheblich variierte.

Unterschiede in den klientelistischen Beziehungen existierten allerdings nicht nur betreffend das Ausmaß der Asymmetrie, sondern auch betreffend den Ressourcentausch.

II. Ressourcentausch

Zwischen dem französischen Gesandten und den eidgenössischen Akteuren vor Ort wurden vielfältige Ressourcen getauscht. Als Patronageressourcen setzten die Ambassadoren in der Eidgenossenschaft Geld in Form von Pensionen oder Gratifikationen, Offiziersstellen und Truppenkommandos, die Vergabe von Ritterorden und Adelstiteln, aber auch Protektion, nicht zuletzt vor der eigenen Obrigkeit, ein. Die Gegenleistungen der eidgenössischen Klienten bestanden hauptsächlich in der Übermittlung von Informationen und der Unterstützung französischer Interessen in ihren jeweiligen Republiken.[14]

Nicht alle Klienten erhielten die gleichen Gaben. Die prestigeträchtige Aufnahme in die königlichen Ritterorden, hauptsächlich in den Ludwigs- und Michaelsorden – nur in einer Ausnahme auch in den exklusiven Orden vom Hei-

13 »Lorsque tous les Députés du Corps Helvétique sont en Diète, ils donnent du Monseigneur à l'Ambassadeur. La Ville de Berne se distingue: lorsqu'elle lui écrit en particulier, elle ne lui donne pas du Monseigneur. Le Chef du Canton, l'Advoyer d'Erlach, le lui refuse aussi.« Siehe David François de Merveilleux, Amusemens des Bains de Bade en Suisse, de Schintznach et de Pfeffers. Avec la description, & la comparaison de leurs Eaux avec celles des Bains de Schwalbach & autres de l'Empire. Le tout accompagné d'Histoires & d'Anecdotes Curieuses. London 1739, S. 69.

14 Affolter, Verhandeln mit Republiken (wie Anm. 4), S. 398.

ligen Geist –, war katholischen Eidgenossen vorbehalten. Erst 1759 stiftete die Krone mit der *Institution du mérite militaire* eine Art Ersatzorden für reformierte Solddienstoffiziere.[15]

Auch bei der Patronageressource Geld lassen sich verschiedene Arten des Transfers ausmachen. Zum einen variierte die Höhe der Pensionen beträchtlich: So erhielten die Empfänger geheimer Gelder in Bern im Jahr 1715 Pensionen in der Höhe zwischen 300 und 6.000 Pfund.[16] Zum andern wurden die Pensionen je nach Kanton auf unterschiedliche Art und Weise ausbezahlt, wobei bei weitem nicht *alle* Empfänger französischer Gelder auch Klienten der Krone waren. Die Auszahlung einer Pension war lange nicht in jedem Fall geeignet, eine reziproke und dauerhafte Gabentauschbeziehung zu stiften. Vielmehr verloren die französischen Gelder in vielen Fällen im Lauf der Zeit ihre Funktion als beziehungskonstiuierende Gaben.

So besaßen die Ambassadoren im 18. Jahrhundert keine Kontrolle mehr über die Verteilung der meisten regulären Pensionen. In einigen Orten wurden die Pensionen als Kollektivgut unter alle Magistraten, Bürger oder Landleute verteilt. In andern gerieten sie in die Hände einflussreicher lokaler Pensionenverteiler, die damit eigene Klientelnetzwerke aufbauten. Die Ambassadoren erfuhren dabei teilweise nicht einmal, wer die französischen Gelder erhielt.[17] Viele eidgenössische Akteure empfingen von der französischen Krone Gelder, ohne dafür eine Gegenleistung zu erbringen.

Dies galt sogar für die geheimen Pensionen, über die der Ambassador noch

---

15 Träger des Großkreuzes des Mérite militaire (beschränkt auf jeweils zwei) waren etwa die Schweizer Solddienstoffiziere Abraham von Erlach (1770), Rudolf von Diesbach (1784) und Paul Rodolphe d'Aubonne (1779). Siehe ihre jeweiligen Personenartikel in: Historisches Lexikon der Schweiz online (e-HLS). Siehe für die unterschiedliche Bedeutung der verschiedenen Orden in der französischen Adelsgesellschaft: Leonhard Horowski, Die Belagerung des Thrones. Machtstrukturen und Karrieremechanismen am Hof von Frankreich 1661–1789. Ostfildern 2012, S. 107–111. Der Freiburger Ludwig August Augustin von Affry war der einzige Schweizer, der vom König in den Heiliggeistorden aufgenommen wurde, siehe zu ihm: Alain-Jacques Czouz-Tornare, Affry, Ludwig August Augustin von, in: Historisches Lexikon der Schweiz (HLS), übersetzt aus dem Französischen, URL:<http://www.hls-dhs-dss.ch/textes/d/D23244.php>, Version vom 15.06.2017.

16 Siehe Charles-François de Vintimille, Comte Du Luc: Estat des pensions secretes que le Roi trouve bon de donner en Suisse, 19.6.1715. BAR, Paris Archi, Bd. 166, 369.1 (MAE, CP Suisse, Bd. 261, fol. 58r).

17 Für die unterschiedlichen Typen der französischen Pensionen, ihren ursprünglichen Verwendungszweck und die tatsächlichen Verteilpraktiken in den eidgenössischen Orten siehe die Studie von Philippe Gern, Aspects des relations franco-suisses au temps de Louis XVI. Diplomatie, économie, finances, Neuchâtel 1970, S. 163–174. Zu der insbesondere in den Innerschweizer Orten herrschenden Vorstellung der in den Außenbeziehungen vermittelten Ressourcen als Kollektivgut siehe Daniel Schläppi, Das Staatswesen als kollektives Gut: Gemeinbesitz als Grundlage der politischen Kultur in der frühneuzeitlichen Eidgenossenschaft, in: Historical Social Research 32 (2007), S. 169–202, hier 179f.

am ehesten die Verfügungsgewalt besaß. So bezahlte d'Avaray dem Solothurner Altrat Franz Heinrich von Stäffis-Molondin eine vergleichsweise hohe geheime Pension von jährlich 2.000 Pfund. In seiner Schlussrelation verkündete er jedoch:

> »L'Altrath de Molondin [Franz Heinrich von Stäffis-Molondin] que M. le comte du Luc a mis pour deux mil livres sur l'état des pensions, n'a rien fait pendant mon ambassade qui justifiât cette grâce. Il a été au contraire du nombre des plus opiniâtres [...].«[18]

Trotz seines eines Klienten unwürdigen Verhaltens erhielt von Stäffis-Molondin seine Pension weiterhin, weil die Einstellung der Zahlungen mit allzu großen Risiken behaftet gewesen wäre und zu einer vollständigen Abwendung des Klienten hätte führen können. Mit der Fortsetzung der Zahlung konnte der Ambassador wenigstens hoffen, den Empfänger *neutralisieren* und ihn für allfällige spätere Dienste erneut gewinnen zu können.

Klientelistische Beziehungen konnten also auch in eine Phase der Latenz übergehen, während der die Reziprozität des Gabentauschs nur noch bedingt gegeben war. Aus Sicht der Pensionsempfänger war dies durchaus legitim, betrachteten sie doch eine einmal gewährte Pension als eine Art *patrimoine*, auf das sie auch ohne Gegenleistungen Anspruch hatten und das sie ihren Nachkommen vererben konnten. Aus Sicht der Ambassadoren war diese Sicht der Dinge höchst unbefriedigend, weshalb es kaum verwundert, dass verschiedene Gesandte den Nutzen des kostspieligen Pensionenwesens grundsätzlich in Frage stellten.[19]

In einigen Fällen erachteten die Ambassadoren den Einsatz der französischen Gelder aber auch als gerechtfertigt, wie im folgenden Kapitel gezeigt wird.

III. Einfach- versus Mehrfachbindungen

Klientelistische Beziehungen gewannen an Bedeutung, je länger Patron und Klient ihre jeweiligen Rollen zur gegenseitigen Zufriedenheit ausübten. Je länger dies der Fall war, desto unwahrscheinlicher wurde ein Bruch der Bindung. Dies galt insbesondere, wenn sich eine Patronagebeziehung über mehrere Generationen erstreckte und die gegenseitigen Erwartungen auf Dauer erfüllt wurden. Hillard von Thiessen spricht in solchen Fällen von Patronagebeziehungen, die sich durch *Anciennität* auszeichneten. Solche Bindungen gewannen einen an die Ehre der Beteiligten gekoppelten Wert an sich und konnten nicht mehr ohne

18 D'Avaray: Mémoire sur la Suisse [1726]. BAR, Paris Archi, Bd. 176, 129.1 (MAE, CP Suisse, Bd. 294, fol. 172).

19 Siehe Gern, Aspects des relations (wie Anm. 17), S. 172.

Ehrverlust gekündigt werden. Sowohl aufseiten des Patrons wie aufseiten des Klienten wurden sie gewissermaßen erblich.[20]

Solche durch Anciennität ausgezeichnete Patronagebeziehungen lassen sich auch in der Alten Eidgenossenschaft beobachten. In vielen Orten gab es Familienverbände, die sich über mehrere Generationen hinweg an einen bestimmten Patron banden und dadurch auch symbolisches Kapital gewannen. Als Beispiel einer »französischen« Familie par excellence gelten die Zurlauben aus Zug. Während Jahrzenten stellten sich ihre Mitglieder praktisch ausschließlich in die Dienste der französischen Krone und vertraten deren Interessen sowohl als Solddienstoffiziere auf den europäischen Schlachtfeldern wie auch als Magistraten in den heimischen Landsgemeinden. Wenn unbedeutendere Mitglieder sich ausnahmsweise in die Dienste anderer Fürsten stellten, achtete die Familie sehr darauf, dass dies die für den ganzen Familienverband existenziellen Verbindungen zur französischen Krone nicht gefährdete.[21]

Angesichts der altbewährten und exklusiven Bindung der Zurlauben an die französische Krone gingen die Ambassadoren davon aus, dass auch künftige Generationen der Zuger Familie dieser Beziehung treu bleiben würden. So meldete Botschafter d'Avaray anlässlich des Todes des verdienten Zuger Ammanns Beat Jakob II. Zurlauben seinem König:

> »Sire, Vostre Majesté vient de perdre le plus fidelle et le plus zelé serviteur qu'Elle eust en Suisse: c'est le landame Zurlauben de Zug. [...] Ce Landame a laissé un frère [...] et trois fils [...]. Je suis persuadé que cette famille, à l'exemple du deffunt, ne laissera échapper aucune occasion de vous donner, Sire, des preuves de son zèle et de son attachement.«[22]

Der Logik der generationenübergreifenden Bindung folgend gab der Ambassador denn auch die hohe Pension von Beat Jakob II. an dessen Familie weiter.[23]

20 Siehe zum Konzept der Anciennität in grenzüberschreitenden Patronagebeziehungen Thiessen, Diplomatie und Patronage (wie Anm. 3), S. 233–279 (für eine Definition von Anciennität: S. 277–279).

21 Siehe zur Familie Zurlauben und ihren generationenübergreifenden Beziehungen zur französischen Krone: Daniel Schläppi, »In allem Übrigen werden sich die Gesandten zu verhalten wissen«. Akteure in der eidgenössischen Außenpolitik des 17. Jahrhunderts. Strukturen, Ziele und Strategien am Beispiel der Familie Zurlauben von Zug, in: Der Geschichtsfreund. Mitteilungen des Historischen Vereins der Fünf Orte Luzern, Uri, Schwyz, Unterwalden ob und nit dem Walde und Zug 151 (1998), S. 5–90; Carlo Steiner, Informelle Netzwerke in der Außenpolitik der eidgenössischen Orte. Das labile Kräfteverhältnis in der Beziehung zwischen dem Zuger Solddienstunternehmer Beat II. Zurlauben und dem französischen Ambassador Jean de la Barde, in: Argovia 122 (2010), S. 45–65.

22 D'Avaray an Ludwig XV., Solothurn, 11.1.1717. BAR, Paris Archi, Bd. 168, 149.1f. (MAE, CP Suisse, Bd. 268, fol. 12r).

23 D'Avaray an d'Huxelles, Solothurn, 29.11.1717. BAR, Paris Archi, Bd. 169. 55.1f. (MAE, CP Suisse, Bd. 271, fol. 121r).

Auch im Fall der Solothurner Familie von Besenval waren die Ambassadoren überzeugt, dass deren Verbundenheit mit der französischen Krone gewissermaßen erblich sei. Dem französischen Staatssekretär für auswärtige Angelegenheiten, Guillaume Dubois, beschrieb Ambassador d'Avaray Johann Viktor II. von Besenval in folgenden Worten: »Vous connoissez son zèle et son attachement pour le service du Roy, ces sentimens sont comme héréditaire, à sa famille [...].«[24] Ähnlich beurteilte d'Avarays Nachfolger de Bonnac auch Peter Joseph von Besenval, den Bruder von Johann Viktor II.:

> »[Il est] fils de Mr de Besenval [Johann Viktor I.] qui a esté autrefois pendant plus de quarante ans l'âme de toutes les affaires de la France en Suisse. M.r le Conseiller d'Estat Besenval a hérité de son attachement pour la France.«[25]

Tatsächlich gehörten die Mitglieder der Familie von Besenval seit dem frühen 17. Jahrhundert, als sich Stammvater Martin in Solothurn niederließ, zu den wichtigsten Vertrauten der französischen Gesandten in der Eidgenossenschaft und dienten den französischen Königen während Generationen als Solddienstoffiziere mit eigenen Kompanien und Regimentern. Die Krone belohnte die treuen Klienteldienste der Besenval mit Adelstiteln, Orden und hohen Pensionen – Gaben, die mithalfen, die Einwandererfamilie innert kürzester Zeit im Solothurner Patriziat zu etablieren.[26]

Während die Besenval oder die Zurlauben mit Großem Gewinn enge und exklusive Verbindungen zur französischen Krone pflegten, wählten andere Klienten eine andere Strategie und sahen sich neben dem französischen König nach weiteren Patronen um.

Multiple Patronagebeziehungen konnten vor allem Magistraten etablieren und aufrechterhalten, die in ihrer Republik als unumgänglicher Machtfaktor galten. Einen exemplarischen Fall stellt auch in dieser Beziehung Hieronymus von Erlach dar. Vorteilhafte Beziehungen pflegte der einflussreiche Berner Schultheiß nicht nur mit dem französischen König, sondern auch mit dem

24 D'Avaray an Dubois, Solothurn, 26.12.1718. BAR, Paris Archi, Bd. 170, 100.1 (MAE, CP Suisse, Bd. 275, fol. 217r).

25 De Bonnac an Chauvelin, Solothurn, 12.11.1727. BAR, Paris Archi, 364.1 (MAE, CP Suisse, Bd. 298, fol. 46r).

26 Siehe zur Familie von Besenval: Andreas Fankhauser, Die Patrizierfamilie von Besenval und ihre Sommerresidenz Schloss Waldegg, in: Regierungsrat des Kantons Solothurn (Hrsg.), Schloss Waldegg bei Solothurn. Brücke zwischen Zeiten und Kulturen, Solothurn 1991, S. 9–34; Marco Schnyder, Militaires, diplomates et hommes de confiance. Les Besenval de Soleure et la cour de France au temps des Bourbons (1628–1792), in: Mathieu Da Vinha, Jean-François Dubost (Hrsg.), Le théâtre des nations: courtisans étrangers à la cour de France au temps des Bourbons (1594–1789). Erscheint in: Bulletin du Centre de recherche du château de Versailles; Andreas Affolter, Vom Schlachtfeld ins Audienzzimmer. Johann Viktor II. von Besenval, Solddienstoffizier und Diplomat im Dienste der französischen Krone, in: Jahrbuch für Solothurnische Geschichte 89 (2016), S. 135–171.

Kaiser, dem preußischen König und mit mehreren kleineren deutschen Fürsten.[27]

Angesichts der vielfältigen Beziehungen zu verschiedenen, teilweise miteinander rivalisierenden Mächten zweifelten die französischen Ambassadoren bisweilen an von Erlachs Loyalität.[28] Ambassador de Bonnac verglich die Beziehung zu von Erlach mit einer misslungenen Heirat: »Notre intelligence avec l'avoyer d'Erlach est une espèce de mariage mal assorti, mais qu'on ne peut pas rompre.«[29] Tatsächlich blieb den Ambassadoren kaum etwas anderes übrig, als das Gabentauschverhältnis fortzusetzen und so zu versuchen, den mächtigen Schultheißen nicht ganz zu verlieren und ihn bei wichtigen Geschäften durch einen erhöhten Einsatz von Patronageressourcen zumindest situativ für ihre Interessen zu gewinnen.[30]

Auch unter den katholischen Klienten der Krone gab es einflussreiche Akteure mit Mehrfachbindungen. So investierte der Schwyzer Landammann Joseph Anton Reding nicht nur in französische Solddienste, sondern stellte 1738 auch eine Gardekompanie in Neapel auf. 1742 errichtete er ein weiteres Regiment im Dienst der spanischen Krone.[31] Diese Engagements führten allerdings nicht wie 1705, als Reding mitten im Spanischen Erbfolgekrieg von savoyischen in fran-

27 Siehe für Hieronymus von Erlachs Beziehungen zu fremden Fürsten und Ministern seine jeweiligen Korrespondenzen, abgelegt in: BBB, Mss.h.h. XV, 50–52. Die vielfältigen Beziehungen zu fremden Fürsten zeigen sich auch in den Gnadenerweisen, die von Erlach erhielt: Kaiser Joseph I. ernannte ihn 1710 zu seinem Kammerherrn, Kaiser Karl VI. ernannte ihn 1712 zum Reichsgrafen, der Markgraf von Bayreuth verlieh ihm den Roten Adlerorden, Herzog Ludwig Eberhard von Württemberg ernannte ihn zum Ritter des Sankt-Hubertus-Ordens. Siehe Affolter, Verhandeln mit Republiken (wie Anm. 4), S. 198f.

28 So meinte Ambassador de Bonnac 1734: »Depuis que je suis dans ce pays, je me ménage l'avoyer d'Erlach, dans l'esprit que vous voulez bien me marquer, et j'éprouve la vérité de ce que M. le comte du Luc a pensé sur son sujet, c'est-à-dire, qu'affectant publiquement par vanité d'estre à la teste du parti françois dans son Canton, il pancheroit dans le fonds pour celuy de la Cour de Vienne, et traverseroit constamment le nostre, tantost par son indiscrétion naturelle ou affectée, et tantost par des projets formés et suivis, c'est ce que je luy ay vu faire constamment, et j'ay remarqué que quoyque sujet dans le détail à des variations infines, sa conduite a esté très constante en cela.« Zitiert nach Schärer, Der französische Botschafter Marquis de Bonnac (wie Anm. 12), S. 228f.

29 »Notre intelligence avec l'avoyer d'Erlach est une espèce de mariage mal assorti, mais qu'on ne peut pas rompre.« Zitiert nach ebd., S. 89. In ähnlichem Sinne meinte de Bonnac 1728: »Quel que soit M. l'Avoyer d'Erlach, il faut s'en servir tel qu'il est jusques à ce que nous soyons assurés d'autres ouvriers, et mesme après cela, il ne faut pas l'abandonner, quelque peine et quelque incertitude qu'il y ait à traiter avec luy.« Zitiert nach ebd.

30 Siehe zum Beispiel d'Avarays Werben um von Erlach in der Frage der Bündniserneuerung mit den reformierten Orten: Affolter, Verhandeln mit Republiken (wie Anm. 4), S. 255–394.

31 Siehe für die Umstände der Werbung und die genauen Besitzverhältnisse der Gardekompanie und des Regiments: Josef Wiget, Von Haudegen und Staatsmännern. Geschichte und Geschichten der Schwyzer Familie Reding ab der Schmiedgass, Schwyz 2007, S. 59f.

zösische Dienste übertrat, zu einem Patronswechsel.[32] Vielmehr blieb Reding der französischen Krone auch nach der Diversifizierung seines Soldunternehmertums verbunden und erhielt von den Ambassadoren eine hohe Pension.[33]

Insgesamt betrachtet lassen sich in der Eidgenossenschaft ähnliche Bindungsmodelle zu fremden Fürsten beobachten, wie Hillard von Thiessen sie für römische Adelsfamilien beschrieb: Dem Modell der unbedingten, altbewährten und durch Anciennität gekennzeichneten Bindung an einen einzigen Fürsten stand das Modell von Mehrfach-Außenbeziehungen gegenüber.[34] Während die Besenval und Zurlauben sich generationenübergreifend exklusiv in den Dienst der französischen Krone stellten, unterhielten etwa Hieronymus von Erlach und Joseph Anton Reding Beziehungen zu weiteren Fürsten, ohne dabei auf französische Patronageressourcen verzichten zu müssen.

So ähnlich sich von Erlach und Reding in dieser Hinsicht waren, so unterschiedlich waren die Bedingungen unter denen sie ihre klientelistischen Beziehungen pflegten. In den verschiedenen Orten der Eidgenossenschaft wurden nämlich personale Bindungen an fremde Gesandte sehr unterschiedlich beurteilt, wie im nächsten Kapitel dargestellt wird.

IV. Klientelistische Bindungen unter Verdacht

Die eidgenössischen Obrigkeiten begegneten den klientelistischen Verbindungen ihrer Angehörigen zu fremden Gesandten mit sehr unterschiedlicher Akzeptanz.[35] In den reformierten Städteorten hatte sich seit der Reformation ein »Ideal des Nicht-Verflochtenseins«[36] herausgebildet, das die Pflege von Gabentauschbeziehungen zu Gesandten stark erschwerte. In Bern und Zürich war die Entgegennahme fremder Pensionen streng verboten, was die Ambassadoren beim Aufbau von Patronagebeziehungen vor große Herausforderungen stellte.

32 Zusammen mit seinem Bruder Johann Franz Reding trat Joseph Anton 1705 von savoyischen Diensten in die Dienste Ludwigs XIV. und stellten das Regiment Reding allemand auf. Der Patronswechsel brachte Joseph Anton Reding die sehr hohe Pension von 6.000 Livres sowie die Verleihung des Sankt Michaelsordens ein. Siehe ebd., S. 51f. u. 55f.

33 Franz Maier, Marquis de Courteille, der französische Botschafter in der Schweizerischen Eidgenossenschaft von 1738 bis 1749. Bern 1950, S. 35f.

34 Thiessen, Diplomatie und Patronage (wie Anm. 3), macht das erste Modell an den engen Beziehungen der Familie Colonna zur spanischen Krone fest (S. 233–279), das zweite an den vielfältigen Beziehungen der Familie Orsini (S. 314–327).

35 Siehe für das Folgende: Affolter, Verhandeln mit Republiken (wie Anm. 4), S. 123–136.

36 Birgit Emich u.a., Stand und Perspektiven der Patronageforschung. Zugleich eine Antwort auf Heiko Droste, in: Zeitschrift für historische Forschung 32 (2005), S. 233–265 u. S. 263–265. Der Ausdruck »Ideal des Nicht-Verflochtenseins« stammt von Hillard von Thiessen.

Aufgrund der strengen Strafen wagten es viele reformierte Magistraten nicht, sich mit ihnen auf eine Gabentauschbeziehung einzulassen.[37]

Wer das Risiko dennoch einging, musste höchste Vorsicht walten lassen. So lautete die Instruktion für Ambassador Roger Brulart, Marquis de Puysieux, in Bezug auf die reformierten Städteorte: »Lorsque le service du Roy demande qu'on en [eine Pension] donne à quelque particulier, il est nécessaire d'user d'un extrême secret pour empêcher que celui qui l'accepte ne soit découvert.«[38]

Nicht nur die Pensionenverbote erschwerten in den reformierten Städteorten die Aufrechterhaltung klientelistischer Beziehungen; bereits die Kommunikation mit fremden Gesandten unterlag dort viel größeren Einschränkungen als in den katholischen Orten. Während die Klienten in den katholischen Orten sich ungehindert mit dem Ambassador austauschen konnten, wurde in Bern oder Zürich die partikulare Kommunikation von Magistraten zu fremden Gesandten streng überwacht. Die Verhältnisse in diesen beiden Orten näherten sich damit denjenigen in der Republik Venedig an, wo den Magistraten die partikulare Kommunikation mit fremden Gesandten verboten war und Unterredungen mit ihnen ausschließlich im Rahmen formeller Audienzen stattfinden konnten.[39]

So wurden auch in Bern und Zürich Briefwechsel und Gespräche von Magistraten mit Angehörigen der Ambassade argwöhnisch beobachtet. In Bern war der Geheime Rat mit der Untersuchung von Kontakten zwischen Magistraten und fremden Gesandten betraut, während die Postpächter zur Zensur des Briefverkehrs verpflichtet waren. Die strenge Überwachung der partikularen Kommunikation mit fremden Gesandten diente vor allem zwei Zwecken: Zum einen sollten Geschäfte, die als »Staatsangelegenheiten« galten, nicht ohne Wissen des Rates verhandelt werden. Zum andern wollte der Rat verhindern, dass wichtige Geschäfte wie beispielsweise die Allianzerneuerung zum alleinigen Vorteil einzelner Magistraten geführt wurden.

Die Legitimität personaler Beziehungen zu fremden Gesandten wurde also je nach der politischen Kultur der eidgenössischen Orte sehr verschieden beurteilt. Angesichts der geringen Akzeptanz dieser Beziehungen in den reformierten Orten mag es erstaunen, dass die Ambassadoren gerade auch in diesen, und

37 Der französische Ambassador Melchior de Harod de Senevas, Marquis de Saint-Romain, meinte etwa bezüglich Zürich und Bern: »Il y est défendu sur peine de la vie d'en [gemeint sind Pensionen] recevoir. Il a toujours esté tres dificile d'y en faire recevoir. [...] il n'y a personne dans ces deux Cantons qui veuille avoir aucun commerce avec les Ministres de Votre Majesté.« De Saint-Romain an Ludwig XIV., Solothurn, 2.1.1673. MAE, CP, Suisse, Bd. 47, fol. 103v.

38 Mémoire pour servir d'instruction au Sieur Marquis de Puysieux [1698], in: Georges Livet (Hrsg.): Suisse. Bd. 1, Les XIII cantons, avec une introduction générale et des notes, Paris 1983, S. 151.

39 Siehe zur Situation in Venedig: Filippo de Vivo, Information and Communication in Venice. Rethinking Early Modern Politics, Oxford 2007, S. 40–45 u. 71–73.

insbesondere in Bern, überhaupt Klientelbeziehungen unterhalten konnten. Die Risiken, die reformierte Magistrate mit der Pflege klientelistischer Beziehungen zu fremden Gesandten eingingen, führten also nicht zu einer Abnahme dieser Beziehungen, sondern zur Ausbildung unterschiedlicher kommunikativer Praktiken.

So sahen sich die Berner Magistraten gezwungen, große Sicherheitsvorkehrungen zu treffen, wenn sie sich ohne expliziten Auftrag der Obrigkeit mit Angehörigen der Ambassade unterhalten wollten. Auch in der schriftlichen Kommunikation ergriffen die Klienten aus reformierten Orten diverse Sicherungsmaßnahmen, um ihre Briefwechsel mit der Ambassade geheim zu halten. So umgingen sie die Zensur der Postunternehmen, indem sie Kuriere oder sonstige Vertraute für die Übermittlung ihrer Briefe einsetzten. Die Absender und Adressaten der Schreiben verschleierten sie durch die Verwendung falscher Siegel und Deckadressen. Um den Briefinhalt zu sichern, griffen zudem einige Korrespondenten auch auf Verschlüsselungstechniken zurück.[40]

In den Briefen der katholischen Klienten sucht man hingegen vergebens nach solchen Geheimhaltungsmaßnahmen. Im Gegensatz zu ihren reformierten Bundesgenossen hatten sie es nicht nötig, ihre Beziehungen zu den Angehörigen der Ambassade zu verheimlichen, da Patron-Klient-Beziehungen in den katholischen Orten grundsätzlich als legitim galten. Nur in bestimmten Situationen konnten enge Patronagebeziehungen zum Skandalon werden und die Klienten der französischen Krone in Bedrängnis bringen.[41]

V. Fazit

Dass klientelistische Beziehungen ein zentrales Element der Politik in den eidgenössischen Orten der Frühen Neuzeit waren, hat Ulrich Pfister bereits vor längerer Zeit festgehalten.[42] Von großer Bedeutung für das Funktionieren eidgenössischer Politik waren dabei insbesondere auch die Patronagebeziehungen,

40 Siehe zu den Maßnahmen, die reformierte Magistraten zur Sicherung ihrer Korrespondenz ergriffen: Andreas Affolter, Geheimhaltungspraktiken in den Korrespondenzen des französischen Ambassadors in der Eidgenossenschaft Claude-Théophile de Bésiade, Marquis d'Avaray (1716–1726), in: Anne-Simone Rous, Martin Mulsow (Hrsg.), Geheime Post. Kryptologie und Steganographie der diplomatischen Korrespondenz europäischer Höfe während der Frühen Neuzeit, Berlin 2015, S. 281–291.

41 Siehe zum Beispiel Hans Koch, Der schwarze Schumacher. Der Harten- und Lindenhandel in Zug 1728–1736, Zug 1940; Ueli Ess, Der zweite Harten- und Lindenhandel in Zug 1764–1768, Zug 1970; Fabian Brändle, Demokratie und Charisma. Fünf Landsgemeindekonflikte im 18. Jahrhundert, Zürich 2005.

42 Ulrich Pfister, Politischer Klientelismus in der frühneuzeitlichen Schweiz, in: Schweizerische Zeitschrift für Geschichte 42 (1992), S. 28–68.

die Magistraten aus den verschiedenen Orten mit den Vertretern fremder Mächte, darunter den französischen Ambassadoren, pflegten. Klientelistische Beziehungen traten dabei in ganz unterschiedlichen Spielarten auf. So variierte das Ausmaß der Asymmetrie der Beziehungen beträchtlich und reichte von großer Ungleichheit bis fast zu Gleichrangigkeit. Auch die Ressourcen, auf deren Tausch die Beziehungen aufbauten, unterschieden sich beträchtlich. Das Prinzip des do-ut-des der Gabentauschbeziehungen wurde dabei teilweise arg strapaziert; französisches Geld floss oft jahrelang ohne konkrete Gegenleistungen in die Taschen eidgenössischer Klienten. Während verschiedene Familien generationenübergreifende, auf Anciennität beruhende Beziehungen zur französischen Krone pflegten, jonglierten andere mit Mehrfachbindungen und pflegten ein ganzes Set klientelistischer Beziehungen. Nicht zuletzt zeigten sich große Unterschiede zwischen Klienten aus reformierten Städteorten und solchen aus katholischen Orten. Während erstere aufgrund einer politischen Kultur, die partikulare Verbindungen zu fremden Gesandten unter Generalverdacht stellte, ihre Beziehungen zum Ambassador möglichst im Verborgenen unterhalten mussten, konnten katholische Klienten ihre Kontakte zur Ambassade in aller Offenheit pflegen. Klientelistische Beziehungen zwischen Eidgenossen und Ambassadoren konnten also ganz verschiedene Ausprägungen annehmen. Je nach Status, Konfession und Herkunft des Klienten bedeutete es etwas ganz anderes, in eine Patronagebeziehung zum französischen Ambassador zu treten.

Daniel Schläppi

Kompensation statt Korruption. Fremdes Geld, symbolische Legitimation und materielle Redistribution am Beispiel des Zuger Stadtrats im 17. und 18. Jahrhundert

I. Prolog: Ein Zuger Sittengemälde in fünf Szenen

Der folgende Beitrag entwirft eine kontraintuitive Perspektive auf den (mindestens vordergründig) unmittelbar einsichtigen Konnex zwischen den Leitbegriffen der im Oktober 2016 in Aarau stattgefundenen Tagung zum Thema »Klientelismus, Korruption und Soldgeschäfte« und der Bedeutung des »fremden Geldes« in der politischen Ökonomie der schweizerischen Vormoderne. Als Fallbeispiel dient die Schweizer Kleinstadt Zug, ein kleines, überschaubares Gemeinwesen und trotzdem vollberechtigter »Ort« der alten Eidgenossenschaft.

Den Auftakt machen fünf scheinbar belanglose Episoden aus dem politischen Alltag. Sie beleuchten das städtische Zusammenleben in tiefenscharfem Lokalkolorit und mögen dazu anregen, in alternativen Kategorien und ergebnisoffen über Sachverhalte nachzudenken, welche laut Lehrbuchwissen keiner weiteren Erklärungen mehr bedürfen.[1]

Zum Einstieg eine bemerkenswerte Passage aus einem Brief von Beat II. Zurlauben, der im November 1633 seinem Bruder Heinrich I. aus Zug nach Paris schrieb. Die beiden besaßen gemeinsam eine Kompagnie in französischen Diensten, was regelmäßig Anlass zu Streitereien um Geld gab:

> »So du mier zuo Endt dis Jahrs wider 400 dublen zur hand schaffen thätest, damit ich die gros schwirren uff mynem hoof uszüchen und ledigen möchte, daran Jch von vorgehenden noch nichts wenden khönnen, Jn ansachung Landtsgmeindcostens und anderer umbcosten uffen Tagsatzungen: dessen doch by Niemandt dankh, sonders nur das widerspil, glych wye dem h. Vaters sälig widerfahrt; Zum theil mehr undt erger ergaht«.[2]

---

1 Die schweizergeschichtliche Forschung hat den Ansatz, den Ulrich Pfister, Politischer Klientelismus in der frühneuzeitlichen Schweiz, in: Schweizerische Zeitschrift für Geschichte 42 (1992), S. 28–68 parallel zum von Wolfgang Reinhard und seiner akademischen Gefolgschaft propagierten Paradigma der ›Patronage‹ vorgeschlagen hat, mehrheitlich kritiklos übernommen.

2 Acta Helvetica, Regesten und Register zu den Acta Helvetica, Gallica, Germanica, Hispanica,

Anfang September 1635 verteidigte sich Michel Brandenberg gegen den Verdacht der städtischen Metzger, er habe im »schindhaus« etwas gestohlen, wo er doch gar nicht *im* »schindhaus« gewesen sei. Er habe bloss Landschreiber Zurlauben um eine Pension bitten wollen. Auf der Suche nach diesem sei er an der Metzgerei vorbeigekommen. In der Meinung die Tür stehe offen, habe er mit seinem Stecken dagegen gestossen, sei dann aber weiter gegangen.[3]

Im Juni 1701 beklagte sich Ammann Zurlauben vor dem Zuger Stadtrat, sein Bruder »Fideli« habe ihn auf der Gasse auf ungebührliche Weise wegen einer Pension »angefallen« und wäre auf ihn losgegangen, wenn nicht ehrbare Burger ihn zurückgehalten hätten. Unlängst habe »Fideli« schon den Stadtschreiber attackiert, wozu es nur dank seinem persönlichen Eingreifen nicht gekommen sei. Weil jedem Ratsmitglied Ähnliches passieren könnte, wurde der Unterweibel beauftragt, den Beklagten zu ermahnen, gegenüber dem Rat und dessen Untergebenen mehr Respekt zu zeigen.[4]

Am 1. Mai 1731 rapportierte der Großweibel dem Rat, Ammann Klemens Damian Weber (1676–1734) sei am Morgen als Freiheits-, Pensionen- und Salzdieb sowie Vaterlandsverkäufer beschimpft worden. Und wäre sein Wächter nicht eingeschritten, hätten die Angreifer Weber die Haustüre eingetreten.[5]

Am 13. März 1779 verhängte der Stadtrat hohe Bussen gegen sechs Männer,

---

Sabaudica etc. necnon genealogica stemmatis Zur-Laubiani, Aarau 1976ff. [folgend AH] 5/103, 07.11.1633, Zug, Beat II an Heinrich I. Zurlauben in Paris.

3 Bürgerarchiv Zug [folgend BüA Zug] A 39 50065/39, 01.09.1635. Beim »Landschreiber« handelte es sich aller Wahrscheinlichkeit nach um Beat Jakob I. Zurlauben (1615–1690), der 1633–1664 Landschreiber der Freien Ämter war und 1635 in Zug seinen Vater Beat II. Zurlauben (1597–1663) vertreten haben dürfte, der als einer der rührigsten Diplomaten seiner Zeit viel auf Reisen war.

4 BüA Zug A 39 50012/610, 12.06.1701. Fidel Zurlauben (1675–1731) war der Halbbruder von »Ammann« Beat Kaspar Zurlauben (1644–1706). Indem die Episode auch von Fidels unstetem Temperament erzählt, wirft sie einen Schatten voraus auf den 1. Harten- und Lindenhandel, der Zug Ende der 1720er Jahre für längere Zeit in labile politische Verhältnisse stürzte. Damals sollte deutlich werden, dass Fidel weder bei seiner Familie noch im Kreise seiner Ratskollegen mehr mit Unterstützung rechnen konnte, obwohl er von 1722 bis 1725 selber als Ammann geamtet hatte. Als er 1717 nach dem Tod von Beat Jakob II. (1660–1717) das in dessen Besitz befindliche Zuger Salzmonopol an sich riss, dabei seine Schwägerin samt Familie ausbotete und später seinen Neffen Heinrich Zurlauben (1690–1734) vom Posten als Zuger Stadtschreiber stiess, weckte das mit Sicherheit ungute Erinnerungen an frühere charakterliche Entgleisungen (vgl. Eugen Gruber, Geschichte des Kantons Zug, Bern 1968, S. 88f.). Dabei soll nicht unerwähnt bleiben, dass Ausfälligkeiten gegen offizielle Standesvertreter in Zug öfter vorkamen. So wurde etwa im 2. Harten- und Lindenhandel Altammann und Pensionenverteiler Johann Kaspar Luthiger (1710–1797) 1763 vom in Ortsfarben (!) gekleideten Läufer grob und unanständig angefahren (Ueli Ess, Der zweite Harten- und Lindenhandel in Zug 1764–1768, Zug 1970, S. 30; vgl. Renato Morosoli, Harten- und Lindenhandel, Kanton Zug, in: Historisches Lexikon der Schweiz (HLS), URL:< http://www.hls-dhs-dss.ch/textes/d/D17204.php>, Version 14.10.2009).

5 BüA Zug A 39 50022/221, 01.05.1731.

die im gestreckten Galopp über die Reußbrücke bei Sins gesprengt waren. Es ging indes um mehr als ein simples Verkehrsdelikt: Die glorreichen Sechs wurden nämlich wegen »hönischem galoppieren« zur Kasse gebeten, hatten sie doch vom hohen Ross herunter verkündet, sie gingen eine Pension abholen.[6] Damit persiflierten sie die würdevollen Ehrenritte zu ausländischen Gesandten, für die alljährlich ein paar Zuger Honoratioren nach gierigem Gerangel auserkoren wurden, auf dass sie wieder einmal ein paar Säcke Devisen ins Land brächten. Auch ohne explizit der Korruption oder der Käuflichkeit bezichtigt worden zu sein, sah sich der Rat in seinem Stolz getroffen.[7] Die unziemliche Sechserbande machte sich ja nicht nur über den Habitus der Herrenreiter lustig. Die übermütige Aktion rüttelte an den Grundfesten des politischen Gemeinwesens, denn wie andere eidgenössische Orte lebte auch Zug besser mit als ohne Pensionen, weshalb die Provinzregenten im *Courant normal* über die demütigende Dimension des Hofierens hinwegsehen konnten. Es traf sie aber ins Mark, wenn sie deswegen zum Gegenstand unverschämten Gespötts wurden.[8]

Die Schlaglichter auf fünf unbedeutende Ereignisse im Zusammenhang mit fremdem Geld stehen quer zu allgemeinen Annahmen betreffend der Wirkungsmacht sozialer und herrschaftlicher Hierarchien, indem sie die gewohnte Ordnung von Macht und Ohnmacht auf den Kopf stellen und folgende Aspekte sichtbar machen:

1) Die Illiquidität und das komplizierte Innenleben des mächtigsten »Patrons« und Vertrauensmanns Frankreichs am Ort, dem wir privilegierten Zugang zu Importressourcen wie Pensionen, Salz und Kulturgütern unterstellen würden, widersprechen der Vorstellung, die wir uns von einem Vertreter der politischen und wirtschaftlichen Elite im Ständezeitalter machen. Von Burnoutsymptomen geplagt, klamm, gescheitert, mit sich und der undankbaren Welt im Unreinen, musste Beat II. die Schmach auf sich nehmen, seinen Bruder, zu dem er ein von zahlreichen Problemen belastetes Verhältnis pflegte, um Bargeld für nötigste Instandhaltungsarbeiten am Zuger Stammsitz zu bitten.

6 BüA Zug A 39 50035/2133, 13.03.1779.

7 Bis auf Georg und Thomas Bütler stammten die vom Rat abgestraften Reiter Beat Jakob und Josef Werder, Joseph Baumgartner sowie Ruperth Wallert aus Familien, die im 18. Jahrhundert nie ein Ratsmandat innehatten. Im Abgleich mit den Angaben bei Peter Hoppe, Der Rat der Stadt Zug im 18. Jahrhundert in seiner personellen Zusammensetzung und sozialen Struktur, in: Tugium 11 (1995), S. 97–129, hier S. 98, 119 saß Chirurg Johann Kaspar Bütler (1725–1809) als erster und einziger Vertreter seiner Familie und Repräsentant einer vormodernen »Leistungselite« von 1766 bis 1798 im Zuger Stadtrat. Diese Konstellation macht deutlich, dass in der Clowneske durchaus auch eine systemkritische Note anklang.

8 Das fremde Geld war als Thema schon sensibel genug. Das »überrennen eines kindts«, ein bedauerlicher Kollateralschaden der übermütigen Politperformance, schlug für die Krawallbrüder sicher auch nicht positiv zu Buche.

2) Die »Patrone« wurden im Gassengewirr bis in die Hinterhöfe gestalkt, mussten sich öffentlich belästigen, beleidigen und daheim belagern lassen.
3) Sie hatten jederzeit ansprechbar sowie zahlungswillig und -fähig zu sein. Der leicht reizbare Volkszorn lässt auf eine virulente Forderungs-, Schmäh- und Zankkultur schliessen, die ihren Untergrund in über Generationen verfestigten und entsprechend legitimen Anspruchshaltungen fand.
4) Die Bittsteller traten nicht devot, sondern aufmüpfig und frech auf, und die Konfliktlinien verliefen auch mal quer durch die Familie.
5) Das fremde Geld umriss ein hochgradig symbolbefrachtetes sowie für die politische Ökonomie und die herrschaftliche Stabilität existentielles Handlungsfeld. Es erstaunt deshalb nicht, dass sich der politische Diskurs darüber aus kollektiven Imaginationen und subjektiven Befindlichkeiten speiste und jederzeit aus dem Ruder laufen konnte.

Wenn die eingangs erzählten Begebenheiten mit Blick auf die Thematik dieses Bandes irritieren mögen, ist dies auch dem Umstand geschuldet, dass nur die erste der fünf Anekdoten aus den *Acta Helvetica* stammt. Alle anderen sind in den Protokollen des Zuger Stadtrats überliefert. Wir haben es also mit zwei grundverschiedenen Quellenbeständen zu tun: Die *Zurlaubiana* vermitteln Einblicke in die Lebenswelt eines bedeutenden Notabelngeschlechts aus der gefilterten Wahrnehmung von Hegemonialakteuren. Die Stadtrats- und Gemeindeprotokolle erzählen die Geschichte der verworrenen Tagespolitik einer Schweizer Kleinstadt im Spannungsfeld zwischen Kuhweiden und Königshöfen, zwischen Kirschenernte auf der Allmende und Kanonendonner auf den Schlachtfeldern.

Diese Parallelüberlieferung eröffnet verlockende Forschungsperspektiven, zumal seit 1989 total 17.443 teilweise schwer lesbare Seiten bzw. rund 80.000 Traktanden, die der Rat von 1471 bis 1798 verhandelte, in Form akribisch redigierter Regesten aufgearbeitet und in einer Datenbank mit zeitgemässen Recherchetools digital aufbereitet wurden.[9] Das in den *Zurlaubiana* greifbare transitive Geschäftstreiben und die intensiven Interaktionen im diplomatischen Milieu gewinnen an Konturen und Tiefenschärfe, wenn sie mit der lokalen Ebene korreliert und kontrastiert werden. Allen außereidgenössischen Ambitionen der Zurlauben zum Trotz behielt Zug für sie über Generationen den Status als wirtschaftliche, politische und verwandtschaftliche Stammlande, mit deren Strukturen und Institutionen sich der Clan – je nach Perspektive – zu arrangieren oder herumzuplagen hatte. Im Heimkanton konzentrierte sich der Land-

9 Bereits eine impressionistische Überschau über die Traktanden macht deutlich, dass unzählige Traktanden zu profanen Verwaltungsangelegenheiten im Ratsalltag weitaus am meisten Raum einnahmen. Die »hohe Politik« kam dagegen nur sporadisch auf die Agenda.

und Immobilienbesitz. Hier hatte man sein Vermögen angelegt und war vielfältige geschäftliche Verpflichtungen sowie verwandtschaftliche Bindungen eingegangen. Die Familienökonomie bedurfte einer örtlichen Basis, was gerne vergessen geht, wenn die Außenbeziehungen das Panorama einseitig dominieren.

Das Kleinkleinspiel der wöchentlichen Ratssitzungen bietet hierzu einen wertvollen Kontrapunkt, treten hier doch Praktiken und Logiken lokaler Verwaltung zu Tage, die auf grundlegende Spielregeln der politischen Ökonomie rückschließen lassen. Im dauernden internen Ringen des Gremiums um Interessen und Positionen spielte die Spitzendiplomatie, die hektisch zwischen den Gravitationszentren des frühneuzeitlichen Europas oszillierte, eine untergeordnete Rolle. Die Ratspolitik offenbarte vielmehr einen prosaischen, alltäglichen und pragmatischen Umgang mit dem fremden Geld, das die politische Kultur als unhinterfragte Basisgröße von erschütternder Banalität mitprägte. Diese Beobachtung legt es nahe, über die heuristische Reichweite der diesem Band zugrunde liegenden Leitbegriffe nachzudenken.[10]

II. Semantische Korsette

1) Wenn wir von »Korruption« reden, projizieren wir unwillkürlich unreflektierte Annahmen auf unseren Untersuchungsgegenstand. Die Wahl der Begrifflichkeit filtert unsere Wahrnehmung, organisiert unser Nachdenken und präjudiziert letztlich die Ergebnisse. Wer »Korruption« sucht, wird sie auch finden, nimmt damit aber in Kauf, dass alltägliche, affirmative und allgemein akzeptierte Praktiken in einer moralisierenden Begrifflichkeit beschrieben und analysiert werden. »Corrumpere« meint ja nicht nur bestechen, sondern umreißt ein universales Schreckensszenario: verderben, vernichten, zugrunde richten, zerstören, untergraben, ruinieren.[11] Von allgemeiner Agonie kann in Betracht der systemtragenden Bedeutung des fremden Geldes im Falle Zugs aber keine Rede sein, jedenfalls nicht, wenn einfache Landleute ihre Friedensgelder ausbezahlt bekamen. Im Gegenteil: in kapillarisch gestreuten Handgeldern materialisierte sich nachgerade der »gemeine Nutzen«.

Anders sah die Sache aus, wenn es um die Bereicherungsstrategien der Po-

10 Eine differenzierte Auseinandersetzung mit den Konzepten ›Korruption‹, ›Klientelismus‹ und ›Patronage‹, die u. a. auf frühere Überlegungen des Autors abstellt, findet sich bei Andreas Behr, Diplomatie als Familiengeschäft. Die Casati als spanisch-mailändische Gesandte in Luzern und Chur (1660–1770), Zürich 2015, S. 250–260. Vgl. auch die Begriffsdiskussion bei Sandro Guzzi, Passions alpines. Sexualité et pouvoirs dans les montagnes suisses (1700–1900), Rennes 2014, S. 170–172.

11 Vgl. URL:<https://de.pons.com/übersetzung/latein-deutsch/corrumpere>, 29.08.2016.

liteliten ging. Die Mixtur von Familienkungelei, Willkür, Intransparenz und subkutanen Geldflüssen eignete sich perfekt zur Skandalisierung von Einzelpersonen oder der gesamten Herrscherkaste. Und tatsächlich kondensierte Systemkritik, wenn sie in virulente Machtauseinandersetzungen ausartete, wiederkehrend in der Anschuldigung, jemand habe sich am fremden Geld bereichert.[12] Bereits die bloße Unterstellung kleiner Unregelmäßigkeiten gefährdete Ruf und Ehre der Bezichtigten, denn derartige Vergehen wogen besonders schwer, weil sie gegen die ungeschriebenen Gesetze der moralischen Ökonomie verstießen. Eigentliches *Skandalon* war dabei weniger »Korruption« als solche – nämlich die Unterwanderung der politischen Entscheidungsprozeduren durch bezahltes Personal – als vielmehr der Vorwurf, die Machtelite betrüge die Gemeinschaft um den ihr rechtmäßig zustehenden Anteil.[13] Die moralsaure Entrüstung über die als »korrupt« denunzierten Machenschaften gerann in der empörte Klage, der exzessive »Eigennutz« weniger Profiteure schade dem »Gemeinwohl«.[14]

2) In den Modi von »Patronage« oder »Klientelismus« vorgestellt, sind soziale Beziehungen zwingend vertikal strukturiert.[15] Selbstverständlich spielte die

12 Andreas Suter, Korruption oder Patronage? Außenbeziehungen zwischen Frankreich und der alten Eidgenossenschaft als Beispiel (16. bis 18. Jahrhundert), in: Zeitschrift für Historische Forschung 37 (2010), S. 187–218, hier S. 200 verortet bei 13 von 86 innereidgenössischen Gewaltkonflikten zwischen 1400 und 1800 Solddienst und Pensionen als vorrangige oder alleinige Ursachen. Kaspar Michel, Regieren und Verwalten, in: Geschichte des Kantons Schwyz, hrsg. v. Historischen Verein des Kantons Schwyz, Bd. 3, Herren und Bauern, 1550–1712, Zürich 2012, S. 9–58, hier S. 39–42 zeigt auf, wie ausbleibende Pensionen seit dem 16. Jahrhundert den Unwillen der Bevölkerung schürten und verschiedentlich die Herrschaftstektonik erbeben ließen.

13 Christian Stegbauer, Reziprozität. Einführung in soziale Formen der Gegenseitigkeit, Wiesbaden 2002, S. 66 sieht ein Merkmal von Korruption darin, »dass derjenige, der eine Gegenleistung erbringt, oft etwas gibt, was ihm gar nicht gehört – es bestenfalls verwaltet«. In genau dieser Logik standen die gewählten Amtsträger aus Sicht der Nutzungsberechtigten in einer treuhänderischen Verantwortung gegenüber dem Gemeinwesen. Hierin liegt auch der Grund, weshalb sie über ihren Umgang mit dem Gemeingut Rechenschaft ablegen mussten.

14 Jens Ivo Engels, Die Geschichte der Korruption. Von der Frühen Neuzeit bis ins 20. Jahrhundert, Frankfurt/M 2014, S. 29 fasst unter Korruption »Machttechniken, bei denen einzelne Personen oder Gruppen gegenüber einem abstrakt verstandenen Gemeinwohl Vorteile erlangen«. Daniel Schläppi, Selbstbereicherung an kollektiven Ressourcen. »Eigennutz« als Leitmotiv politischer und sozialer Skandalisierung in der vormodernen Eidgenossenschaft, in: Skandale! Traverse, Zeitschrift für Geschichte 3 (2015), S. 57–71 macht deutlich, dass in der vormodernen Schweiz sehr wohl *konkrete* Vorstellungen davon bestanden, was dem »Gemeinnutz« diente und was nicht.

15 Engels, Korruption (wie Anm. 14), S. 52 unterstellt summarisch, in der »Mikropolitik« habe die »hierarchische Variante« in Form von Patronage und Klientelismus dominiert, während »horizontale Verflechtung unter Gleichberechtigten« kaum existiert habe. Linda Levy Peck, Court patronage and corruption in early Stuart England, Boston 1990, S. 76 hingegen meint, es sei »crucial to see the vertical ties created by court patronage in the context of horizontal connections established by kinship, friendship and religion«.

Ständehierarchie in alle politischen Interaktionen hinein. Gleichzeitig war die Topographie von Macht und Ohnmacht aber in permanenter Transformation begriffen. Mal blieb das französische Geld monate- oder jahrelang aus. Dann leistete sich Frankreich eine die Söldnerehre kränkende Ungeheuerlichkeit oder verlor eine entscheidende Schlacht. Oder der »Patron« hatte Schulden beim Gemeinwesen, so etwa 1712 Ammann Zurlauben, der die ersteigerten Eichen auf der Allmend erst fällen dürfte, wenn er sie auch bezahlt hätte.[16] Oder ein mutwilliger Haufen instrumentalisierte kurzweg die politischen Verfahren für seine Zwecke, wie es Ritter Stocker und rund ein Dutzend erzürnter Spießgesellen 1617 taten, als sie dem Rat mit der Einberufung einer Gemeindeversammlung drohten, sollte ihnen die Pension vorenthalten werden.[17]

Peter Hoppe hat aufgezeigt, dass die Zuger Bürgerschaft selbst im 18. Jahrhundert noch immer stark handwerklich-gewerblich geprägt war. Rund drei Fünftel der Bürgergeschlechter waren irgendwann im Stadtrat vertreten. Mit Ausnahme der Zurlauben und einzelnen Linien der Familie Kolin formierte sich keine »ständisch abgehobene« und »abgeschlossene Kaste« von Ratsgeschlechtern, die einem aristokratischen Standesideal und nachlebten und sich aus Rentenvermögen, Staats- und Solddienst sowie Militärgeschäften großen Stils alimentierten. In der »engen kleinstädtischen Gemeinschaft« war man schichtübergreifend verschwägert und ging »ohne hindernde Standesdünkel intensive wechselseitige Beziehungen« ein, woraus sich ein »Neben- und vor allem Miteinander von hohem und niederem Stand« ergab. Weil jedem Bürgergeschlecht unabhängig von seiner Größe nur ein Ratssitz zustand, wurden »Ämter der städtischen Administration oder hoheitliche Funktionen etwa als Landvogt« größtenteils von gewöhnlichen Bürgern wahrgenommen.[18]

Zusätzlich zur paritätischen personellen Besetzung der politischen Gremien setzten die Leitprinzipien der politischen Ökonomie – »das gleiche Nutzungsrecht aller am Staat« und unbedingt erwartete »Einträglichkeit der bürgerlichen Rechte«[19], mithin das Aushandeln einer fair empfundenen Güterverteilung – sowie die in den Herrschaftsinstitutionen gepflegten Arbeitsweisen und Verfahren kruder Korruption enge Grenzen. Erstens sprach im allgemeinen Empfinden nichts dagegen, wenn besondere Verdienste honoriert wurden, wobei im Einzelfall aber schwierig zu ermitteln war, welchen Meriten welche Form und

16 BüA Zug A 39 50015/1279, 24.09.1712.

17 BüA Zug A 39 50054/1149, 27.05.1617.

18 Hoppe, Rat der Stadt Zug (wie Anm. 7), S. 114–117, Zitate S. 114 u. 117. Als im Zuge des 1. Harten- und Lindenhandels 1729 der Stadt- und Amtrat den Stadtzuger Ratsherr Johann Jost Müller hätte verurteilen sollen, mussten wegen Interessenkonflikten und verwandtschaftlichen Verbindungen nur drei Ratsmitglieder nicht in den Ausstand treten (ebd. S. 110). Eine solch umfassende Verflechtung kann kaum mehr als »Klientel« bezeichnet werden.

19 Gruber, Geschichte des Kantons Zug (wie Anm. 4), S. 88.

Menge von Wertschätzung, Privilegien oder Geld verdienten. Zweitens musste faktische Ungleichheit symbolisch abgefedert werden. Um die Teilhabe der Allgemeinheit mindestens rituell zu zelebrieren, wurde in die Breite geschmiert. Drittens hatte in einem Ort wie Zug niemand allein ausreichend Verfügungsmacht inne, die es zu einer systematischen Begünstigung nur der eigenen Klientel gebraucht hätte. Viertens generierte der Ratsbetrieb über Jahrzehnte und Generationen ein unentwirrbares Durcheinander geleisteter, tolerierter, bezogener oder verweigerter Dienste, Verpflichtungen und Guthaben.

Keine Sitzung, in der nicht eine Mehrheit für irgendeine Transferleistung an einen Bittsteller gefunden werden musste. Der Duktus der Protokolle gibt zu verstehen, dass solche Traktanden im Mikromanagement der Gemeinderessourcen als Routinegeschäfte abgewickelt wurden: Ein Fuder Bauholz hier, ein Zinserlass oder ein Reisgeld da, ein Beitrag an eine Miete oder Arztkosten, eine reduzierte oder erlassene Busse, ein stattlicher Kredit oder wertvolles Material an ein ambitioniertes Bauprojekt: Derartige Zuwendungen aus dem Gemeinwesen waren an der Tagesordnung.[20] Und jede Aussprache, jeder Beschluss brachte implizit eine komplizierte Mechanik von verwandtschaftlich-klientelären Ansprüchen, moralischen Standards und übergeordneten politischen Zielsetzungen zum Vibrieren. Für ostentative egoistische Gütermonopolisierung war da kein Platz. Die Ressourcen des Gemeinwesens einzig für eine eingeschworene Klientel zu usurpieren, war weder denk- noch machbar.

Dieses Szenario im Hinterkopf, sollte man sich vom Idealtypus des allmächtigen »Patrons« verabschieden. Die Macht etwa des Ammanns war schon dadurch beschnitten, dass in Zug der »Stabführer« die Sitzungen des Stadtrats leitete.[21] Dass am Tisch immer auch Repräsentanten der anderen »Faktion« saßen – fallweise die Freunde von Frankreich, Spanien/Mailand etc. –, machte das rücksichtslose Durchsetzen eigener Machtansprüche zur riskanten Kraftprobe. Man tat gut daran abzuwägen, ob man für einen unerbittlich errungenen Sieg nicht später einen viel höheren Preis bezahlen würde. Da sprang man bei Bagatellfragen lieber über den eigenen Schatten, unterstützte ein Ansuchen auch mal wider Willen, ließ seine Kollegen dies aber auch wissen. So hatten mit der Zeit alle einen oder mehrere Gefallen gut. Bei Amtsdauern von bis zu 50 Jahren

20 In dieser »Gemeinwirtschaft« war das fremde Geld nur eine unter vielen verhandelten Währungen, und es entfaltete seine sozialtoxische Virulenz in erster Linie bei Kampfwahlen, bei der Vergabe von Werbelizenzen und bei umstrittenen Durchzugs- oder Bündnisbegehren fremder Mächte.

21 Vgl. Gruber, Geschichte des Kantons Zug (wie Anm. 4), S. 50. Von Beat II. Zurlauben sind in den *Acta Helvetica* ausführliche Notizen zu Ratsversammlungen überliefert. Sie vermitteln faszinierende Einblicke in das mühselige Ringen des aristokratisch sozialisierten Politikers mit den lokalen Akteuren, wurden aber noch nicht systematisch ausgewertet. Vielsagend sind auch Zurlaubens direkt in zahlreiche Dokumente eingefügten Glossen und Randspaltenbemerkungen.

summierte sich bei jedem Ratsmitglied ein langes Konto von offenen Rechnungen auf. Das brachte Stabilität und Kontinuität über die außenpolitischen Faktionen hinweg.[22]

Weiter ist zu bedenken, dass die Bürgerschaft, die im Fokus der Ratspolitik stand, nicht der einzige korporativ gerahmte Personenverband im städtischen Leben war. Parallel zu ihr existierten Nachbar-, Bruder- und Allmendgenossenschaften, Zünfte, Pfarrbezirke etc., in denen jeweils wieder andere Beziehungslogiken, Reziprozitäten und Loyalitäten zum Tragen kamen.[23] Schließlich waren die im Schützenhaus, Gottesdienst oder beim Gemeinwerk geknüpften Soziabilitätsbande in der Summe mindestens so wirkmächtig wie eine labile Klientel oder eine zerstrittene Verwandtschaft.[24] Nicht vergessen sollte man die unberechenbare Eigendynamik des öffentlichen politischen Diskurses, die sich in eruptiven Gewaltaktionen ebenso manifestierten konnte wie an aus dem Ruder gelaufenen Landsgemeinden.[25]

Wir sollten für Zug also nicht von eindimensionalen, statischen Beziehungsgefügen und durch eine einzige Gruppenaffiliation abschließend syn-

---

22 In wöchentlichen Sitzungen lernte man seine Pappenheimer genauestens kennen. Nach Hoppe, Rat der Stadt Zug (wie Anm. 7), S. 104, 123 saß Kaspar Landtwing (1604?-1703), der sog. »hundertjährige Landtwing«, mit etwas mehr als einem halben Jahrhundert am längsten im Rat. Leute wie er hatten die Winkelzüge und Marotten mehrerer Generationen von Vertretern anderer Familien erlebt, durchschaut und nebenher ein erschöpfendes Insiderwissen angehäuft.

23 Im Fall von Zug beschnitt zudem das Konkurrenzverhältnis zu den drei Gemeinden des äußeren Amtes die mögliche Machtfülle der städtischen Potentaten. Das 1604 nach systemgefährdenden innerzugerischen Auseinandersetzungen erst dank eidgenössischer Vermittlung ausgehandelte »Libell« schrieb eine die Gemeinden begünstigende Kehrordnung für den Posten des Ammanns und den Besuch der eidgenössischen Jahrrechnung in Baden vor.

24 Gängige Vorannahmen hinsichtlich des Stellenwerts klientelärer und verwandtschaftlicher Bindungen widerlegte Beat Jakob I. Zurlauben, indem er den Zuger Rat 1671 um Unterstützung gegen die andauernden Provokationen seines Sohnes Heinrich Ludwig (1640–1676) bat. Per schriftlich ausgefertigtem und vom Ammann besiegeltem Beschluss verpflichtete sich das Gremium, nicht für den Sohn Partei zu ergreifen, sondern dessen Vater zu unterstützen, damit dieser in Bezug auf Sohn und Kinder schalten und walten konnte (BüA Zug A 50006/859, 28.02.1671). Mit dem Gang vor eine Behörde wurde eine »Familienangelegenheit« gewissermaßen »politisiert« bzw. zur öffentlichen Angelegenheit.

25 So setzte ein nicht näher bekannter Menzinger namens Strickler an der gesamtzugerischen Landsgemeinde vom Mai 1691 gegen den Willen des Stadt- und Amtrates und der Bürgerschaft per Mehrheitsentscheid durch, dass der neu zum Landvogt von Baden gewählte Statthalter Johann Jakob Brandenberg statt wie bisher 20 Schilling neu eine Gebühr von 30 Schilling an jeden Stimmbürger auszahlen musste (BüA Zug A 39 50009/782, 12.05.1691). Lediglich des »Musikantengeldes«, der Entlöhnung der Stadtmusiker, wegen sagte Hans Jakob Brandenberg dem Ammann in dessen Haus nächtens frech ins Gesicht, am nächsten Sonntag werde es keine Rauf-, sondern eine Mordgemeinde geben, worauf der Ammann dem Rat sein Amt zur Verfügung stellte, weil er an keiner Mordgemeinde teilnehmen wolle (BüA Zug A 39 50019/1274, 05.01.1725).

chronisierten Interessenlagen, sondern vielmehr von fluiden sozialen Verhältnissen ausgehen. Wohl standen engste Getreue unter unbedingtem Loyalitätszwang. Bei Akteuren mit lockereren Bindungen relativierte sich dieser. Hinzu kamen durch Erinnerung und Zukunftserwartungen modellierte Sympathien und Antipathien. Wenn uns also Rollenzuschreibungen wie »Patron« oder »Klient« an lebenslänglich festgeschriebene Abhängigkeit, Präjudizierbarkeit und Manipulierbarkeit denken lassen, bestanden realiter durchaus changierende und nur beschränkt kalkulierbare Beziehungsgeflechte.

3) Etablierte Forschungsbegriffe wie »Ämterkauf« oder – allgemeiner – »Käuflichkeit« adressieren konkrete Praktiken von Korruption.[26] Tatsächlich denunzierte bereits ein ausufernder zeitgenössischer Diskurs die Verwendung von Geld zum Erreichen politischer Ziele, ohne dass die beklagten Missstände damit aus der Welt geschafft worden wären (Stichworte »Trölen« und »Praktizieren«).[27] Aber hatten politische Entscheide tatsächlich den Charakter von Waren, die auf Bestellung geliefert bzw. gekauft werden konnten? Unterlagen Sie den Mechanismen der Preisbildung? Und wenn ja, nach Marktgesetzen oder welchen anderen Faktoren denn?[28]

Wenn Diplomatie einzig in Marktlogiken gedacht wird, geht vergessen, wie offen die Ausgangslage in politischen Auseinandersetzungen oft war. Allerhand Imponderabilien standen der Wirkung des Geldes entgegen: private und fami-

---

26 Vgl. Daniel Schläppi, Politische Riten, Ämterkauf und geschmierte Plebiszite. Ritualisierter Ressourcentransfer in der alten Eidgenossenschaft (17. und 18. Jahrhundert), in: Margo Kitts u. a. (Hrsg.), State, Power and Violence. Rituals of Power and Consent, Wiesbaden 2010, S. 293–315, darin Kap. 6 »›Ämterkauf‹ – Korruption oder Ritual?«, S. 304–307. Aus postfaktischer Perspektive sollte die »Käuflichkeit« des vormodernen Stimmvolks nicht vorschnell als unmoralisch diskreditiert werden, denn das 21. Jahrhundert ist vom Ideal einer rationalen Entscheidfindung bei Wahlen und Sachentscheiden möglicherweise weiter entfernt als die Landsgemeinden des 17. und 18. Jahrhunderts, die ihre Entscheide immerhin auf Basis handfester bzw. zählbarer Argumente fällten, statt sich von populistischen Versprechungen verführen zu lassen.

27 Vgl. hierzu die exemplarische Studie von Oliver Landolt, Trölen und Praktizieren im Alten Land Schwyz. Wahlbestechungen, Wahlmanipulationen und Ämterkauf als Instrumente politischen Handelns in der frühneuzeitlichen Gesellschaft, in: Geschichtsfreund der V Orte, 160 (2007), S. 219–308, der wahre Kaskaden von »Trölordnungen« nach- und damit implizit auch auf virulente Vollzugsprobleme hingewiesen hat. Vgl. mit anderer Stoßrichtung Daniel Schläppi, Organisiertes Chaos. Verfahren des Ressourcentransfers in korporativen Systemen am Beispiel eidgenössischer Politik des 17. und 18. Jahrhunderts, in: Barbara Stollberg-Rilinger, André Krischer (Hrsg.), Herstellung und Darstellung von Entscheidungen. Verfahren, Verwalten und Verhandeln in der Vormoderne, Berlin 2010, S. 303–334, hier S. 317–325.

28 Hillard von Thiessen, Außenbeziehungen als Sozialbeziehungen. Die Savoyenkrise (1619), in: Tilman Haug u. a. (Hrsg.), Protegierte und Protektoren. Asymmetrische politische Beziehungen zwischen Partnerschaft und Dominanz (16. bis frühes 20. Jahrhundert), Köln u. a. 2016, S. 65–80, hier S. 76 hält den Begriff »Patronagemarkt« für »nicht ganz treffend, als die beschriebenen Gebiete keine rein von Angebot und Nachfrage bestimmten Märkte bildeten«.

liäre Animositäten, aus geschickt gestreuten Gerüchten, Indiskretionen, Verdächtigungen und Beleidigungen gespeistes Gassengerede,[29] die fehlende oder falsche Information, das unvorhergesehene Ereignis, das überraschende Manöver der Gegnerschaft, die unberechenbare Eigendynamik der politischen Versammlung, Pannen in der Geldlieferkette, alte Schulden, Verschiebungen der europäischen Mächtekonstellation. Kurz, Korruption führte nicht immer zum Ziel, konnte durchaus scheitern. Die Unwägbarkeiten der lokalen Politik lassen sich so zusammenfassen: Ohne Geld ging nichts, aber nicht alles ging mit Geld!

III. Umverteilung in korporativen Logiken und symbolischen Praktiken

Der politischen Ökonomie der vormodernen Eidgenossenschaft war die Idee einer fairen Güterdistribution, die allen vollberechtigten Mitgliedern eines Gemeinwesens zu Gute kommen sollte, wesenhaft eingeschrieben.[30] Sie war das tragende Element im Ideologiegerüst ständischer Herrschaft. Wer politische Ämter anstrebte oder vom Stimmvolk Entscheidungen zu seinem eigenen Nutzen verlangte, hatte sich an die Grammatik genossenschaftlicher Umvertei-

29 Es ist bemerkenswert, dass Beat Jakob I. Zurlauben 1681 von einem Gewährsmann in Schwyz das Gerücht erfahren musste, Zug wolle die spanischen Pensionen wiederum zu den alten Bedingungen annehmen, und es stünden Unruhen bevor (AH 20/210, nach 15.11.1681, Heinrich Franz Reding an Beat Jakob I Zurlauben).

30 Dieser Beitrag fokussiert auf die Zuger Überlieferung, weshalb die dargestellten empirischen Phänomene nicht ungebrochen auf die gesamte Eidgenossenschaft zu übertragen sind. Zwischen Landsgemeindekantonen und patrizischen Stadtrepubliken bestanden beträchtliche kulturelle und strukturelle Unterschiede. Indessen vermögen diese Differenzen die offenkundigen Analogien nicht vergessen zu machen, die hinsichtlich der korporativen Architektur der Gemeinwesen bestanden. So waren der Alltagspraxis vielfältige, aus altem Herkommen begründete Modi der »Umverteilung« und eine durch Los- und Rotationsverfahren moderierte »Ressourcenverteilung« – beide Begriffe verwendete bereits Rudolf Braun, Das ausgehende Ancien Régime in der Schweiz. Aufriss einer Sozial und Wirtschaftsgeschichte des 18. Jahrhunderts, Göttingen u.a. 1984, S. 215f. u. 185 – eingeschrieben. Das strukturelle Rahmenwerk bildeten auf allen Ebenen von Gesellschaft und Staat vielgestaltige genossenschaftlich organisierte Institutionen, die sich in Abhängigkeit von den ökonomischen und sozialtopografischen Gegebenheiten vor Ort materiell und rechtlich heterogen präsentierten. Vgl. hierzu Daniel Schläppi, Teilen und Verteilen. »Umverteilung« in korporativer Logik am Beispiel der alten Eidgenossenschaft, in, Umverteilen. Traverse, Zeitschrift für Geschichte 1 (2015), S. 51–64. Nach Fritz Jecklin, Über Annatengelder (Jahrgelder) und deren Verwendung zu gemeinnützigen Zwecken, in: Bündnerisches Monatsblatt, Zeitschrift für bündnerische Geschichte, Landes- und Volkskunde 3 (1932), S. 85–94, hier S. 93f. ist gemäß dem französischen Pensionsrodel auch in Graubünden »ein Großteil des Geldes auf die Gemeinden gekommen«. Die Jahrgelder der Innsbrucker Hofkammer gingen im 18. Jahrhundert an Gemeinden, die durch Feuersbrünste oder anderweitig Schaden erlitten hatten.

lung zu halten. Einfache Leute sahen in Pensionen und Handgeldern ihre Dividende für Privilegien und Nutzungschancen, die das Gemeinwesen einzelnen Ambitionierten gewährte. So gesehen, sprechen wir unter korporativen Vorzeichen statt von Korruption besser von *Kompensation.*

Von der unstrittigen Legitimität breit gestreuter Geldspenden zeugt auch, dass in Zug anlässlich der Verteilung von Pensionen mitunter richtige Volksfeste stattfanden, deren Kosten die Austeiler auch mal vorstrecken oder selber übernehmen mussten.[31] Die rituelle Einbettung des profanen Geldtransfers verweist auf den konstitutiven Charakter von Umverteilung bzw. von materieller Partizipation am Gemeinwesen.[32] Für Gerhard Göhler beruht die Stabilität von Institutionen auf der gemeinsamen Orientierung der Akteure und Adressaten an den durch symbolische Repräsentation vermittelten Wertvorstellungen und Ordnungsprinzipien, welche die Mindestbedingungen des Zusammenlebens in einem Gemeinwesen darstellen.[33]

Genau diese Orientierungsleistung erbrachten distributive Rituale, indem sie dem Geldsegen erstens das Odium der Selbstverständlichkeit vermittelten und zweitens die »Gleichheit« unter den Genossen plakativ inszenierten. Bereits Karl Polanyi hat auf die fundamentale Bedeutung von Redistribution in feudalen Gesellschaften hingewiesen. Ein zentrales »Prinzip der zeremoniellen Verteilung« bestehe darin, »niemandem Grund für Neid zu geben«.[34] Wie wäre dieses Ziel besser zu erreichen gewesen, als wenn sich im Anschluss an eine Gemeindeversammlung das Zuger Stimmvolk auf der Rathaustreppe aufreihte und von frisch gekürten Amtsträgern den im Verlauf des Bewerbungs- und Wahlverfahrens ausgehandelten Betrag auf die Hand bezahlt bekam, wenn die Gewählten »die stägen ab« schritten![35]

---

31 AH 25/171, 1683, Memoire von Beat Jakob I. Zurlauben zuhanden von Ambassador de Gravel über die Austeilung der Pensionen und die dabei entstehenden Unkosten.

32 Zur rituellen und praxeologischen Einbettung von Geldtransfers vgl. Schläppi, Verfahren des Ressourcentransfers (wie Anm. 27), S. 328–331 und aus theoretischer Perspektive ders., Politische Riten (wie Anm. 26), S. 293–298.

33 Gerhard Göhler, Der Zusammenhang von Institution, Macht und Repräsentation, in: Ders. u. a. (Hrsg.), Institution – Macht – Repräsentation. Wofür politische Institutionen stehen und wie sie wirken, Baden-Baden 1997, S. 11–62, hier S. 55f.

34 Karl Polanyi, The Great Transformation. Politische und ökonomische Ursprünge von Gesellschaften und Wirtschaftssystemen, Wien 1978 (1. engl. Ausgabe, New York 1944), S. 76 u. 83.

35 BüA Zug A 39 50044/270, 26.03.1699, Zitat, Besetzung eines vakanten Ratssitzes; 50044/281, 50044/282, 50044/283, 09.05.1700, Großweibel, Unterweibel, St. Wolfgangspfleger; 50044/331, 02.10.1701, Stadtzoller; 50045/103, 25.06.1713, Ratssitz; 50045/123, 11.03.1714, Unterweibel; 50047/237, 08.05.1729, Ratssitz; 50047/366, 21.12.1730, Seckelmeister; 50048/47, 07.10.1731, Reusszoller; 50048/145, 10.01.1734, Ratssitz; 50048/155, 09.04.1734, Stadtschreiber; 50048/171, 09.05.1734, Pfleger; 50048/232, 13.02.1735, Ratssitz; 50049/27, 13.05.1736, Pfleger; 50049/104, 22.06.1738, Ratssitz; 50049/162, 08.05.1740, Pfleger; 50049/227, 09.09.1742, Ratssitz; 50049/231, 23.12.1742, Unterweibel; 50049/280, 01.05.1744, Land-

Selbstredend glaubte niemand, die Potentaten kassierten vom fremden Geld auf Dauer nicht mehr als die gewöhnlichen Bürger. Gegen systembedingte Asymmetrien hatte den präegalitären Logiken des Ständezeitalters zufolge vernünftigerweise auch niemand etwas einzuwenden. Im Gegenteil mussten Eliten und Fußvolk in einem Gemeinwesen von wenigen Tausend Leuten in Ermangelung eigener Kontakte und Skills froh sein, wenn sich jemand aus einer Familie wie den Zurlauben um die Außenbeziehungen kümmerte und so regelmäßig Pensionen und Salz, Getreide, Studienplätze und Offiziersstellen ins Land brachte. Selbst affektierten Querulanten musste einleuchten, dass es nicht selbstverständlich war, ausreichend qualifizierte Magistraten mit den erforderlichen Fertigkeiten und Verbindungen zu finden, die nicht nur schnelle Gewinne einstreichen wollten, sondern auch über die nötige Risikobereitschaft und ausreichend eigene Finanzreserven verfügt en, die in langatmigen Außengeschäften unentbehrlich waren.[36] Wenn also immer mal wieder die Forderung nach »Gleichteilung« aufflackerte und diese zwischenzeitlich sogar in Kraft gesetzt wurde, feierte das Gemeinweisen damit eine im korporativen Selbstverständnis grundlegende Fiktion, lebte sie aber eher folkloristisch als realpolitisch aus. Tatsächlich wurden die faktischen Herrschafts- und Reichtumsverhältnisse im Licht sozialer Hierarchien und lebensweltlicher Abhängigkeiten auf diese Weise bestenfalls plakativ konterkariert und – wesentlich bedeutsamer – verschleiert.[37]

---

vogtei Mendrisio; 50049/282, 17.12.1747, Obervögte für Cham und Gangoldschwil; 50049/415, 12.05.1748, Ratssitz; 50049/449, 11.05.1749, Ratssitz; 50049/485, 10.05.1750, St. Wolfgangspfleger; 50049/533, 19.12.1751, Obervögte Cham und Gangoldschwil; 50049/601, 23.12.1753, Obervögte Cham und Gangoldschwil; 50049/613, 13.01.1754, Ratssitz; 50049/626, 12.05.1754, St. Wolfgangspfleger; 50049/698, 29.01.1756, Ratssitz; 50049/933, 09.05.1762, St. Wolfgangspfleger; 50049/939, 08.08.1762, Ratssitz; 50050/474, 23.12.1770, Unterweibel. Vgl. Hoppe, Rat der Stadt Zug (wie Anm. 7), S. 101.

36 Dieses Anforderungsprofil mag dazu beigetragen haben, dass die Familie Zurlauben trotz der zugerischen Spezifika bezüglich Ämtervergabe (Rotation zwischen Stadt und Amt bei der Besetzung eidgenössischer Gesandtschaften sowie maximal ein Sitz pro Familie im Stadtrat) im Zeitraum von 1602 bis 1729 in 39 von 40 Fällen als Repräsentanten Zugs an die Tagsatzungen mit dem französischen Ambassador in Solothurn delegiert wurden, wie Andreas Würgler, Die Tagsatzung der Eidgenossen. Politik, Kommunikation und Symbolik einer repräsentativen Institution im europäischen Kontext (1470–1798), Epfendorf 2013, S. 136f. nachgewiesen hat. Von geringerer Bedeutung waren Würgler zufolge mangelhafte Fremdsprachenkenntnisse der anderen als Gesandte in Frage kommenden Zuger Politiker (ebd. S. 270–276). Die Beobachtung von Nathalie Büsser, Militärunternehmertum, Außenbeziehungen und fremdes Geld, in: Geschichte des Kantons Schwyz, hrsg. v. Historischen Verein des Kantons Schwyz, Bd. 3, Herren und Bauern, 1550–1712, Zürich 2012, S. 69–127, hier S. 109, der zufolge in Schwyz noch 1545 außer Landammann In der Halden kein einziges Mitglied der politischen Elite einen französischen Brief übersetzen konnte, lässt sich nicht eins zu eins auf Zug im 17. und 18. Jahrhundert übertragen (mit Dank an A. Würgler für die Hinweise).

37 Im Zuge des zweiten Harten- und Lindenhandels setzte die Bürgerschaft zwecks fairer und transparenter Verteilung der Pensionen eine Kommission ein. Obwohl die französische

Genau deshalb war aus symbolischer Sicht eminent bedeutsam, dass wenigstens kleinere Geldspenden zu gleichen Teilen und von Angesicht zu Angesicht aushändigt wurden.[38] Der unverzichtbare Bedarf nach egalitätsaffinen Riten und nicht die Allmachtsphantasie, über unbeschränkte Korruptionsmittel frei verfügen zu können, erklärt, warum die Zurlauben gegenüber den französischen Ambassadoren stur darauf beharrten, selber über die Vergabe der Pensionen entscheiden zu können. So ärgerte sich etwa Ambassador De la Barde 1654 über die Pläne von Beat II. Zurlauben, der jedem Landmann über die ordentliche Pension und das Ehrengeld hinaus noch eine halbe Pistole versprochen hatte. Er, De la Barde, hätte nie derartige Absichten geäußert und sei auch keineswegs bereit, die dafür nötigen Gelder zur Verfügung zu stellen.[39] Als im Sommer 1691 Statthalter Zurlauben dem französischen Ambassador zusichern musste, die Pensionsgelder entweder nach dessen Anordnungen auszuteilen oder rückzuerstatten, berief der Rat umgehend eine außerordentliche

Botschaft die Drohung, die Salzlieferungen und -gelder zu verweigern, zwischenzeitlich wahrmachte, entschied die Bürgergemeinde im Mai 1767, nur noch fremdes Geld anzunehmen, das zur freien Disposition stand (BüA Zug A 39 50050/309, 10. 05. 1767; vgl. Ess, Der zweite Harten- und Lindenhandel (wie Anm. 4), S. 86). Während sich in diesem Fall die Unnachgiebigkeit der Gemeinde schließlich auszahlte, war die Forderung nach »Gleichteilung« im ersten Harten- und Lindenhandel wesentlich für das Scheitern der revolutionären Umtriebe verantwortlich. Vergeblich versuchte Josef Anton Schumacher (1677–1735), der Anführer der »Harten«, Ambassador de Bonnac die Bedeutung einer egalitären Pensionenverteilung für das zugerische Gemeinwesen plausibel zu machen. Als danach das Bündnis mit Frankreich gekündigt wurde, alsbald die französischen Jahrgelder ausblieben und Schumacher trotz verzweifelter Bemühungen innert nützlicher Frist keinen Ersatz von kaiserlicher Seite beschaffen konnte, läutete dies das Ende des Aufstandes ein. Ironischerweise setzte sich 1736, also während der Aufarbeitung der stattgefundenen Verwerfungen, ausgerechnet der französische Ambassador für die gleichmäßige Verteilung der Pension unter den Bürgern ein, um deren Einigkeit wieder zu stärken (BüA Zug A 39 50049/18, 02. 04. 1736)! Die »Gleichteilung« war aber auch schon im 17. Jahrhundert wiederholt auf die politische Agenda gerückt. Im Sinne einer Bestätigung früherer Beschlüsse wurde 1672 entschieden, sämtliche Bündnisgelder müssten gleichmäßig unter die Burger verteilt werden, dies unter Androhung des Entzugs des Burgerrechts und hoher Geldstrafen bei Zuwiderhandeln (BüA Zug A 39 50043/188, 20. 01. 1672; vgl. auch 50043/41, 28. 07. 1668).

38 Diese Tatsache wie auch der Sachverhalt, dass in Schwyz die sog. »Teilkronen« (Kopfgelder aus Pensionen) zu Zwecken der Legitimation auch noch im 18. Jahrhundert an die Landleute gezahlt wurden, als die Einnahmen die Kosten schon längst nicht mehr deckten, wie Büsser, Militärunternehmertum (wie Anm. 36), S. 102 gezeigt hat, zeugt von der existentiellen Bedeutung einer korporativen Logiken gehorchenden Abgeltung der Gewinne aus transitiven Geschäften. Im gleichen Zusammenhang bemerkenswert ist der Sachverhalt, dass die französische Krone bereits im 16. Jahrhundert aus der Eidgenossenschaft Darlehen von über zweieinhalb Millionen Sonnenkronen erhielt, die mindestens teilweise in die eidgenössische Kriegswirtschaft zurückflossen (ebd. S. 104). Das Szenario erinnert übrigens stark an die Clearingkredite an Hitlerdeutschland, mit denen die Schweiz im Zweiten Weltkrieg die eigene Wirtschaft in Gang hielt und unter dem Strich dennoch am Krieg in anderen Ländern verdiente.

39 AH 28/96, 28. 11. 1654, Solothurn, Ambassador De la Barde an Beat II. Zurlauben.

Gemeindeversammlung ein, um bezüglich der nun zu verfolgenden Strategie das Placet der Nutzerschaft einzuholen und auf diese Weise späteren Unmutsbekundungen vorzubeugen.

Geradezu sinnbildlich brachten die sogeannten »Auflagen« den Stellenwert einer wenigstens auf äusserliche »Gleichheit« bedachten Umverteilung zum Ausdruck. Es handelte sich dabei um rechtlich fixierte oder wiederkehrend auszuhandelnde Gebühren, die nach erfolgter Wahl in ein einträgliches Amt an alle anwesenden Gemeindegenossen oder dann in die Gemeindekasse bezahlt werden mussten, ohne dass irgendjemand deswegen zu expliziter Dankbarkeit verpflichtet gewesen wäre. Eine Auflage oder fremdes Geld zu empfangen, war jedermanns gutes Recht und zur Legitimation herrschaftlicher und sozialer Unterschiede unbezahlbar, sprich jeden Preis wert.[40]

In Zug bekam sogar der Henker Auflagen ausbezahlt, obwohl sein Erscheinen als »unehrlicher« Outcast an der Landsgemeinde ausdrücklich nicht erwünscht war. Die materielle Teilhabe hatte also gleichsam den Status eines *Fundamentalrechts*.[41] Der Unveräußerlichkeit persönlicher Nutzungsrechte war sogar ein transzendentales Moment eigen. So sprach der Rat 1637 dem kürzlich verstorbenen Seckelmeister Brandenberg posthum – *de facto* also seinem Haushalt, für den er die Pension stellvertretend bezogen hätte – ein Bündnisgeld zu.[42]

Aufschlussreich sind Einzelfälle, wie jener von Johannes Schriber, der 1733 eine Auflage von 10 Schilling anbot, damit sein einziger Sohn als Beisasse (nicht als Bürger!) aufgenommen werden könnte. Der Stadtrat wies das arglos vorgetragene Ansinnen brüsk ab.[43] Es gab keinen Rechtsanspruch, ein Amt oder ein anderes Privileg gegen Bezahlung zu bekommen. »Bestochen« bzw. »gekauft« wurde nur mit Einverständnis der Empfangenden, und zusätzliche Beisassen waren in Zug mit Blick auf die durch ihre Aufnahme unterstellten Folgekosten ganz offensichtlich unerwünscht, selbst wenn sie ortsansässige Eltern hatten und bereit waren, sich gegen gutes Geld als Einwohner zweiter Klasse in die städtische Gemeinschaft einzukaufen.

Nie manifestierte sich die Souveränität des Stimmvolkes eindrücklicher, als wenn es ein finanzielles Angebot zurückwies, oder dann aber jene zur Kasse bat, die ihm nach seinem Dafürhalten etwas schuldeten, so beispielsweise die Stadtgeistlichen. Das bischöfliche Offizium Konstanz beklagte sich 1752 über immer höhere Auflagen für Priester, die vor ihrer ersten Messe u. a. ein neues Messgewand beibringen mussten. Der Rat replizierte, das Gemeinwesen werde

40 BüA Zug A 39 50009/825, 09.06.1691; 50044/59, 10.06.1691. Es kam durchaus vor, dass die Investitionen für die Auflage den möglichen Höchstertrag des fraglichen Amtes überschritten.

41 BüA Zug A 39 50015/286, 24.05.1710; vgl. auch 50033/1887, 09.02.1765.

42 BüA Zug A 39 50066/101, 31.01.1637.

43 BüA Zug A 39 50023/26, 10.01.1733.

durch den Bau und Unterhalt der Pfarrhöfe und Pfrundhäuser schon »mächtig geschwecht«. Außerdem würden Geistliche in ihrer »priesterlichen kleidung« bestattet.[44] Bei einer Vakanz musste also nicht nur die Person, sondern auch deren Arbeitskleidung ersetzt werden, wofür die Allgemeinheit nicht zu zahlen bereit war. Die rechenhafte Logik, welche die Auflagen aus der Perspektive des Gemeinwesens rechtfertigte, kam exemplarisch zum Ausdruck, als der Rat der Bürgergemeinde 1718 schmackhaft machen wollte, bei der Wahl des Landvogts im Maggiatal auf das übliche Kopfgeld von 10 Schilling pro Mann zu verzichten, weil diese Stelle so wenig einbringe.[45]

IV. Die Magie und Macht des Geldes

In seiner Tätigkeit sprach der Zuger Rat über die Jahrhunderte den städtischen Bürgern und Korporationen unzählige Naturalspenden und kleine Begünstigungen zu. Dieser Sachverhalt, der das historische Gemeinwesen prägte, wurde in der Forschung bislang kaum thematisiert. Das hängt einerseits mit seiner Selbstverständlichkeit bei trotzdem nur schwer zugänglicher Überlieferung zusammen.[46] Andererseits sind dafür die epochenspezifischen Charakteristika des Geldes verantwortlich, die sich heutigen Forschenden nicht unmittelbar erschließen, weil sie über Ökonomie unwillkürlich in Kategorien der modernen Geldwirtschaft nachdenken. Demgegenüber unterstellt Greg Muldrew für das frühkapitalistische England, »dass Geld nur ein Fünfzehntel allen Austausches, fast sicher aber weniger als ein Zehntel ausmachte«. Deshalb war jedermann »in verstrickte Netze aus ökonomischen und sozialen Abhängigkeiten eingebunden« und »Geld nicht das primäre Tauschmittel«.[47] Josef Mooser weist auf die »ambivalente Bedeutung« von Geld hin. »Nie genügend vorhanden«, habe es doch »neue Wege des Konsums« eröffnet. Geld sei zwar ein »allgemeines Tauschmittel« gewesen, gleichzeitig aber auch immer noch »eine kostbare

44 BüA Zug A 39 50031/686, 19.05.1752.

45 BüA Zug A 39 50046/42, 18.04.1718.

46 Die entsprechenden Zuwendungen schlugen sich nur in den Rechnungen nieder, wenn sie in Geld umgerechnet wurden, was mit dem »Herrenkernen«, einer jährlichen Kornspende aus den städtischen Vorräten, hin und wieder gemacht wurde. Jedes bedeutsame Amt führte zudem seine eigene Rechnung (Baumeister, Pfleger etc.), so dass ein Überblick über die Summe der distributiven Leistungen schwer zu gewinnen ist. In den Stadtratsprotokollen finden sich entsprechende Einträge zwar überall, aber erst mit den Suchtools der Zuger Datenbank lassen sich ihre Bandbreite und ihr Ausmaß erahnen.

47 Craig Muldrew, Zur Anthropologie des Kapitalismus. Kredit, Vertrauen, Tausch und die Geschichte des Marktes in England 1500–1750, in: Historische Anthropologie 6 (1998), S. 167–199, hier S. 184 u. 188.

›klingende Münze‹, die in der traditionellen Gesellschaft vorzugsweise gegen andere Kostbarkeiten des Prestigekonsums eingetauscht wurde«.[48]

Flüssiges Geld war also rar, ökonomisches Wundermittel und Pfand der Freiheit. Einfache Leute hatten nur ausnahmsweise genug davon übrig, um es für Konsumgüter oder beliebige Zwecke nach eigenem Gusto ausgeben zu können. Deshalb euphorisierten bar ausbezahlte Pensionen die lokale Gesellschaft und brachten Bewegung in einen klammen Alltag, indem sie wirtschaftliche Transaktionen auslösten. Periodische Liquiditäts- bzw. Konjunkturspritzen waren willkommen und versetzten die Mikroökonomie in einen (allerdings flüchtigen) Ausnahmezustand. Ob fremdes Geld zur Tilgung von Schulden oder für Anschaffungen gebraucht wurde, es elektrisierte das wirtschaftliche Geschehen.[49] Der Baarer Ratsherr Jacob Andermatt notierte für einen gewöhnlichen Dienstag im Januar 1641 in sein Tagebuch, »Amen zur lauben« habe eine »französischi bäntzion von baden bracht«. Davon habe jeder Ratsherr sein »sitzgäld gnomen 2 sunen kronen«. Der Bericht schließt mit der lakonischen Bemerkung: »Darnach bim oxen drunken«.[50]

Während der Rat die Lieferung fremden Geldes im Wirtshaus feierte, standen prekär situierte Haushalte für kurze Zeit etwas weniger unter Druck als üblich. Wer hätte da die Legitimität der Pensionen in Frage stellen wollen, solange die Dinge ihren gewohnten Lauf nahmen. Auffällige Spuren im kollektiven Gedächtnis der Zeit und in der Überlieferung hinterließen die Friedensgelder nur, wenn Streit um ihre Verteilung ausbrach, und weil sie in der alltäglichen Herrschafts- und Verwaltungspraxis der politischen Autoritäten eine prominente Rolle spielten, wovon das nächste Kapitel handeln soll.

48 Josef Mooser, »Furcht bewahrt das Holz«. Holzdiebstahl und sozialer Konflikt in der ländlichen Gesellschaft 1800–1850 an westfälischen Beispielen, in: Heinz Reif (Hrsg.), Räuber, Volk und Obrigkeit. Studien zur Geschichte der Kriminalität in Deutschland seit dem 18. Jahrhundert, Frankfurt/M 1984, S. 43–99, hier S. 69. David Graeber, Schulden. Die ersten 5000 Jahre, Stuttgart 2012, S. 373 erinnert sich an seine Jugend als Spross einer Arbeiterfamilie und gibt zu bedenken, »im Portemonnaie Geldscheine bei sich zu tragen, die unzweifelhaft dir gehören«, könne jemandem, »der den Großteil seiner wachen Stunden den Anweisungen anderer Personen zu folgen hat, ein Gefühl der Freiheit geben«.

49 Schulden wurden nicht zwingend in Geld beglichen. 1757 nahm die Zuger Gemeindeversammlung einen Erlass des Kriegsrates an, der mit Blick auf die mangelhafte Bewaffnung der Bürgerschaft verbot, das eigene Gewehr oder das Waffenzubehör zur Begleichung von Schulden zu verwenden (BüA Zug A 39 50049/756, 08.05.1757).

50 Zit. nach: Carl Müller, Aus Ammann Jacob Andermatts Tagebuch, in: Zuger Neujahrsblatt 1900, S. 3–21, hier S. 5 (Eintrag für 22.01.1641).

V. Pensionen als Spielgeld des Rates

Versuche zu berechnen, welchen Anteil das fremde Geld an den »Staatseinnahmen« hatte, sind einerseits verdienst- und wertvoll.[51] Andererseits werfen sie manchmal mehr Fragen auf, als sie zu beantworten vermögen. Erstens war für die Prosperität der alten Eidgenossenschaft neben den Finanzflüssen im engeren Sinn ein ganzes Sample von Ressourcen ausländischer Provenienz von existentieller Bedeutung.[52] Zweitens handelte es sich bei den 13 Orten nicht um Fiskalstaaten modernen Zuschnitts, und entsprechend bestanden die Einkünfte öffentlicher Haushalte nur zum Teil aus Finanzen. Etliche staatliche Aufgaben wurden dezentral aus kommunalen Kassen, Korporationsvermögen und über nicht monetarisierte Natural- bzw. Symbolleistungen beglichen. Viele Verwaltungsbereiche und Ämter waren eigenständig dotiert, wirtschafteten autark und tauchten in den Gesamtrechnungen nur auf, wenn sie zum Rechnungsabschluss Ende Jahr ihre Abgaben an die Zentralkasse leisteten. Besoldungen wurden oft aus situativen Einkünften wie Bussen, Zinsen oder Gebühren vor Ort ausbezahlt und nicht immer verbucht. Und drittens wissen wir allgemein wenig darüber, was politische Gremien mit liquiden Mitteln anstellten.

Anhand des Tagesgeschäfts des Zuger Stadtrats lässt sich zeigen, wie flüssiges Geld eine Behörde handlungsfähig machte und manchmal auch überhaupt erst auf neue Ideen gebracht haben wird. Wenn nach Verteilung der Pensionen ein Überschuss blieb, wurden etwa die beim Stadtbaumeister über lange Zeit aufgelaufenen Rechnungen beglichen. Pensionen flossen in dringende Unterhaltsmaßnahmen, in den Bau aufgeschobener Infrastrukturprojekte oder die Tilgung von Schulden des Rats bei Kirchenstiftungen.[53] Im Jahr 1649 gewährte der Rat

51 Vgl. Andreas Suter, Direkte Demokratie – historische Reflexionen zur aktuellen Debatte, in: Benjamin Adler, Die Entstehung der direkten Demokratie. Das Beispiel der Landsgemeinde Schwyz 1780–1866, Zürich 2006, S. 217–278, hier S. 255 geht für 15. und 16. Jahrhundert von 66 Prozent der Einnahmen der öffentlichen Haushalte aus Soldgeschäften aus, woran sich »in der ganzen Frühen Neuzeit nichts Grundlegendes« änderte. Seine Zahlen beruhen auf der immer noch grundlegenden Arbeit von Martin Körner, Solidarités financières suisses au seizième siècle. Contribution à l'histoire monétaire, bancaire et financière des cantons suisses et des Etats voisins, Lausanne 1980.

52 Dazu zählten u. a. Salz, Getreide, Sicherheit, Handelsprivilegien, Ausbildungsplätze, politische Vermittlung, vielfältige Formen von Spezialistenwissen etc.

53 BüA Zug A 39 50040/473, 19.04.1625, Schuldentilgung bei Alt Baumeister Brandenberg; 50052/242, 21.02.1642, Schuldentilgung beim Baumeister und anderen Gläubigern, Beginn des Baus der Ringmauer; 50005/1038, 03.10.1664, Rest der spanischen Pension ging an die Auslagen von Seckelmeister Damian Müller; 50010/866, 15.05.1694, Baumeister bekam aus der Restanz der spanischen Pension einen Vorschuss, da er ohne Geld keine Handwerker für die dringende Sanierung der durch Hochwasser beschädigten Mauer vom Schutzgatter bis zur Burg und weitere dringende Maßnahmen fand; 50010/911, 19.06.1694, Schuldentilgung beim Baumeister; 50010/1242, 03.09.1695, Geld für Arbeiten am Schützenhaus an Maurermeister Andres Ille; 50010/1365, 11.02.1696, Schuldentilgung beim Baumeister aus der

der Stadt Rottweil auf aus einer frisch eingegangen Pension ein Bardarlehen von 1.200 Goldgulden.[54] Weiter wurde spontan in Ehrengeschenke und Repräsentationsobjekte investiert.[55] 1646 und 1647 vertröstete der Rat Ritter Bengg, der seine Spesen für eine Gesandtschaft nach Rom einforderte, man werde ihm aus gutem Willen von der nächsten Pension etwas rückerstatten.[56] Fremdes Geld ging auch als Gratifikationen an Amtleute, ausgerichtet als Prämien oder in Form neuer Amtstrachten, oder an Belohnungen für besonders anständige Bürger.[57]

Zu regelmässig aus Pensionen bestrittenen Auslagen gehörten auch Spenden an bedürftige Kleinhaushalte oder alleinstehende Frauen.[58] Anna Maria Wickart bekam zwei Philippstaler aus den spanischen Pensionsgeldern an die wegen eines Sturzes benötige ärztliche Behandlung.[59] Der Witwe von Hauptmann Zumbach, der 32 Jahre lang gedient hatte, wurde 1731 ein Empfehlungsschreiben an Monseigneur le duc du Maine (den ehemaligen Colonel général des Cent-Suisses et Grisons) um eine Witwenrente in Form einer Pension ausgestellt.[60]

Transsubstantiation der andern Art erlebten die Kapuziner 1676, als ihnen der Rat aus dem Pensionspool ein Fässchen Wein spendierte.[61] Zuwendungen gingen an Lehrgelder, Hauszinsen, Krankheitskosten sowie Notgroschen und regelmässige Unterstützungen für Härtefälle.[62] In gewissen Fällen behielt sich

---

französischen und spanischen Pension; 50014/310, 21.08.1706, Schuldentilgung beim Baumeister und Bau der neuen Letzibrücke; 50014/335, 04.09.1706, Rückerstattung des Geldes für die Letzibrücke an den Baumeister aus dem Kernengeld, offenbar war das dafür vorgesehene Pensionengeld von den zuständigen Verteilern bereits ausgegeben oder investiert worden; 50020/528, 15.03.1727, Stabführer bezahlte Rechnung für die neue Ratsstube aus dem bei ihm hinterlegten Geld sowie die Schulden einer Kirchenstiftung von Ratsherr Utiger.

54 BüA Zug A 39 50052/3348, 13.11.1649.

55 BüA Zug A 39 50008/1145, 03.01.1688, Geld aus spanischer Pension für eine Silberstatue; 50013/671, 05.09.1704, Kauf eines Dutzends Silberbecher für Bürgermeister Escher und Landammann Püntener, die in einem Streithandel der Stadt Zug mit dem Äußeren Amt vermittelt hatten.

56 BüA Zug A 39 50002/2058, 09.06.1646; 50052/2401, 05.01.1647.

57 BüA Zug A 39 50064/63, 21.07.1634, 1 Krone aus der spanischen Pension an Michel Rogenmoser und Hans Effinger wegen ihres Wohlverhaltens; 50065/323, 19.01.1636, Statthalter und Diener bekamen nach altem Brauch 6 bzw. 1 Krone/n aus spanischer Pension; 50005/783, 01.09.1663–29.12.1663, Ornat für den Statthalter und Entgelt für Stadtschreiberdienst; 50007/103, 25.10.1681, Mantel für Hausmeister; 50008/625, 13.07.1686, weiß-blauer Mantel für Stadtziegler; 50033/1887, 09.02.1765, Pensionsanteil an den Henker.

58 BüA Zug A 39 50006/3375, 03.06.1679, 1 Louis aus der Pension für Tochter von Jakob Fridlin und die Frau des jungen Werkmeisters.

59 BüA Zug A 39 50011/72, 11.08.1696.

60 BüA Zug A 39 50022/108, 10.03.1731.

61 BüA Zug A 39 50006/2625, 04.07.1676.

62 BüA Zug A 39 50007/226, 14.02.1682, Lehrgeld an den Sohn von Paul Speck für Lehre bei Scherer Bader; 50008/1170, 31.01.1688, Hauszins an Hans Georg Bachmann; 50034/1584, 16.03.1771, Vorschuss an den bresthaften Michael Hess zulasten des Spitals wurde aus dem nächsten Pensions- und Salzgeld rückerstattet; 50035/212, 10.07.1773, $2\frac{1}{2}$ Kronentaler an

der Rat vor, die karitativen Zuwendungen von der nächsten Pension der Begünstigten abzuziehen oder aus der Pension eines Verwandten zu bezahlen.[63] Den propagandistischen Kontrapunkt zu solcher Knausrigkeit bildete ostentative Großzügigkeit, die gegenüber Katastrophenopfern und dramatisch Bedürftigen geübt wurde. So bekamen die Zisterzienserinnen des 1725 niedergebrannten Schwarzwälder Klosters Friedenweiler 6 Taler und der beklagenswerte Sohn von Christen Weber selig, der im Dezember 1774 halb erfroren über den Berg heimkam, eine Pension ausbezahlt.[64]

Von fremdem Geld hatten schliesslich auch Bürger, die für ihre privaten Bauprojekte Darlehen oder Spenden beantragten, einen Nutzen.[65] So bekam Seckelmeister Damian Müller 1689 für »ein der statt wol anständiges haus« aus der nächsten Pension 100 Taler sowie aus der übernächsten den Rest vorgeschossen.[66] Pfleger Hans Heinrich Bossard erhielt 1692 aus den zwei nächsten französischen Pensionen je 20 Taler an den Bau seines neuen Hauses.[67]

Selbst Untertanen konnten in Genuss von Pensionsgeldern kommen. 1699 bat ein Ausschuss der Gemeinde und Vogtei Steinhausen zusammen mit dem Obervogt um Kalk, Ziegel oder Geld für den Abschluss eines Erweiterungsbaus an der Kirche und versprach als Dank untertänigen Einsatz von Leib, Gut und Blut auf alle Zeiten. Der Rat beauftragte Ammann Zurlauben, er solle den Leuten von Steinhausen vom Rest des französischen Friedgelds, den er noch bei sich habe, 40 Reichstaler auszahlen.[68]

Diese Episode wirft ein Licht auf Handlungsspielräume bezüglich der privaten Bewirtschaftung von Liquidität, die sich Pensionenverteilern boten, selbst wenn sie die eigentliche Geldverteilung transparent abwicklen mussten. Im eigenen Haus aufbewahrtes Geld konnte verliehen, zur Tilgung eigener Schulden verwendet oder

Badekur von Antoni Weber; 50009/832, 09.06.1691, die Erben des alten Unterweibels selig bekommen $\frac{1}{2}$ Taler vom Sitzgeld aus der französischen Pension; 50032/520, 05.12.1755, der vergeltstagte Obervogt Michael Moos durfte mit seiner Familie hausen und wurde bei Bedarf mit Pensionsgeldern unterstützt; 50035/2268, 28.08.1779, Andreas Brandenberg bekam nach 22 Jahren Dienst mit Rücksicht auf seine Armut eine Pension und ein Klafter Pfründenholz.

63 BüA Zug A 39 50028/273, 04.07.1739, die Pension des kranken Werkmeisters Stadlin wurde konfisziert und ihm statt dessen 1 Krontaler gegeben; 50034/1151, 21.04.1770, 1 Krontaler an Claus Landtwing für Kleider aus der Pension seines Bruders.

64 BüA Zug A 39 50019/1426, 05.05.1725; 50035/677, 10.12.1774.

65 BüA Zug A 39 50006/2636, 18.07.1676, Baubeitrag von 12 Philippstalern an Konrad Speck aus dem Pensionsgeld; 50008/1363, 04.09.1688, Baubeitrag von 2 Philippstalern an Hans Jörg Bachmann aus den spanischen Pensionsgeldern, um sein Dach zu reparieren.

66 BüA Zug A 39 50009/24, 12.02.1689.

67 BüA Zug A 39 50010/278, 08.11.1692. Ein nicht zweckgebundenes Darlehen von 50 Gulden aus Pensionsgeldern bekam Landesfähnrich und Oberstleutnant Brandenberg (BüA Zug A 39 50013/39, 17.03.1703).

68 BüA Zug A 39 50011/964, 16.05.1699.

auch in Währungsgeschäfte investiert werden. Indizien für solche Geschäftspraktiken liefern die häufig auf das nächste Geschäftsjahr oder gar den Amtsnachfolgern übertragenen »Restanzen« sowie wiederkehrende Auseinandersetzungen über die Höhe des »auffwechsells«, d.h. des erlaubten Währungsgewinns aus dem Tausch und der Durchmischung »guter« und »schlechter« Geldsorten.[69]

Was vom fremden Geld nach allen Ausgaben und sonstigen Transaktionen übrig blieb, wurde als stille Reserven der Stadtkasse einverleibt, d.h. »an den Schatz« bzw. »in den Turm« gelegt. Interessant dabei ist, dass die Pensionenverteiler dem Rat Rechenschaft schuldig waren, wobei 1679 Ammann Zurlauben bemerkenswerterweise auch über die spanische Pension und 1704 über die savoyischen Bündnisgelder abrechnete![70] Interessant sind auch die Strategien des Rates zwecks Ertragsoptimierung unter Einbezug anderer Ressourcen. So wurde 1683 der Überschuss der spanischen Pension gegen anderes Geld aus dem Schatz eingetauscht, um damit Korn zu kaufen. Naheliegenderweise sollte mit diesem Trick ein Wechselgewinn realisiert werden.[71]

VI. Entzug der Pension als Druckmittel

Pensionen alimentierten aber nicht nur die obrigkeitliche Portokasse und den »Schatz«, sie wurden auch zur Durchsetzung gesellschaftlicher Normen instrumentalisiert. So pfändete der Rat private Pensionen, um damit die Schulden

69 BüA Zug A 39 50049/427, 13.10.1748; 50049/435, 22.12.1748; 50030/1773, 04.10.1749; 50050/36, 02.02.1764; 50050/106, 25.11.1764; 50033/1803, 14.12.1764; 50050/146, 06.01.1765. Zu den Schwierigkeiten von Gemeinden in der Bewirtschaftung unterschiedlicher Geldsorten vgl. André Holenstein, »Gute Policey« und lokale Gesellschaft im Staat des Ancien Régime. Das Fallbeispiel der Markgrafschaft Baden(-Durlach), 2 Bde, Epfendorf 2003, Bd. 1, S. 384.

70 BüA Zug A 39 50005/1676, 30.07.1667; 50006/3432, 26.08.1679; 50012/117, 10.10.1699; 50029/1220, 26.06.1745. Vgl. auch BüA Zug A 39 50013/605, 12.07.1704. Derartige »Mehrfachbindungen« der Zurlauben mit Spanien und Savoyen erwähnt auch Nathalie Büsser, Salpeter, Kupfer, Spitzeldienste und Stimmenkauf. Die kriegswirtschaftlichen Tätigkeiten des Zuger Militärunternehmers und Magistraten Beat Jakob II. Zurlauben um 1700 für Frankreich, in: Valentin Groebner u.a. (Hrsg.), Kriegswirtschaft und Wirtschaftskriege, Zürich 2008, S. 71–84, hier S. 78f.

71 BüA Zug A 39 50007/673, 04.06.1683. In Analogie zu einem von Würgler, Tagsatzung (wie Anm. 36), S. 383 erzählten Beispiel könnte mit der Devisentransaktion auch bezweckt worden sein, die Herkunft des Geldes gegenüber dem Kornhändler oder der Zuger Öffentlichkeit zu verschleiern (mit Dank an A. Würgler für den Hinweis). Diese Deutung lässt sich im Licht der Quellenlage aber nicht verifizieren, wohingegen allzeit sparsamer Umgang mit Geld unbedingt als treibendes Movens der Politik des Zuger Stadtrats angesehen werden darf. Die Beispiele in diesem Kapitel stammen alle aus der zweiten Hälfte des 18. Jahrhunderts. Ob dies dem Zufall geschuldet oder Ausdruck einer spezifischen Entwicklung ist, bedürfte weiterer Untersuchungen, die im Rahmen der Recherchen für diesen Beitrag nicht geleistet werden konnten.

von Privaten bei anderen Privaten zu bezahlen, oder künftige Guthaben wurden mit alten Rückständen verrechnet.[72] Pikant war ein Fall von 1779 als Schreiner Kaspar Stadler und Ratsherr Acklin beide die Pension von Perückenmacher Moos zur Tilgung von dessen Verbindlichkeiten beanspruchten. Der Rat forderte die beiden Gläubiger auf, sich gütlich zu einigen, worauf der Ratsherr tatsächlich auf seine Forderungen verzichtete, was man als *Legitimation durch Verrechnen* bezeichnen könnte.[73] Als der Feuerschauer 1786 das verfallene Haus des jungen Waller visitierte, sollten alle gefährlichen und deshalb dringend zu behebenden Mängel zwangsweise repariert und die Kosten von der Pension des Hausbesitzers abgezogen werden.[74] Und als Johannes Schwerzmann 1788 zwei Stöcke Bauholz zugeteilt erhielt, gab ihm der Rat zu verstehen, er werde bestraft und der Wert des Holzes von seiner Pension abgezogen, wenn er das Holz nicht zum Bauen verwende.[75]

Im 18. Jahrhundert gab der Zuger Rat einheimischen Handwerksgesellen, zusammen mit einem Reisgeld immer auch gleich die Ermahnung mit auf die Walz, die Starthilfe würde später von ihrer Pension abgezogen, wenn sie vor der vereinbarten Zeit wieder ins Land zurückkehrten.[76] 1764 befahl der Rat allen Priestern, die seit 1748 neu mit einer Pfründe ausgestattet worden waren, gemäss der Ordnung ein Messgewand zu spenden, ansonsten ihnen Burgerholz, »Herrenkernen« und Pensionen gestrichen würden.[77] Und 1784 entschied der Rat, wenn sich der junge Franz Spillmann gut aufführe, dürfe er das Bett behalten, das

72 BüA Zug A 39 50054/225, 31.08.1613, spanische Pension als Pfand für Schulden von Hans Ruedi Stocklin bei Gevatter Sidler; 50034/960, 18.11.1769, für Arztkosten der Söhne des »Schlampen« Landtwing wurden Pension und Salzgeld der beiden eingezogen; 50034/1232, 23.06.1770, falls Bernhard Stadlin die wegen eines Fohlens entstandenen Tierarztkosten nicht zahlte, würde ihm der entsprechende Betrag von der Pension abgezogen; 50034/1459, 07.12.1770, Leodegari Stadlin zog die Pension von Waldbruder Moos an seine Forderung ein, obwohl sie bereits Sternenwirt Entzler in Walchwil verschrieben war.

73 BüA Zug A 39 50035/2351, 31.12.1779.

74 BüA Zug A 39 50036/2061, 23.12.1786; vgl. auch 50035/1689, 30.10.1777.

75 BüA Zug A 39 50037/160, 07.06.1788.

76 BüA Zug A 39 50031/1949, 05.10.1754, Messerschmied Antoni Landtwing bat um einen »zehr-pfenning« und durfte nicht vor einem Jahr heimkehren, ansonsten ihm der gewährte Vorschuss von 3 Gulden von der Pension abgezogen würde; 50032/1513, 22.10.1757, Schuhmacher David Keiser bekam 2 Taler Reisegeld und musste als Gegenleistung mindestens drei Jahre wegbleiben. Analoge Restriktionen bei: BüA Zug A 39 50035/1557, 16.05. 1777, Franz Marx Weiss und Adam Sidler; 50035/2227, 03.07.1779, Schreiner Johannes Keiser und Schneider Placi Spillmann; 50037/142, 24.05.1788, Schneider Blasi Brandenberg. Der beschriebenen Praxis lag ein Ratsbeschluss von 1682 zugrunde, demzufolge in Zug ausgebildete, unterbemittelte Handwerksgesellen in der Stadt erst wieder geduldet werden sollten, wenn sie eine dreijährige Wanderschaft absolviert hatten (BüA Zug A 50007/167, 03.01.1682; vgl. Christian Raschle: Die Zunft der Schreiner, Drechsler und Küfer der Stadt Zug, 1585–1985, Zug 1985, S. 45).

77 BüA Zug A 39 50050/116, 26.11.1764.

er während seiner Krankheit vom Spital bekommen hatte. Sollte er es aber verkaufen, würde ihm der Ertrag von seiner Pension abgezogen.[78]

Die ökonomische Logik hinter derartigen Restriktionen unterstellte einen unauflöslichen Konnex zwischen individueller Haushaltsführung und der Ökonomie des Gemeinwesens. Privathaushalte funktionierten idealiter als subsistente Bausteine in einem und zum Wohl eines grösseren Ganzen. Zuwendungen aus dem kommunalen Ressourcenpool, zu dem auch das fremde Geld gehörte, sollten zur Absicherung der wirtschaftlichen Tragfähigkeit prekär aufgestellter Hauswirtschaften beitragen. Wenn die Begünstigten die empfangenen Güter durch Verkauf in Liquidität und Kaufkraft ummünzten, widersprach dies den gemeinwirtschaftlichen Grundsätzen und wurde nicht geduldet.

Noch inakzeptabler waren alle Varianten schlechten Haushaltens und Verschwendens. So wurde im Fall des 1755 vergeltstagten, d. h. konkursiten Obervogtes Michael Moos dessen Hausrat bis auf die absolut unentbehrlichen Utensilien versilbert sowie sein »Geld von Paris und das Pensionsgeld« zwangsverwaltet.[79] Auf das Jahr 1796 fiel der Casus von Melk Knecht, der wegen liederlichen Lebenswandels »verrufen«, d. h. per öffentlicher Proklamation aus der Bürger- bzw. Nutzerschaft der Gemeinde ausgeschlossen wurde.[80] Seine Pension überschrieb der Rat dem ebenfalls prekären Haushalt seines Bruders.[81]

VII. Transparenz und Partizipation – institutionelle Innovation und Systematisierung

Aufgrund wiederkehrender Revolten und Unruhen im Kontext von Außenbeziehungen wird fremdem Geld in der Forschung gerne *a priori* destabilisierende Wirkung unterstellt. Das Zuger Beispiel rechtfertigt indes den entgegengesetzten Schluss, denn hier zeitigte die Pensionenwirtschaft institutionelle Innovationen, die in der langen Dauer als »modern« taxiert werden können.

Bereits im 17. Jahrhundert etablierte sich der Usus, dass frisch eingetroffene Pensionen zuerst ins Rathaus gebracht werden und die designierten Verteiler dem Rat spezifiziert Rechnung ablegen mussten.[82] Diese Maßnahme sollte

78 BüA Zug A 39 50036/1297, 08. 05. 1784.

79 BüA Zug A 39 50032/520, 05. 12. 1755.

80 Zum Bedeutungsfeld des »Verrufens« vgl. Idiotikon Bd. 6, Sp. 703–707, hier 704.

81 BüA Zug A 39 50039/256, 01. 07. 1796; 50039/520, 24. 03. 1797.

82 BüA Zug A 39 50043/188, 20. 01. 1672; 50006/3432, 26. 08. 1679. Möglich war auch die Delegation von Rechnungsgeschäften an einen Ausschuss. So wurde 1711 eine vom Pensionenverteiler vorgängig vorgelegte Rechnung von Ratsherr und Hauptmann Knopflin als unparteiischer Person unterschrieben und vom Rat danach einhellig angenommen (BüA Zug A 39 50015/976, 31. 10. 1711).

Konflikten um das fremde Geld vorbeugen. Die ausländischen Friedensgelder bewirkten so letztlich genau das Gegenteil von Korruption: sie trugen zu verbesserten Verfahren im Sinne einer transparenten Finanzverwaltung bei, wie sie für korporative Gemeinwesen charakteristisch war.[83] Zu den Zuger Ratssitzungen war zeitweise Publikum zugelassen, und die Jahresrechnung wurde an der Gemeindeversammlung vorgelesen. So wussten auch die einfachen Leute potentiell über den Gemeindehaushalt Bescheid. Die schlaueren unter ihnen konnten so den Rat kontrollieren und sogar eigene finanzpolitische Vorstellungen entwickeln. Das tat beispielsweise Hans Jakob Hediger, der 1704 an einer Gemeindeversammlung zur Sprache brachte, der Rat horte 10.000 Gulden, die eigentlich in den Schatz gehörten. Deswegen vor den Rat zitiert, überbrachte Hediger ein »memoriale«, demzufolge 3.850 Gulden aus dem Schatz genommen worden waren. Zusammen mit den Überschüssen der letzten Weihnachtsrechnungen und den Pensionsgeldern schien der errechnete Gesamtbetrag plausibel. Im Licht dieses Befundes wurde der Stadtschreiber beauftragt, er solle spezifiziert aufzeichnen, wozu die aus dem Schatz genommenen 3.850 Gulden verwendet worden seien.[84]

Im Nachgang an den 1. Harten- und Lindenhandel (1728–1736) etablierten sich zusätzliche Transparenzmechanismen. Als Langzeitfolge mussten die mit der Verteilung der Pensionen betrauten Politiker gemäß Beschluss von 1749 ihre Schlussabrechnung in der Kanzlei hinterlegen.[85] Als unmittelbare Konsequenz des 2. Harten- und Lindenhandels (1764–1768) reorganisierte die Bürgerschaft

83 Dieser Befund steht im Widerspruch zur These von Richard Němec, Kirchenfabrik und Hütte, in: Berner Zeitschrift für Geschichte 79/2 (2017), S. 11–23, hier S. 14, der zufolge die Finanzen »zu den bestgehüteten Geheimnissen der jeweiligen Amtsträger« gehörten. Němec räumt aber ein, und das ist der springende Punkt, dass die Beamten »gegenüber dem Rat der Stadt verantwortlich« waren. Max Weber, Wirtschaft und Gesellschaft. Grundriss der verstehenden Soziologie, fünfte, revidierte Auflage, besorgt von Johannes Winckelmann (erste Auflage 1921), Tübingen 1980, S. 169 bezeichnet »strenge Rechenschaftspflicht vor der Genossenversammlung« als wesenhaft für die Korporationsverwaltung. Da es sich bei einem spätmittelalterlichen Ratsregiment ausdrücklich um eine körperschaftliche Regierungsform handelte, war das Erfordernis genossenschaftlich gerahmter Öffentlichkeit in Finanzfragen im von Němec beschriebenen Szenario erfüllt. Durch die regelmäßige Berichterstattung wurde die Verantwortung für die Rechtmäßigkeit der Kassenführung auf viele Köpfe verteilt.

84 BüA Zug A 39 50013/400, 09.02.1704.

85 BüA Zug A 39 50030/1859, 12.12.1749. Die neue Transparenzregel war ein Jahr früher von einer auf Initiative von zwölf Zuger Geschlechtern verlangten, außerordentlichen Gemeindeversammlung angeregt worden. Die Forderungen richteten sich explizit gegen intransparente Praktiken beim Abholen und Verteilen der Pensionen. Demnach sollten die Pensionenrödel, welche der Kanzlei gehörten, auch dort aufbewahrt werden. Um Friede und Ruhe in der Burgerschaft zu erhalten, sollte fortan ein Ausschuss von Ratsherren und Burgern die Pensionen verteilen. Weitere Postulate betrafen den Wunsch nach »Gleichteilung« und – einmal mehr – die faire Verteilung des »Aufwechsels« (BüA Zug A 39 50049/427, 13.10. 1748).

das Pensionenwesen und setzte es partizipativer auf. Bereits 1765 wurde über Bezugsrechte für außerhalb der Stadt lebende Burger diskutiert. Eine Begleiterscheinung des Bestrebens nach formalisierer Verteilung, war eine sorgfältigere Einwohnerkontrolle, die nun auch landesabwesende Studenten, Handwerksgesellen sowie Soldaten erfasste, sofern sie von ihren Angehörigen gemeldet wurden.[86] Dank kollektiver Kontrolle qua Verlesung des Pensionenrodels wurden nunmehr auch sie in die Verteilung einbegriffen. 1766 wurde eine Meldepflicht für aus der Fremde heimgekehrte Burger etabliert.[87] Weiter mussten die Pensionenabholer die in Solothurn von statten gegangene Prozedur im Detail rapportieren und schriftlich beglaubigen. Schließlich ging man dazu über, die »austheilungs-rechnungen« im Rat nach Posten zu verlesen.[88] 1773 wurde auf Entscheid der Gemeindeversammlung eine Kommission gegründet, um die Distributionsmodalitäten bezüglich Pensionen, »Herrenkernen« und Burgerholz neu zu ordnen, in die auch Juristen und nicht zur lokalen Elite zählende Bürger berufen wurden.[89]

Es wäre falsch, die im Verlauf oder bei der Aufarbeitung von Systemkrisen und Verteilkämpfen zu beobachtenden Reglementierungsbemühungen als linearen, ja gar telelogischen Optimierungsprozess deuten zu wollen. Vielmehr bringen sie das Spannungsverhältnis zwischen den eigennützigen Bereicherungsstrategien und der Vision einer fairen Güterverteilung im Sinne korporativer, aber sicher nicht naturrechtlicher Egalität zum Ausdruck. Letztlich manifestierten sich hier Gruppenlogiken, was aber wenig mit »Demokratisierung« zu tun hatte, vielmehr mit einem dialektischen Prozess, einer Pendelbewegung zwischen Missbräuchen und fallweise innovativen bzw. reaktionären politischen Gegenreaktionen. In dieser mäandrierenden Entwicklung wirkten letztlich sogar die Strategien des Betrugs zum Guten, indem sie die geltenden Normen provozierten und die Gemeinschaft herausforderten, diese regelmässig neu in Wert zu setzen und auf diese Weise am Leben zu erhalten.

86 BüA Zug A 39 50049/18, 02.04.1736, auf Grundlage der »Fünfbätzler-Nachbarschaftsrödel«, die zur Verteilung des jeweils zum Jahresende an die Burger ausgegebenen »Weihnachtsgeldes« von den Seckelmeistern der Nachbarschaften nachgeführt wurden.

87 BüA Zug A 39 50050/157, 27.01.1765; 50033/1872, 01.02.1765; 50050/159, 20.03.1765; 50050/229, 09.02.1766.

88 BüA Zug A 39 50050/435, 17.12.1769; 50050/625, 19.12.1773; 50050/669, 18.12.1774; 50050/711, 17.12.1775.

89 BüA Zug A 39 50035/360, 18.12.1773; 50050/632, 19.12.1773. Dank systematischerer Aufsicht, konnte Joseph Spillmann 1768 eine doppelte Pension beziehen, weil er im Vorjahr vergessen worden war (BüA Zug A 39 50034/508, 10.12.1768). Von 1788 ist der Fall eines Jugendlichen überliefert, der nach Vorlegen eines Taufscheines eine Pension aus dem Vorjahr ausbezahlt bekam, weil das Dokument sein Alter belegte, obschon er im Taufbuch nicht vermerkt war (BüA Zug A 39 50037/192, 12.07.1788); Jost Müller wurde 1791 seine Pension nachbezahlt, weil er in den Rödeln vergessen worden, der Fehler aber entdeckt worden war (BüA Zug A 39 50037/1143, 15.01.1791).

VIII. Gegen Krankheit, Katastrophen und Krieg gerüstet – Pensionen als Triebkraft von »Modernisierung«?

Bereits im 17. Jahrhundert investierte der Zuger Stadtrat Pensionsgeld zur Verbesserung der medizinischen Versorgung. Doktor Wickart muss eine allgemein respektierte Kapazität gewesen sein und das volle Vertrauen der Zuger Bevölkerung genossen haben. Als Grundgehalt billigte ihm der Rat ab 1625 nämlich jedes Jahr 12 Klafter Holz, eine Kornspende von 14 Mütt Kernen und 1 Malter Hafer, die bislang der Pfleger bekommen hatte, sowie 15 Kronen von jeder eingetroffenen spanischen und französischen Pension. In Nachverhandlungen holte Wickart für sich sogar gleich viel an Pensionen heraus, wie auch die Ratsherren bekamen.[90] Auch in Feuerschutz und Brandbekämpfung flossen Pensionen, so ging 1699 ein namhafter Betrag aus der spanischen Pension für eine Feuerspritze an Schlosser Joseph Landtwing.[91]

1743 stellte der Zuger Rat fest, die Wehrpflichtigen in der Burgerschaft und in den Vogteien seien schlecht ausgerüstet. Damit im Ernstfall die alleinseligmachende Religion, das Vaterland und die durch die Vorfahren teuer erkämpfte Freiheit beschützt werden könnten, müsste jeder Burger baldmöglichst sein eigenes Gewehr anschaffen. Weigere sich einer, würden ihm die burgerlichen Gefälle und die Pension zurückbehalten, um davon seine Waffe samt Zubehör zu bezahlen.[92]

Den ehrenhaften guten Absichten und angedrohten Sanktionen zum Trotz machte die Bewaffnung der Zuger Miliz allerdings auch in den folgenden Jahren keine erkennbaren Fortschritte. Als 1755 der sogenannte »Kriegsrat« gegründet wurde und umgehend die für ein funktonales Wehrwesen unbedingt benötigte Munition beschafft werden sollte, stellte sich die Frage, wie die erforderlichen Mittel aufgetrieben werden könnten, ohne das Gemeinwesen (sprich: die einzelnen Bürger) allzu stark zu belasten. Prospektive Steuererhebungen waren im korporativen Staat durchaus unpopulär. Damit künftig die jährlich budgetierten 600 Gulden in die neue »Kriegskasse« flössen, sollten vielfältige kleine Privilegien aufgehoben – etwa das Mahl am St. Oswaldstag, was 30 Gulden brachte – und Geldflüsse im Stadthaushalt umgeleitet werden. Den grössten Beitrag machten dabei 150 Gulden Pensionsgeld aus.[93]

90 BüA Zug A 39 50040/406, 01.03.1625; 50002/1464, 01.03.1625: 50002/3647, 01.03.1625; 50040/472, 19.04.1625, Anteil analog zu jenem der Ratsherren bestätigt in 50041/1511, 15.09.1629. 1 Mütt entsprach in der Zentralschweiz 138–150 Litern, 1 Malter raue Früchte entsprach 300 Litern.

91 BüA Zug A 39 50012/67, 29.08.1699.

92 BüA Zug A 39 50049/257, 18.08.1743.

93 BüA Zug A 39 50049/681, 29.06.1755; siehe auch 50049/681, 18.06.1755; 50049/670, 25.05.1755; 50049/671, 25.05.1755. Vgl. die Angaben bei Alex Nussbaumer, Zuger Militär im

Zwei Jahre nach seiner Formierung legte der Kriegsrat der Gemeindeversammlung eine Ordnung zur Ratifizierung vor und forderte darin eine einheitliche Ausrüstung mit gutem Gewehr samt Ladestock, Bajonett und Patronentasche, die jeder Waffenfähige selbst anschaffen sollte. Für 5 Gulden könnten die Bürger und für 7 Gulden die Untertanen ihr Rüstzeug aus dem Zeughaus beziehen. Wenn dazu das Geld fehlte, sollte es von den künftigen Pensionsanteilen abgezogen werden. D.h. das fremde Geld würde mindestens mittelbar in die Aufrüstung fliessen. Die Gemeindeversammlung lehnte das Projekt rundweg ab. Im Gegenvorschlag der Bürgergemeinde tangierte nur noch eine Bestimmung die Pensionen. So sollten 16jährige ihre Pension erst beziehen können, wenn sie über ein eigenes Gewehr samt Patronentasche verfügten und die Exerzierübungen beherrschten. Arme Bürger sollten sich an den Kriegsrat wenden, der Mittel und Wege zur Anschaffung einer Waffe finden werde, wenn er von ihrer Armut überzeugt sei.[94]

Auch in ihrer abgemilderten Form erwiesen sich die Pläne des Kriegsrates aber schnell als nicht umsetzbar. Der Unwille der Burger, für Rüstungszwecke finanziell in die Pflicht genommen zu werden, muss erheblich gewesen sein, denn kaum zwei Wochen nach der einschlägigen Versammlung traten zwei Nachbarschaften auf den Plan und boten dem Rat an, ihren Angehörigen bei der Anschaffung gebrauchsfähiger Waffen mit Mitteln aus der Gemeinschaftskasse unter die Arme zu greifen.[95] Als die Nachbarschaft in der Vorstadt ein Jahr später ebenfalls den Kauf von Gewehren aus Zeughausbeständen erwog, wollte sie jedem ihrer Angehörigen jährlich von der Pension 8 Batzen abziehen, bis die Gewehre bezahlt wären. Außerdem würde sie eigenmächtig Einzugs- und Auszugsgebühren festlegen und auch Fremde zur Anschaffung eines Gewehrs verpflichten. Der Rat vertagte das Geschäft und nahm es wohl wegen den brisanten Aspekte (Pensionen als Politikum, eigenmächtig verhängte Gebühren und die Bewaffnung der Fremden) später nicht mehr auf.[96] Im Auftrag des Kriegsrates forderte Ammann Lutiger die säumigen Nachbarschaften 1760 auf, endlich Gewehre anzuschaffen, stellte aber gleichzeitig fest, der Kriegsrat sei vielen Burgern »odios« (zuwider). Daraufhin entschied die Gemeindeversammlung, die allgemeine Bewaffnung sei fortzusetzen, alle Herren und Burger müssten sich

---

Spannungsfeld von Politik, Wirtschaft und Gesellschaft. Das Zuger Militärwesen im 18. Jahrhundert, Rotkreuz 1998, S. 257.

94 BüA Zug A 39 50049/753, 08.05.1757; 39 50049/756, 08.05.1757. Ein analoger Beschluss bezüglich der Verwendung fremden Geldes zur Anschaffung von Gewehren war bereits 1743 gefasst worden, ohne anschließend wirkungsvoll umgesetzt worden zu sein (BüA Zug A 39 50049/257, 18.08.1743).

95 BüA Zug A 39 50032/1258, 21.05.1757, Nachbarschaft Weinmarkt; 50032/1262, 21.05.1757, Nachbarschaft Lorzen.

96 BüA Zug A 39 50032/1824, 29.04.1758.

für den Dienst einteilen lassen, und der Kriegsrat solle seine Tätigkeit fortführen.[97] Trotz dem neuerlichen Bekenntnis, die Miliz zu bewaffnen, und einem ausgewiesenen Rüstungsbedarf waren letztlich weder Rat noch Bürgerschaft bereit, für höhere Zwecke ihre angestammten Nutzungsrechte preis zu geben. Auf das persönliche Privileg Pensionen beziehen zu dürfen, wollte niemand verzichten.[98]

IX. Epilog: Ohne fremdes Geld keine Schweiz

Von 2005 datiert ein häufig zitierter Aufsatz von Christian Windler mit dem Titel »Ohne Geld keine Schweizer«. Der Berner Professor hat damit auf die im 17. Jahrhundert verbreitete Redensart »Point d'argent – point de Suisses« Bezug genommen. Diese wiederum spielte darauf an, dass die Verfügbarkeit von Schweizer Söldnern in erster Linie eine Frage des Geldes war.[99] Die hier präsentierten Beobachtungen könnten sich dahingehend zuspitzen lassen, dass es ohne fremdes Geld die alte Eidgenossenschaft in der bekannten Form und, in ihrer institutionellen Erstreckung in die moderne Schweiz des 19. und 20. Jahrhunderts, unmöglich gegeben hätte.

Natürlich versuchte die Diplomatie der französischen Krone die eidgenössischen Orte über Geldzuwendungen zu manipulieren und so ihren Einfluss zu stärken. Erreicht hat sie damit aber letztlich das Gegenteil, denn die gemeinsame

97 BüA Zug A 39 50049/850, 13.01.1760.

98 In Betracht der zaudernden Zuger Rüstungspolitik stellt sich die Frage, wie tiefgreifend das durch die schmähliche Niederlage im 2. Villmergerkrieg erlittene katholische Trauma tatsächlich war. Am Tag nach dem entscheidenden Treffen der Innerschweizer und Berner Truppen im namensgebenden Villmergen notierte ein konsternierter Zuger Stadtschreiber in seiner persönlichen Nachlese des Schlachtgeschehens, als der Feind die Landesgrenzen überschritten habe, sei niemand da gewesen, der sich wehren wollte, wohl aber solche, die – angeführt von den größten Prahlern – um Frieden gebeten hätten (BüA Zug A 39 50015/1432, 26.07.1712). Nussbaumer, Zuger Militär (wie Anm. 93), S. 42, 104, 116, 123, 168f., 194–197, 199, 200–208, 213f., 216, 222, 252–255, 259–261 (Zitat) u. 267 belegt jedenfalls eindrücklich, dass es der Bürgerschaft »weniger an Geldmitteln fehlte, als vielmehr am politischen Willen, sich die Miliz auch etwas kosten zu lassen«. Erst als 1798 die napoleonischen Truppen Richtung Zug marschierten, stellte die Stadt innert kürzester Zeit 27.000 Gulden für das Militärwesen zur Verfügung. Demgegenüber hatten sich die gesamten Ausgaben der »Kriegskassa« von 1756 bis 1798 nur auf 30.000 Gulden belaufen, und die Bürgerschaft hatte die meisten Erlasse des Kriegsrates mit Obstruktion quittiert. Ausbildung, Ausrüstung und Aufgebot des Zuger Wehrwesens verharrten bis 1798 auf vollkommen ungenügendem Niveau.

99 Christian Windler, »Ohne Geld keine Schweizer«. Pensionen und Söldnerrekrutierungen auf den eidgenössischen Patronagemärkten, in: Hillard von Thiessen, Christian Windler (Hrsg.), Nähe in der Ferne. Personale Verflechtung in den Außenbeziehungen der Frühen Neuzeit, Berlin 2005, S. 105–133. Zur Karriere des durch Jean Racine bekannt und kanonisch gemachten Bonmots vgl. Würgler, Tagsatzung (wie Anm. 36), S. 485.

Abhängigkeit von ausländischen Ressourcen klammerte die Eidgenossen zusammen. Im Rückblick tritt die situative Bestechlichkeit hinter die affirmativen und kohäsiven Effekte zurück, die vom fremden Geld auf die institutionell und hegemoniell schwach aufgestellten eidgenössischen Gemeinwesen ausgingen. Überall wo die Legitimität von Herrschaft auf Redistribution beruhte, etablierten sich die Pensionen als Basisgröße und Strukturmerkmal von Politik und Gesellschaft. Das fremde Geld und gut laufende transitive Geschäfte garantierten langfristig stabile Verhältnisse.

Der zentrale Befund dieses Beitrags benennt die *Normalität der Pensionen im historischen Alltag.* Diese Erkenntnis macht es schwierig, über fremdes Geld in Kategorien von Korruption und Moral nachzudenken, oder sogar *ex post* »Verantwortung« oder »Schuld« zuzuweisen. Versuchen wir deshalb zum Schluss, uns in die historischen Akteure hineinzudenken, indem wir unsere eigene Lebenswelt reflektieren. Dabei versteht sich, dass sich die Verhältnisse unserer Gegenwart nicht *tel quel* auf die Vormoderne übertragen lassen. Trotzdem sei das Gedankenexperiment erlaubt:

Auch in die Schweiz des 21. Jahrhunderts fließen immer noch stetig erhebliche ausländische Devisenvolumen, welche die hiesige Wirtschaft beleben, genau wie es das fremde Geld in der frühen Neuzeit tat. Viele dieser Milliarden stammen aus Ländern, die weder über eine rechtsstaatliche Ordnung noch über eine demokratisch legitimierte Regierung verfügen. Analog zu den Pensionsherren und Kriegsunternehmern der alten Eidgenossenschaft erbringen die heutigen schweizerischen Finanzinstitute nützliche Dienstleistungen für ihre autokratischen Geschäftspartner. Auch ihre Erträge beruhen also zu einem ansehnlichen Teil auf Unrecht, Unterdrückung und Krieg in fernen Ländern damit auf der Ausbeutung humaner Ressourcen. Gerechtfertigt werden die guten Geschäfte der Schweizer Banken mit dem Nutzen, den die Finanzinstitute für die hiesige Ökonomie und Gesellschaft als Arbeitgeber und Steuerzahler erbringen.

Ist der Geschäftsgang gut, schütten die Großbanken Aktiengewinne aus, finanzieren kulturelle Veranstaltungen, zahlen Steuern und geben dem unbedeutenden Kleinstaat eine weltmännische Statur. Die Politik – wenn heutzutage auch nicht mehr in Personalunion mit der Finanzwirtschaft – ist immer noch aufs Engste mit der Geschäftswelt verflochten, steckt den Rahmen der ökonomischen Entfaltungsmöglichkeiten großzügig ab und springt ein, wenn die Geschäfte schlecht laufen. Genau so kam im Ancien Régime die Tagsatzung ins Spiel, wenn die einzelnen Kriegsunternehmer mit ihren ausländischen Partnern nicht mehr klarkamen. Die strukturellen Analogien sind auffällig. Die kleinen Unterschiede begründen sich in der über Jahrhunderte stattgefundenen Ausdifferenzierung der Arbeits- und Gewaltenteilung zwischen den beteiligten Akteuren.

Natürlich gab und gibt es in Vormoderne und Gegenwart moralisch motivierte Kritik an der Bewirtschaftung transnationaler Ressourcenströme (Stichworte: Blutzoll, Kriegsgewinne). Realiter stellten und stellen die Finanzflüsse aus dem Ausland stets den kommoden Normal- und nicht den ethisch fragwürdigen Sonderfall dar. Und wie das Zuger Stimmvolk vor 1800 nicht darüber nachdachte, ob es recht oder unrecht sei, wenn die Untertanen der französischen Krone mit ihren Steuern sein Wohlergehen finanzierten, fragen auch wir kaum nach den Quellen unseres Reichtums. Während der politische Überzeugungstäter Jean Ziegler fürs Teetrinken mit Muammar al-Gaddafi nach dessen Sturz an den medialen Pranger gestellt wurde, kennt niemand die Namen der Genfer Privatbankiers, die im Auftrag des Diktators jahrelang kühl Renditen optimierten und die Margen einstrichen. Gleiches gilt für die Finanzberater russischer und anderer Oligarchen etc.

Runden wir den historischen Vergleich mit einer Episode aus der jüngsten Schweizer Geschichte ab: Im Januar 2012 trat Philipp Hildebrand als Nationalbankpräsident zurück und reagierte damit auf eine Welle öffentlicher Entrüstung über ein ihm unterstelltes (Bagatell)Vergehen. Vorgeworfen (aber nie nachgewiesen) wurde ihm ein Währungsgeschäft. Genau wie im 18. Jahrhundert ließ sich auch in der Schweiz des 21. Jahrhunderts immer noch effektvoll skandalisieren, wenn sich ein Beamter kraft seiner Stellung einen (mutmaßlichen) Vorteil verschaffte. Die Analogien zum notorischen Gezerre über den »auffwechsell« sind frappant (vgl. die Ausführungen oben). Noch erstaunlicher und gleichzeitig sehr bezeichnend für eine altväterische politische *und* moralische Ökonomie sind indes die Unterschiede: Hildebrand hatte nicht selber gehandelt, und es ging nicht um Diebstahl am »Volksvermögen«, sondern um Devisentransaktionen aus privaten Mitteln. Obwohl von diesen Geschäften niemand einen konkreten Nachteil erlitten hatte, reagierte die »Volksseele« höchst sensibel, weil ein in dieser Affäre ein archaisches helvetisches Skandalon bemüht wurde: Der Ruch der Bereicherung an kollektiven Ressourcen. Genau wie unsere Ahnen blenden auch wir die großen Zusammenhänge aus und empören uns stattdessen über jeden scheinbaren Betrug an der Gemeinschaft. Ob Hildebrands Abgang die Schweizer Volkswirtschaft seither vielleicht viele Milliarden gekostet hat, wird sich leider nie eruieren lassen, und es interessierte damals und kümmert auch fünf Jahre später niemanden.[100]

100 Zur historischen Einordnung der Affäre vgl. Daniel Schläppi, Das korporative Erbe der Alten Eidgenossenschaft, in: Unipress, Bern Juni 2012, S. 11f.; eine Fallanalyse im Sinne einer Kritik des Zeitgeistes findet sich bei Peter von Matt, »Die Politiker sind süchtig nach Moral«. Interview im Tagesanzeiger vom 14.01.2012.

Cécile Huber / Katrin Keller

Französische Pensionen in der Eidgenossenschaft und ihre Verteilung in Stadt und Amt Zug durch die Familie Zurlauben

Seit dem 15. Jahrhundert flossen Patronageressourcen europäischer Mächte in die Alte Eidgenossenschaft. Einer der wichtigsten und dauerhaftesten Patrons war die französische Krone, die mittels Handelsprivilegien, Pensionen, Salzverträgen, Getreidelieferungen, attraktiver Chargen im Solddienst sowie Adelstitel die Orte in ihrem Interesse zu beeinflussen und langfristig an sich zu binden suchte.[1] Da die eidgenössischen Orte keine gemeinsame außenpolitische Strategie besaßen, sondern vor allem ihre Partikularinteressen verfolgten, spielte die Verteilung von Pensionen eine zentrale Rolle im Patronagesystem Frankreichs. Das Fehlen eines dominanten Machtzentrums in der Eidgenossenschaft zwang die Krone zur Beziehungspflege mit möglichst allen eidgenössischen Orten und zum Einsatz von Patronageressourcen, die für wohlwollende Stimmung gegenüber französischen Anliegen sorgten.[2] Doch nicht immer erreichte der mächtige Patron mit dem Geld, was er beabsichtigt hatte.

Der vorliegende Beitrag widmet sich zunächst den aus Frankreich in die Eidgenossenschaft fließenden Pensionen. Dabei sollen nicht nur die einzelnen Pensionenarten, sondern vor allem verschiedene Perspektiven in Bezug auf die Funktion und Wirksamkeit der Pensionenpraxis thematisiert werden. Anschließend werden die Familie Zurlauben als Nutznießerin dieses Systems vorgestellt sowie die konkrete Austeilungspraxis des Fremden Geldes in Stadt und Amt Zug näher untersucht.

1 André Holenstein, Mitten in Europa. Verflechtung und Abgrenzung in der Schweizer Geschichte, Baden 2014, S. 124.

2 Christian Windler: »Ohne Geld keine Schweizer«. Pensionen und Söldnerrekrutierung auf den eidgenössischen Patronagemärkten, in: Hillard von Thiessen u. a. (Hrsg.), Nähe in der Ferne. Personale Verflechtung in den Außenbeziehungen der Frühen Neuzeit, Berlin 2005, S. 112–114.

I. Zahlungen aus Frankreich: Die verschiedenen Pensionenarten

Ihren Ursprung hatten die französischen Pensionen in der Allianz der Orte mit König Ludwig XI. (1423–1483) von 1474/75. Frankreich betrachtete sie, zusammen mit der Lieferung von günstigem Salz und der Erteilung von Handels- und Zollprivilegien an die Orte, als eine Form von Lizenzzahlungen für die Bewilligung von Söldnerrekrutierungen und für Durchmarschrechte für geworbene Truppen. Außerdem suchten die französischen Könige, die Pensionen für die Gewinnung und Honorierung eigener Parteigänger oder für die Bestechung und Neutralisierung politischer Gegner in der Eidgenossenschaft einzusetzen.[3] Diese Zahlungen an die Eidgenossen bildeten keinen Sonderfall, sie stellten vielmehr eine Form von Subsidien dar, welche die frühneuzeitlichen europäischen Fürsten allgemein als Instrument ihrer Interessen- und Machtpolitik einsetzten.[4]

Frankreich ließ den verbündeten Orten und Zugewandten mehrere Arten von Pensionen zukommen, für deren Gesamtheit sich die Bezeichnung »pensions de toute nature«[5] etablierte. Tatsächlich war jedoch nur die Pension »de paix et

3 Urs Kälin, Salz, Sold und Pensionen. Zum Einfluss Frankreichs auf die politische Struktur der innerschweizerischen Landsgemeindedemokratien im 18. Jahrhundert, in: Der Geschichtsfreund 149 (1996), S. 105–124, hier S. 114; Philippe Gern, Aspects des relations franco-suisses au temps de Louis XVI: diplomatie, économie, finances, Neuchâtel 1970, S. 161 u. 163; Andreas Suter, Korruption oder Patronage? Außenbeziehungen zwischen Frankreich und der Alten Eidgenossenschaft als Beispiel (16. bis 18. Jahrhundert), in: Niels Grüne, Simona Slanička (Hrsg.), Korruption. Historische Annäherungen an eine Grundfigur politischer Kommunikation, Göttingen 2010, S. 167–203, hier 179–180. Zum Pensionenwesen in der Eidgenossenschaft außerdem: Philippe Rogger, Geld, Krieg und Macht. Pensionsherren, Söldner und eidgenössische Politik in den Mailänderkriegen 1494–1516, Baden 2015; Nathalie Büsser, Militärunternehmertum, Außenbeziehungen und fremdes Geld, in: Historischer Verein des Kantons Schwyz (Hrsg.), Geschichte des Kantons Schwyz, Bd. 3, Zürich 2014, S. 90–107; Louiselle Gally-de Riedmatten, Du sang contre de l'or: Le service étranger en Valais sous l'Ancien Régime, Bern 2014; Windler, »Ohne Geld keine Schweizer« (wie Anm. 2).

4 Vgl. u. a. Michael Busch, »Subsidien«, in: Enzyklopädie der Neuzeit Online, Ed. Friedrich Jaeger, URL:<http://dx.doi.org/10.1163/2352-0248_edn_a4205000>, 28.06.2017; Andreas Behr, Das Scheitern der spanischen Diplomatie in der Eidgenossenschaft: Konsequenz einer zu starren Konfessionspolitik?, in: Schweizerische Zeitschrift für Religions- und Kulturgeschichte 101 (2007), S. 323–340, hier S. 324.

5 Georges Livet, Suisse. Tome premier: Les XIII Cantons, in: Recueil des instructions données aux ambassadeurs et ministres de France depuis les traités de Westphalie jusqu'à la Révolution française: publié sous les auspices de la Commission des archives diplomatiques au Ministère des affaires étrangères, Paris 1983, S. 96. Ein Beispiel mit allen Arten für Zug ca. 1664 bei Kurt-Werner Meier u. a. (Hrsg.), Regesten und Register zu den Acta Helvetica, Gallica, Germanica, Hispanica, Sabaudica etc. necnon genealogica stemmatis Zur-Laubiani, Bd. 151, (AH), Aarau 2008, AH 151/91; ein Beispiel mit allen Arten für Solothurn in den 1630er-Jahren bei Gustav Allemann, Söldnerwerbungen im Kanton Solothurn von 1600–1723, Solothurn 1946, S. 31–39.

d'alliance«, auch Standes- oder Bundespension genannt, seit 1516 in den Bündnisverträgen festgeschrieben. Sie wurde den an der Allianz beteiligten Orten jährlich auf Lichtmess (2. Februar) und ursprünglich in Lyon bar ausbezahlt.[6] Die Orte erhielten Beträge in der Höhe zwischen 1.500 und 10.500 Livres,[7] die bis zum Ende des Ancien Régime ungefähr auf dem gleichen Niveau bleiben sollten und die üblicherweise in die Staatskassen flossen.[8] Die Allianzverträge nennen keine Zweckbestimmung der Pension »de paix et d'alliance«, sondern bezeichnen sie als Freundschaftsbekundung der französischen Könige gegenüber den Eidgenossen.[9] Mit den Vertragszahlungen erwarb sich Frankreich jedoch eidgenössische Leistungen:

> »Parmi les pensions que le Roy accorde aux Suisses, les unes sont de droit, étant stipulées par les traités pour le droit de recruter. D'autres sont à volonté, et quelques-unes secrettes, ces deux dernières sont les plus efficaces.«[10]

Zu diesen »freiwilligen« Zahlungen gehörten die Pensionen »par rôle«, »particulière« und »à volonté«, in deren Genuss nur gewisse Orte[11] kamen und die als

6 In der Allianz mit Frankreich von 1521 wurde die Standespension auf 3.000 Livres festgesetzt, nachdem sie im Ewigen Frieden von 1516 zunächst 2.000 Livres pro verbündetem Ort und Zugewandten betragen hatte (vgl. Allemann, Söldnerwerbungen (wie Anm. 5), S. 17–18; Gern, Aspects (wie Anm. 3), S. 163; Livet, Suisse (wie Anm. 5), S. LXIV–LXV). U. a. sind die Rahmenbedingungen in den Artikeln XV und XVI des Allianzvertrags von 1663 festgehalten, vgl. Beat Fidel Zurlauben, Histoire militaire des Suisses au service de la France, Paris 1751–1753, Bd. 8, S. 193–194.

7 Obwohl die Standespension im Allianzvertrag für alle beteiligten Orte und Zugewandten auf 3.000 Livres festgesetzt war, variierten die Beträge pro Ort jedoch effektiv. Als Belege für die Unterschiede können die 1639 und 1641 erfolgten Auszahlungen an »Pensions generalles de paix et d'alliance« angeführt werden (vgl. Meier u. a., Regesten (wie Anm. 5), AH 119/1 und AH 119/2): An Beträgen »paix et d'alliance« erhielten Zürich und Bern 10.500 Livres, Basel 9.000 Livres, Freiburg 7.000 Livres, Uri und Schwyz 4.000 Livres, Schaffhausen 3.800 Livres, Luzern, Zug, Glarus, Solothurn und Wallis 3.000 Livres, Obwalden 2.000 Livres, Appenzell Ausserrhoden 1.500 Livres. Die anderen Pensionenarten folgen im Anschluss (keine dieser Pensionen erhalten die reformierten Orte), es kann sich bei den genannten Beträgen also nicht um die Summierung mehrerer Pensionenarten handeln. Die mehrheitlich gleichen Beträge von »paix et d'alliance« für das 18. Jahrhundert bei Gern, Aspects (wie Anm. 3), S. 179 (hier fehlen die auf Pensionen verzichtenden reformierten Orte) und Kälin, Salz (wie Anm. 3), S. 114 (hier nur Innere Orte). Fredy Gröbli, Ambassador Du Luc und der Trücklibund von 1715. Französische Diplomatie und eidgenössisches Gleichgewicht in den letzten Jahren Ludwigs XIV, Bd. 1, Basel 1975, S. 79 argumentiert, bei den reformierten Orten seien sämtliche privaten Pensionen in der Standespension aufgegangen, und er belegt dies mit dem nur den reformierten Orten geltenden zweiten Beibrief zum Bündnis mit Frankreich von 1658 (vgl. ders., Bd. 2, S. 39). Dies erklärt die von den 3.000 Livres abweichenden Betragshöhen – auch bei gewissen katholischen Orten – vor dem Bündnis-Beibrief jedoch nicht.

8 Büsser, Militärunternehmertum (wie Anm. 3), S. 91.

9 Vgl. ebd., S. 96f., dort zum Bündnis mit Spanien 1587.

10 Livet, Suisse (wie Anm. 5), S. 310, Instruktion von 1749 für Ambassador Antoine-René de Voyer d'Argenson (1722–1782).

11 In Meier u. a., Regesten (wie Anm. 5), AH 119/1 und AH 119/2 die Orte Luzern, Uri, Schwyz,

Instrument zur Beeinflussung von Regierungsangehörigen oder Landleuten gedacht waren.[12] Die Pension »par rôle« war ursprünglich an namentlich in Rödeln registrierte Personen ausgerichtet worden, die der König speziell zu honorieren, beziehungsweise gezielt im Interesse Frankreichs zu beeinflussen suchte. Da die Pension »par rôle« von den Orten zweckentfremdet und statt an ausgewählte Einzelpersonen gleichmäßig an die Bürgerschaft oder die Magistraten verteilt wurde,[13] führte der König zusätzlich die Pensionen »particulière« und »à volonté« ein. Diese sollte der Ambassador erst auszahlen, nachdem ihm der von Frankreich bestimmte lokale Pensionenausteiler die Empfänger namentlich vorgeschlagen hatte;[14] außerdem mussten die Bezüger den Erhalt einer solchen Zahlung eigenhändig quittieren.[15] Die Pension »particulière« sollte allgemein die »principaux serviteurs du Roy«, d.h. die Mitglieder der französischen Faktion, für ihren Einsatz entschädigen oder die Gegner Frankreichs neutralisieren und davon abhalten, der französischen Sache zu schaden.[16] Bei der Pension »à volonté« sollten die Betragshöhe und die Adressaten bestimmt werden, »selon que l'on juge le devoir faire pour le bien du service du Roy«.[17] Die Höhe dieser drei freiwilligen Pensionen variierte stark; am meisten investierte Frankreich in die Orte Luzern, Uri, Schwyz, Freiburg und Solothurn, bei denen die Einnahmen aus den Pensionen »par rôle«, »particulière« und »à volonté« zusätzlich zur Standespension pro Jahr zwischen 13.000 und rund 19.000 Livres ausmachten.[18]

Zu den wirkungsvollsten Mitteln der Beeinflussung zählte Frankreich Geheimpensionen oder Gratifikationen. Diese sollten führenden Häuptern – bzw.

Zug, Unterwalden, Glarus, Freiburg, Solothurn, Appenzell und als Zugewandter Ort das Wallis.

12 Frankreich richtete außerdem die »Pension d'écolier« aus, ein Stipendium von 400 Livres, das jährlich zwei Schülern pro Ort ein Studium in Paris ermöglichte. Damit verbunden war das Ziel, aus regimentsfähigen Geschlechtern stammende junge Schweizer mit der französischen Sprache und Kultur vertraut zu machen und sie auf eine spätere Offizierskarriere in französischen Diensten vorzubereiten, vgl. Gern, Aspects (wie Anm. 3), S. 165. Zu den verschiedenen Pensionenarten mit dem Fokus auf Schwyz vgl. Büsser, Militärunternehmertum (wie Anm. 3), S. 91–93.

13 Gern, Aspects (wie Anm. 3), S. 164f.

14 Frankreich und Spanien setzten wegen der großen Zahl eidgenössischer Orte für die Verteilung eines Teils ihrer Patronageressourcen Broker ein, die intime Kenntnisse der lokalen Verhältnisse hatten und dadurch die aussichtsreichsten Pensionenempfänger identifizieren konnten, vgl. Suter, Korruption (wie Anm. 3), S. 180.

15 Vgl. Gröbli, Du Luc (wie Anm. 7), Bd. 1, S. 79.

16 Beat Fidel Zurlauben, Code militaire des Suisses, pour servir de suite à l'Histoire Militaire des Suisses, au service de la France, Paris 1758–1762, Bd. 2, S. 102f., aus der Instruktion für Ambassador Robert Miron (1569–1641) 1617.

17 Ebd., S. 103.

18 Vgl. Meier u.a., Regesten (wie Anm. 5), AH 119/1 und AH 119/2.; Kälin, Salz (wie Anm. 3), S. 114; Gern, Aspects (wie Anm. 3), S. 179.

deren Frauen –[19] zukommen, da deren Stimmen im jeweiligen Ort am meisten Gewicht hatten und sie die französischen Interessen zuverlässig befördern konnten. Die Beiträge sollten so hoch ausfallen, dass die Begünstigten ihren Versprechen auch tatsächlich nachkommen würden. Um jedoch den Neid anderer nicht zu erwecken, sollten diese Transaktionen geheim gehalten und von den Empfängern persönlich mit dem Ambassador abgewickelt werden.[20]

Wenn es die Staatsfinanzen zuließen, bemühte sich Frankreich, die Pensionen pünktlich zu bezahlen, um die profranzösische Stimmung zu unterstützen und den steten Zugriff auf die eidgenössischen Söldner zu gewährleisten. Häufig, besonders in Kriegszeiten, flossen die Pensionen jedoch nur verspätet oder gar nicht.[21] Insgesamt, so errechnete Fredy Gröbli für das erste Viertel des 18. Jahrhunderts, summierten sich sämtliche französischen Pensionen, Gratifikationen und weitere Gelegenheitszahlungen zugunsten der Eidgenossen auf jährliche Aufwände von über einer halben Million Livres.[22]

II. Die französische Sicht auf das Pensionenwesen in der Eidgenossenschaft

Die Verteilpraxis und die Wirkung der Pensionen als Instrument der politischen Einflussnahme wurden von französischer Seite ambivalent beurteilt: Wies man einerseits stets auf den zumindest potentiellen Nutzen dieser Patronageressource hin und hielt bis Ende des Ancien Régimes am Pensionenwesen fest, so wurden spätestens seit Anfang des 17. Jahrhunderts immer wieder die damit verbundenen Probleme diskutiert. Die Instruktionen für die Ambassadoren in der Eidgenossenschaft sind dafür aufschlussreich.

In Kriegszeiten bestand die Aufgabe des Ambassadors hauptsächlich darin, den Nachschub an eidgenössischen Rekruten zu sichern und die Orte von Werbe- oder Durchmarschverboten abzuhalten. In diesem Kontext wurden regelmäßig die Pensionen thematisiert, die Ludwig XI. eingeführt habe, um »avoir

19 Allemann, Söldnerwerbungen (wie Anm. 5), S. 40; Büsser, Militärunternehmertum (wie Anm. 3), S. 93.

20 Zurlauben, Code militaire (wie Anm. 16), S. 103f.; Gern, Aspects (wie Anm. 3), S. 172. Entsprechend ihrer geheimen Natur finden sich kaum Aufzeichnungen zu geheimen Pensionen, Beispiele für Mitte des 18. Jahrhunderts bei Kälin, Salz (wie Anm. 3), S. 114.

21 Gröbli, Du Luc (wie Anm. 7), Bd. 1, S. 81 u. 85f.; Allemann, Söldnerwerbungen (wie Anm. 5), S. 41f. Zur absolut prekären Finanzlage, mit der Ambassador Charles de Vintimille, Comte du Luc (1653–1740) während seiner Amtszeit und die Ambassade in der Eidgenossenschaft im 18. Jahrhunderts generell konfrontiert waren, vgl. Gröbli, Du Luc (wie Anm. 7), Bd. 1, S. 81–84.

22 Ebd., S. 80. Die Ausgaben im Allianzjahr 1715 waren noch wesentlich grösser.

tousjours disposé [les Cantons Suisses] à le servir quand il en auroit à faire«.[23] Verweigerten oder behinderten die eidgenössischen Partner Werbung und Nachrekrutierung, was seit der zweiten Hälfte des 17. Jahrhunderts und vor allem bei den reformierten Orten immer häufiger vorkam, wurde der Ambassador angewiesen, Pensionen und Salzkontingente gemäß dem Mechanismus »pas de soldats, pas de pensions ni de sels« als ökonomische Druckmittel einzusetzen.[24] Da im finanzkräftigen Bern die angedrohten Kürzungen oder Streichungen der Pensionen wenig Eindruck machten, ordnete der König 1684 an, der Republik Bern wegen deren Werbeverbot den Zugang zu der für sie wesentlich wichtigeren Ressource Salz zu erschweren.[25] 1684 und 1688 wurde der Ambassador angewiesen, den Orten Zürich, Luzern, Uri, Schwyz, Zug, Unterwalden und Glarus keine Pensionen auszuzahlen, solange diese ihren eigenen Offizieren Werbungen in ihren Herrschaftsgebieten oder Offizieren aus anderen Orten Werbungen in den Gemeinen Herrschaften verboten.[26] Anders als bei Bern verfehlte diese Drohung bei den ökonomisch von den Pensionen abhängigen Landsgemeindeorten ihre Wirkung nicht.[27]

Um einem neuen Ambassador zu einem guten Einstand bei den Eidgenossen zu verhelfen, genehmigte der französische König zu den Amtsantritten oft die Auszahlung einer Pension oder von Gratifikationen.[28] Einmal vor Ort, sollte der Gesandte mit Pensionen und Gratifikationen gezielt französische Parteigänger und Entscheidungsträger begünstigen und die Politik der Orte auf die Interessen des Königs abstimmen.[29] Konkret wurde Resident Mouslier in der Instruktion

23 Livet, Suisse (wie Anm. 5), S. 104. Aus der Instruktion von 1688 für Michel-Jean Amelot (1655–1724).

24 Formulierung nach Livet, vgl. ebd., S. 92, außerdem S. 96 u. 109.

25 Ebd., S. 96.

26 Ebd., S. 97 u. 122.

27 Ebd., S. 155; Suter, Korruption (wie Anm. 3), S. 190.

28 Livet, Suisse (wie Anm. 5), S. 55f. (Mouslier 1664), S. 71 (Saint-Romain 1672), S. 188 (Du Luc 1708), S. 213 (D'Avaray 1716). Nicht immer erlaubten die finanziellen Möglichkeiten Frankreichs dies. So musste Claude-Théophile de Béziade, Marquis d'Avaray (1655–1745) seine Ambassade verspätet antreten, da sich die fälligen Pensionengelder nicht beschaffen ließen (vgl. Ebd., S. 212; Andreas Affolter, Verhandeln mit Republiken. Die französisch-eidgenössischen Beziehungen im frühen 18. Jahrhundert, Köln u. a. 2017, S. 108).

29 Beispielsweise belohnte der Ambassador das Verbot des Solothurner Rats von 1644, für andere als das französische Bündnis Propaganda zu machen, unverzüglich und trotz knapper Kasse mit einer Pension (vgl. Allemann, Söldnerwerbungen (wie Anm. 7), S. 114). 1656 suchte Ambassador Jean de la Barde (1603–1692) in Solothurn auf die Wahl eines Ratsherrn einzuwirken. Als nicht sein Kandidat berücksichtigt wurde, forderte er die Kassation der Wahl als Bedingung für die Auszahlung einer Pension (Ebd., S. 42). Als die Tagsatzung in Baden 1669 die gemeinsame Erklärung fasste, dass die Orte auch ohne Einwilligung Frankreichs zu Defensivallianzen mit anderen Mächten berechtigt seien, gelang es Resident François Mouslier wenig später, mit dem Versprechen von Pensionen die Orte Schwyz, Zug, Freiburg und Solothurn zu von diesem Entscheid abweichenden Sonderdeklarationen zu

von 1664 beauftragt, dem Luzerner Schultheißen Alfons von Sonnenberg (1603–1674) für künftige Dienste eine jährliche Gratifikation anzutragen, Bürgermeister Johann Heinrich Waser (1600–1669) von Zürich für dessen Sohn die nächste vakante Kompanie im Regiment Lochmann zu versprechen und Fidel von Thurn (1629–1719) mitzuteilen, der König habe zur Kenntnis genommen, dass von Thurn ihm zu Diensten stehen wolle.[30] Über Schultheiß Johann Rudolf Dürler (1645–1712), einen der »chefs« in Luzern, heißt es in der Instruktion für den Ambassador 1708, dieser sei vom führenden spanischen Parteigänger zum Verfechter der französischen Interessen geworden, nachdem der König ihm und seiner Familie »[des] graces considerables« hatte angedeihen lassen.[31] Die Instruktion von 1698 gibt sich überzeugt, dass die Tatsache, dass die Pensionen in Luzern ausschließlich auf die regierenden Politiker ausgeteilt würden, sich vorteilhaft auf den Geschäftserfolg des Ambassadors auswirken werde: »[La pension] contribue fort à faciliter à l'Ambassadeur de Sa Majesté le succez de ses demandes«.[32] In der Instruktion 1708 wird generell zu den Landsgemeindeorten informiert: »l'argent décide souvent des résolutions que prennent les Cantons populaires«; betreffend den Kanton Zug ist festgehalten, dass »le payement exact de sa pension suffit avec quelques gratifications aux chefs, pour le maintenir dans ses bonnes dispositions«.[33]

Bei den Gratifikationen sollte besonders darauf geachtet werden, dass sie nur als Belohnung für einen »service considérable à Sa Majesté« ausbezahlt wurden. 1684 stellte die Instruktion für Michel Antoine Tambonneau (1636–1719) fest, dass zurzeit keine wichtigen Angelegenheiten mit den Eidgenossen zu regeln seien, weshalb nicht so viele Gratifikationen wie in den Jahren davor benötigt würden. Tambonneau wurde deshalb beauftragt, die bisherigen Empfänger genau unter die Lupe zu nehmen, sie nach ihrer Nützlichkeit neu zu bewerten und dem König nur die Unentbehrlichen zu melden.[34]

Die Instruktionen für die französischen Ambassadoren vor allem aus der ersten Hälfte des 18. Jahrhunderts erwecken den Verdacht, die Pensionen für die Orte seien kein sehr wirksames politisches Instrument gewesen. Dass mit Pen-

---

bewegen (vgl. Meier u.a., Regesten (wie Anm. 5), AH 76/5, AH 117/78). Dank einer auf Allerheiligen (1. November) versprochenen Pension gingen Johann Peter Stuppas (1621–1701) Verhandlungen mit Solothurn über Werbeverträge für neue solothurnische Kompanien im September 1671 sehr reibungslos über die Bühne (vgl. Allemann, Söldnerwerbung (wie Anm. 5), S. 129).

30 Livet, Suisse (wie Anm. 5), S. 64.

31 Ebd., S. 182. Dürlers Sohn, Johann Joseph Dürler (1674–1752), sollte später zu einem der wichtigsten eidgenössischen Korrespondenten von Ambassador d'Avaray werden und beachtliche Geheimpensionen beziehen, vgl. Affolter, Verhandeln (wie Anm. 28), S. 121–123.

32 Ebd., S. 156.

33 Ebd., S. 183.

34 Ebd., S. 97f.

sionen und Gratifikationen nicht unbedingt die erwünschten Ziele erreicht wurden und Frankreich die Kontrolle über die Verteilung und die Verwendung seiner Gelder entglitten war, zeigen die wiederholten Anweisungen des Königs an seine Gesandten, den Nutzen der Pensionen bzw. Pensionäre zu überprüfen und nicht konformes Verhalten mit der Kürzung oder Streichung von Pensionen und Gratifikationen zu sanktionieren.[35] Die französischen Quellen weisen auf weitere Probleme im Pensionenwesen hin: Sie kritisieren die Geld- oder Profitgier gewisser Orte[36] und sie benennen Verteilungsarten, die Frankreich nicht autorisiert hat, so etwa die gleichmäßige Verteilung aller Pensionen in Zug, statt deren Austeilung an ausgewählte Personen.[37] Sie mahnen die Wahrung des geheimen Charakters von Geheimpensionen oder Gratifikationen[38] oder die bessere Buchführung bei den Auszahlungen an.[39] Seit 1688 enthalten die Instruktionen stets den Hinweis, es existierten zwei verschiedene Arten von Pensionen, und zwar die vertraglich garantierten und die freiwilligen.[40] Daraus lässt sich schließen, dass diese Unterscheidung aufseiten der Empfänger nicht wunschgemäß interpretiert wurde. Trotz offensichtlicher Unzulänglichkeiten und missbräuchlichem Verhalten gewisser Orte,[41] über das die Krone zumindest teilweise im Bild gewesen sein musste, versicherte noch die Instruktion von 1753, es sei seit jeher erwiesen, dass

> »les pensions en Suisse produisent de grands effets par la sensibilité qu'elles inspirent à ceux qui les reçoivent, et par l'espérance qu'ils conservent qu'elles leur seront continuées ou même augmentées«.[42]

35 Ebd., S. 96f, 183, 272 u. 337.

36 Ebd., S. 155 (Glarus und Appenzell), S. 272 (Freiburg).

37 Ebd., S. CXXX–CXXXI; Gern, Aspects (wie Anm. 3), S. 169. Weitere Beispiele: Luzern regelte nach dem Pfyffer-Amlehn-Handel in der zweiten Hälfte des 16. Jahrhundert die Pensionenverteilung obrigkeitlich: Anstatt wie vom Ambassador gefordert durch einen frankreichfreundlichen Austeiler erfolgte die Verteilung der Gelder nach einem obrigkeitlich festgelegten Verteilschlüssel an sämtliche Ratsherren. Frankreich gelang es nicht, korrigierend auf diese Praxis einzuwirken (vgl. Kurt Messmer, Peter Hoppe, Luzerner Patriziat. Sozial- und wirtschaftsgeschichtliche Studien zur Entstehung und Entwicklung im 16. und 17. Jahrhundert, Luzern 1976, S. 88). In Solothurn versuchte der Rat 1711, Einfluss auf die Verteilung der Pension »à volonté« zu nehmen, die der Stadtschreiber im Auftrag des Ambassadors nur an die guten Freunde Frankreichs auszuteilen hatte (vgl. Allemann, Söldnerwerbungen (wie Anm. 5), S. 40f.).

38 Livet, Suisse (wie Anm. 5), S. 336.

39 Ebd., S. 300.

40 Ebd., S. 105, 300, 310, 372 u. 422.

41 U.a. die Erstellung von Quittungen für fiktive Pensionenempfänger, die bloße Übergabe summarischer Empfangsquittungen pro Ort statt Quittungen mit namentlich aufgelisteten Empfängern sowie Profite aus Wechselgeschäften bei der Abholung der Gesamtpension in Solothurn (vgl. Ebd., S. LXV–LXVI; Gern, Aspects (wie Anm. 3), S. 166f. u. 172; Büsser, Militärunternehmertum (wie Anm. 3), S. 92 u. 98; Kälin, Salz (wie Anm. 3), S. 116).

42 Livet, Suisse (wie Anm. 5), S. 337.

Kritik an der eigenen Praxis findet sich erst ab den 1760er-Jahren in Zusammenhang mit Etienne-François de Choiseuls (1719–1785) Reform der eidgenössischen Truppen in Frankreich. Deren Maßnahmen zielten darauf ab, die eingerissenen Missbräuche in den Schweizer Regimentern zu beheben und unter anderem auch das Pensionenwesen besser unter Kontrolle zu bringen – letzteres allerdings ohne wirklichen Erfolg.[43] In einem um 1762 verfassten Mémoire über die königlichen Ausgaben in der Eidgenossenschaft wurden die zu selbstverständlichen und zu wenig regulierten Zahlungen an Partikularpersonen als bereits viel zu lange unterhaltener Systemfehler taxiert:

> »On pense depuis longtemps à réformer les abus dans la gestion des fonds de la Suisse. Les dificultés provenans des ménagemens indispensables et de la longueur de l'exécution ont suspendu cette réforme. N'y ayant point de plan fixe établi, l'Ambassadeur rendoit compte des vacances par mort, et proposoit en même tems l'emploi des mêmes sommes. Son avis étoit suivi et ainsi l'abus se perpétuoit.«[44]

Deutlich wurde auch der Chargé d'affaires in Solothurn in einem Schreiben von 1763 an seinen Außenminister, in dem er einen »abus [frappant] de nos finances« anzeigte und kritisierte, dass die quasi-Erblichkeit der »grâces du Roy« und die viel zu hohen Pensionen von eidgenössischen Offizieren in Frankreich, die mit ihrer Heimat kaum mehr in Verbindung stünden, ohne jeden Wert für die französischen Interessen seien.[45] Auch in der Instruktion an Ambassador Pierre Buisson von 1764 wurde nun deutlicher über die missbräuchliche Verwendung der Pension »à volonté« referiert, die von Pensionenausteilern nach partikularen Interessen statt zum Nutzen des Königs verteilt würden. Ebenso wurde die Erblichkeit des Austeiler-Amtes, das nur der Bereicherung einzelner Familien diene, als missbräuchlich kritisiert.[46] Es folgte die Erkenntnis, dass von nun an Pensionen zu vermeiden seien, »qui sont regardées comme un patrimoine«, auch, dass Gratifikationen nur jährlich erteilt werden sollten und dass deren Verlängerung sich durch die Verdienste der Empfänger rechtfertigen müssten. Einer anonymen »Note sur la Suisse« von 1767 war schließlich das ernüchternde Fazit zu entnehmen:

> »l'argent immense que le Roy répand en Suisse est presque en pure perte; les Cantons qui reçoivent des pensions étant accoutumés depuis longtems à les regarder comme une chose due et s'embarrassant fort peu de tenir les engagemens qui en sont le prix«.[47]

43 Ebd., S. LV–LX., 344 u. 353; Gern, Aspects (wie Anm. 3), S. 173f.; Büsser, Militärunternehmertum (wie Anm. 3), S. 94f.

44 Livet, Suisse (wie Anm. 5), S. 353.

45 Ebd., S. 353f.

46 Ebd., S. 372; mit gleicher Kritik von 1775 Gern, Aspects (wie Anm. 3), S. 166. Gewisse Kritik an den Austeilern wird bereits in der Instruktion an Ambassador Robert Miron 1617 fassbar (vgl. Zurlauben, Code militaire (wie Anm. 16), S. 104).

47 Livet, Suisse (wie Anm. 5), S. 393.

III. Eine andere französische Sicht: Die Kritik Johann Peter Stuppas

Bis zur Mitte des 18. Jahrhunderts erscheinen die Instruktionen an die Ambassadoren auffallend zurückhaltend, was die kritische Beurteilung der Pensionen in der Eidgenossenschaft betrifft. Es finden sich jedoch auch Dokumente, die die Schwachstellen des Pensionenwesens deutlicher benennen. Hervorgehoben werden soll hier eine Abhandlung von Johann Peter Stuppa (1621–1701), die dieser 1688 zuhanden der französischen Minister verfasste.[48] Stuppa hatte sich bereits im Zusammenhang mit seiner Werbemission, auf die ihn der König 1671 zur Anwerbung von rund 10.000 neuen Söldnern in die Eidgenossenschaft geschickt hatte, zu den Pensionen geäußert. Er urteilte damals, die französischen Zahlungen seien vor allem in den Inneren Orten reine Verschwendung und ohne Nutzen für die Krone, da diese Orte sich bei ihren Entscheidungen opportunistisch verhielten und sich von Geldzahlungen leiten ließen, ganz unabhängig davon, woher diese gerade stammten. Außerdem würden die Orte für jede Werbe- oder Rekrutierungsbewilligung die hohle Hand machen. Allerdings ortete Stuppa auch Fehler auf französischer Seite, habe Resident François Mouslier doch gegenüber einigen Orten falsche Pensionenversprechungen gemacht.[49]

In seiner »Memoire touchant les cantons Suisses et leurs alliez compris dans les traittez qu'ils ont avec la France, dans lequel on voit la maniere dont on doit menager les interets du Roy avec chaqu'un d'eux« beschrieb Stuppa in knapper Weise die politischen, territorialen und ökonomischen Verhältnisse und das Söldnerpotential der einzelnen eidgenössischen Orte, der Gemeinen Herrschaften und der Zugewandten. Bezüglich der Pensionen hielt er für die reformierten Orte allgemein fest, dass sich der König hier Beeinflussungsversuche mit diesem Mittel sparen könne, da die Reformierten aufgrund ihrer guten

48 Das Dokument ist gegen Ende der Ambassade Tambonneaus entstanden, vermutlich für den folgenden Ambassador Amelot. Eine ca. drei Jahre später erstellte Abschrift der Abhandlung ist in der *Zurlaubiana* überliefert (vgl. Meier u.a., Regesten (wie Anm. 5), AH 118/70). Johann Peter Stuppa, ein aus Bündner Untertanengebiet stammender Offizier, durchlief in französischen Diensten und am französischen Hof eine herausragende Karriere und amtete interimistisch als Colonel général des Suisses et des Grisons. Als intimer Kenner der eidgenössischen Verhältnisse verfasste er für mehrere französische Ambassadoren bzw. das französische Außenministerium Abhandlungen über die Eidgenossenschaft und über die eidgenössischen Truppen, vgl. Hartmann Caviezel, General-Lieutenant Johann Peter Stoppa und seine Zeit, Chur 1893; Joseph Anton Balthasar, Helvetia: Denkwürdigkeiten für die XXII Freistaaten der Schweizerischen Eidgenossenschaft, Bd. 2, Aarau 1826, S. 404f.

49 Vgl. die Korrespondenz zwischen Johann Peter Stuppa und dem französischen Kriegsminister François Michel Le Tellier, Marquis de Louvois (1641–1691), Schweizerisches Bundesarchiv, P0 1000/1463, Paris bibl. (I) Abschriften aus den Archives du Ministère de la Guerre, Vincennes, Bde 259 u. 260, u.a. Stuppa an Louvois, Bern 19.09.1671, Luzern 03.10. 1671, Solothurn 14.10.1671, Solothurn 06.11.1671.

ökonomischen Situation nicht darauf angewiesen seien. Außerdem verhinderten die dortigen Verteilmodi die direkte Alimentierung von Partikularpersonen:

> »Il ne faut pas pretendre gagner ces Cantons par les pensions, parceque comme Elles ne tournent pas au proffit des particuliers mais du bien Public, elles ne les porteront jamais a prendre aucune resolution, s'ils ne sont persuadez qu'elle est pour le bien de l'Etat«.[50]

Auch stünden bei den Reformierten drastische Strafen auf die Annahme von fremdem Geld – der französische Gesandte könne aber trotz Verbot genügend interessierte Privatpersonen finden.[51] Bevor er die katholischen Orte einzeln ansprach, hielt Stuppa pauschal fest, sie seien trotz der Annahme französischen Gelds »tous espagnols«, was selbst für die lokalen Austeiler der französischen Pensionen gelte:

> »Excepté ceux qui sont dans le service [gemeint sind die eidgenössischen Offiziere in Frankreich], il n'y pas un seul particulier affectionné a la France, et que même ceux ausquels on confie la distribution des pensions ne sont pas moins Espagnols que les autres pour ne pas dire plus«.[52]

Im Abschnitt zu Uri sprach der Autor das Missverhältnis zwischen investierten Pensionen und der Zahl der in französische Dienste getretenen Söldner an: Obwohl Uri eine der höchsten Pensionen erhalte und in den vergangenen 50 Jahren mehr als 900.000 Livres eingenommen habe, seien im gleichen Zeitraum kaum 500 Söldner aus diesem Kanton in die französischen Dienste eingetreten.[53] Bei Schwyz kritisierte Stuppa zwar die Qualität der Truppen und Offiziere, riet aber gleichwohl zu einer umsichtigen Behandlung des Kantons, weil die in den Drei Bünden, Glarus und andernorts geworbenen Truppen Schwyzer Territorium passieren müssten. Die Pension »à volonté« werde in Schwyz wie die anderen Pensionenarten pro Kopf verteilt, was sie völlig wirkungslos mache. An die Zahlungen hätten sich die Schwyzer so sehr gewöhnt, dass sie sie als fixes Einkommen betrachteten und dem König mit dem Rückruf der Truppen und ihren eigenen Offizieren in Frankreich mit der Konfiskation ihrer Güter drohten, sobald die Krone mit ihren Zahlungen in Rückstand geriet. Am besten würde man, so Stuppa, Schwyz die Pensionen ganz streichen.[54] In Zug allerdings seien die Pensionen noch schlechter investiert, denn der Ort sei »entierement Espagnol« und habe Hauptmann Heinrich II. Zurlauben (1621–1676) während 15 Jahren die Rekrutierungen für seine Kompanie verweigert, was dessen Ruin herbeigeführt habe. »Ce Canton a tiré et tire encore du Roy sans donner un seul homme

50 Meier u.a., Regesten (wie Anm. 5), AH 118/70, [S. 437].

51 Beispiele für Berner, die trotz Verbots Geheimpensionen empfingen, bei Affolter, Verhandeln (wie Anm. 28), S. 197f.

52 Meier u.a., Regesten (wie Anm. 5), AH 118/70, [S. 441].

53 Ebd., AH 118/70, [S. 443].

54 Ebd., AH 118/70, [S. 444].

tous les ans 10563 [Livres].«[55] Zu Unterwalden vermerkte Stuppa, dieser Kanton stelle wie Uri keinen einzigen Mann für die französischen Dienste und folglich seien die Pensionen in der Höhe von 13.154 Livres verschwendetes Geld. Immerhin konnte Stuppa für Freiburg eine positive Wirkung der französischen Zahlungen verbuchen: Der verstorbene Oberst Jean Antoine de Reynold (1611–1684) habe als Austeiler die französischen Pensionen in Freiburg so geschickt eingesetzt, dass sich die einst übermächtige spanische Faktion in Freiburg in eine französische Mehrheit verwandelt habe.[56] Generell hielt Stuppa fest, die großen Kantone ärgerten sich über die hohen Pensionen der kleinen Orte, zumal diese so unzuverlässig seien und ihre Meinung änderten, sobald Spanien ihnen auch nur die geringsten finanziellen Versprechungen mache.[57] Zusammenfassend kommentierte Stuppa das Pensionenwesen und die Verlässlichkeit der großen und kleinen katholischen Orte wie folgt:

> »Comme elles [les pensions] ne sont point données aux particuliers dans les quatre [Cantons] de la Religion [reformée], elles ne leur feront rien faire de prejudiciable a l'Etat. C'est tout le contraire dans les Catholiques, Ceux de Lucerne, Fribourg et Soleure, la partagent entre les principaux de leurs villes qui sont en charge, et dans les petits Cantons chaque particulier y a sa part, Ce qui fait que lorsque l'on souhaittera quelque chose d'Eux on n'aura pas de peine a l'obtenir, Il y a cependant cette difference entre ces Cantons catholiques, que quand les trois premiers auront promis quelque chose, ils l'a [!] tiendront, mais les autres ne feront point de difficulté de casser tout ce dont ils seront convenus avec l'Ambassadeur du Roy, quand celuy d'Espagne ou quelque autre leur offrira de l'argent.«[58]

Da aus Stuppas Sicht die Pensionen ausschließlich für das Recht der Rekrutierung zugestanden wurden, endete für ihn die Pflicht zu ihrer Zahlung, wenn keine Werbungen stattfanden. Der Ambassador in der Eidgenossenschaft sollte deshalb darauf bedacht sein, die Zahlungen nur jenen Orten zukommen zu lassen, die sich tatsächlich an der Rekrutierung beteiligten – allerdings sei man weit davon entfernt:

> »les plus fortes pensions étant pour les petits Cantons, dont la plûpart ne fournissent point du tout de monde, et le reste tres peu, et ceux qui en donnent les rapellent, ou leur defendent de servir dans les temps et les lieux, ou on en a plus de besoin«.[59]

55 Ebd., AH 118/70, [S. 444–445]. Der Wahrheitsgehalt dieses Vorwurfes (und der übrigen Vorwürfe Stuppas) wäre zu prüfen, hatten doch Stadt und Amt Zug zumindest 1670 Resident Mouslier mitgeteilt, dass Hauptmann Zurlauben die Erlaubnis zur Werbung erteilt wurde (vgl. Staatsarchiv Zug, Bündnisse und Verträge, Frankreich, StAZG I. A.1, Zug an Mouslier, Zug 03.03.1670).

56 Meier u.a., Regesten (wie Anm. 5), AH 118/70, [S. 445–446].

57 Ebd., AH 118/70, [S. 448].

58 Ebd., AH 118/70, [S. 451].

59 Ebd., AH 118/70, [S. 452].

Stuppas Kritik an der Käuflichkeit und am Opportunismus der Inneren Orte war insofern wenig reflektiert, als die Krone Frankreich sich diese Eigenschaften genauso zu Nutze machte, wie die anderen Mächte auch. Was die französische Seite ärgerte, war die Tatsache, dass die Eidgenossen Profit aus der Konkurrenz zwischen den Mächten schlug. Konsequenterweise hätte, wie Stuppa und die Kritiker ab Mitte des 18. Jahrhunderts vorschlugen, das System grundlegend geändert werden müssen. Aus der Perspektive der ökonomisch abhängigen Orte waren die ständigen Geldforderungen bei französischen Truppenbegehren nachvollziehbar, da die Orte, im Wissen um den Söldnerbedarf Frankreichs, mit diesem Druckmittel versuchten, doch noch die ausstehenden Jahrgelder zu erhalten. Die Krone befand sich folglich in einem Dilemma: Für ein so aufgeblähtes Pensionenwesen fehlten ihr die Ressourcen, doch konnte (oder wollte) sie sich eine radikale Reform des Systems nicht leisten, weil sie damit riskierte, die Eidgenossen gegen sich aufzubringen.[60]

IV. Die eidgenössische Perspektive auf die Pensionen

Treffend hat Gustav Allemann die eidgenössische Haltung zu den Pensionen charakterisiert:

> »Wer mit den Eidgenossen gute Beziehungen suchte und unterhalten wollte, hatte Gratifikationen zu entrichten und dabei fühlten sich die Empfänger keineswegs irgendwie gebunden, die Aspirationen des Spenders unbedingt zu unterstützen. Die Pensionen verpflichteten nach eidgenössischer Auffassung zu nichts anderem, als zu einem guten Gedenken. [...] Jede Bewilligung von Truppen, jeder Vertrag, jede Bunderneuerung musste jedesmal neu erkauft werden.«[61]

Aufgrund der rund 200 Jahre bestehenden Praxis betrachteten vor allem die katholischen Orte diese Einkünfte ganz unabhängig von vertraglichen Regelungen als ein ihnen rechtmäßig zustehendes Gut.[62] Seit dem 16. Jahrhundert verschafften Solddienst und Pensionen einzelnen Politikern und Familien Macht und große Einkünfte, machten sie abkömmlich für eine politische Karriere, ermöglichten ihnen ein standesgemäßes Leben und trugen so zur Verfestigung ihrer Vorherrschaft bei.[63] Die katholischen Orte der Innerschweiz waren bis zum Ende des 18. Jahrhunderts ökonomisch von den französischen Zahlungen abhängig.[64] Gemäß Urs Kälin entsprachen Uris Pensioneneinnahmen von 1751

60 Gern, Aspects (wie Anm. 3), S. 173.
61 Allemann, Söldnerwerbungen (wie Anm. 5), S. 30.
62 Gern, Aspects (wie Anm. 3), S. 161f.
63 Messmer, Hoppe, Patriziat (wie Anm. 37), S. 80f, 88, 139f, u. 154f.
64 Gern, Aspects (wie Anm. 3), S. 161; Kälin, Salz (wie Anm. 3), S. 114; Suter, Korruption (wie

mehr oder weniger den durchschnittlichen Staatsausgaben in der zweiten Hälfte des 18. Jahrhunderts. Dank den Pensionen konnten die katholischen Orte im 16. und 17. Jahrhundert auf die Erhebung von direkten Steuern verzichten.[65] Allerdings wurde die Summe der Pensionen von Frankreich seit dem frühen 17. Jahrhundert nicht mehr erhöht, sodass Geldentwertung und Bevölkerungswachstum dazu führten, dass die kleiner werdenden Beträge auf immer mehr Empfänger verteilt werden mussten und die Obrigkeiten Strategien entwickeln mussten, um die Erwartungen der Bevölkerung erfüllen beziehungsweise den sozialen Frieden im Land wahren zu können.[66]

Die immer höheren französischen Zahlungsrückstände, die nicht der Allgemeinheit zukommenden Geheimpensionen und Gratifikationen, die für die Bürger nicht transparenten Kriterien bei der Verteilung der »pension particulière« und der »pension à volonté« sowie die Rolle der lokalen Pensionenausteiler, die Frankreich kaum zu kontrollieren wusste und die sich teilweise über Generationen an ihrem Amt bereicherten,[67] bargen für die Orte einiges Konfliktpotential: Das fremde Geld war maßgeblich für die Parteienbildung, Frankophobie und innerörtische Konflikte verantwortlich.[68] Damit stellte sich das Pensionenwesen auch für die eidgenössischen Orte als eine ambivalente Praxis dar: Waren die Pensionen für die Alimentierung der Staatskasse und für die Sicherung des Status der Machtelite unverzichtbar, so wohnte ihnen zugleich ein hohes Konfliktpotential inne, das die politische Stabilität der Orte gefährdete.[69]

Anm. 3), S. 177. Allemann, Söldnerwerbungen (wie Anm. 5), S. 42 schätzt die staatswirtschaftliche Bedeutung der Pensionen für das katholische Solothurn als eher gering ein. Im Gegensatz zu den katholischen Orten nahmen die reformierten Städteorte seit Ende des 17. Jahrhunderts gegenüber den Pensionen eine immer kritischere Haltung ein: Die französischen Patronageressourcen widersprachen ihrem Verständnis von staatlicher Souveränität – allerdings verzichteten die Reformierten erst 1776 definitiv auf den Empfang von Pensionen (vgl. Affolter, Verhandeln (wie Anm. 28), S. 101f.).

65 Kälin, Salz (wie Anm. 3), S. 114; Messmer, Hoppe, Patriziat (wie Anm. 37), S. 77.

66 Gern, Aspects (wie Anm. 3), S. 163 u. 169; Büsser, Militärunternehmertum (wie Anm. 3), S. 100 u. 102f. Schwyz schlug beispielsweise Teile der Pension »à volonté« der Standespension zu, um auch bei wachsender Bevölkerung allen Landleuten die Teilkrone von vier Pfund, die diesen zustehende »Dividende« aus den Außenbeziehungen, ausrichten zu können. Der Solothurner Rat verbot 1688, zusätzliche Personen in den Pensionenrodel aufzunehmen, um die Anteile der bisherigen Empfänger nicht verringern zu müssen (vgl. Allemann, Söldnerwerbungen (wie Anm. 5), S. 35).

67 Das Austeileramt war äußerst begehrt, weil die als Broker eingesetzten Personen aus den Geldern ihre eigene Klientel alimentieren und sich persönlich bereichern konnten. Die Austeiler erhielten vom Ambassador zudem eine persönliche Gratifikation und die Funktion bedeutete Nähe zum Ambassador und damit Zugang zu Insiderwissen (vgl. Büsser, Militärunternehmertum (wie Anm. 3), S. 93 u. 98; Messmer, Hoppe, Patriziat (wie Anm. 37), S. 78).

68 Büsser, Militärunternehmertum (wie Anm. 3), S. 105–107; Suter, Korruption (wie Anm. 3), S. 173, 185 u. 186f.

69 Suter, Korruption (wie Anm. 3), S. 202.

V. Profiteure der französischen Pensionen: Die Zuger Familie Zurlauben

Über eine Zeitspanne von rund 150 Jahren gehörte die Familie Zurlauben in Zug zu den mächtigsten Geschlechtern der Innerschweiz. Ihr politischer Aufstieg begann mit Beat I. (1533–1596), welcher als erster der Familie 1587 zum Ammann gewählt wurde; sechs weitere Nachkommen bekleideten dieses Amt in Folge.[70] Von 1677 bis 1722 wurde jedes Mal, wenn aufgrund der Kehrordnung in Stadt und Amt Zug der Ammann aus der Stadt Zug gewählt wurde, ein Zurlauben gewählt – ein klares Indiz für die herausragende sozio-politische Stellung der Familie innerhalb des Standes Zug in diesem Zeitraum.[71] Bis zu ihrem politischen Niedergang 1728 stellte die Familie zahlreiche Magistrate.[72] Von 1600 bis 1730 permanent im Stadt- und Amtrat vertreten, prägten die Zurlauben nicht nur die Zuger Lokalpolitik, sondern auch die innere und äußere Außenpolitik ihres Kantons maßgeblich: Sie waren auffallend häufig an den Tagsatzungen in Baden, Luzern und Solothurn vertreten,[73] und beeinflussten geschickt die Instruktionen des Rates an die gewählten Gesandten – unabhängig davon, ob ein Zurlauben selbst an den Konferenzen teilnahm.[74] Aufgrund ihrer dauerhaften klientelistischen Verflechtung mit Frankreich[75] war die Familie besonders daran interessiert, die lokale und die eidgenössische Politik frankreichfreundlich zu gestalten.[76] So trafen die Franzosenfreunde vor den Konferenzen orts- und

70 Rainer Stöckli, Die Familie Zurlauben und die Freien Ämter, in: Unsere Heimat 50 (1978), S. 12–37, hier S. 13.

71 Vgl. Kurt-Werner Meier, Die Zurlaubiana. Werden – Besitzer – Analysen, 2 Bde, Aarau u. a. 1981, Band 1/I, S. 172.

72 Eine Übersicht über sämtliche Ämter findet sich bei: Meier, Zurlaubiana (wie Anm. 71), Band 1/I, S. 167–188.

73 Laut Stöckli nahmen 12 Zurlauben zwischen 1562 und 1729 an 605 Konferenzen teil. Stöckli, Zurlauben und die Freien Ämter, S. 13f. Vgl. außerdem die Zusammenstellung bei Meier, Zurlaubiana (wie Anm. 71), Band 1/I, S. 179 und ders. u. a.: Grundzüge zugerischer Politik im 17. Jahrhundert dargestellt anhand von Tagsatzungsinstruktionen an die Zurlauben, in: Zuger Neujahrsblatt, Zug 1977, S. 5–30, hier S. 8.

74 Meier u. a., Grundzüge zugerischer Politik (wie Anm. 73), S. 8f. Außerdem versuchte der Ambassador im Vorfeld der Konferenzen, über die Familie Zurlauben lokale Meinung und Gesandtschaftswahl zu Frankreichs Gunsten zu beeinflussen. Vgl. Nathalie Büsser, Salpeter, Kupfer, Spitzeldienste und Stimmenkauf. Die kriegswirtschaftlichen Tätigkeiten des Zuger Militärunternehmers und Magistraten Beat Jakob II. Zurlauben um 1700 für Frankreich, in: Valentin Groebner u. a. (Hrsg.), Kriegswirtschaft und Wirtschaftskriege, Zürich 2008, S. 71–84, hier S. 76.

75 Seit dem ausgehenden 16. Jahrhundert bis zum Beginn des 18. Jahrhunderts führte die Familie in Zug die Franzosenpartei an. Vgl. Büsser, Salpeter, Kupfer, Spitzeldienste und Stimmenkauf (wie Anm. 74), S. 76.

76 Vertreter der Familie Zurlauben waren an Konferenzen, an welchen Angelegenheiten der Fremden Dienste verhandelt wurden, entweder in persona anwesend, oder sie verfassten die Instruktionen für die Gesandten. Über eine Zeitspanne von knapp hundert Jahren finden

konfessionsübergreifend Absprachen, um ihre Interessen zu koordinieren und wirksam in Verhandlungen einbringen zu können.[77]

Seit dem frühen 17. Jahrhundert stand die Familie in regem Kontakt mit der Informationsbörse Ambassade und trat als Verhandlungspartnerin zwischen dem Zuger Rat und dem französischen Ambassadoren auf. Die Zurlauben wurden jeweils aktiv, wenn es galt, die Gemüter in Zug bei verspäteten oder ausbleibenden Auszahlungen von Pensionen zu besänftigen, die lokale Politik zu Gunsten der Krone zu beeinflussen und entsprechende Deklarationen zu verfassen.[78]

Viele Magistratspersonen aus der Familie hatten im Solddienst nützliche Erfahrungen für das politische Parkett sammeln können.[79] Seit der Aushebung einer eigenen Halbkompanie für das stehende Regiment Pfyffer 1567 hatte sich die Familie als Militärunternehmerin etabliert. In der Folge stiegen einige Zurlauben in hohe militärische Ränge im Dienste Frankreichs auf[80] und empfingen seit dem ausgehenden 16. Jahrhundert hohe Partikularpensionen.[81] Außerdem

sich innerhalb der Instruktionen laut Meier 170 Punkte, die das Verhältnis von Zug zu Frankreich betreffen (Fremde Dienste, Pensionenwesen, Transgressionen, Gesandtschaften nach Paris). Vgl. Meier u.a., Grundzüge zugerischer Politik (wie Anm. 73), S. 9 u. 23f.

77 Daniel Schläppi, »In allem Übrigen werden sich die Gesandten zu verhalten wissen«. Akteure in der eidgenössischen Außenpolitik des 17. Jahrhunderts: Strukturen, Ziele und Strategien am Beispiel der Familie Zurlauben von Zug, in: Der Geschichtsfreund 151 (1998), S. 5–90, hier S. 36f. Urs Kälin bezeichnete die Solddienstaristokraten treffenderweise als eine Sozialgruppe, die auch verwandtschaftlich über Heiraten miteinander verbandelt war und kollektiv Strategien verfolgte. Vgl. Kälin, Die fremden Dienste in gesellschaftlicher Perspektive. das Innerschweizer Militärunternehmertum im 18. Jahrhundert, in: Norbert Furrer u.a. (Hrsg.) Gente ferocissima. Solddienst und Gesellschaft in der Schweiz (15.–19. Jahrhundert): Festschrift für Alain Dubois, S. 279–287, hier S. 284.

78 1687 erhalten Beat Jakob I. und einer seiner Söhne zusätzlich 20 Louistaler aus der Standespension »für ein Verehrung«, da die Auszahlung der Pension auf deren Vermittlungen zustande gekommen war. StAZG I.C.1, 31.12.1687, Austeilung der französischen Standespension. Vgl. ausserdem: Büsser, Salpeter, Kupfer, Spitzeldienste und Stimmenkauf (wie Anm. 74), S. 76f; Meier, Zurlaubiana (wie Anm. 71), Band 1/I, S. 180; Schläppi, »In allem Übrigen« (wie Anm. 77), S. 49f.

79 Meier, Zurlaubiana (wie Anm. 71), Band 1/I, S. 166.

80 Eine Zusammenstellung der erlangten militärischen Chargen der Zurlauben im Dienste der französischen Krone findet sich bei Meier, Zurlaubiana (wie Anm. 71), Band 1/I, S. 154f. Einige Familienmitglieder dienten auch anderen Mächten (Heiliger Stuhl, Toskana, Savoyen, Venedig, Spanien); der Löwenanteil betraf aber stets Frankreich. Vgl. ebd., Band 1/I, S. 152.

81 Vgl. Meier, Zurlaubiana (wie Anm. 71), Band 1/II, S. 874–978; Schläppi, »In allem Übrigen« (wie Anm. 77), S. 86–88. Beat Jakob II. (1660–1717) beispielsweise erhielt 1687 eine Pension von 500 Franken. Zusammen mit der Entschädigung für das Austeilen der Pensionen erhielt er insgesamt 1.100 Franken: BAR Po AE Corr.polit. Bd. 119, Vol. 85, Nr. 16. Die Partikularpension oder Privatpension ist nicht zu verwechseln mit der »pension particulière«, von welcher die Familie zusätzlich profitierte.

bewirtschaftete die Familie seit der Einrichtung des prestigeträchtigen Garderegiments 1619 die Zug zugesprochene Kompanie.[82]

Aufgrund seiner Treue zu Frankreich, seiner militärischen Erfolge sowie seiner stabilen Machtstellung in Zug erhielt das Geschlecht mit Konrad III. (1571–1629) 1601 erstmals die Funktion des Pensionenausteilers.[83] Seitdem wurde diese Aufgabe in direkter Linie von den nachfolgenden Generationen wahrgenommen und bis in die 1720er Jahre monopolhaft ausgeübt. Mit dieser Broker-Funktion besaß die Familie ein ausgezeichnetes Instrument, um ihr Klientelsystem im Sinne der französischen Krone sowie nach ihren Partikularinteressen zu bewirtschaften und zu vergrößern.[84] Die Charge des Pensionenausteilers vergab die Ambassade nachweislich erstmals 1630 Beat II. (1597–1663), wobei sie bei dieser Gelegenheit bestätigte, dass vor ihm schon dessen Vater Konrad III. als »distributeur« tätig gewesen war.[85] Die Unkosten für die Gelddistribution (sogenannte »fraix«) wurden spätestens seit 1620 jährlich mit 600 Livres entschädigt.[86]

Die Einkünfte aus Staatsämtern, aus dem Militärunternehmertum und den Pensionen stabilisierten langfristig die Vormachtstellung der Familie. Sie nutzte ihr über Generationen angehäuftes symbolisches Kapital für politische Zwecke. Ein weitgespanntes und sorgfältig gepflegtes Beziehungsnetz trug den Zurlauben wichtiges Insiderwissen zu, das auch die französischen Ambassadoren nutzten, um Informationen auszutauschen oder inner- und außerhalb von Zug französische Interessen durchzusetzen.[87] Für die Wahrung der Vormachtstellung der Familie spielte die generationenübergreifende, für sämtliche Zurlauben verbindliche Kollektivstrategie, die eine klare Aufgaben- und Rollenteilung inner-

82 Mit einem Unterbruch von 22 Jahren: 1668 wurde die Kompanie aufgelöst und 1690 erneut errichtet. Vgl. Meier, Zurlaubiana (wie Anm. 71), Band 1/I, S. 156.

83 Meier u. a., Regesten (wie Anm. 5), AH 103/97; AKB MsZF 1:165/43 [Aargauer Kantonsbibliothek; nicht edierte Quellen aus den AH]. Konrad III. war vermutlich bereits seit den 1590er-Jahren Pensionenabholer und Distributeur; ein teilweise von seiner Hand geschriebener Rodel lässt darauf schließen: AKB MsZF 1:165/44. Anhand der Quellen lässt sich nicht ermitteln, ob diese Funktion bereits früher durch Zurlaubenangehörige wahrgenommen worden war.

84 Zur Wechselwirkung von französischen Interessen, Tätigkeit als Broker und Verwaltung von Patronageressourcen siehe: Thomas Lau, »Stiefbrüder«. Nation und Konfession in der Schweiz und in Europa (1656–1712), Köln u. a. 2008, S. 189–196. Zu Zug insbesondere S. 189 u. 195f.

85 AKB MsZF 1:186/180.

86 Meier u. a., Regesten (wie Anm. 5), AH 23/65: Konrad III. bittet um ein Patentschreiben, welches die Summe von 600 Livres festhält und auf die Namen seiner Söhne lauten soll.

87 Büsser, Salpeter, Kupfer, Spitzeldienste und Stimmenkauf (wie Anm. 74), S. 77; Meier, Zurlaubiana (wie Anm. 71), Band 1/I, S. 180. Kälin beschreibt außerdem die Notwendigkeit einer spezifischen Sozialkompetenz als Teil eines »Anforderungsprofils für einen erfolgreichen Patron«. Vgl. Kälin, Salz (wie Anm. 3), S. 111.

halb der Familie vorsah, eine entscheidende Rolle.[88] Dies zeigen nicht zuletzt die Auseinandersetzungen, die Anfang des 18. Jahrhunderts den politischen Niedergang der Familie herbeiführten.

Ausgerechnet in den 1720er-Jahren, als innerfamiliäre Querelen[89] die Stabilität des Geschlechts ohnehin schon bedrohten, wurden in Baar alte Forderungen nach einer gleichmäßigen Verteilung der Pensionen wieder erhoben.[90] Menzingen schloss sich den Forderungen bald an, Ägeri aber konnte vorerst auch durch Boten der anderen zwei äußeren Gemeinden nicht überzeugt werden.[91] Hinzu kamen ältere, strukturelle und verfassungsbedingte Konflikte, die sich bald in einer antiobrigkeitlichen Stimmung manifestierten.[92] Sein französisch geprägter Habitus und seine offensichtlich hedonistischen Züge[93] rückten Fidel Zurlauben schnell ins Kreuzfeuer einer öffentlichen Kritik, die in ihm den korrupten und müßiggängerischen Patrizier sah, der sich auf Kosten der Allgemeinheit bereicherte. Unglücklicherweise versuchte Fidel, seine Anhängerschaft mit Wein, Festessen und Geldgeschenken gegen die Opposition zu mobilisieren, was seine Gegner in ihrer Wahrnehmung lediglich bestärkte. Josef Anton Schumacher (1677–1735) von Zug, dem Anführer der antiaristokratischen Bewegung, gelang

88 Antonia Jordi, Ein untauglicher Landschreiber gefährdet die Legitimität alteidgenössischer Herrschaft. Einzelfallstudie zur Instabilität und Fragilität der Alten Eidgenossenschaft, in: Argovia 22 (2010), S. 30–44, hier S. 31. Auch die Zurlaubenfrauen waren Teil dieses Familienunternehmens. Vgl. Nathalie Büsser, Die »Frau Hauptmannin« als Schaltstelle für Rekrutenwerbungen, Geldtransfer und Informationsaustausch, in: Hans-Jörg Gilomen u. a. (Hrsg.), Dienstleistungen. Expansion und Transformation des »dritten Sektors« (15.–20. Jahrhundert), Zürich 2007, S. 143–153; Nathalie Büsser, Drängende Geschäfte. Die Söldnerwerbungen Maria Jakobea Zurlaubens um 1700 und ihr verwandtschaftliches Beziehungsnetz, in: Der Geschichtsfreund 161 (2008), S. 191–224. Der treffende Vergleich der Familie Zurlauben mit einer grenzüberschreitenden Firma bei Nathalie Büsser, Französische Steuergelder in Zuger Taschen, in: Zuger Neujahrsblatt 2010, S. 80–85, hier S. 82f.

89 Dies betraf v. a. den Antagonismus zwischen Fidel Zurlauben (1675–1731) und dessen Neffen Heinrich Damian Leonz Zurlauben (1690–1734). Vgl. Hans Koch, Der Schwarze Schumacher. Der Harten- und Lindenhandel in Zug, 1728–1736, Zug 1940, S. 32–34.

90 Das ausländische Geld wurde als Ressource verstanden, dessen Nutzung dem Kollektiv – und nicht einzelnen ausgewählten Akteuren – zustand. Vgl. Schläppi, »In allem Übrigen« (wie Anm. 77), S. 28; Windler, »Ohne Geld keine Schweizer« (wie Anm. 2), S. 115.

91 Die jeweiligen Anteile des französischen Bundesgeldes von 1728 wurden in Ägeri und in der Stadt Zug nach altem Usus verteilt. Vgl. Koch, Schumacher (wie Anm. 89), S. 26f.

92 Der notorische Stadt-Land-Konflikt in Zug führte immer wieder dazu, dass nicht nur aktuelle Konfliktpunkte besprochen wurden, sondern die Verfassung betreffende Punkte. Der Topos »dekadente Städter gegen Bauern« zieht sich bis zur Kantonsgründung durch die Zuger Geschichte. Vgl. Fabian Brändle, Demokratie und Charisma. Fünf Landsgemeindekonflikte im 18. Jahrhundert, Zürich 2005, S. 168; Thomas Maissen, Die Geburt der Republic. Staatsverständnis und Repräsentation in der frühneuzeitlichen Eidgenossenschaft, Göttingen 2006, S. 511–515.

93 Beat Fidel Zurlauben beschrieb Fidel als träge, dem Wein ergeben und aufbrausend. Vgl. Koch, Schumacher (wie Anm. 89), S. 18f.

es, die Stadt davon abzubringen, Fidel weiter zu protegieren, und sie stattdessen für die Belange der äußeren Gemeinden zu gewinnen und eine Untersuchung der Zurlaubenschen Finanzen zu erwirken.[94] In deren Folge wurde Fidel wegen illegaler Bereicherung im Salzhandel[95] verurteilt und verbannt: Die Machtstellung der Familie Zurlauben brach zusammen. In Zug wehte nun ein anderer Wind: Innert kurzer Zeit wurde fast die ganze Stadtzuger Ratsmannschaft ausgewechselt, die Spitze Zugs war nun dezidiert antifranzösisch.[96]

Der Umgang mit der Familie Zurlauben und das Verhalten der Zuger Obrigkeit wurden über die Ortsgrenze hinaus heftig kritisiert. Schumacher ließ deshalb 1729 eine Flugschrift publizieren, in welcher er unter anderem die Verurteilung Fidels rechtfertigte und die Pensionen als Gemeinnutz deklarierte, was die geforderte Gleichteilung des Geldes legitimiere.[97] Ambassador Bonnac (1672–1738) ließ, da Zug weiterhin auf der Pensionengleichteilung beharrte, das französische Geld und die Salzlieferungen einfrieren.[98] Da nun die französischen Ressourcen ausblieben, konnten Schumacher und seine Anhänger an der Landsgemeinde 1733 den Austritt Zugs aus dem französischen Bündnis durchsetzen.[99] Während dieses Vorgehen Frankreich brüskierte und in den katholischen Orten unter dem Soldpatriziat die Angst vor einer Nachahmung schürte und Zug sich zunehmend isoliert sah, witterte der Wiener Hof eine Gelegenheit, das so entstandene Machtvakuum zu füllen: Zug erhielt eine Militärkapitulation für zwei Kompanien. Die Annäherung an den Kaiser konnte das französische Geld jedoch langfristig nicht ersetzen; langsam kippte die Stimmung in Zug wieder, und 1735 wurde Schumacher und fünf seiner Anhänger aus dem Rat verstoßen und durch profranzösische Räte ersetzt.[100] Im Frühjahr 1736 trat Zug wieder in das französische Bündnis ein – die erste Pension konnte

94 Fabian Brändle, Josef Anton Schumacher (1677–1735). Radikaler Demokrat, Moralist und »Cromwell von Zug«, in: Schweizerische Zeitschrift für Geschichte 61 (2011), S. 454–473, hier S. 457.

95 Zum Salzhandel vgl. Margrit Hauser-Kündig, Das Salzwesen der Innerschweiz bis 1798, Zug 1927, S. 79–85.

96 Als gewähltes Ratsmitglied hielt man dieses Amt im Normalfall lebenslang inne. Vgl. Peter Hoppe, Der Rat der Stadt Zug im 18. Jahrhundert in seiner personellen Zusammensetzung und sozialen Struktur, in: Tugium 11 (1995), S. 103.

97 »Series Facti. Das ist Treu-auffrichtiger Entwurff des von Alt-Ammann Fidel Zurlauben Untreu geführter Königlich-Burgund. Salz-Handels, begleitet von dem allzubekannten, biss dahin annoch unbekannten Pension-Geschäft. Sammt der unter dem 18. Juli laufenden Jahrs über Jhne erlassenen End-Urtheil. Aus hochobrigkeitlichem Befehlch in offentl. Truck herausgegeben.« StAZG, P200/TMsc 35.

98 Brändle, Demokratie und Charisma (wie Anm. 92), S. 180.

99 Brändle, Schumacher (wie Anm. 94), S. 457.

100 Brändle, Demokratie und Charisma (wie Anm. 92), S. 197; Koch, Schumacher (wie Anm. 89), S. 209–218.

bereits im März in Solothurn abgeholt werden.[101] Zwar floss seitdem wieder französisches Geld nach Zug, doch schien die französische Krone ihr Vertrauen in die Zuger Magistraten komplett verloren zu haben, setzte sie doch den ehemaligen Secrétaire Interpréte der Ambassade, den Solothurner Franz Viktor Augustin von Roll (1700–1773), als Pensionenverteiler ein.[102]

Vergeblich bemühte sich Beat Fidel Zurlauben (1720–1799) 1755 um das Amt des Distributeurs mit der Absicht, seine Familie zu rehabilitieren. In seinen Augen verletzte die Tatsache, dass ein Ortsfremder das Amt wahrnahm, die Ehre des Ortes Zug. Von Roll sollte durch einen ortskundigen Zuger Bürger ersetzt werden, der die Verhältnisse in Zug genau kenne und somit die Pensionen und Gratifikationen effizient verteilen könne. Beat Fidel verwies in diesem Zusammenhang auf die ehrenvollen Verdienste seiner Familie und schlug sich deshalb gleich selbst für das Amt vor. Die Ratsmehrheit in Zug lehnte dies jedoch entschieden ab, weshalb der französische Ambassador Anne-Théodor de Chavigny (1687–1771) Beat Fidel trotz der langjährigen Verbindung der Zurlauben zu Frankreich in seinem Vorhaben nicht unterstützen konnte: Ein von der Lokalelite nicht akzeptierter Pensionenausteiler hätte nur wieder zu Unruhen geführt.[103] Mit der Wahl eines Ortsfremden versuchte Frankreich offensichtlich, potentielle Rivalitäten im Keim zu ersticken; die Krone war sich des Konfliktpotentials der Pensionen also durchaus bewusst.

VI. Broker von Patronageressourcen: Geld abholen und verteilen

Hatte der in Solothurn residierende Ambassador von der Krone den Auftrag erhalten, die Pensionen für Zug auszuschütten, sandte dieser ein entsprechendes Schreiben an den Zuger Stadt- und Amtrat.[104] Oftmals informierte aber auch ein Angehöriger der Familie Zurlauben noch vor Eintreffen eines offiziellen Schreibens aus Solothurn den Rat über eine bevorstehende Auszahlung.[105]

Den Termin für die Abholung der Pensionen setzte aus praktischen Gründen der Ambassador fest.[106] Meistens wurde eine beträchtliche Summe Münzgeld via Wechselbriefe, die beispielsweise in Neuenburg eingetauscht werden konnten,

101 Brändle, Demokratie und Charisma (wie Anm. 92), S. 204; BüAZG A39-27/9, Folio 4r, 21.03.1736, Bürgerversammlung der Stadt Zug.
102 Meier, Zurlaubiana (wie Anm. 71), Band 1/I, S. 379.
103 Ebd., S. 379–385.
104 Bspw. StAZG I.C.1, 31.01.1670. Brief Mouslier an Stadt- und Amtrat Zug.
105 Bspw. StAZG I.C.1, 12.04.1677. Brief de Gravel an Beat Jakob I; StAZG I.C.1, 12.12.1687, Brief Stadt- und Amtrat an Gravel; StAZG I.C.1, 10.09.1688, Brief Stadt- und Amtrat an Tambonneau; BüAZG A39-27/4 Fol. 45r, 11.05.1698, Bürgerversammlung der Stadt Zug.
106 Bspw. StAZG I.C.1, 25.07.1682, Brief Gravel an Stadt- und Amtrat Zug.

nach Solothurn transportiert, damit der Trésorier der Ambassade rasch nacheinander die Pensionen für mehrere Orte auszahlen konnte.[107] Aus logistischen Gründen fand jeweils nur eine Geldübergabe pro Tag statt. Ihre Anwesenheit in Solothurn nutzten die Gesandten der Orte auch, um bei einer Privataudienz beim französischen Botschafter Neuigkeiten auszutauschen, Strategien zu besprechen und Vereinbarungen zu treffen.[108] Bei dieser Gelegenheit trugen sie nicht nur Anliegen ihres Standes vor, sondern vertraten vor allem auch die Partikularinteressen ihrer Familien.[109]

In Zug war eigentlich der Stadt- und Amtrat für die Wahl der Gesandten zur Abholung der Pensionen in Solothurn zuständig.[110] Doch scheint es seit dem frühen 17. Jahrhundert üblich gewesen zu sein, dafür einen Vertreter der Familie Zurlauben zu wählen, sodass die französischen Botschafter bereits bei der Ankündigung des Termins den Zuger Rat aufforderten, am genannten Datum »Monsieur De Zurlauben« nach Solothurn zu schicken.[111]

Die Gesandten erhielten ein von Zug beglaubigtes Schreiben, welches die reziproken Allianzpflichten bestätigte und dem Ambassador vor der Geldübergabe ausgehändigt werden musste.[112] Bisweilen mussten auch spezielle Zugeständnisse wie etwa eine außerordentliche Werbeerlaubnis in diesem Schreiben deklariert werden.[113] Im Hinblick auf eine allfällige Privataudienz beim Ambassador empfahl es sich, Gesandte zu ernennen, die Französisch sprachen, zumal der Stadt- und Amtrat den Gesandten mitunter auftrug, die Zuneigung Zugs für Frankreich dem Ambassador gegenüber auch »von Mundt« zu »demonstrieren«.[114] Die gegenseitigen Beteuerungen mögen formelhaft wir-

107 StAZG I.C.1, 12.09.1676, Brief Gravel an Zug: Der Trésorier ist noch in Frankreich – wahrscheinlich um die Wechselbriefe zu holen –, weshalb für das laufende Jahr noch keine Pensionen ausgezahlt werden konnten; StAZG I.C.1, 23.08.1681, Brief Gravel an Zug: Der letzte Fonds ist bereits erschöpft, aber der König hat zusätzliches Geld bewilligt, weshalb Gravel nun »stündtlich die Vexelbrieff von ermelten Tresorieren seinem Verwalteren« erwarte. Vgl. dazu: Meier u. a., Regesten (wie Anm. 5), AH 102/117.

108 Gern, Aspects (wie Anm. 3), S. 152. Außerdem wurden die Gesandten bisweilen mit einer Mahlzeit, Wein und freundlichen Worten hofiert: Meier u. a., Regesten (wie Anm. 5), AH 41/99.

109 Zur Rollenpluralität vgl. Affolter, Verhandeln (wie Anm. 28), S. 105f.

110 Vgl. u. a. BüAZG A39–26/4 Fol. 119r, 04.09.1666: Beat Jakob I. wird gewählt; BüAZG A39–27/3, Folio 32r, 02.03.1670: Heinrich II. wird gewählt.

111 StAZG I.C.1, 25.12.1687, Brief Tambonneau an Zug.

112 StAZG I.C.1 10.09.1688; 28.05.1691; 22.04.1695; 27.04.1696; 24.04.1699; 06.05.1700; 16.05.1701.

113 Schläppi, »In allem Übrigen« (wie Anm. 77), S. 24.

114 Vgl StAZG I.C.1, 15.08.1682. Das Flattieren wurde durchaus zur Kenntnis genommen und kommentiert: »Landame Zurlauben [Beat Jakob I.] et Baillit Schôn [vermutlich Ulrich Schön, 1600 [?] – 1685] que vous m'avez envoyé pour recevoir la Pension [...] m'ont confirmé de bouche les asseurances que vous me donnez de la continuation de la fermeté de vos bonnes et confederales intentions«. Der Brief endet mit der formelhaften Versprechung

ken und zum Standardrepertoire der diplomatischen Semantik gehört haben, waren aber sicherlich Teil der rituellen Kommunikation, welche ohne die Hilfe eines lästigen Übersetzers reibungsloser ablaufen konnte.

Aus den überlieferten Abrechnungen der Standespension lässt sich entnehmen, dass jeweils zwei Gesandte in Begleitung ihrer Diener das Geld in Solothurn abholten.[115] Außerdem halfen zwei weitere Personen beim Transport des Geldes und eine weitere Person unterstützte die Gesandten beim Zählen des Geldes. Da sich das Münzgeld wohl aus verschiedenen Währungen zusammensetzte, war dies kein einfaches Unterfangen.[116] Die Gesandtschaft nach Solothurn umfasste somit in der Regel maximal sieben Personen.[117]

Nach der Übergabe des Geldes und der Verifikation[118] der Beträge – Standespension (3.000 Franken), »pension par rôle« (3.600 Franken), »pension particulière« (3.333 Franken) und »pension à volonté« (630 Franken) – wurde der Empfang zweifach quittiert und die Rückreise angetreten.[119] Wurde eine vollständige Pension ausbezahlt, belief sich die Summe auf 10.563 Franken.[120] Wahrscheinlich wurden mit der Abholung der Pension »de toute nature« in der Regel gleichzeitig die Entschädigung für den Pensionenausteiler sowie die Pension für die Familie Zurlauben und die Schulstipendien abgeholt.[121] Das

der andauernden »bienveillance« des Königs, sowie der Versicherung des Botschafters, sich für die Zuger Interessen und Satisfaktion beständig einzusetzen. StAZG I.C.1, Brief Gravel an Stadt- und Amtrat Zug, 27.04.1677.

115 Der zweite Gesandte kann nicht für jede Geldabholung eruiert werden. 1670 beispielsweise wurde Heinrich II. Zurlauben von Johann Jakob Andermatt (1633–1690) aus Baar begleitet. Vgl. AKB MsZF 1: 159/10.

116 Der Vermerk »dem jenigen so das Gelt zellen helfen 1 Luis« ist regelmäßig als fixe Entschädigung bei der Abrechnung der Standespension gelistet. Vgl. StAZG I.C.1, 15.05.1679; 19.06.1680 und letztmals 13.12.1685. Danach wird als neue Position jeweils der Diener des Trésoriers in Solothurn vermerkt. Vgl. zu Zug und lokaler Münzpolitik Schläppi, »In allem Übrigen« (wie Anm. 77), S. 27.

117 Vgl. u.a. StAZG I.C.1 08.10.1677; 13.12.1685; 14.04.1690; 30.05.1701; 15.02.1713; 08.03. 1720.

118 Anwesend bei der Zählung sind die Gesandten, der Ambassador, der Trésorier der Ambassade und sein Diener. Vgl. Gern, Aspects (wie Anm. 3), S. 152.

119 Es wurden jeweils mindestens zwei Quittungen für die Standespension und zwei für die Pension »par rôle« und die Pension »particulière« bereits in Zug geschrieben bzw. später vorgedruckt, gesiegelt und durch den Landschreiber signiert: Je eine für den Stand Zug und das Original für die Ambassade. Vgl. AKB MsZF 1:159/11f, 08.03.1670; StAZG I.C.1, Dezember 1680; 24.11.1768.

120 Vgl. AKB MsZF 1: 159/12, 08.03.1670. Von 1736–1764, sowie ab 1768 erhielt der Stand Zug anstatt 600 Fässer verbilligtes Salz 6.000 Livres ausbezahlt. Vgl. Gern, Aspects (wie Anm. 3), S. 186.

121 Im Jahre 1670 betrug die Pension für Heinrich II. – die laut Notizen bereits sein Vater Beat II. erhalten hatte – 500 Franken. Heinrich II. notierte eine Gesamtsumme von 11.663 Franken, also inklusive der Austeiler- und Familienpension. Separat aufgelistet sind zwei Schülerstipendien à je 200 Franken, womit Heinrich II. eine Gesamtsumme von 12.063 Franken übergeben worden war: AKB MsZF 1: 159/12. Vgl. zur Summe außerdem: Livet, Suisse (wie

Münzgeld muss ein beträchtliches Volumen und Gewicht aufgewiesen haben; die Rubrik »Pagagi Pferdt« taucht standardmäßig bei der Abrechnung der Standespension auf.[122] Die Kosten für die mehrtägige Reise nach Solothurn (Pferde, Übernachtung, Verpflegung) beliefen sich auf 200 Franken und wurden aus der Standespension bezahlt.[123]

In Zug wurde das Geld ins Rathaus gebracht, wo zuerst die Standespension nach einem festen Verteilschlüssel ausgezahlt wurde: Als erstes erhielten die Stadt- und Amträte[124] sowie Landschreiber, Weibel und Läufer ein Sitzgeld von je 1 $\frac{1}{2}$ Dublonen bzw. 5 $\frac{1}{2}$ Talern[125]; die Anzahl der unter dieser Rubrik berücksichtigten Personen blieb konstant bei 47.[126] Ammann, Statthalter und Landschreiber erhielten außerdem bei zwei weiteren Posten Geld: Jeder grundsätzlich zweifach 1 $\frac{1}{2}$ Dublonen bzw. 5 $\frac{1}{2}$ Taler, sowie für Siegel und Schreibtaxe der Quittungen je 1 $\frac{1}{2}$ Dublonen bzw. 5 $\frac{1}{2}$ Taler (also insgesamt vierfaches Sitzgeld). Interessanterweise erhielten die Frauen dieser drei Amtsträger ebenfalls je 1 Dublone bzw. 4 Taler und die Frauen des Groß- und Unterweibels je $\frac{1}{2}$ Dublone bzw. 2 Taler aus der Standespension.[127] Dieser Verteilmodus lässt sich auch bei den spanischen Pensionen beobachten.[128] Der genaue Zweck dieser Standardposition, die bei sämtlichen untersuchten 42 Standespensionen im Zeitraum zwischen 1677 und 1720 vorkommt, ist nicht überliefert. Da das Geld nicht an eine Person, sondern an eine Funktion gebunden war, lässt sich die Auszahlung nicht mit einer Parteizugehörigkeit erklären. Eine mögliche Interpretation für diese Auszahlung wäre eine versteckte Erhöhung des Sitzgeldes der fünf Funktionäre, welche über die Zahlung an die Ehefrauen legitimiert wurde.

Nach Abzug weiterer Standardpositionen wie beispielsweise Zuwendungen an den Vortrompeter und die Kapuziner sowie einmaliger Auszahlungen etwa

---

Anm. 5), S. LXVI. Livet rechnet die Schülerstipendien nicht mit und listet somit die Summe von 11.663 Franken auf.

122 StAZG I.C.1, 07.01.1687 etc.

123 StAZG I.C.1, 15.05.1679 etc., bzw. 70 Louistaler: StAZG I.C.1, 31.12.1687.

124 Dieses Ratsgremium bestand aus insgesamt 40 Räten: 13 Stadtzuger, sowie jeweils 9 aus Ägeri, Menzingen und Baar. Vgl. Hoppe, Der Rat der Stadt Zug (wie Anm. 96), S. 97.

125 Mitte der 1680er-Jahre wird von der Währungseinheit Dublonen zu Talern gewechselt; etwa zeitgleich werden in Zug die Pensionen in Louistaler und nicht mehr in Franken gerechnet. Vgl. StAGZ I.C.1 26.08.1682 (Beispiel für Dublonen bzw. Franken) und StAZG I.C.1 07.01.1687 (Beispiel für Taler und Louistaler).

126 Die »Gnädigen Herren«, die das Sitzgeld erhielten, waren die oben erwähnten 40 Räte, sowie der Ammann, der Statthalter, der Landschreiber, der Groß- und Unterweibel und vermutlich zwei Läufer: Addiert ergibt sich so die Zahl der 47 zu bezahlenden Personen.

127 Vgl. u.a. StAZG I.C.1 19.06.1680 und 10.05.1697. Müller untersucht in seinem Beitrag eine Zuger Standespension von 1606; auch bei dieser Pension erhielten die Frauen des Groß- und Unterweibels Geld ausbezahlt. Vgl. Alois Müller, Die Zuger in französischen Diensten, Zug 1935, S. 14.

128 StAZG I.C.7, 15.05.1673; 04.12.1682; 18.05.1690 etc.

für Brandgeschädigte in Ägeri[129] oder Altstetten – sofern die Beihilfe im Rat »einhellig erkhent« worden war[130] – wurde der Rest der Standespension zu einem Drittel der Stadt Zug gutgeschrieben, während die äußeren drei Gemeinden zwei Drittel untereinander aufteilen mussten. Vermutlich wurde die so geteilte Standespension zusammen mit den übrigen Pensionen an die jeweiligen Seckelmeister übergeben, die den Erhalt quittieren mussten.[131] Der Rest des Anteiles der Standespension wurde entweder für die Sanierung der Gemeindefinanzen[132] oder auf Bittgesuche hin für die finanzielle Unterstützung beim Bau eines Privathauses,[133] den Maurerlohn für den Bau des Schützenhauses,[134] Kleider-[135] oder Lehrgeld eingesetzt.[136] Die häufigsten Gesuche waren persönlicher Natur und beinhalteten Anfragen für eine finanzielle Unterstützung für den privaten Gebrauch.

Nach der Abrechnung der Standespension folgte die Austeilung der Pension »par rôle«, wohl oftmals in Kombination mit der Pension »particulière«, so dass sich der Gesamtbetrag des auszuteilenden Geldes auf 3.933 Franken summierte.[137] Zuerst wurde das Geld zwischen der Stadt und den äußeren Gemeinden aufgeteilt, wobei der Verteilschlüssel aufgrund fehlender Quellen nicht immer nachvollziehbar ist. 1670 wurden in den Gemeinden Ägeri 1.282 Franken, Menzingen 1.300 Franken, Baar 1.200 Franken und in der Stadt Zug 1.583 Franken verteilt. Hinzu kamen ein Betrag für die »Usburgeren« (1.464 Franken), also wahrscheinlich Personen mit Stadtzuger Bürgerrecht, die nicht in der Stadt wohnhaft waren, sowie ein Betrag für abwesende Personen inner- und außerhalb der Stadt (51 Franken) und ein Beitrag an den Klerus (92 Franken).[138] Die Beiträge für die Stadt Zug wurden mit Hilfsausteilern in den 16 Nachbarschaften verteilt.[139] Vorgängig mussten die Verteiler in den Nachbarschaften den Empfang der Summe beim von Frankreich autorisierten Pensionenausteiler – bis 1728 in der Regel ein Angehöriger der Familie Zurlauben; im Jahre 1670 Heinrich II. –

129 StAZG I.C.1, 28.05.1689.
130 StAZG I.C.1, 31.12.1687.
131 Vgl. u.a. AKB MsZF 1: 159/15, 08.03.1670; StAZG I.C.1, 14.04.1690.
132 Vgl. Gern, Aspects (wie Anm. 3), S. 164.
133 BüAZG A39-26/5 S. 392,18.07.1676.
134 BüAZG A39-26/9 Folio 125r, 03.09.1695.
135 BüAZG A39-26/6 Folio 6v, 25.10.1681.
136 BüAZG A39-27/3 Folio 17v, 14.02.1682.
137 Laut Gern wurden diese beiden Pensionen seit 1673 zusammengefasst und in toto verteilt. Vgl. Gern, Aspects (wie Anm. 3), S. 165.
138 AKB MsZF 1:159/35.
139 AKB MsZF 1:159/18-25; StadtA ZG A10-14.0, Nr. 5, 9, 16. Bei den Nachbarschaften handelte es sich um die folgenden sechzehn Quartiere: Fischmarkt, Altstadt-Obergass, Altstadt-Untergass, Weinmarkt, Schweinemarkt, Dorf, Linden, St. Oswaldsgass, Vorstadt, Lorzen, Lüssi, St. Michael 1. Teil, St. Michael 2. Teil, Grüt, Oberwil und Gimenen. Vgl. dazu außerdem: Müller, Die Zuger in französischen Diensten (wie Anm. 127), S. 15.

quittieren.[140] 1670 erhielten 68 Familien bzw. gegen 600 Personen Einzelbeiträge von je 5 Franken. Es ist anzunehmen, dass bei der Verteilung der Pensionen in der Stadt Zug 1670 sämtliche wahlberechtigten Stadtbürger ab zwanzig Jahren gleichermaßen und ohne Berücksichtigung ihrer Faktionszugehörigkeit zum Zuge kamen.[141]

In den äußeren Gemeinden wird der Ablauf ähnlich gewesen sein, mit ähnlichen Schwankungen im Verteilmodus. Ein Baarer Rodel vom 12. Mai 1700 verzeichnet 221 Empfänger verteilt auf 24 Geschlechter, außerdem acht Mitglieder des Rates, vier Geistliche und schließlich den Verteiler selbst sowie dessen Frau. Der kleinste Betrag machte gerade einen Franken aus, der höchste 50 Franken (Ammann).[142] Es ist bemerkenswert, dass ausgerechnet in der Gemeinde Baar, die sich besonders für die Gleichteilung der Pensionen stark machte, das Geld so ungleich verteilt wurde.

Nach der Austeilung der »pension par rôle« und der »pension particulière« folgte jene der »pension à volonté«. Der jeweilige Ambassador bestimmte die Empfänger nicht immer selbst, sondern überließ die Wahl der Empfänger und die Höhe der Summe dem Pensionenausteiler.[143] Damit das Geld aber nicht in falsche Hände oder in die Taschen des Austeilers geriet, musste dieser jede Geldübergabe schriftlich festhalten und vom Empfänger quittieren lassen. In Zug finden sich vorgedruckte Quittungen, in die nur noch die Namen des Empfängers und Austeilers, die Höhe des ausbezahlten Geldes, der Ausstellungsort und das Datum von Hand eingetragen werden mussten.[144] Diese Einzelquittungen sollten der Ambassade zur Kontrolle eingereicht werden.[145]

---

140 AKB MsZF 1:159/25–30.

141 Das wahlfähige Alter lag vor 1708 bei 20 Jahren, danach bei 16 Jahren. Etwa ein Viertel der Stadtbewohnerschaft bzw. 500–600 Personen – inklusive Nachbarschaften außerhalb der Stadtmauern – fielen im späten 17. Jahrhundert in diese Kategorie. Vgl. Hoppe, Der Rat der Stadt Zug (wie Anm. 96), S. 98. 1663 variierten die ausgezahlten Beträge an Stadtbürger zwischen $1\frac{1}{2}$ und 20 Pfund, bei insgesamt verteilten 2.169 Pfund an rund 300 Personen. Vgl. AKB MsZF 1: 161/51.

142 StAZG I.C.1, 12.05.1700.

143 Ein Beispiel für die Wahl des Empfängers durch den Ambassadoren: StAZG I.C.1, 13.10. 1673: Landschreiber Niklaus Andermatt (1646–1684) erhält auf Begehren von Ambassador St. Romain (1611–1694) 40 Livres über den Austeiler Beat Jakob I. Zurlauben.

144 Vgl. StAZG XI.D.1c, zwei Beispiele von Quittungen beim Empfang der Pension »à volonté«, je 47 bzw. 100 Pfund an die Ratsmitglieder Hieronymus Schell und Kaspar Knopfli: »Je soubsigné [Name, Funktion] Confesse avoir recue comptant de Maistre Louis Sonnet, Conseiller du Roy, Tresorier General de Ligues Suisses & Grisons, par les mains d[Austeiler; in diesem Fall Zurlauben] la somme de [Betrag] à moy ordonnée p[für welches Jahr, Art der Pension] suivant l'ordonnance de Monseigneur Amelot Chevalier, Marquis de Gournay, Con[seill]er du Roy en ses Conseils, Maistres des Requests ordinaire de son Hostel, & son Ambassadeur en Suisse d[Anfang der Residenz] de laquelle Somme [Wiederholung des Betrages] Je me tiens content, & bien payé, En quitt[anc]e Mond. Sieur Sonnet Tresorier susd[ite] & tous autres. Faict à [Ort] le [Tag] jour de [Monat] Mil Six cent quatre vingt

Die Quittungen wurden in der Ambassade in Solothurn aufbewahrt, um eine vollständige Buchhaltung aller ausgegebenen Mittel führen zu können. Mehrmals jährlich musste der französische Ambassador nicht nur über seine eigenen Ausgaben an der Ambassade,[146] sondern auch über die an die eidgenössischen Orte und einzelne Personen ausbezahlten Beträge schriftlich Rechenschaft ablegen.[147] Die Ausgabenverzeichnisse wurden von Sekretären zusammengestellt, vom Ambassadoren genehmigt und nach Paris geschickt, wo der Finanz- und Außenminister diese prüfen und allenfalls reagieren konnten.[148] Für die Feindistribution der Beträge aus der Pension »à volonté« war der Botschafter von seinen lokalen Vertrauenspersonen abhängig. Zwar nahm im Laufe des 17. Jahrhunderts die Bürokratisierung stetig zu, aber letztlich war es der Pensionenausteiler, der bei der Verteilung des Geldes beispielsweise Unterschriften fälschen oder Quittungen auf fiktive Personen ausstellen konnte.[149]

1663 beklagte sich Beat II. Zurlauben über die hohen Kosten bei der Verteilung der Pensionen. 128 von 600 Livres wurden bereits in Solothurn an den Tresorier und seinen Gehilfen bezahlt, die Reisekosten beliefen sich auf weitere 128 Livres. Die Kosten für die Rödel[150] (»pension particulière« und »par rôle«) und das Pergament für die Einzelquittungen (»pension à volonté«) bezifferte Beat II. mit 20 Livres, sowie 11 Livres für Korrespondenzkosten nach Solothurn. Der kostspieligste Posten in der Rechnung betraf die Verteilung selber: Die Ausgabenrubrik »Durant trois sepmaines faisant la distribution et delivrant l'argent aux Deputez des 3 Communes« schlug mit 150 Livres zu Buch.[151]

[Jahreszahl].« Darunter wurden von Hand die Summe und die Art der Pension (hier: à volonté) wiederholt und der Empfänger musste das Dokument signieren. Zu Kaspar Knopfli (im städtischen Rat 1669–1705) vgl. Hoppe, Der Rat der Stadt Zug (wie Anm. 96), S. 122 (Nr. 28). Hieronymus (Roni) Schell wird als Austeiler der Pensionen in der Nachbarschaft Schweinemarkt genannt: AKB MsZF 1:159/20.

145 Gern, Aspects (wie Anm. 3), S. 166. Laut Gern wurde das Geld aus der Pension »à volonté« üblicherweise an Ratsmitglieder verteilt. Ebd., S. 169. Dies zeigt sich beispielsweise auch an der Formulierung der Quittung für die Abholung der Pension »à volonté« in Solothurn: Das Geld wurde überreicht »de faire distribuer à quelques conseillers de nostre canton.« Vgl. AKB MsZF 1:177/34, Belege für die Jahre 1697–1700, signiert durch Beat Kaspar Zurlauben (Kopien).

146 Bspw. »Nombre de mes domestiques« (Abschrift) von 1686, verfasst durch Ambassador Tambonneau: Personal-, Unterhalts- und Erhaltungskosten der Ambassade. Vgl. BAR P0 AE Corr. polit. Bd. 118, Vol. 81, Nr. 20.

147 Auswahlsweise: BAR P0 AE Corr. polit. Band 117 Vol. 77, Nr. 3, Nr. 13, Nr. 30.

148 Gern, Aspects (wie Anm. 3), S. 152.

149 Livet, Suisse (wie Anm. 5), S. LXV–LXVI; Meier, Zurlaubiana (wie Anm. 71), Band 1/I, S. 179.

150 Im Stadtarchiv Zug befindet sich ein Beispiel eines Rödels aus dem 16. Jahrhundert. Auch damals wurden einzelne Personen mit unterschiedlichen Empfangssummen in ein Rödel notiert. StadtA ZG A.10–14.0, Nr. 1.

151 AKB MsZF 1:169/18, 14.04.1663, Memoires des fraix et depenses faites dans la Distribution des Pensions L'an 1662. Zitat Fol. 20r.

Beat II. verteilte demnach selber die für Personen in der Stadt Zug bestimmten Gelder und brachte die für die äußeren Gemeinden bestimmten Summen persönlich nach Ägeri, Menzingen und Baar. Dafür investierte er drei Wochen. Vermutlich wurde nach dessen Tod 1663 mit der Übernahme des Amtes durch dessen Sohn Beat Jakob I. ein effizienteres System mit einem Verteiler pro Nachbarschaft etabliert. Beat II. hätte während seiner Verteilodyssee eigentlich jeden Empfänger einzeln registrieren und quittieren lassen sollen, ließ es jedoch wegen der vielen Empfänger und der Tatsache, dass nur wenige schreiben konnten, bei einer Zusammenfassung der Geschlechter und Nachbarn pro Quartier bewenden. Der Trésorier der Ambassade protestierte zwar gegen diese summarische Registrierung, doch ließ sich Beat II. dadurch nicht beirren:[152] Wahrscheinlich wurde seitdem dieses System beibehalten, denn 1669 wurde im Stadt- und Amtrat entschieden, künftig keine Namenslisten für Pensionen mehr nach Solothurn zu senden.[153]

Ab 1736 wurden die Einzelbeträge für die Stadtzuger nicht mehr verteilt, sondern mussten auf dem Rathaus abgeholt werden. Die Geschehnisse des Zuger Harten- und Lindenhandels veranlasste die französische Krone zu einem vollständigen Strategiewechsel: Ambassador Bonnac empfahl nun, das Geld innerhalb der Stadt Zug gleichmäßig unter den Bürgern zu verteilen, damit die eben errungene Konkordanz innerhalb der Bürgerschaft weiter gefestigt werden könne.[154] Per Ratsbeschluss wurde festgehalten, dass jeder Stadtzuger Bürger einen Taler erhielt.[155] Da die Höhe der Summe und die Identität der Empfänger nun nicht mehr geheim waren, erübrigte sich eine versteckte Übergabe. Fortan händigten drei Räte und drei Bürgervertreter das Geld im Rathaus aus und benötigten dafür nur noch zwei Tage. Spätestens ab 1743 folgt dann wieder die bekannte Aufteilung des Rodels nach den verschiedenen Nachbarschaften, die Austeilung fand aber weiterhin im Rathaus statt.[156] Im Schnitt wurden zwischen 1736 und 1787[157] an 650 Personen – vermutlich die gesamte männliche Stadtzuger Bevölkerung – jeweils gleiche Beträge abgegeben, wobei ab 1768 auch das »Salzgeld« gleichmäßig verteilt wurde, wodurch sich der Einzelbetrag merklich erhöhte.[158] Das Patronageinstrument der französischen Krone hatte mit der

152 AKB MsZF 1:169/18.

153 Sammlung Schweizerischer Rechtsquellen online, VIII. Bd. 10, Nr. 713, www.ssrq-sds-fds.ch/online/ZG-1.1.pdf, 25.06.2017.

154 BüAZG A39–27/9, Fol. 4r, 02.04.1736.

155 StadtA ZG A.10–14.0, Nr. 4, 04.04.1736.

156 StadtA ZG A.10–14.0, Nr. 9, 1743.

157 Für den Zeitraum von 1747 und 1787 finden sich 38 Abrechnungen, über die Hälfte davon mit vollständigen Namensverzeichnissen. StadtA ZG A.10–14.0, Nr. 2-Nr. 39.

158 StadtA ZG A.10–14.0, Nr. 21.

Gleichteilung definitiv seinen Zweck verloren – weshalb für die Vermittlung dieser Ressource auch kein Broker mehr vonnöten war.

Das einzige Druckmittel, über welches die Krone in Zug noch verfügte, war die Pension »à volonté«. Auch diese wurde durch den Distributeur abgeholt und verteilt. Die Höhe der Summe sowie die Anzahl der Empfänger und deren Identität waren der Allgemeinheit unbekannt, weshalb diese Pension immer wieder für Aufruhr sorgte. Schon 1668 hatte eine Gemeindeversammlung beraten, ob die Pension gemäß einem früheren Entscheid gleichmäßig oder doch nicht eher wie nach altem Brauch ungleichmäßig verteilt werden sollte – obwohl bereits ein entsprechender Ratsbeschluss existierte![159] 1691, 1694 und 1697 musste Beat Kaspar Zurlauben eine schriftliche Bestätigung des Zuger Rates in Solothurn einreichen: Ambassador Amelot hatte erfahren, dass in Zug über eine Modifikation des Verteilmodus der Pension »à volonté« beraten wurde.[160] Da dieses Geld nur für Frankreichtreue gedacht war, insistierte Amelot auf dem bisherigen Usus der Verteilung[161] und forderte eine schriftliche Zusicherung: Widrigenfalls hätte Beat Kaspar Zurlauben das Geld 1691 retournieren müssen.[162] Die Gleichteilung des Geldes hätte den Zweck dieser Patronageressource untergraben, weshalb der Ambassador jeweils heftig dagegen protestierte und mit Ressourcenentzug drohte. Der Rat krebste diese Frage betreffend bis 1728 immer wieder zurück und akzeptierte die ungleiche Verteilung zugunsten eines stetigen Geldflusses.

VII. Fazit

Aus französischer Sicht waren die Pensionen ein wesentliches Instrument zur Durchsetzung machtpolitischer Interessen. Immer wieder musste der französische König bzw. sein Ambassador jedoch mit dem Entzug von Geld, Handelsprivilegien oder Salzlieferungen drohen, um die einzelnen Orte in die Schranken zu weisen oder gefügig zu machen. Das französische Patronageinstrument erreichte also nicht oder nur partiell die gewünschten Effekte. Schon

159 BüAZG A 39–27/3 Fol. 4r, 28.07.1668. Interessanterweise wurde nie über eine Gleichteilung der Standespension diskutiert. Der Verteilmodus scheint so etabliert und bekannt gewesen zu sein, der ausgegebene Betrag so klein, dass die Sitzgelder keinen Argwohn auslösten.

160 StAZG I.C.1, 13.04.1694 und 17.04.1697. Vgl. außerdem Brändle, Demokratie und Charisma (wie Anm. 92), S. 176; Koch, Schwarzer Schumacher (wie Anm. 89), S. 15.

161 Deutlich beschrieben in einem Brief von Mouslier an Beat Jakob I. Zurlauben vom 25.10. 1666: Es ist Beat Jakob I. überlassen, die genaue auszuhändigende Summe zu bestimmen, sofern die Empfänger frankreichfreundlich sind. Außerdem soll das Austeilen ohne Aufsehen zu erregen abgewickelt werden. Meier u.a., Regesten (wie Anm. 5), AH 39/102.

162 BüAZG A 39–26/8 Fol. 98v (09.06.1691 Rat Stadt Zug) und A 39–27/4 Fol. 10v (10.06.1691 Bürgerversammlung Stadt Zug).

Johann Peter Stuppa kritisierte im letzten Drittel des 17. Jahrhunderts unverblümt die Wirkungslosigkeit dieser Strategie und erkannte richtig, dass der Erfolg dieses Druckmittels maßgeblich von der ökonomischen Lage eines Ortes abhing. Obwohl in den 1760er-Jahren unter Etienne-François de Choiseul die Praxis der Pensionenverteilung unmissverständlich als Systemfehler entlarvt worden war und Reformen eingeläutet werden sollten, änderte sich bis zum Ende des Ancien Régimes kaum etwas. Vielleicht war das System des Pensionenwesens schlicht zu eingeschliffen und zu aufgeblasen, um grundlegende Reformen einführen und auch konsequent durchsetzen zu können.

Für die eidgenössischen Orte bedeutete der Zufluss von Ressourcen des mächtigen westlichen Patrons zwar mitunter eine Bedrohung der inneren politischen Stabilität, jedoch waren vor allem die katholischen Orte auf diese angewiesen und hatten dementsprechend kaum ein Interesse, ihren Spielraum zu weit auszureizen und einen Ressourcenstopp zu provozieren.

Obwohl der französische Hof die Praxis der Pensionenverteilung wiederholt als ineffizient bezeichnete und der Verteilschlüssel des fremden Geldes in den eidgenössischen Orten immer wieder zu Konflikten führte, hielten beide Seiten das problematische System aufrecht: Über Generationen waren führende Geschlechter wie die Familie Zurlauben so eng mit Frankreich verflochten, dass diese auch bei temporären Ausfällen der Ressourcen oder langwierigen Verhandlungen treue Klienten blieben. Nicht zuletzt aufgrund ihrer eigenen Rolle als lokale Patrons bezogen sie als Broker der Krone die für die Aufrechterhaltung ihrer eigenen Machtposition nötigen Ressourcen. Die enge und loyale Anbindung an Frankreich war zwar maßgeblich für die herausragende Stellung der Zurlauben verantwortlich, barg aber auch große Risiken, wie sich in den späten 1720er-Jahren zeigte. Eine Kombination aus strukturellen Konflikten, Familienfehden und einer erstarkten antifranzösischen Bewegung führte schließlich zum unaufhaltsamen politischen Niedergang der Familie und 1733 gar zum kurzfristigen Bruch Zugs mit Frankreich. Umso erstaunlicher ist es, dass die Krone den Ort Zug nicht nur wieder in den Bund aufnahm, sondern auch auf dessen Forderung nach Gleichteilung der Pensionen einging bzw. die Gleichteilung zur weiteren Konsolidierung der Zuger Bürgerschaft sogar explizit wünschte.

Über die Gründe für das französische Entgegenkommen kann lediglich spekuliert werden. Einerseits machten die Ereignisse während der französisch-zugerischen Krise 1728–1736 den hohen Grad der Verflechtung der eidgenössischen Orte mit den unter sich rivalisierenden Großmächten sichtbar: Kaum war Frankreich von der Zuger Bühne verbannt worden, erschien bereits der nächste Protagonist um das Vakuum zu füllen. Die Intervention des Kaisers war dem französischen Hof natürlich ein Dorn im Auge. Damit ein solches Vorgehen keinen Dominoeffekt auf andere Orte haben konnte, musste Zug zwar kurzfristig sanktioniert werden, wurde aber nach gebührenden Reuebekundungen sofort wieder eingebunden. Außerdem war die innere Lage Zugs äußerst angespannt, und die übrigen eidgenössischen Orte befürchteten eine mögliche Ausweitung der Unruhen auf andere eidgenössische Staatsgebiete. Die Wiederaufnahme in die Allianz mit Frankreich wirkte vorerst stabilisierend auf den Stand und seine innere Außenpolitik. Andererseits war Zug mit der Wiederaufnahme in den Bund Teil eines zusammenhängenden Gebietes, welches die Krone zumindest teilweise kontrollieren und für Rekrutierungen, Informationsaustausch und Truppendurchmärsche nutzbar machen konnte.

Teil IV: Frühneuzeitliches Soldgeschäft in- und ausserhalb der Eidgenossenschaft

Nathalie Büsser

Klare Linien und komplexe Geflechte. Verwandtschaftsorganisation und Soldgeschäft in der Eidgenossenschaft (17.–18. Jahrhundert)

Die Geschichte des vormodernen Söldnergeschäfts und des Militärunternehmertums wurde und wird immer noch überwiegend als dynastisch ausgerichtete ›Männergeschichte‹ geschrieben. Diese Feststellung trifft auch allgemein auf die vormoderne Schweiz zu, die zu den bedeutenden Söldnerlieferanten europäischer Fürsten gehörte und deren Entwicklung das Soldgeschäft bekanntlich nachhaltig geprägt hatte. Die Forschung richtet ihren Fokus sogar oft auf Geschlechter, die durch Linien zwischen Vätern und Söhnen definiert sind und entlang denen positionssichernde Ressourcen – die Kompanien, Stammhäuser, Ämter, Rechte, Auszeichnungen und etwa Titel – über Generationen hinweg bewahrt und weitergegeben wurden.[1] Aus dieser Perspektive geht es dann vor allem um männliche Blutsverwandte, an deren Spitze ein autoritär agierendes Familienoberhaupt stand. Dieser »Pater familias« war in der Regel der älteste Sohn, der die herrschaftsrelevanten Ressourcen erbte, alle Entscheidungen au-

1 Vgl. z. B. die Überblicksdarstellungen von Paul de Vallière, Treue und Ehre. Geschichte der Schweizer in Fremden Diensten, Lausanne u. a. 1940 [erstmals erschienen 1913]; Jean-René Bory, Die Geschichte der Fremdendienste, Neuenburg u. a. 1980; Hans Rudolf Fuhrer, Robert-Peter Eyer, Schweizer in »Fremden Diensten«. Verherrlicht und verurteilt, 2. Aufl., Zürich 2006; Hermann Romer, Militärunternehmer, in: Historisches Lexikon der Schweiz (HLS), URL<http://www.hls-dhs-dss.ch/textes/d/D24643.php>, Version vom 10. 11. 2009; Hans Conrad Peyer, Die wirtschaftliche Bedeutung der fremden Dienste für die Schweiz vom 15. bis zum 18. Jahrhundert, in: Roger Sablonier u. a. (Hrsg.), Könige, Stadt und Kapital. Aufsätze zur Wirtschafts- und Sozialgeschichte des Mittelalters, Zürich 1982, S. 219–231. – Ferner Einzelstudien wie z. B. Hans Steffen, Die Kompanien Kaspar Jodok Stockalpers. Beispiel eines Soldunternehmens im 17. Jahrhundert, Brig 1975; Hermann Suter, Innerschweizerisches Militär-Unternehmertum im 18. Jahrhundert, Zürich 1971; Verena Villiger u. a., Im Galopp durchs Kaiserreich. Das bewegte Leben des Franz Peter König 1594–1647, Baden 2006; Josef Wiget, Von Haudegen und Staatsmännern. Geschichte und Geschichten der Schwyzer Familie Reding ab der Schmiedgass, Schwyz 2007. – Zum Militärunternehmertum im Reich die wichtige Arbeit von Fritz Redlich, The German military enterpriser and his work force. A study in European economic and social history, 2 Bde., Wiesbaden 1964/65.

tonom traf und die rigide »Hausordnung« durchsetzte, der sich die übrigen Familienangehörigen zu unterwerfen hatten.[2]

Diese Sichtweise ist nicht ausschließlich falsch, aber sie greift entschieden zu kurz, weil sie die horizontale, über den einzelnen Haushalt und die Kernfamilie hinausreichende Dimension verwandtschaftlicher Beziehungen und Handelns ausblendet: die Schwestern, aber auch die jüngeren Brüder und deren Kinder, Mütter, Tanten und Onkel, Cousins und Cousinen sowie die Verschwägerten und deren Verwandtschaft. Dass auch sie Zugang zu den statussichernden Ressourcen eines Geschlechterverbands – darunter das Soldgeschäft – und den daraus fließenden Erträgen haben konnten, illustriert etwa die längere Auseinandersetzung zwischen Beat II. Zurlauben (1597–1663) und seiner Schwägerin Anna Elisabeth Wallier. Die Zurlauben gehörten zu den lokalen Führungsgruppen in Stadt und Amt Zug, die Wallier zur Spitze des Solothurner Patriziats.

Beat II. Zurlauben verkörperte den klassischen Typus des sogenannten Familienoberhaupts. Als ältester Sohn hatte er von seinem Vater Konrad III. (1571–1629) ein herrschaftliches Anwesen, den Weingarten-Hof, ferner die einträglichen politischen Ämter und Posten sowie die prestigereiche Gardekompanie am französischen Königshof übernommen. Er war damals wohl der vermögendste Bewohner der Stadt Zug und verfügte über ein weitreichendes Beziehungsnetz. Sein jüngerer Bruder Heinrich I. Zurlauben (1607–1650) hatte mit dem St.-Konrad-Hof ebenfalls eine repräsentative Liegenschaft geerbt. Er machte eine Militärkarriere und bewirtschaftete die Kompanie des älteren Bruders in Frankreich, weshalb er sich meist im Ausland aufhielt.[3] Als Heinrich im Oktober 1650 in Bad Pfäfers verstarb, verstrickten sich dessen Witwe und Bruder Beat in einen heftigen Streit. Zurlauben, der als Nachlassverwalter[4] des Verstorbenen wirkte, warf seiner Schwägerin vor, diverse Güter aus der Hinterlassenschaft ihres verstorbenen Mannes unrechtmäßig an sich genommen, verkauft oder weitergegeben zu haben. In umfangreichen Notizen dokumen-

2 Diese Vorstellung formte unter anderem Otto Brunners Konzept vom ›Ganzen Haus‹, das er angelehnt an die sogenannte Hausväter-Literatur entwarf. Zur Kritik an Brunner mit weiterführender Literatur: Joachim Eibach, Das offene Haus. Kommunikative Praxis im sozialen Nahraum der europäischen Frühen Neuzeit, in: Zeitschrift für historische Forschung 38 (2011), S. 621–664, hier 635–639.

3 Eingehender zu Beat II. Zurlauben: Kurt-Werner Meier, Die Zurlaubiana. Werden, Besitzer, Analysen: Eine Zuger Familiensammlung, Grundstock der Aargauischen Kantonsbibliothek, 2 Bde., Aarau 1981, hier Bd. 2, S. 896–903; Daniel Schläppi, »In allem Übrigen werden sich die Gesandten zu verhalten wissen«. Akteure in der eidgenössischen Außenpolitik des 17. Jahrhunderts: Strukturen, Ziele, Strategien am Beispiel der Familie Zurlauben von Zug, in: Der Geschichtsfreund 151 (1998), S. 3–90.

4 Als Nachlassverwalter bezeichnen ihn die Bearbeiter der Acta-Helvetica-Edition. Ob und inwiefern diese Bezeichnung zutreffend ist, wäre noch näher zu prüfen.

tierte er monatelang, was er über das Treiben seiner Schwägerin in Erfahrung hatte bringen können. So ist etwa zu lesen:

> »Verzeichnus, was die wyttfrauw Anna Elisabetha Wallierin us jres manns sälig Verlassenschafft wäggenommen, mehrteils hinderuggs auch sonst hingeben hat, ohne das so man nit weyst. – Nur bim geringen anzefangen undt darus ze schliessen, wye es mit den grösseren hergangen. – Jm Garten hat sy nachts die Tulipanen und allerhand kostliche Bluomen Böllen usgraben lassen, gantze Bettli umbkheren, Granat-, Zitronen- und Bomerantz bäum, theils wye sy jm herpstmonet nach Solothurn uffhingritten, mehrteils aber wye sy die dry Wägen fortgeschikht und alles hinderrugs unbefragt nachts usgraben und eingemachet. [...]. – Das bezüget der Knecht Claus und die alte Magdt Barbel Tangel.«[5]

Im Garten des St.-Konrad-Hofes soll Wallier also nachts heimlich Tulpen und wertvolle Blumenzwiebeln, Granat-, Zitronen- und Pomeranzenbäume (Bitterorangen) ausgegraben und eingepackt haben. Sie habe die Pflanzen anschließend zusammen mit weiteren Sachen aus dem St.-Konrad-Hof nach Solothurn, ihrem Herkunftsort, transportieren lassen. Drei schwer beladene Fuhrwerke soll die Witwe fortgeschickt haben. Dass sie mit Hilfe einer Magd die Gartenbeete rund um das repräsentative Herrenhaus leer geräumt haben soll, war laut Zurlauben noch das Geringste gewesen. Man könne daraus aber erahnen, schrieb er, wie es bei den größeren Vermögenswerten zu- und hergegangen sei.

Zu diesen »Größeren«, den besonders werthaltigen Gütern, zählte er die Rechnungsbücher und Papiere, die das familiäre Soldgeschäft betrafen. Diese Dokumente waren Teil der intergenerationell weitergegebenen Güter und Ressourcen, worauf die soziale, politische und ökonomische Vormachtstellung führender Familien wie den Zurlauben beruhte. Zu deren statussicherndem Besitz-Portefeuille konnten ferner Herrschaftsrechte, Grundbesitz, Titel, Ansprüche auf politische Ämter und militärische Chargen, Söldnerkompanien, Waffen, Silbergeschirr, Ahnenporträts, Kirchenstühle[6], Familiengräber, das Familienarchiv sowie der Ruhm und die Verdienste der Vorfahren gehören.

Wie kam es, dass sich Beat Zurlauben als Erstgeborener und Haupterbe keinen Zugang zum Haus seines verstorbenen jüngeren Bruders verschaffen konnte? In ein Haus, wo gleichzeitig halb Zug ein- und ausgegangen, der »brattspis« (Bratspiess) bis tief in die Nacht in Betrieb gewesen sein und man ein

5 Zurlaubiana, Acta Helvetica, hrsg. v. der Aargauischen Kantonsbibliothek, versch. Bearbeiter, Bisher Bde. 1–179 u. Registerbde. 1–17, Aarau 1976–2014 [im Folgenden zit. als AH], AH 52/110 (1651/52), Notizen von Beat II. Zurlauben.

6 Bei Kirchenstühlen handelte es sich um reservierte Sitzplätze in einer Kirche, die man in der Regel käuflich erwerben musste. Vgl. zu den Altdorfer Kirchenstühlen als Formen ständischer Repräsentation Urs Kälin, Die Urner Magistratenfamilien. Herrschaft, ökonomische Lage und Lebensstil einer ländlichen Oberschicht 1700–1850, Zürich 1991, S. 192–196.

»guot leben ghan und tanzet« haben soll?[7] Wo fremde, nicht dem Haushalt angehörende Kinder unkontrolliert durch die Räume zogen, in Heinrich Zurlaubens Schreibstube und Naturalienkabinett herumwühlten?[8] Und dessen Hausrat, der sich im Besitz von Heinrich I. Zurlauben befunden hatte, die Witwe scheinbar nach Belieben abtransportierte, verkaufte und verschenkte?[9]

Beat Zurlaubens Schilderungen sind tendenziös und mögen vieles überzeichnen. Dennoch präsentiert sich uns hier zweifelsohne ein aristokratisches Haus, das sozial durchlässig ist, ja sich geradezu in Auflösung zu befinden scheint und zwar durch das Zutun einer eingeheirateten Frau. Haus meint in diesem Zusammenhang nicht nur einen physischen Ort und eine werthaltige materielle Baute, sondern auch das Geschlecht als korporativ organisierte soziale Gruppe mit einer weitzurückreichenden Abstammung.[10] Es umfasste auch immaterielles Vermögen, das generationenübergreifend weitergegeben werden sollte.[11] Entsprechend wichtig waren diese Häuser. Sie boten Häupterfamilien wie den Zurlauben eine soziale Bühne, wo sie ihren ständischen Rang, Ansehen, Reichtum und den Herrschaftsanspruch ihres Geschlechts inszenieren konnten.[12]

7 AH 52/110 (1651/52), Notizen von Beat II. Zurlauben.

8 AH 52/109 (1652/1653/1654), Notizen von Beat II. Zurlauben. Konkret ging es um den Sohn von Anna Elisabeth Walliers Vogt Oswald Kolin, der sich mit einem anderen Buben im Haus bewegt und nach dem Diamanten gesucht haben soll. Kolins Sohn hätte zudem während eines Jahres bei den Dienstleuten im St.-Konrad-Hof gegessen. Ebd. – Im zurlaubenschen Familienarchiv sind nur wenige Dokumente überliefert, die Anna Elisabeth Wallier verfasst hat oder die ihre Sicht der Dinge wiedergeben.

9 Vgl. z.B. AH 22/49 (29.11.1650), Brief von Beat II. Zurlauben an Beat Jakob I. Zurlauben, worin ersterer schreibt, man habe beim St.-Konrad-Hof das schwarze Pferd seines in Bremgarten wohnhaften Schwagers Balthasar Honegger gesehen, beladen mit einer Hutschachtel und einem gefüllten »Vällisli« (gemeint sein dürfte ein Koffer). – AH 52/110 (1651/52), Notizen von Beat II. Zurlauben: Dem Johann Balthasar Honegger habe die Witwe »ein schwartz Khleidt und Mantel sambt dem huot verehrt«. Dem Oswald Kolin habe sie »auch ein Khleidt verehrt«.

10 Die Gleichsetzung von Haus und Geschlecht im Sinne einer Dynastie begegnet einem nicht nur beim Hochadel, sondern auch bei den eidgenössischen Eliten. Vgl. Nathalie Büsser, Adel in einem Land ohne Adel. Soziale Dominanz, Fürstendienst und Verwandtschaft in der schweizerischen Eidgenossenschaft (15.–18. Jhd.), Dissertation, Zürich 2016 [unpubl. Manuskript], S. 218.

11 Zu den immateriellen Gütern zählten die Herkunft, die Verdienste der Vorfahren, Ehre, Name, Titel und Wappen, die innerhalb einer kontinuierlichen, geraden Linie vererbt werden sollten. – Dieses Verständnis von Haus stützt sich auf das anthropologische Konzept von Claude Lévi-Strauss. Vgl. dazu Janet Carsten, Stephen Hugh-Jones, Introduction., in: Dies. (Hrsg.), About the House. Levi-Strauss and Beyond, Cambridge 1995, S. 1–46.

12 Vgl. Joachim Eibach, Das offene Haus. Kommunikative Praxis im sozialen Nahraum der europäischen Frühen Neuzeit, in: Zeitschrift für Historische Forschung 38/4 (2011), S. 621–664, bes. 621f., 635–639 u. 643. Eingehend zum Haus in der Vormoderne mit dem neusten Forschungsstand: Inken Schmidt-Voges, Das Haus in der Vormoderne, in: Joachim Eibach, Inken Schmidt-Voges (Hrsg.), Das Haus in der Geschichte Europas. Ein Handbuch,

Der vorliegende Artikel zeigt am Beispiel der frühneuzeitlichen Führungsgruppen im Raum der heutigen Inner- und Zentralschweiz, dass die Vorstellung, wonach sich das Soldgeschäft in der Hand nahezu allmächtiger Familienoberhäupter befand, die einer stabilen, vertikal-patrilinear organisierten Dynastie vorstanden und diese kontrollierten, nicht haltbar ist. Damit steht die Frage im Raum, wie sich die Familienorganisation dieser Geschlechter denn sonst gestaltete? Welche Verwandten waren am Soldgeschäft beteiligt, wer bestimmte mit, und wie wurde es vererbt?

Die Ansätze der Geschlechtergeschichte und der jüngeren Verwandtschaftsforschung bieten ein griffiges Instrumentarium, um einen adäquateren Zugang zum Soldunternehmertum zu finden. Grundlegend für diesen Perspektivenwechsel sind die Arbeiten von Heide Wunder und Michaela Hohkamp. Erstere hat dafür plädiert, Dynastien als von Männern und Frauen konstituierten »Geschlechterverband« zu verstehen, der von wesentlich komplexerer Qualität sei als die jahrhundertealte Vorstellung von Hausvätern und Stammhaltern.[13] Letztere hat in ihren Forschungen zu hochadeligen Verwandtschaftsgruppen die Bedeutung von Schwestern und weiblichen Seitenverwandten – etwa von Tanten und Nichten – nachgewiesen. Verwandtschaft erscheint aus diesem Blickwinkel gemäß Hohkamp als ein auf Gegenseitigkeit basierendes, multirelationales Netz.[14]

Dem materiellen und immateriellen, mobilen und immobilen Besitz kommt innerhalb dieses Beziehungsgeflechts eine zentrale Rolle zu. Denn der Besitz einer Verwandtschaftsgruppe und dessen intergenerationelle Transmission formen und strukturieren die sozialen Beziehungen, das Verhältnis der Geschlechter und die Familienorganisation insgesamt. Wichtige Impulse für diese

Berlin 2015, S. 1–18. Ferner auch David W. Sabean, Property, production, and family in Neckarhausen, 1700–1870, Cambridge 1990, S. 88–123; Ronald G. Asch, Europäischer Adel in der Frühen Neuzeit. Eine Einführung, Köln u. a. 2008, S. 98 f., ebd. auch zur Debatte um Otto Brunners Konzept des ›Ganzen Haus‹.

13 Heide Wunder, Einleitung. Dynastie und Herrschaftssicherung: Geschlechter und Geschlecht, in: dies. (Hrsg.), Dynastie und Herrschaftssicherung in der Frühen Neuzeit. Geschlechter und Geschlecht, Berlin 2002, S. 9–27.

14 Michaela Hohkamp, Tanten. Vom Nutzen einer verwandtschaftlichen Figur für die Erforschung familiärer Ökonomien in der Frühen Neuzeit, in: Werkstatt Geschichte 46 (2007), S. 5–12; dies., Sisters, Aunts, and Cousins. Familial Architectures and the Political Field in Early Modern Europe, in: David W. Sabean u. a. (Hrsg.), Kinship in Europe. Approaches to Long-Term Development (1300–1900), New York 2007, S. 91–104; dies., Transdynasticism at the Dawn of the Modern Era: Kinship Dynamics among Ruling Families, in: Christopher H. Johnson u. a. (Hrsg.), Transregional and transnational families in Europe and beyond: Experiences since the Middle Ages, New York u. a. 2011, S. 93–105. – Weitere Untersuchungen bestätigen die Bedeutung weiblicher Verwandter für die Kontinuität einer Dynastie. Vgl. z. B. Sophie Ruppel, Verbündete Rivalen. Geschwisterbeziehungen im Hochadel des 17. Jahrhunderts, Köln u. a. 2006.

Herangehensweise an Verwandtschaftsgruppen gingen von der sozialanthropologischen Forschung der 1970er-Jahre aus, welche David Sabean und Hans Medick schon früh aufgriffen und in die Geschichtswissenschaft einbrachten.[15]

Sabean unterstrich die »Vermittlerqualität« von Besitz. Das heißt: Menschen verhandeln ihre Beziehungen anhand von Dingen oder einer Sache, worauf ihre Beziehung gründet. Und mit diesen Beziehungen verbinden sich ganz bestimmte Erwartungen und Forderungen, die sich auf Zukunftsvorstellungen stützen. Die Beschaffenheit des Besitzes, sei er materieller oder immaterieller Art, wirkt deshalb auch auf die Muster verwandtschaftlicher Beziehungen und Geflechte ein.[16]

Der vorliegende Beitrag analysiert anhand des Soldgeschäfts ein Element des umfangreichen Besitzkonglomerats frühneuzeitlicher Häupter- beziehungsweise Militärunternehmergeschlechter, die im Raum der Zentral- und Innerschweiz ansässig waren.[17] Die folgenden Ausführungen thematisieren zuerst die Ausbreitung patrilinearer Verwandtschaftskonzeptionen innerhalb dieser Geschlechter und die Frage, weshalb dieses Modell so attraktiv war, um die Transmission des statussichernden Besitzes und den Zugang der Verwandten zu diesem Besitz zu organisieren. Verwandtschaftskonzeptionen funktionieren wie ein soziales Drehbuch, das allerdings normativer Art ist: Sie entwerfen spezifi-

15 Einflussreich war Ester N. Goodys Konzept des ›sozialen Beziehungsidioms‹ (relational idiom) Esther N. Goody, Contexts of Kinship. An Essay on the Family Sociology of the Gonja of Northern Ghana, Cambridge 1973. Ferner auch Jack Goody, Death, property and the ancestors. A study of the mortuary customs of the Lodagaa of West Africa, Stanford 1962. – Hans Medick und David Sabean haben 1984 den Sammelband »Emotionen und materielle Interessen« publiziert. Vgl. bes. Hans Medick, David W. Sabean, Emotionen und materielle Interessen in Familie und Verwandtschaft. Überlegungen zu neuen Wegen und Bereichen einer historischen und sozialanthropologischen Familienforschung, in: dies. (Hrsg.), Emotionen und materielle Interessen. Sozialanthropologische und historische Beiträge zur Familienforschung, Göttingen 1984, S. 231–250.

16 David W. Sabean, »Junge Immen im leeren Korb«. Beziehungen zwischen Schwägern in einem schwäbischen Dorf, in: Hans Medick, David Sabean (Hrsg.), Emotionen und materielle Interessen. Sozialanthropologische und historische Beiträge zur Familienforschung, Göttingen 1984, S. 231–250, hier S. 231–233; ders.: Property, production, and family in Neckarhausen, 1700–1870, Cambridge 1990, S. 17: Ebd. hält Sabean fest, dass Besitz »a powerful but frequently neglected tool for social analysis« sei. – Vgl. weiter auch Karin Gottschalk, Eigentum, Geschlecht, Gerechtigkeit: Haushalten und Erben im frühneuzeitlichen Leipzig, Frankfurt/M. 2003; Margareth Lanzinger, Generationengerechtigkeit mittels Vertrag. Besitz- und Vermögensregelungen zwischen Reziprozität und Unterordnung, Ausgleich und Begünstigung (zweite Hälfte 18. Jh.), in: Stefan Brakensiek u. a. (Hrsg.), Generationengerechtigkeit? Normen und Praxis im Erb- und Ehegüterrecht 1500–1850, Berlin 2006, S. 241–264, bes. S. 241.

17 Erwähnt sei, dass das Soldgeschäft natürlich mit den übrigen Besitzteilen wechselseitig verhängt war, was eine weiterführende Untersuchung berücksichtigen muss. Die Analyse des kollektiven Besitzes frühneuzeitlicher Militärunternehmerfamilien aus einer umfassenderen Perspektive ist Gegenstand meines laufenden Projekts.

sche soziale Ordnungsvorstellungen, formieren Gruppen, definieren Zugehörigkeiten und weisen Individuen unterschiedliche, mit bestimmten Erwartungen und Rollenvorstellungen verbundene Positionen innerhalb der Gruppe zu. Fassbar werden die Inhalte dieser »Drehbücher« in den genealogischen Selbstdarstellungen der Geschlechter, wovon gleich die Rede sein wird. Danach verlasse ich die Ebene der Repräsentation und wende mich den darunter verborgenen, häufig anders gearteten Handlungslogiken zu. So fragt der zweite Abschnitt, wie männliche Familienmitglieder die unzerteilte Weitergabe des dynastischen Besitzes konkret zu realisieren versuchten. Wir werden sehen, dass es ihnen trotz verschiedener Maßnahmen nicht gelang, die Frauen und jüngeren Brüder vom Zugang zu diesem Besitzkonglomerat komplett auszuschließen. Die Gründe hierfür sind, wie im dritten Teil erörtert wird, bei den lokalen Rechtsgewohnheiten, die eine weitgehend gleiche Erbteilung vorsahen, sowie bei der spezifischen Familienorganisation der Häuptergeschlechter zu suchen, die sich auf die Mitarbeit der Frauen und weiterer Verwandter abstützte. Schließlich ist auf die Frage zurückkommen, weshalb es Anna Elisabeth Wallier gelang, ihren Schwager am Betreten des Zurlauben'schen Herrenhofs zu hindern.

I. Verwandtschaft patrilinear denken

Seit der zweiten Hälfte des 15. Jahrhunderts haben sich die Führungsgruppen im Gebiet der Alten Eidgenossenschaft und in ganz Europa verstärkt mit ihrer Abstammung und Herkunft beschäftigt. Diese wachsende Bedeutung von Verwandtschaft materialisierte sich in verschiedensten Artefakten, Zeichen und Bezeichnungen. Wappen, Namen, Epitaphe, Stammbäume, Ahnenproben und Familienbücher sollten die möglichst weit zurückreichende, vornehme Herkunft eines Geschlechts dokumentieren. Damit verbunden war die Verbreitung patrilinearer Verwandtschaftskonzeptionen, welche der männlichen Abstammung folgend Linearität und Kontinuität eines Geschlechts über Generationen hinweg herausstellen. Diese Entwicklung erfasste nicht nur den europäischen Adel, sondern auch die Patriziate und ländlichen Eliten.[18]

18 Joseph Morsel, Geschlecht als Repräsentation. Beobachtungen zur Verwandtschaftskonstruktion im fränkischen Adel des späten Mittelalters, in: Otto Gerhard Oexle, Andrea von Hülsen-Esch (Hrsg.), Die Repräsentation der Gruppen. Texte, Bilder, Objekte, Göttingen 1998, S. 259–325; David W. Sabean, Simon Teuscher, Kinship in Europe. A New Approach to Long-Term Development, in: Jon Mathieu u.a. (Hrsg.), Kinship in Europe. Approaches to Long-Term Development (1300–1900), New York 2007, S. 1–32; Simon Teuscher, Verwandtschaft in der Vormoderne. Zur politischen Karriere eines Beziehungskonzepts, in: Elizabeth Harding, Michael Hecht (Hrsg.), Die Ahnenprobe in der Vormoderne. Selektion – Initiation – Repräsentation, Münster 2011, S. 85–106; Elie Haddad, Kinship and Transmis-

Mit der vornehmen, uralten Herkunft der eidgenössischen Eliten war es jedoch nicht allzu weit her. Die meisten der sogenannten Häupter[19] waren bekanntlich soziale Aufsteiger bürgerlicher oder bäuerlicher Herkunft. Ihr genealogisches Wissen reichte oft nicht mehr als zwei, drei Generationen zurück. Kaum eine ihrer Abstammungserzählungen lässt sich belegen – auch die des Zurlauben-Geschlechts nicht, von der hier kurz die Rede sein soll.

Die früheste überlieferte Ursprungsgeschichte der Zurlauben entstand um 1640. Beat II. Zurlauben (1597–1663) verfasste in einem unscheinbaren, kleinformatigen Notizheft eine Genealogie, die er mit »Härkhommen und stammen unsers geschlechts« betitelte.[20]

Auch Zurlaubens Wissen um seine Vorfahren war dürftig. »Ohngfahr im jahr 1475«, begann er seine Erzählung, »Usm landt Wallis sindt unsere voreltern hirhär gen Zug khommen. [...] Vor ziten«, bevor die freie Republik errichtet worden sei, da seien sie Herren von Gestellenburg gewesen. Nachdem aber der Adel gehasst und vertrieben worden sei, hätten sie den Namen »Loubast« angenommen.

Auf der dritten Seite verschriftlichte Zurlauben seine Aszendenz unter der Überschrift: »Namen myner voreltern der geraden linien nach bis uff mich.« Er organisierte seine Vorfahren als vertikal strukturierte Vater-Sohn-Abfolge, ausgehend von Hans, dem »Stammvater«, bis hinunter zu Konrad, seinem eigenen Vater. Ihnen beigeordnet sind die jeweiligen Ehefrauen. Zurlauben entwarf seine Verwandtschaft also als männlichen Stamm und Linie, wobei der Erstgeborene eine bevorzugte Position einnimmt. Das patrilineare Prinzip organisiert die familiäre Reproduktion und herrschaftliche Sukzession nach klaren Prinzipien. Weibliche Familienangehörige und jüngere Söhne bilden hier keine Linien aus.

Wie erfolgreich die Erzählungen und genealogischen Repräsentationen der führenden Familien waren, zeigt sich unter anderem darin, dass wir heute von »den Zurlauben« reden und damit die Familiengeschichte als dynastische Linie weitererzählen. Die Vorstellung einer patrilinearen Verwandtschaftsorganisation hat aber auch Eingang gefunden in moderne Handbücher wie das *Historische Lexikon der Schweiz* (HLS) und wissenschaftliche Untersuchungen. Die Ge-

---

sion within the French Nobility, Seventeenth and Eighteenth Centuries: The case of the Vassé, in: French Historical Studies 38/4 (2015), S. 567–591, bes. 569.

19 Als Häupter wurden in der Alten Eidgenossenschaft die Angehörigen der politischen Führungsgruppen bezeichnet. In der Forschung wird der Begriff vor allem zur Bezeichnung der ländlichen Eliten verwendet. Zur Formierung dieser Eliten vgl. Hans Conrad Peyer, Die Anfänge der schweizerischen Aristokratien, in: Peter Hoppe, Kurt Messmer, Luzerner Patriziat. Sozial- und wirtschaftsgeschichtliche Studien zur Entstehung und Entwicklung im 16. und 17. Jahrhundert, Luzern 1976, S. 1–28.

20 KBAG, MsZF 35, Bd. 1, fol. 390–411, hier fol. 390. Beat II. Zurlauben verfasste diese kurze Schrift vor 1641.

schichte der Zurlauben erscheint da als eine Abfolge bedeutender Männer, die konsequenterweise im Jahre 1799 mit dem Tod des »letzten Zurlauben« Beat Fidel endet.[21]

Die Frauen hingegen sind kaum sichtbar. Maria Euphemia und Maria Ursula Zurlauben haben im HLS nur deshalb einen eigenen Eintrag, weil sie als Geistliche in Klöstern Karriere gemacht und Herrschaft ausgeübt haben. Die weltlichen Frauen erscheinen gar nicht als eigenständige Akteurinnen, sondern nur in Relation zu einem Mann: zu ihrem Ehemann und zu ihrem Vater. Die weiblichen Verwandten verkörpern im Grunde genealogische Sackgassen, sie markieren die äußere Grenze der Verwandtschaftsgruppe und stehen unverbunden da.[22]

Sehr treffend visualisieren Stammbäume dieses patrilinear-dynastische Modell. Das Baummotiv betont die vertikale, agnatische Dimension von Verwandtschaft.[23] Zwei eindrückliche Stammbäume sind vom Schwyzer Reding-Geschlecht, einer anderen Innerschweizer Militärunternehmerfamilie, überliefert, die heute noch in zwei lokalen Herrenhäusern der Familie hängen.[24] Der Baum ist nach dem im Mittelalter verbreiteten Motiv des Jesse-Baums gestaltet. Die Wurzel des Geschlechts bildet ein Spitzenahn oder Urvater, der hier in der Gestalt eines auf dem Totenbett liegenden, mittelalterlichen Ritters imaginiert wird. Aus dessen Leib, dem keimenden Ursprung, wächst der starke Stamm der Dynastie, worauf Plaketten mit Kurzbiographien der nächsten männlichen

21 Vgl. etwa den Artikel »Zurlauben« im Historischen Lexikon der Schweiz (HLS), der mit dem Satz schließt: »Beat Fidel (Nr. 3), Generalleutnant und Historiker, starb 1799 als letzter männl. Vertreter des Geschlechts«. Vgl. Urs Amacher, Zurlauben, in HLS, URL:<http://www.hls-dhs-dss.ch/textes/d/D25422.php>, Version vom 25.01.2015. – Weiter auch Meier, Die Zurlaubiana (wie Anm. 3), Bd. 2, S. 869f. Meiers Stammtafel endet ebenfalls bei Beat Fidel Zurlauben. – Aus der Ehe mit Maria Barbara Helena Elisabeth Kolin (1737–1793) hatte Beat Fidel zwei Töchter, die das Erwachsenenalter erreichten und sich beide verehelichten: Maria Anna Elisabeth Plazida (1757–1829) heiratete 1780 den Luzerner Jost Xaver Dürler (1745–1802), und Maria Josefa Agatha Theresia (1765–1828) heiratete 1787 Franz Dominik Honegger (1749–1802) von Bremgarten. Vgl. Meier, Die Zurlaubiana (wie Anm. 3), Bd. 2, S. 869f.

22 Vgl. z.B. den Eintrag »Zurlauben, Beat« (1597–1663). Aufgeführt wird Beats Vater Konrad. Seine Mutter wird nicht erwähnt, weil Beats Vater nur einmal verheiratet war. Genannt wird zudem die Ehefrau Beat Zurlaubens, Euphemia Honegger, sowie deren Vater Niklaus, nicht aber Euphemias Mutter. Vgl. Urs Amacher, Zurlauben, Beat, in: HLS, URL:<http://www.hls-dhs-dss.ch/textes/d/D19481.php>, Version vom 26.09.2013. Auch sehr viele männliche Verwandte übrigens, das sei nicht verschwiegen, werden im Lexikon nicht erwähnt.

23 Eingehender zu Stammbäumen und den damit verbundenen Vorstellungen z.B.: Christiane Klapisch-Zuber, L'ombre des ancêtres. Essai sur l'imaginaire médiéval de la parenté, Paris 2000; dies.: Stammbäume. Eine illustrierte Geschichte der Ahnenkunde, München 2004. Ferner auch Teuscher, Verwandtschaft in der Vormoderne (wie Anm. 18), S. 104.

24 Die Stammbäume wurden im 18. Jahrhundert angefertigt. Abbildung in Nathalie Büsser, Militärunternehmertum, Außenbeziehungen und fremdes Geld, in: Historischer Verein des Kantons Schwyz (Hrsg.), Die Geschichte des Kantons Schwyz, Bd. 3: Herren und Bauern (1550 bis 1712), Zürich 2012, S. 69–127, hier S. 117.

Vorfahren gemalt sind. Der Stamm geht über in eine imposante, immer neue Äste und Blätter austreibende Baumkrone, die mit zahllosen Namens-Plaketten versehen ist. Die Krone symbolisiert die sich unaufhaltsam erneuernde und nach oben strebende männliche Nachkommenschaft.

Stammbäume als eine spezifische Form genealogischer Repräsentation, die zudem einen hohen Grad an Sichtbarkeit aufwiesen, legen offen, wie Verwandtschaft und Geschlecht innerhalb von Soldunternehmerfamilien gedacht wurden und vor allem hätten gedacht werden sollen. Sie geben damit auch Einblick in normative Vorstellungen über die häusliche Ordnung und können als eine Art soziales Drehbuch verstanden werden. Der Körper des Stammvaters und seine Verdienste nähren das ganze Geschlecht. Als ruhmreicher Krieger ist er die Urquelle der familiären Ehre und des Ansehens. Seine Nachkommen profitieren von dieser vornehmen Herkunft und familiären Ehre, die sie für das eigene Fortkommen einsetzen können. Aber sie sind zugleich verpflichtet, die Verdienste und den Ruhm des Geschlechts weiter zu mehren und das Bewusstsein für die Vorfahren und die eigene, vornehme Abstammung wach zu halten.

Die wachsende Bedeutung von Verwandtschaft, der verstärkte Fokus auf die Patrilinie und die Mobilisierung dynastischer Verwandtschaftskonzeptionen waren in der Frühen Neuzeit, wie bereits erwähnt, ein europaweiter Trend. Im westeuropäischen Hochadel verbreitete sich seit dem Spätmittelalter zudem die Primogenitur. Die Attraktivität dynastischer Verwandtschaftsmodelle lag vor allem in der generationenübergreifenden Linearität und Kontinuität, was Vorhersehbarkeit und Stabilität versprach. Herrschaft und Territorium ließen sich auf diese Weise nach klaren Regeln und unzerteilt vererben. Die Vater-Sohn-Linie fungierte als zentrales Organisationsprinzip und Transferachse.[25]

Schweizer Häuptergeschlechter wie die Zurlauben, die gleichzeitig im Soldgeschäft, in der Politik und staatlichen Administration tätig waren, sahen sich im Grunde mit ähnlichen Problemen konfrontiert wie der Hochadel. Ihre hegemoniale Position basierte ebenfalls auf Herrschaft – auf Ämtern, Privilegien, Rechten und Ansprüchen –, Grundbesitz, und auf dem sozialen Ansehen ihres Geschlechts. Es handelte sich also um ein Konglomerat vielfältiger materieller und immaterieller Ressourcen sowie rechtlicher Privilegien, die nicht einfach zwischen den Erben aufgesplittet werden konnten. Dazu gehörten die repräsentativen Stammhäuser und Grundbesitz generell, das Familienarchiv, Waffen, Söldnerkompanien, Herrschaftsrechte, Fürstengeschenke wie etwa Orden, Wappenbriefe, erbliche Titel und Ansprüche auf politische Ämter, der Name des Geschlechts, das Wissen um die eigene Abstammung und die Verdienste der Vorfahren. Diese Ressourcen bildeten den Kern des Verwandtschaftsunternehmens.

25 Vgl. auch Teuscher, Verwandtschaft in der Vormoderne (wie Anm. 18), S. 98.

Dass die Häuptergeschlechter dieses Konglomerat möglichst unzerteilt weitervererben wollten, hing mit der speziellen Organisation des Soldgeschäfts in den eidgenössischen Orten zusammen. Der ab den Burgunderkriegen (1474–1477) einsetzende Reislauf-Boom, der wesentlich auf der erhöhten Nachfrage ausländischer Fürsten nach bezahlten Kriegern basierte, führte zu erheblichen inneren Ordnungsproblemen. Die Werbungen in den eidgenössischen Orten und die Auszüge erfolgten weit gehend unkontrolliert, teilweise fanden sich in den Reihen verfeindeter Fürstenheere Angehörige derselben Kommune wieder. Zudem waren die Gewinne und Kosten, welche das Reislaufen mit sich brachte, sehr ungleich verteilt, was in der Bevölkerung zu Protesten führte. In der ersten Hälfte des 16. Jahrhunderts gelang es den eidgenössischen Obrigkeiten, den Söldnermarkt auf ihrem Territorium dank Verträgen mit den auswärtigen Fürsten gegen unerwünschte Rekrutierungen abzuschotten und zu monopolisieren. Die Kommunen positionierten sich nun geschickt als Vermittler zwischen den lokalen Soldunternehmern als Anbietern und den auswärtigen Fürsten als Abnehmern von Kriegsdiensten. Sie handelten die Verträge aus mit den Kriegsherren auf der einen und den Soldunternehmern auf der anderen Seite. Dank ihrer Zwischenhändlerfunktion schlugen die Orte auch kräftig Kapital aus der Vermittlung von Söldnern – unter anderem in Form von Pensionengeldern.[26]

Der entscheidende Punkt ist, dass es derselbe enge Kreis von Häupterfamilien war, der in den Orten das Soldgeschäft kontrollierte und die politisch-administrativen Schlüsselpositionen besetzte, die Zugang boten zu den auswärtigen Fürstenhöfen und zu den lokalen Söldner-Rekrutierungsgebieten. Eine Familie, die im Soldgeschäft erfolgreich sein wollte, konnte nicht nur militärunternehmerisch tätig sein. Sie benötigte die möglichst exklusive Unterstützung diverser Amtsträger – des Landammanns, des Ratsherren und der Gesandten, des Pen-

26 Für einen Überblick zur Geschichte des eidgenössischen Soldwesens mit dem neusten Forschungsstand und weiterführenden Literaturverweisen siehe: Büsser, Militärunternehmertum, Außenbeziehungen und fremdes Geld (wie Anm. 24), S. 69–127; Maud Harivel u. a. (Hrsg.), Fremde Gelder? Pensionen in der frühneuzeitlichen Eidgenossenschaft, Zürich 2017; Benjamin Hitz, Kämpfen um Sold. Eine Alltags- und Sozialgeschichte schweizerischer Söldner in der Frühen Neuzeit, Köln u. a. 2015, bes. S. 11–34; André Holenstein, Mitten in Europa. Verflechtung und Abgrenzung in der Schweizer Geschichte, Baden 2014, S. 32–40; Michael Jucker, Erfolgreiche Söldnerlandschaft Eidgenossenschaft? Die Innenperspektive um 1476, in: Philippe Rogger, Benjamin Hitz (Hrsg.), Söldnerlandschaften. Frühneuzeitliche Gewaltmärkte im Vergleich, Berlin 2014, S. 85–105; Urs Kälin, Salz, Sold und Pensionen. Zum Einfluss Frankreichs auf die politische Struktur der innerschweizerischen Landsgemeindedemokratien im 18. Jahrhundert, in: Der Geschichtsfreund 149 (1996), S. 105–124; Philippe Rogger, Die Pensionenunruhen 1513–1516. Kriegsgeschäft und Staatsbildung in der Eidgenossenschaft am Beginn der Neuzeit, Baden 2015; Christian Windler, »Ohne Geld keine Schweizer«. Pensionen und Söldnerrekrutierung auf den eidgenössischen Patronagemärkten, in: Zeitschrift für Historische Forschung, Beihefte 36 (2005), S. 105–133.

sionenabholers, Abts, des Landvogts und Landschreibers in den Untertanengebieten – sowie, nicht zu vergessen, den politischen Sukkurs einer Mehrheit der vollberechtigten Angehörigen ihrer Kommune. Umgekehrt benötigten Familien, welche am Herkunftsort eine sozio-ökonomisch superiore Position einnehmen wollten, auch gute Beziehungen zu auswärtigen Fürstenhöfen. Solche Beziehungen konnten durch das Soldwesen vermittelt werden.[27] Das Selbstverständnis und die sozio-ökonomische Stellung der kommunalen Führungsgruppen in der Zentralschweiz gründete also auf dem Zugang zum Soldgeschäft und der Ausübung wie auch der innerfamiliären Weitergabe von Ämtern und Herrschaftsrechten.

II. Herrschaftssichernde Güterkomplexe im Mannesstamm weitergeben

Die genealogischen Selbstdarstellungen und Repräsentationen der Schweizer Häuptergeschlechter bestätigen auf den ersten Blick die These, wonach sich innerhalb der europäischen Führungsgruppen die patrilinear strukturierte Familienorganisation in der Frühen Neuzeit durchgesetzt habe. Gleichzeitig finden sich in Familiennachlässen wie dem der Zurlauben oder der Reding aber Dokumente, die diese genealogischen Repräsentationen konterkarieren und eine andere Geschichte erzählen, nämlich die einer weiterhin stärker bilateral und horizontal ausgerichteten Verwandtschaftsorganisation.

Diese Beobachtung stützen neuere Forschungen, welche die These von der wachsenden Bedeutung von Abstammungslinien und der Ausbreitung patrilinearer Ordnungsmuster relativieren und konkretisieren. David Sabean und Simon Teuscher haben aufgezeigt, dass sich solche dynastisch-patrilinearen Verwandtschaftskonzeptionen in der Frühen Neuzeit nicht umfassend durchsetzten, sondern nur in bestimmten Bereichen wie etwa der Repräsentation und der herrschaftlich-politischen Sukzession eine wichtige Rolle spielten. Sie schlugen deshalb vor, zwischen den herrschaftssichernden Gütern (»succession«), die dem Erhalt der politischen und sozialen Position dienten, und dem restlichen Besitz (inheritance) zu unterscheiden. Während Erstere, eine Art

27 Eingehender dazu Büsser, Adel in einem Land ohne Adel (wie Anm. 10); Nathalie Büsser, Frauen im Soldunternehmertum. Geschäftliche Handlungsfelder von weiblichen Familienangehörigen der Zuger Zurlauben um 1700, Lizenziatsarbeit, 2 Bde., Zürich 2004 [unpubl. Manuskript]; Urs Kälin, Die fremden Dienste in gesellschaftsgeschichtlicher Perspektive. Das Innerschweizer Militärunternehmertum im 18. Jahrhundert, in: Norbert Furrer u.a. (Hrsg.), Gente ferocissima. Mercenariat et société en Suisse (XVe–XIXe siècle) / Solddienst und Gesellschaft in der Schweiz (15.–19. Jahrhundert). Festschrift für Alain Dubois. Zürich 1997, S. 279–287; ders., Die Urner Magistratenfamilien (wie Anm. 6).

unteilbarer Kernbesitz, möglichst patrilinear weitergegeben wurden, erfolgte die Übertragung der restlichen Vermögensteile weiterhin nach bilateralen Mustern, und es herrschte grundsätzlich eine gleiche Erbteilung.[28]

Wie lässt sich dies erklären? – Patrilinearität ist ein Modell, das den Transfer umfangreicher, werthaltiger Güterkomplexe entlang der Vater-Sohn-Achse ermöglicht. Es erzeugt aber immer auch Spannungen, weil es starke Ausschlussmechanismen mit sich bringt und Ungleichheit produziert. Spannungen ergaben sich bei den eidgenössischen Führungsgruppen im Bezug auf das lokale, spätmittelalterliche Gewohnheitsrecht, das bei Erbgängen in der Regel eine rechtliche Gleichbehandlung von Töchtern und Söhnen vorsah. Die Töchter und die jüngeren Söhne hatten Anrecht auf einen Teil des Vermögens. Wenn ein oder mehrere Brüder den ganzen Grundbesitz und weitere positionssichernde Ressourcen erbten, die unzerteilt weitergegeben werden sollten, mussten sie gemäß geltendem Recht ihre Geschwister entsprechend entschädigen.

Dennoch wurde es ab dem 16. und 17. Jahrhundert in vielen Orten der Deutschschweiz üblich, dass die Söhne oder ein einzelner Sohn gegenüber den Töchtern im Bezug auf die väterliche Hinterlassenschaft klar begünstigt wurden. Die zunehmende Orientierung der Eliten an dynastischen Verwandtschaftsordnungen durchdrang auch das lokale Recht.[29] Kommunen erließen neue Bestimmungen, die den Söhnen einen größeren Anteil am Gesamtvermögen zugestanden als den Töchtern.[30] Verbreitet war das Vorgehen, den Söhnen oder einem einzelnen Sohn ein Vorrecht auf die Liegenschaften der Eltern oder zumindest des Vaters (»Fürderling«, Vorlass, Anschlagsrecht) zuzugestehen. Das heißt, der meistbegünstigte männliche Erbe konnte die Liegenschaften weit

28 Sabean, Teuscher, Kinship in Europe (wie Anm. 18), S. 4–16; Teuscher, Verwandtschaft in der Vormoderne (wie Anm. 18), S. 89–92.

29 Martin Kothing, Die Erbrechte des Cantons Schwyz, mit Rücksicht auf die Forderungen der Gegenwart, in: Zeitschrift für schweizerisches Recht (1856), S. 109–178, hier S. 114f. – Zum Erbrecht im Raum der frühneuzeitlichen Schweiz gibt es verschiedene ältere Studien von Juristen, die meist einen Kanton untersuchten, jedoch kaum neuere, geschichtswissenschaftliche Analysen. Eine Ausnahme bildet Thomas Weibel, Erbrecht und Familie. Fortbildung und Aufzeichnung des Erbrechts in der Stadt Zürich. Vom Richtebrief zum Stadterbrecht von 1716, Zürich 1988.

30 In weiten Teilen des Kantons Zürich erbten die Söhne zwei und die Töchter ein Drittel der Hinterlassenschaft. In der Stadtgemeinde Zug lautete das Verhältnis drei versus zwei Fünftel. Und in der Stadt Luzern standen gemäß einer Satzung von 1594 den Söhnen fünf Achtel des Erbes zu. Im älteren luzernischen Recht jedoch galt noch eine gleiche Teilung unter Söhnen und Töchtern. Johann Jakob Blumer, Staats- und Rechtsgeschichte der schweizerischen Demokratien oder der Kantone Uri, Schwyz, Unterwalden, Glarus, Zug und Appenzell, 2 Bde., Theil 1: Das Mittelalter, Theil 2: Die neuere Zeit (1531–1798), St. Gallen 1850–1858, hier Bd. 2, Theil 2, S. 206; Eugen Huber, System und Geschichte des Schweizerischen Privatrechts. 4 Bde., Basel 1886, hier Bd. 4, S. 558 u. Anm. 5; Alfred Sautier, Die Familienfideikommisse der Stadt und Republik Luzern, Bern 1909, S. 2.

unter deren realem Wert (um einen billigen Anschlag) an sich bringen.[31] Gewissermaßen als Kompensation hatten die Töchter dann vereinzelt rechtlichen Anspruch auf ein Wohnrecht im väterlichen Haus, so lange sie unverheiratet blieben.[32]

Eine weitere legale Möglichkeit, um die gleiche Erbteilung zu vermeiden und herrschaftssichernde Vermögenskomplexe unzerteilt innerhalb des Geschlechts weiterzugeben, stellten verschiedene Formen weltlicher und geistlicher Stiftungen dar. Mittels Stiftungen ließen sich Besitzteile aus den gewöhnlichen Erbgängen ausgliedern und einem Erben zur Nutznießung überlassen. Fideikommisse etwa erfreuten sich in der Alten Eidgenossenschaft ab der Mitte des 17. Jahrhunderts wachsender Beliebtheit. Der Nutznießer durfte das Fideikommissgut nach eigenem Gutdünken nutzen, aber nicht veräußern oder schmälern.[33] Die Obrigkeiten hatten die Errichtung von Fideikommissen jeweils zu bewilligen.

Neben diesen rechtlichen Instrumenten, die einigermaßen konform mit dem lokalen Recht waren, regulierte ein Geflecht von innerfamiliären, oft mit Geheimhaltungsklauseln versehenen Verträgen den Zugang zu den Vermögen. So schlossen beispielsweise die fünf Söhne des rund ein Jahr zuvor verstorbenen Schwyzer Landammanns Rudolf Reding am 5. August 1610 »aus brüederlicher wolmeinung und redlicher affection, so sy gemein und sonderlich zu irem geschlecht, stammen und namen tragend« eine Vereinbarung: Sie versprachen sich gegenseitig, dass alle ererbten Güter, Häuser, Höfe, Matten, Riede, Weiden, Wälder samt allem Zubehör beim Aussterben einer Manneslinie an den nächsten Mannesstamm aus dem Reding-Geschlecht fallen sollten; ebenso die französischen Kontrakte – also Soldverträge und Pensionen, soweit sie noch bestehen oder Zahlungen anstehen – mitsamt den goldenen Ketten, Orden und anderen Ehrenzeichen sowie den fünf grössten Stücken an Silbergeschirr. Frauen, Töchter, Schwäger und ihre Kinder hätten keinerlei Ansprüche bezüglich den erwähnten »stucken«, weder aufgrund geistlichen noch weltlichen Rechts, noch durch Heirat oder Erbschaft.[34] Die Reding-Brüder setzen sich in dieser Urkunde

31 Blumer, Staats- und Rechtsgeschichte der schweizerischen Demokratien (wie Anm. 30), hier Bd. 2., Teil 2, S. 205f.; Huber, System und Geschichte des Schweizerischen Privatrechts (wie Anm. 30), Bd. 4, S. 558 u. Anm. 5.

32 Kothing, Die Erbrechte des Cantons Schwyz (wie Anm 29), S. 109–178, hier S. 117.

33 Die ersten Fideikommiss-Stiftungen sind im Gebiet der heutigen Schweiz zur Zeit der Reformation nachweisbar. Die Reding erhoben 1521 ein Haus sowie eine Weide in Oberberg und die Tschudi 1530 ihre Herrschaft Gräpplang zu Fideikommissen. Vgl. Peyer: Die Anfänge der schweizerischen Aristokratien (wie Anm. 19) S. 1–28, hier S. 19f.; Ulrich Aeschlimann, Die Familienstiftungen der Alten Eidgenossenschaft. Ein Korrelat zum Aristokratisierungsprozess in den Städte- und Länderorten, Lizentiatsarbeit [unpubl. Manuskript], Zürich 1974, S. 12f.

34 StASZ, Pa 23. Dazu: Wiget, Von Haudegen und Staatsmännern (wie Anm. 1), S. 10–21.

explizit über geltendes Recht hinweg, um weibliche Blutsverwandte und Angeheiratete vom Besitz statusrelevanter Güter auszuschließen. In den Familiennachlässen der Soldunternehmergeschlechter finden sich derartige Klauseln auch in anderen Vereinbarungen wie Eheabreden, Heiratsverträgen oder Testamenten.[35]

III. Eine spezifische Verwandtschaftsorganisation und die Ansprüche der Frauen

Die kommunalen Eliten verfügten also über einige wirksame Instrumente und Optionen, um statussichernden Kernbesitz unzerteilt im Mannesstamm weiterzugeben. Dennoch gelang es ihnen nicht, etwa die weiblichen Verwandten vollständig von diesen Güterflüssen auszusperren. 1780 verkaufte beispielsweise die verwitwete Rosa Elisabeth Reding die Halbkompanie im Schweizer Garderegiment von Neapel, die ihrem verstorbenen Mann Franz Karl Josef Reding (1729–1778) gehört hatte.[36] Dies rief ihren Cousin Charles Reding (1725–1783) auf den Plan. Er vertrat den Standpunkt, die von seinem verstorbenen Onkel ausgehobene Kompanie müsse beim Fehlen männlicher Nachkommen an die Linie seines Vaters übergehen. Vor der Landeskanzlei in Schwyz jedoch blitzte er mit dieser Forderung ab. Der Verkauf war rechtens.[37] Anders der Fall einer Zuger Halbkompanie in spanischen Diensten: Der vorgesehene Erbe Beat Kaspar Landtwing weigerte sich 1744, die Kompanie nach dem Tod seines Vaters als Eigentum zu übernehmen. Darauf beschloss der Vater Johann Franz Landtwing (1671–1748), dass alle seine vier Kinder – darunter auch eine Tochter – »in gleichen vortheillen Proprietary und eigenthumliche besitzer diser compagnie sein sollen«. Weil die Kompanie aus väterlichen und mütterlichen Mitteln errichtet und aufgeworben worden sei, sollten sämtliche Kinder gleichermaßen an den Erträgen und Verlusten partizipieren sowie »verordnungen nach jhrem al-

35 Vgl. etwa den Teilungsvertrag, den die Nachkommen Konrad III. Zurlaubens im Jahr 1629, gleich nach dessen Tod, abschlossen: KBAG, MsZF 35, 2.69–70. Darin hielten sie fest, dass den beiden Söhnen Beat II. und Heinrich I. »die Kettenen, Khleinothien, Ring, Khleider, Harnische, wehre und waffen, Büecher [...] voruss Zugehören.« – Derartige Bestimmungen erwähnt auch Kälin, Die Urner Magistratenfamilien (wie Anm. 6), S. 228–230. – Zu Verträgen, welche im verwandtschaftlichen Kontext zur Vermögensabsicherung abgeschlossen wurden, und ihrem Verhältnis zum geltenden Recht auch Christian Hagen u. a., Verträge als Instrumente der Vermögensabsicherung im südlichen Tirol vom 14. bis zum 18. Jahrhundert, in: Historische Anthropologie, 25/2, S. 188–212, bes. S. 188f. u. 211f.

36 Anzumerken ist, dass Kompanien in einem Garderegiment besonders prestigereich und lukrativ waren. Es handelte sich um eine Art Elite-Einheiten, welche vor allem dem Schutz des Fürsten und seines Hofs dienten.

37 Vgl. Wiget, Von Haudegen und Staatsmännern (wie Anm. 1), S. 61.

lerseits guten ermessen vor zu nemmen und zu machen im stand seyen«.[38] Bei der Mutter der vier Kinder handelte es sich um Maria Elisabeth Esther Zurlauben (1684–1733), die erstgeborene Tochter von Beat Kaspar Zurlauben (1644–1706) und Maria Theresia Esther Lussy (1670–1737).

Gewiss, dass Frauen eine prestigereiche Gardekompanie oder eine erbliche Eigentumskompanie erbten, entsprach eher nicht der Regel.[39] Aber sie dürften öfter Miteigentümerinnen gewesen sein und noch öfter die geschäftlichen Aktivitäten mit eigenen Mitteln mitfinanziert haben, die Teil ihres elterlichen Erbes sein konnten.[40] Wenn nämlich eine Kompanie samt dem ganzen, herrschaftssichernden Vermögenskomplex patrilinear, also einem oder mehreren begünstigten Söhnen, übertragen wurde, dann mussten die Töchter und allenfalls auch jüngeren Söhne einigermaßen entschädigt werden. Dies führte dazu, dass die männlichen Verwandten tendenziell über die statussichernden, aber wenig liquiden Güter verfügten und die weiblichen Verwandten über die liquiden und mobilen Vermögensteile (Geld, Gülten, Schmuck, Silberwaren, Textilien, Vieh und Naturalien) oder über entsprechende Ansprüche. Patrilinear strukturierte Besitztransfers hatten tendenziell also geschlechterspezifische Güterflüsse zur Folge, die häufig generationenübergreifende Schuldbeziehungen zwischen Verwandten und Angehörigen verschiedener Geschlechter nach sich zogen.[41]

Solche Ansprüche hatte beispielsweise die eingangs vorgestellte Anna Elisabeth Wallier. Ihr Bruder Franz Wallier schuldete ihr 1642, anlässlich ihrer Hochzeit mit Heinrich Zurlauben, eine Summe von 5.000 Gulden für den ihr zustehenden Erbteil. Im November 1645 waren bereits drei Zinszahlungen in der Höhe von insgesamt 750 Gulden ausstehend. In einem Schuldschein musste sich Franz Wallier gegenüber seinem Schwager verpflichten, die 5.000 Gulden samt Zinsen innerhalb von zwei Jahren auszuzahlen.[42]

---

38 StAZG, P 26/1 (19.2.1744), [S. 1f.]. Die Landtwing gehörten zu den führenden Geschlechtern in Stadt und Amt Zug. Johann Franz Landtwing war Militärunternehmer, Ritter des St.-Ludwig-Ordens, sass im Rat und wirkte als Landvogt, Stabführer der Stadt Zug, Landammann, Gesandter und Pensionenabholer. Vgl. Renato Morosoli, Landtwing, Johann Franz, in: HLS, URL:<http://www.hls-dhs-dss.ch/textes/d/D26778.php>, Version vom 15.11.2007.

39 Urs Kälin dagegen geht davon aus, dass erbliche Ämter und Pfründen wie etwa Eigentumskompanien »ausschliesslich patrilinear vererbt wurden«. Kälin, Die Urner Magistratenfamilien (wie Anm. 6), S. 228f.

40 Vgl. auch Hermann Suter, Innerschweizerisches Militär-Unternehmertum im 18. Jahrhundert, Zürich 1971, S. 69 u. 71: Er erwähnt Frauen, die für Darlehen zur Aufrichtung eines Regiments bürgten, und eine Frau, die in Basel einen Teil ihres Schmucks verpfändete.

41 Vgl. dazu Simon Teuscher, Male and female inheritance: property devolution and succession in late medieval nobilities in the Southwest of the Holy Empire, in: Simonetta Cavaciocchi (Hrsg.), La famiglia nell'economia europea, secc. XIII–XVIII., Florenz 2007, S. 599–618.

42 AH 7/14 (13.11.1645), Vidimus des Schuldbriefs; AH 7/15 ([ca. 23.3.1645]), Verzeichnis dessen, was Franz Wallier seiner Schwester schuldig ist. Franz Wallier schuldete seiner Schwester 1645 zudem weitere Geldbeträge, die in Zusammenhang mit Vieh und einer Stute

Dass übervorteilte Söhne die legitimen Ansprüche ihrer Geschwister kompensieren mussten, hing nicht nur damit zusammen, dass Patrilinearität und lokale Erbrechte in einem Spannungsverhältnis zu einander standen. Patrilineare Besitzübertragungen und nachgerade Primogenitur-Modelle standen vor allem in einem Spannungsverhältnis zur alltäglichen Familienorganisation. Der Haupterbe des väterlichen Gutes war gar nicht in der Lage, selber alle politisch-administrativen Positionen zu besetzen, an auswärtigen Fürstenhöfen präsent zu sein, den heimischen Grundbesitz zu verwalten und das Soldgeschäft zu führen. Er war auf die vielfältige Unterstützung vieler Verwandter – Blutsverwandter und Angeheirateter, weltlicher und geistlicher – angewiesen, um die herrschaftssichernden Güter alle bewirtschaften zu können.

Urs Kälin hat für die Organisation solcher, wie er sie nennt, »privatwirtschaftlicher« Soldunternehmen in der Innerschweiz des 18. Jahrhunderts den Begriff des »erblichen Familien- bzw. Verwandtschaftsunternehmen« geprägt.[43] Diese vermeintlich treffende Bezeichnung täuscht jedoch darüber hinweg, dass Kälin die mit dem Soldgeschäft verbundene komplexe Organisation letztlich doch männlich und patrilinear dachte.[44]

So bilden Tätigkeiten und Handlungsfelder weiblicher Akteurinnen wie auch weiterer, scheinbar peripherer Verwandter in den Arbeiten zum Militärunternehmertum im Raum der heutigen Schweiz eigentliche Leerstellen.[45] Aus der

standen. Einen Teil dieser zusätzlichen Ansprüche seiner Schwester von total 648 Kronen beglich er mittels Geld und Weinlieferungen. Ausstehend blieben 177 Kronen.

43 Kälin, Salz, Sold und Pensionen (wie Anm. 26), S. 120.

44 Mit seinen Arbeiten zeigte Kälin die bereits angesprochenen vielfältigen Verknüpfungen der Fremden Dienste mit ökonomischen, politischen, rechtlichen, sozialen und kulturellen Dimensionen. Die zu erbringenden, sehr komplexen Organisationsleistungen hätten deshalb »kollektive Strategien« begünstigt. So seien praktisch alle führenden Familien Teil dieser Strategien und ins Soldwesen eingebunden gewesen. Mit den führenden Familien meint er aber nur, wie er im nächsten Satz verdeutlicht, »praktische alle Magistraten«, welche »über die Rekrutierung, die Rekrutentransporte, die stark fragmentierten Eigentumsverhältnisse an den Kompanien, über Kredit- und Wechselgeschäfte, über die Vermögensverwaltung für landesabwesende Offiziere oder über die politische Absicherung von Solddienstkapitulationen und Werbeprivilegien [...] direkt am Solddienstwesen beteiligt« waren. Vgl. Kälin, Salz, Sold und Pensionen (wie Anm. 26), S. 119f. – Kälins Zugang ist ein klassisch sozialgeschichtlicher. Er wollte mit seiner Fallstudie »die kollektive Biographie einer Sozialgruppe als Gesellschaftsgeschichte [...] schreiben.« Kälin, Die Urner Magistratenfamilien (wie Anm. 6), S. 8.

45 Exemplarisch ist Gustav Allemann, Söldnerwerbungen im Kanton Solothurn von 1600–1723, Solothurn 1946. Er erwähnt nebenher, nach 1670 hätten nicht mehr die Hauptleute, sondern unter anderem auch Verwandte und »nicht selten die Frau Hauptmann« die Werbungen organisiert. Er verweist auch auf das »Werbebureau der Frau des Obersten Pfyffer«, jedoch ohne näher darauf einzugehen. Vgl. S. 141 u. 167. – Gezielt mit einer weiblichen Akteurin hat sich Louiselle de Riedmatten befasst. In ihrer Studie zum Briefwechsel eines Walliser Militärunternehmers in sardischen Diensten und seiner Ehefrau Jeanne Barbe Preux, die im Herkunftsort verblieb, kam sie zum Ergebnis, dass zu Lebzeiten des Mannes »le rôle de de

Perspektive der neueren Verwandtschaftsforschung und der Geschlechtergeschichte erscheint das Soldgeschäft jedoch nicht mehr als klar abgegrenztes Patrimonium, das vom Vater auf den ältesten Sohn übergeht oder unter mehreren Söhnen geteilt werden sollte, sondern vielmehr als Teil des ineinander verschachtelten Güterkonglomerats einer größeren Verwandtengruppe. In dessen Erhaltung, Nutzung und Vermehrung, so konnte ich am Beispiel der Zurlauben-Geschlechts aufzeigen, waren nachgerade Schwestern, Ehefrauen, Töchter und Tanten, aber auch jüngere Brüder, Schwäger und geistliche Verwandte eingebunden, die in der bisherigen Forschung kaum Beachtung gefunden haben.[46]

Im Familiennachlass der Zurlauben begegnet einem für die Zeit an der Wende vom 17. zum 18. Jahrhundert eine besonders dichte Überlieferung von Akten, die diese Einbindung verschiedener Verwandter ins Soldgeschäft anschaulich dokumentieren. In diese Zeit fiel der Spanische Erbfolgekrieg (1701–1714), der für eine erhöhte Nachfrage nach bezahlten Kriegern sorgte.[47] Die in Zug wohnhafte Maria Jakobea Zurlauben (1658–1716) organisierte damals die Re-

Jeanne Barbe n'est pas primordial au sein de la compagnie« (S. 53). De Riedmatten interessierte sich – was vermutlich auch dem Quellenbestand geschuldet ist – vor allem für die emotionale Beziehung des getrennt lebenden Paares und fragte nicht nach Besitzverhältnissen oder konkreten wirtschaftlichen Tätigkeiten der Frau. Louiselle de Riedmatten, Lettres à l'absent bien-aimé. Essai sur la correspondance de Jeanne Barbe Preux à son mari, Gaspard Antoine Quartéry, capitaine en Sardaigne, in: Norbert Furrer u. a. (Hrsg.), Gente ferocissima. Mercenariat et société en Suisse (XVe–XIXe siècle) / Solddienst und Gesellschaft in der Schweiz (15.–19. Jahrhundert), Zürich 1997 (Festschrift für Alain Dubois), S. 41–59. – Aktuell arbeitet Jasmina Cornut an einem Dissertationsprojekt, in dessen Zentrum die Ehefrauen von Militärunternehmern stehen: »Femmes d'officiers suisses au service étranger: implications, enjeux et stratégies de l'absence (Suisse romande, XVIIe–XIXe siècles)«. Für erste Ergebnisse ihrer Forschungen z. B. dies., Implications féminines dans l'entrepreneuriat militaire familial en Suisse romande (XVIIe–XVIIIe siècles), in: Genre et Histoire (en ligne), erscheint 2017.

46 Büsser, Frauen im Soldunternehmertum (wie Anm. 27); dies., Die Frau »Hauptmannin« als Schaltstelle für Rekrutenwerbungen, Geldtransfer und Informationsaustausch, in: Hans-Jörg Gilomen u. a. (Hrsg.), Dienstleistungen. Expansion und Transformation des »dritten Sektors« (15.–20. Jahrhundert), Zürich 2007, S. 143–153; dies., Drängende Geschäfte. Die Söldnerwerbungen Maria Jakobea Zurlaubens um 1700 und ihr verwandtschaftliches Beziehungsnetz, in: Der Geschichtsfreund 161 (2008), S. 189–224; dies., »... et donné moy bien de vos nouvelles«. Grenzüberschreitende Briefkorrespondenzen Zentralschweizer Soldunternehmerfamilien um 1700, in: Dorothea Nolde, Claudia Opitz (Hrsg.), Grenzüberschreitende Familienbeziehungen. Akteure und Medien des Kulturtransfers in der Frühen Neuzeit, Köln u. a. 2008, S. 191–207.

47 Gleichzeitig aber dürfte das Angebot an rekrutierungswilligen Männern innerhalb der Eidgenossenschaft ständig gesunken sein, während die Desertionsraten stiegen. Dieser Meinung sind u. a. Allemann, Söldnerwerbungen im Kanton Solothurn von 1600–1723 (wie Anm. 45), S. 123–138; Kälin, Die fremden Dienste in gesellschaftsgeschichtlicher Perspektive (wie Anm. 27), S. 282 f. – Andere Forschungen gehen jedoch davon aus, dass das Geschäft damals lukrativ war. Vgl. Büsser, Frauen im Soldunternehmertum (wie Anm. 27), S. 68–70.

krutenwerbungen für ihren Bruder Beat Heinrich Josef Zurlauben (1663–1706), der Gardehauptmann war und mehrere Kompanien besaß, darunter eine Halbkompanie im französischen Garderegiment. Wie routiniert und kompetent sie ihre Aufgaben wahrnahm, illustrieren die knappen, fast schon beiläufigen Anweisungen in den Briefes ihres Bruders: »Faites moy donc de beaux hommes,«[48] ermahnte er sie in einem Schreiben. Sie solle ihm schöne Männer anwerben. Weitere Worte mussten nicht darüber verloren werden. Aus ihrer Korrespondenz, ihren Rechnungen und persönlichen Notizen wird ersichtlich, dass Maria Jakobea Zurlauben in Zug eine Art Geschäftsstelle führte und das Bindeglied zu ihrem landesabwesenden Bruder bildete. Die Geschwister haben sich teilweise mehrmals wöchentlich brieflich ausgetauscht.

Die *Frau Hauptmannin* fungierte selber als Anlaufstelle für dienstwillige Männer und koordinierte die Aktivitäten weiterer Werber: Dazu gehörten unter anderem Wirte, der Zuger Großweibel Martin Uttinger sowie die beiden Gardeleutnante Müller und Johann Rudolf Kreuel, die während ihrer Aufenthalte in Zug enge Kontakte zu Maria Jakobea Zurlauben pflegten.[49] Eine mehrjährige Kooperation unterhielten die beiden Geschwister zudem mit ihrer Schwester Maria Barbara (1660–1724) und deren Ehemann Beat Jakob II. Zurlauben (1660–1717), ihrem Cousin, der ebenfalls Kompanien besaß.[50]

Die Männer, die das Handgeld angenommen und sich somit zum Dienst verpflichtet hatten, wurden von der *Frau Hauptmannin* in einem Wirtshaus einquartiert. Sobald eine genügend große Gruppe von Söldnern samt Begleitern (Angehörige der Kompanie) beisammen war, veranlasste sie deren Abreise. Falls nötig, hat sie den Rekruten noch neue Schuhe und Kleider bezahlt. Hinzu kamen Ausgaben für die Fahndung nach den Männern, die unterwegs desertiert waren. Über alle bis dahin aufgelaufenen Kosten führte Maria Jakobea Zurlauben fein säuberlich Buch. Sie fertigte für jeden einzelnen Söldner eine persönliche Rechnung an, von der sie danach den Kompanie-Oberen eine Abschrift zukommen ließ. Die Söldner waren bereits verschuldet, bevor sie überhaupt bei ihrer Kompanie angekommen waren, und mussten diese Ausgaben im Laufe ihres Dienstes zurückzahlen.

---

48 AH 184/189 (28.5.1701). Vgl. auch: AH 92/135 (10.1.1702); AH 166/22 (4.3.1699); AH 176/22 (4.1.1702).

49 Büsser, Drängende Geschäfte (wie Anm. 46), S. 197. Kreuel war mit einer Tochter von Beat Kaspar Zurlauben verheiratet, dem Halbbruder Beat Jakob II. Zurlaubens. Und Martin Uttingers einziger Sohn Beat Kaspar (1692–1753) heiratete Anna Maria Louisa Zurlauben, eine Tochter von Beat Jakob II. und Maria Barbara Zurlauben. Beat Kaspar Uttinger warb dann für seinen Schwager Beat Franz Plazidus Zurlauben (1687–1770) Rekruten. Vgl. ebd., S. 200.

50 Beat Jakob II. Zurlauben sollte unter anderem während seiner Amtszeit als Landvogt in den Freien Ämtern (1699–1701), einem Untertanengebiet, seine Schwägerin Maria Jakobea bei deren Werbungen unterstützen. Vgl. AH 85/118 (7.12.1699), ferner auch Büsser, Drängende Geschäfte (wie Anm. 46), S. 202f.

Dass einige von Maria Jakobea Zurlaubens Rechungsnotizen überhaupt überliefert wurden, lag wohl daran, dass sie die Werbungen auch mit eigenem Geld finanziert hatte. Nach dem Tod ihres Bruders forderte sie vom Regimentsinhaber Geld zurück und reiste mit ihrem Schwager Beat Jakob II. Zurlauben nach Paris, um sich um die Hinterlassenschaft des Verstorbenen zu kümmern.[51]

Maria Jakobea Zurlauben hat diese Tätigkeiten im Soldgeschäft keineswegs nur aus verwandtschaftlicher Zuneigung und Solidarität verrichtet. Sie war Teil der familiären Ökonomie[52] und aus Gründen der Existenzsicherung auf die daraus fließenden Erträge angewiesen. Für ihre Leistungen erhielt sie Geld, und ihr Ehemann Ägid Franz Andermatt (1667–1705) besetzte eine Offiziersstelle in der Kompanie seines Schwagers Beat Heinrich Josef Zurlauben. All diese Zuwendungen waren wiederum an Erwartungen gebunden: Der Gardehauptmann drohte seiner Schwester unter anderem mit dem sofortigen Stopp aller Zahlungen und der Entlassung Andermatts, wenn sie sich fortan weigern würde, die betagte Mutter in ihrem Haushalt aufzunehmen.[53]

Maria Jakobea Zurlaubens Schwester Maria Barbara wirkte ebenfalls als Rekrutenwerberin. Aufgrund der sozio-ökonomischen Position ihres Gatten Beat Jakob II. Zurlauben[54] war Maria Barbara noch stärker in die Verwaltung der Kompanien eingebunden, sie nahm die Berichte und Abrechnungen der Offiziere entgegen und korrespondierte mit ihnen über anstehende Probleme.[55] Als Beat Jakob 1717 starb, richtete Beat Franz Plazidus (1687–1770), der als Gardehauptmann tätig war, seine ausführlichen Berichte an seine Mutter und erörterte mit ihr Fragen der Kompanieverwaltung.[56]

51 Eingehender dazu Büsser, Frauen im Soldunternehmertum (wie Anm. 27), S. 151–161.

52 Der hier verwendete Begriff Ökonomie orientiert sich am Vorschlag von Gabriele Jancke und Daniel Schläppi, wonach Ökonomie zwingend mit Ressourcen zu tun hat und allgemein verstanden werden soll als »*menschliches Wirtschaften* von Individuen und/oder Gemeinschaften zur *Allokation und Distribution von Ressourcen* im Modus vom Konkurrenz und Kooperation. Es geht also um Praktiken […].« dies., Einleitung: Ressourcen und eine Ökonomie sozialer Beziehungen, in: dies. (Hrsg.), Die Ökonomie sozialer Beziehungen: Ressourcenbewirtschaftung als Geben, Nehmen, Investieren, Verschwenden, Haushalten, Horten, Vererben, Schulden, Stuttgart 2015, S. 7–36, hier S. 14.

53 AH 88/161 (3.12.1696); KBAG, MsZq 13, 2.109.

54 Beat Jakob II. war der älteste Sohn (der das Erwachsenenalter erreichte) von Beat Jakob I. Zurlauben (1615–1690) und der Enkel von Beat II. Zurlauben. Ersterer besaß mehrere Kompanien, besetzte wichtige politische Ämter, war mehrfacher Gesandter und wirkte als Abholer und Austeiler der französischen Pensionen. Vgl. Meier, Die Zurlaubiana (wie Anm. 3), Bd. 2, S. 945.

55 Z.B. AH 46/80 (16.9.1706); AH 86/41 (26.2.1707); MsZF 1.176, Nr. 183 (4.11.1713).

56 Vgl. z.B. AH 72/61 (1.5.1720). Eingehender zu dieser Korrespondenz: Gabriela Dettwiler, Madame La Landame Zurlauben de Gestellenbourg. Soldunternehmerin Maria Barbara Zurlauben in Korrespondez mit ihrem Hauptmannssohn Beat Franz Plazidus, Bachelorarbeit, Zürich 2015 [unpubl. Manuskript].

Die Arbeit weiblicher Familienangehöriger wird in den Quellen oft erst dann sicht- und greifbar, wenn die Männer abwesend waren. Dass Maria Barbara Zurlauben aber mehr als nur die Stellvertreterin ihres Mannes war, belegt ein Brief von 1710. In diesem Schreiben erinnert Grenadierkorporal Remigius Huber die »Landämmin und Landtmajorin«, die ihn 1706 angeworben hatte, an ihre damalige Vereinbarung. Er bat sie, und nicht etwa ihren Ehemann Beat Jakob II. als Kompaniebesitzer, um eine bessere Bezahlung und die Versetzung in die Gardekompanie.[57] Überhaupt dürfte Maria Barbara Zurlauben aufgrund der häufigen Abwesenheit ihres Gatten über beträchtliche Handlungsspielräume und Entscheidungskompetenzen verfügt haben. Aufgrund der lokalen Präsenz weiblicher Angehöriger von Häupterfamilien, ihrer verwandtschaftlichen Beziehungsnetze und der spezifischen strukturellen Eigenheiten des Soldgeschäfts, wie auch der politischen Kultur, ist die Geschäftstätigkeit der beiden Zurlauben-Frauen nicht als Einzelfall, sondern als Indiz für ein verbreitetes Phänomen zu verstehen.[58]

Erwähnt seien schließlich noch kurz die geistlichen Verwandten und deren Einbindung in die familiäre Ökonomie, die in der bisherigen Literatur ähnlich wenig Beachtung fand. Gerade die Klöster als Herrschaftsträger, Landbesitzer und regionale Wirtschaftszentren waren prädestiniert, um Söldner zu vermitteln. Die Äbte und Äbtissinnen stammten häufig aus Häupterfamilien wie den Zurlauben. Zudem fanden sich in den Gotteshäusern viele Kosttöchter, die den führenden Familien angehörten. Dominik Sieber zeigt in seinem Beitrag auf, wie stark sich Geistliche im Soldgeschäft engagiert haben.[59]

In den Reihen der Zurlauben findet sich mit dem Benefiziaten Beat Jakob Anton Zurlauben (1684–1755) zudem ein Weltgeistlicher, der sich maßgeblich an der Organisation von Rekrutenwerbungen beteiligte. Er war Inhaber der St.-

57 AH 126/94 (23.5.1710). Huber sollte dann im Dezember 1712 in die Gardekompanie von Beat Franz Plazidus Zurlauben eintreten. – Die Verpflichtung eines Solddienstnehmers durch »fraw landtämmin« Maria Barbara Zurlauben wird auch in einem amtlichen Dokument erwähnt, das der Zuger Stadtschreiber angefertigt hatte. Es ging dabei um die monatliche Entlöhnung, die bei der Dienstnahme vereinbart wurde. StAZG, Abteilg. G, Theke Nr. 125 (22.11.1706), »Soldaten dingzedel«.

58 Vgl. z.B. auch AH 85/20 (8.2.1745). In diesem Brief an Beat Fidel Zurlauben schreibt die Schwyzer Aristokratin Maria Josefa Reding von »nos recrüe« und bezeichnete sich in der Grußformel als »la jeune Capitaine aux gardes, de Reding née de Reding«. Die Absenderin war mit dem Gardehauptmann Josef Nazar Reding verheiratet und organisierte die Rekrutenwerbungen. Vgl. weiter auch den Fall eines neunjährigen Mädchens, das im Kloster Fahr lebte und von Rekrutenwerbungen berichtete. Vgl. dazu den Artikel »In der kirchlichen Etappe. Eigene Geistliche, fromme Geschenke und das Soldgeschäft der Zurlauben im 18. Jahrhundert« von Dominik Sieber in diesem Band, Teil IV.

59 Vgl. dazu Sieber, In der kirchlichen Etappe (wie Anm. 58). – Allemann, Söldnerwerbungen im Kanton Solothurn von 1600–1723 (wie Anm. 45), S. 167, erwähnt Kapuziner, die sich an unerlaubten Werbungen beteiligten.

Konrad-Pfründe, einer geistlichen Stiftung, bezog französische Pensionen und hinterließ bei seinem Tod sehr irdische Vermögenswerte von über 10.400 Gulden.[60] Das Beispiel Beat Jakob Anton Zurlaubens zeigt, wie es trotz patrilinearer Besitzübertragung, gelang, auch die schlechter ausgestatteten Söhne zu versorgen und weiterhin ins Familienunternehmen einzubinden.

Stellt man die beiden Felder des Soldgeschäfts und des Besitzes einander gegenüber, wird augenfällig, welch unterschiedliche Bedeutung die männlichen Akteure der Kategorie Geschlecht – im Sinne von Gender – beigemessen haben. Wenn familiale wie auch obrigkeitlich-administrative Dokumente Handlungen von Frauen im Soldwesen erwähnen, spielt die Geschlechtszugehörigkeit überhaupt keine Rolle. Wo jedoch der Zugang zu Besitz und dessen intergenerationelle Übertragung erörtert wird, wird in hohem Masse Differenz markiert und produziert. Diese Differenzen sind nicht nur geschlechter-, sondern auch verwandtschaftsspezifischer Art, indem zwischen Blutsverwandten und Schwägern unterschieden wird.

IV. Das Soldgeschäft als Kristallisationspunkt multipler, generationenübergreifender Verwandtschaftsgeflechte

Zum Schluss bleibt noch zu klären, weshalb Anna Elisabeth Wallier die Tulpenzwiebeln und anderes Gewächs im Garten ihres verstorbenen Ehemannes ausgegraben hat. Und, noch viel wichtiger: Weshalb wollte und konnte sie ihrem Schwager den Zugang zum Haus verweigern und damit zu den »schrifften und Büecher, so den Mannes Stammen berüeren mochten sambt den Sigeln«, ferner zu den »Schrifften, so Oberkheitliche sachen berüerendt«, zu den Papieren rund um die St.-Konrads-Pfrund und den Unterlagen, welche die Vermögenswerte in Frankreich und das Soldgeschäft betrafen?[61]

Ein erster Erklärungsansatz führt zum lokalen Recht, das Besitztransfers regelte und die Haushaltsorganisation wie auch das verwandtschaftliche Beziehungsgeflecht insgesamt modellierte. Nicht nur das bereits angesprochene

60 Beat Jakob Anton war der älteste Sohn von Beat Jakob II. und Maria Barbara Zurlauben. Vgl. Meier, Die Zurlaubiana (wie Anm. 3), Bd. 2, S. 969–974.

61 AH 58/200 ([1650). Vgl. ferner z.B. AH 58/123 H [1650 November], Notizen von Beat II. Zurlauben. »Donstags also Honegger Jm [St. Konrads-]Hooff mit der Frauw … [Anna Elisabeth Wallier] gredt, hat das Cathrinli gehört sy sagen, Nein, sy welle einmal die schrifften mier nit Zeigen.« – AH 58/194 (17./18. 11. 1750), Notizen Beat II. Zurlauben: Er erhält Bescheid, dass Anna Elisabeth Wallier »Ja welle den schulden Red und Andtwort geben, die Hushaltung mit den Khindern an die hand Nemmen, mynen Raths und Hilff pflegen, die schrifften und Sachen des Bruders [Heinrichs I.] säligen mit mier ersuochen, und was myner H. oder oberkheitlich schrifften davon sondern lassen. Jtem was ettwa unser Stammen und geschlecht berüiere, mir überandtworten.«

Erbrecht, sondern auch das Ehegüterrecht kanalisierte Güterflüsse sowohl zwischen als auch innerhalb von Geschlechtern und regulierte den Zugriff auf Besitz.[62] Wenig überraschend ist daher, dass Beat II. Zurlauben mehrmals Einblick in den Ehebrief von Heinrich I. Zurlauben und Anna Elisabeth Wallier forderte.[63] Das Paar hatte eine Gütertrennung vereinbart. Nach dem Tod eines Ehepartners sollte eines jeden »gueth« zurückfallen in die »linien, danenher es geflossen«.[64] Anders als bei der Gütergemeinschaft kam es nicht zu einer Umverteilung von Besitz. Vielmehr blieb das in die Ehe eingebrachte Gut der Eheleute voneinander gesondert, wodurch sich ungleiche Vermögensverhältnisse verfestigten. Der Mann hatte allerdings das Recht, den Besitz der Frau zu verwalten und den daraus fließenden Nutzen zu beziehen. Diese Gütertrennung priorisierte nicht das Ehepaar, sondern die eigene Verwandtschaft bzw. das eigene Geschlecht und die Kinder. Ressourcen sollten dabei der patrilinearen Logik folgend entlang von Abstammungslinien weitergegeben werden.[65]

Als Heinrich Zurlauben starb, hatte das Paar drei minderjährige Töchter.[66] Der Ehebrief räumte Anna Elisabeth Wallier das Recht ein, lebenslang das Gut des Ehemannes zusammen mit ihren Kindern zu gleichen Teilen zu nutzen und zwar auch im Falle einer neuen Heirat.[67] Dieses Recht auf Fruchtgenuss half, die für die Witwe einschneidenden Folgen der Gütertrennung etwas abzumildern. Walliers Position als Witwe war dennoch prekär. Sie stand potenziell in Konkurrenz zu Heinrichs Verwandten – zu ihrem Schwager und dessen Nachkommen sowie zu Heinrichs Schwester – und zu ihren eigenen minderjährigen, nun bevormundeten Kindern.[68]

62 Die bisherige historische Familien- und Verwandtschaftsforschung, so die Kritik Margareth Lanzingers, untersuchte Fragen rund um Besitz und Vermögenstransfers vor allem mit Blick auf das Erbrecht und berücksichtigte das Ehegüterrecht zu wenig. Vgl. Margareth Lanzinger, Aushandeln von Ehe – Heiratsverträge in europäischen Rechtsräumen. Einleitung, in: Margareth Lanzinger u. a. (Hrsg.), Aushandeln von Ehe. Heiratsverträge der Neuzeit im europäischen Vergleich, Köln u. a. 2010, S. 11–25, hier S. 15 f.; Margareth Lanzinger, Paternal authority and patrilineal power: stem family arrangements in peasant communities and eighteenth-century Tyrolean marriage contracts, in: The History of the Family 17/3 (2012), S. 343–367, hier S. 343.

63 Vgl. z. B. AH 91/79 (7. 12. 1650), Brief von Beat II. Zurlauben an Ludwig von Roll, Solothurn.

64 KBAG, MsZF 35, 2.92–95 (1642), fol. 94r.

65 Von der Gütertrennung wird die Gütergemeinschaft unterschieden. Zu berücksichtigen ist jedoch, dass es sich dabei um zwei idealtypische Modelle handelt. Eheliche Güterarrangements konnten in der Praxis zahllose Variationen aufweisen. Vgl. Lanzinger, Aushandeln von Ehe (wie Anm. 62), S. 17–19.

66 Anna Maria (1643–1679), Maria Magdalena (1649–1719) und Maria Theresia (1650–1652).

67 KBAG, MsZF 35, 2.92–95 (1642), fol. 94r.

68 Vgl. auch Margareth Lanzinger, Janine Maegraith, Konkurrenz um Vermögen im südlichen Tirol des 16. Jahrhunderts, in: L'Homme. Z.F.G. 27/1 (2016), S. 15–31. – Vermutlich bedeutete der Fruchtgenuss auch für Wallier implizit, dass sie ihr in die Ehe eingebrachtes Vermögen nach Heinrichs Tod nicht zurückerhalten sollte, sondern selbiges im Besitz in-

Hinzu kamen, so ein weiterer Erklärungsansatz, die Beschaffenheit, Zusammensetzung und der Zustand des aufzuteilenden Besitzes. Was Testamente, Ehebriefe und familiale Vereinbarungen als scheinbar klar voneinander geschiedene Besitzteile auswiesen, konnte sich in der Praxis ziemlich anders präsentieren. In den Augen Beat II. Zurlaubens begann das Problem bereits beim fehlenden Inventar zu Heinrichs Besitz. Dessen Vermögenswerte befanden sich nicht nur in Zug und Umgebung. Die Equipage, Kleider, Briefe, Papiere und weitere Gebrauchsgegenstände waren unter anderem in Arles, Antibes, Lyon, und Bad Pfäfers zurückgeblieben, wo Dritte unkontrolliert auf sie zugriffen.[69] Es herrschte keine Klarheit über den aktuellen Stand seiner Schulden und Guthaben. Die finanzielle Lage der Gardekompanie war 1650 aufgrund der Zahlungsschwierigkeiten der französischen Krone angespannt. Heinrich II. Zurlauben, der Sohn von Beat II., übernahm die Truppe und beschaffte neue Kredite, worauf unter den Erben ein Streit losbrach über die Verwendung der nun wieder anfallenden Erträge. Auf dem St.-Konrad-Hof, Heinrichs Anwesen, lasteten Schulden und Ansprüche der Schwester Elisabeth Zurlauben, die von ihrem Erbe her rührten.[70] Bargeld war kaum vorhanden.

Das Soldgeschäft erscheint in diesem ganzen Durcheinander nicht als isolierte, von einem »Mannesstamm« exklusiv kontrollierte Unternehmenssparte oder als separierter Vermögenswert, sondern als heißer Kristallisationspunkt eines multiplen Beziehungsgeflechts und von Ansprüchen verschiedener Verwandter. Die Witwe Anna Elisabeth Wallier bemächtigte sich ja nach dem Tode Heinrichs sofort aller Geschäftspapiere und verlangte von den Offizieren genaue Informationen, was ihren Schwager erzürnte.[71] Als Witwe wusste sie – und ihre Herkunftsfamilie – sicherlich um ihre fragile Position. Sie befürchtete, ihre Kinder, ihr in die Ehe eingebrachtes Gut und ihre Rechte an einem Teil von Heinrichs Erbe zu verlieren.

Der Konflikt um das Soldgeschäft hatte allerdings eine längere Vorgeschichte, die Jahrzehnte zurückreichte und mit Vorstellungen einer patrilinearen Familienorganisation zusammenhing. Beat II. Zurlauben war der privilegierte Haupterbe und hatte von seinem Vater Konrad III. die politischen Schlüsselämter sowie die prestigereiche Gardekompanie in französischen Diensten übernommen. Die

tegriert blieb. Dieses Phänomen haben Margareth Lanzinger und Janine Maegraith bei ihren Forschungen beobachtet. Vgl. dies., ebd., S. 28.

69 Vgl. etwa AH 13/151 (6.4.1651), Brief der Kaufleute Joachim Lorenz und David Zollikofer, Lyon, an Anna Elisabeth Wallier; AH 58/171 (16./6. April 1652), Brief der Kaufleute Joachim Lorenz und David Zollikofer, St. Gallen, an Beat II. Zurlauben, Zug; AH 32/90 (21.12.1652), Brief von Hans Wilhelm von Steinbrugg, Solothurn, an Beat II. Zurlauben, Zug; AH 54/188 (7.12.1650), Brief von Anna Elisabeth Wallier an Hans Jakob Hermann, Lyon.

70 AH 54/20 (Ende März 1651), Bericht von Beat II. Zurlauben.

71 Z.B. AH 54/188 (7.12.1650), Brief von Anna Elisabeth Wallier an Fähnrich Hans Jakob Hermann, Lyon; AH 21/220 (28.12.1650), Brief von Anna Elisabeth Wallier an Fähnrich Hans Jakob Hermann.

Führung dieser Truppe musste er wie schon sein Vater anderen männlichen Verwandten überlassen, die ihn mit monatlichen Geldbeträgen zu entschädigen hatten. Zuerst versah um 1630 Jakob Wickart, der Gatte seiner Schwester Elisabeth, die Hauptmannstelle zeitlich befristet. Der 22-jährige Heinrich I. Zurlauben besetzte damals die Stelle des Gardefähnrichs. Er stand zwar erst am Anfang seiner militärischen Karriere, wollte aber rasch aufsteigen. Mit dem Ehemann seiner Schwester hatte der junge Heinrich gemäß Vertrag sowohl die Gewinne als auch die Verluste der Kompanie zu teilen. Zugleich sollte er dem Hauptmann und Schwager als ein »getreuer Amptman« gehorsam sein.[72] Die Konstellation barg Zündstoff: Heinrich warf seinem Schwager permanent Misswirtschaft vor, die Kompanie schrieb Verluste. Heinrich drohte gegenüber dem Kompanieeigentümer, seinem Bruder Beat, er werde seinen vom Vater geerbten repräsentativen Familiensitz verkaufen, »will ich däglich (…) vom Hauptmann geblaget bin«.[73]

Sechs Jahre später, Elisabeth Zurlaubens Gatte war längst verstorben, trafen die beiden Brüder eine neue, viel systematisiertere Abmachung, der eine intensive Korrespondenz vorausgegangen war und nachfolgte. Geregelt wurde weniger der Ist-Zustand als die Zukunft. Es war für den Kompanieeigentümer Beat Zurlauben offensichtlich wichtig, kommende innerfamiliäre Gütertransfers und Postenbesetzungen vorhersehbar zu machen. In dem Vertrag wurden alle möglichen künftigen Szenarien in Form von »Wenn-dann-Bestimmungen« durchgespielt: sollte der jüngere Bruder unverheiratet bleiben und sterben – sollte er heiraten – sollte er als Verheirateter vor seiner Gattin sterben – sollte er Nachkommen haben oder nicht – sollten diese männlich sein etc. Gleichzeitig verpflichtete sich der jüngere Heinrich, sich an der Ausbildung der Söhne seines älteren Bruders zu beteiligen und ihnen eine Offizierskarriere in der Gardekompanie zu ermöglichen. Die Regelungen zielten darauf ab, die Kompanie nicht an den jüngeren Bruder oder dessen potenzielle Nachkommen zu verlieren, sondern für die Söhne des älteren Bruders und Familienoberhaupts Beat zu sichern. Es sollte nicht bei diesem Vertrag bleiben. In den folgenden sechs Jahren bis zu Heinrichs Tod im Oktober 1650 handelten die Brüder neue Abmachungen aus, sie stritten innig und bezichtigten sich gegenseitig des Vertragsbruchs.[74]

Und 1651 schließlich, da grub Heinrich Zurlaubens Witwe Anna Elisabeth Wallier im Garten die besagten Tulpenzwiebeln aus und schickte sie zusammen mit mehreren Zentnern weiterer werthaltiger Güter aus dem St.-Konrad-Hof nach Solothurn. Vielleicht bestanden bereits damals konkrete Pläne für die 1652 erfolgte Heirat mit dem Solothurner Hans Wilhelm von Steinbrugg (1605–1675).

72 AH 84/109 (10.5.[16]29).

73 AH 147/62.

74 Vgl. auch Margareth Lanzinger, Erich Landsteiner, Editorial, in: Historische Anthropologie 25/2 (2017), S. 147–150. Sie unterstreichen, dass Verträge potenziell immer unvollständig seien. Ebd., S. 148.

Vielleicht wollte sie auch schlicht holen, was zu diesem Zeitpunkt zu holen war. Gehandelt hat sie auf jeden Fall nicht alleine, sondern zusammen mit den »Jhrigen«. Die Wallier gehörten zur Spitze des Solothurner Patriziats, verschiedene Familienangehörige arbeiteten als Dolmetscher und Sekretäre in der französischen Ambassade.[75] Es war also sicherlich auch die einflussreiche Position von Anna Elisabeth Walliers Herkunftsfamilie, die Beat II. Zurlauben am gewaltsamen Betreten des St.-Konrad-Hofes gehindert hatte.[76]

Die erweiterte Perspektive auf die Rolle der Frauen und weiterer Verwandter innerhalb der Familienorganisation frühneuzeitlicher Häuptergeschlechter macht deutlich, dass herrschaftssichernde Güter wie das Soldgeschäft zwar im Besitz einer Art Primogenitus sein konnten und patrilinear übertragen wurden, doch handelte es sich dabei eher um eine Art kollektiven Sonderbesitz. Diese materiellen und immateriellen Vermögenswerte, die als Ganzes vererbt werden sollten, waren insgesamt gekoppelt an ein komplexes Geflecht vielfältiger Beziehungen und generationenübergreifender Mitnutzungsansprüche von Verwandten. Ein Familienoberhaupt musste auf diese Ansprüche Rücksicht nehmen, wodurch sich zugleich die verwandtschaftlichen Beziehungen, auch über den einzelnen Haushalt und das eigene Geschlecht hinaus, verdichteten.

Verwendete Abkürzungen

AH	Acta Helvetica (= Teil der Zurlaubiana)
HLS	Historisches Lexikon der Schweiz
KBAG	Kantonsbibliothek Aargau
StAZG	Staatsarchiv Zug

75 Vgl. Erich Meyer, Wallier, in: HLS, URL:<http://www.hls-dhs-dss.ch/textes/d/D22872.php>, Version vom 07.08.2013.

76 In einem Brief an den Solothurner Ludwig von Roll bemerkte Beat II. Zurlauben im Dezember 1650, »der respect, so ich gegen einer wohlehrenden undt Adelichen freündtschafft getragen,« habe ihn davon abgehalten, zu klagen. AH 91/79.

Philippe Rogger

Kompaniewirtschaft, Verflechtungszusammenhänge, familiale Unternehmensorganisation. Die Zurlauben als Militärunternehmer auf den eidgenössischen Söldnermärkten um 1700

Als Fritz Redlich in den 1960er-Jahren sein zweibändiges Werk zum *German Military Enterpriser* publizierte, legte er seinem Untersuchungsgegenstand im Vorwort eine kurze und prägnante Definition zugrunde:

> »This genus then consists of all men of any European nationality who, in the late Middle Ages and in the early modern period up to about 1800, provided the services of organising, maintaining, and managing troops in battles and campaigns for profit's sake.«[1]

In seiner Untersuchung unterstrich der deutsche Wirtschaftshistoriker die Doppelrolle des Militärunternehmers als Offizier und Geschäftsmann. Im Blick hatte Redlich dabei vor allem Figuren wie Tilly, Mansfeld oder Wallenstein, die als »large-scale military enterpriser« mehrere Regimenter und mithin ganze Armeen für ihre Dienstherren errichteten.[2] Deutlich bescheidener nahmen sich die Größenverhältnisse im Militärunternehmertum in der frühneuzeitlichen Eidgenossenschaft aus. Im Unterschied zum Heiligen Römischen Reich, wo der Aufstieg des Hauptmanns vom »subcontractor« zum selbständigen Militärunternehmer erst mit dem Niedergang der Regimentswirtschaft in der zweiten Hälfte des 17. Jahrhunderts eingesetzt hatte,[3] bildete in der Eidgenossenschaft

1 Fritz Redlich, The German Military Enterpriser and His Work Force. A Study in European Economic and Social History, 2 Bde., Wiesbaden 1964/1965, Bd. 1, S. 14.

2 Ebd., S. 155f. u. 169–205; Ronald G. Asch, Kriegsunternehmer, in: Friedrich Jaeger (Hrsg.), Enzyklopädie der Neuzeit Online, URL:<http://referenceworks.brillonline.com/entries/enzyklopaedie-der-neuzeit/kriegsunternehmer-a2299000>, 13.6.2017. Für die eminente Bedeutung von Militärunternehmern im frühneuzeitlichen Kriegswesen siehe auch David Parrott, The Business of War. Military Enterprise and Military Revolution in Early Modern Europe, New York 2012.

3 Redlich, Military Enterpriser (wie Anm. 1), Bd. 2, S. 77–88 und bes. S. 77: »We have shown earlier that the business of the colonels increasingly dried up after about 1670. Captains, who up to 1650 had at best been subcontractors, thereafter rose in their capacity as businessmen to the status of genuine contractors, albeit on a small scale if compared with the work of generals and colonels as late as the Thirty Years' War.« Vgl. zur Entwicklung des Militärunternehmertums nach 1650 Parrott, Business of War (wie Anm. 2), S. 260–306, bes. 304–307. Parrott

die Kompanie seit dem Aufkommen des Soldgeschäfts um 1500 die zentrale ökonomische Einheit für militärunternehmerisches Handeln.[4] Unterschiedliche Faktoren verhinderten in der Eidgenossenschaft den Aufstieg von Söldnerführern zu militärischen Großunternehmern. Hans Conrad Peyer machte die Spezifika des eidgenössischen Solddiensts in einem wegweisenden Aufsatz aus dem Jahr 1992 deutlich.[5] Während im Dreißigjährigen Krieg Militärunternehmer vom Zuschnitt eines Wallenstein »für Rekrutierung, Organisation, Ausrüstung, Ausbildung, Disziplinierung, Bezahlung und Verpflegung ihrer Armeen« sorgten und diese gleichzeitig »mit riesigen Vorschüssen« finanzierten, die sie vor allem im Krieg durch Raub, Beute und Zwangskontributionen wieder hereinbrachten, etablierte sich in der Eidgenossenschaft ein alternatives Geschäftsmodell unter Beteiligung der Kantone.[6] Die Entwicklungen im Kriegswesen, wie sie im 16. und 17. Jahrhundert im Heiligen Römischen Reich zu beobachten sind, blieben gemäß Peyer in der Eidgenossenschaft aus,

> »weil sie sich aus dem Krieg heraushielt, Truppen fast nur an Frankreich lieferte und selbst an den damals modernen militärischen Tendenzen nur noch am Rande teilnahm. Die einst gesuchte Besonderheit der Schweizer Söldner veraltete allmählich. Vor allem aber blieben sie von der Willkür großer Kriegsunternehmer verschont. Die Eidgenossenschaft verfügte im Gegensatz zu vielen anderen Staaten schon seit der ersten Hälfte des 16. Jahrhunderts mit ihrem System von Soldverträgen und Werbungslizenzen und zeitweise auch mit Krediten an die Kriegsherren wenigstens über eine gewisse oberste Kontrolle ihrer Truppen im Fremdendienst samt entsprechenden Einnahmen. Damit nahmen die eidgenössischen Orte selbst eine ähnliche Position ein

---

relativiert den von Redlich konstatierten Niedergang des Militärunternehmertums nach Ende des Dreißigjährigen Kriegs, indem er auf die Bedeutung neuartiger Formen der Zusammenarbeit (»new series of private-public partnerships«) im Bereich des Militärs zwischen Kriegsherren und Militärunternehmern hinweist.

4 Auch nach Einführung des Regiments im 16. Jahrhundert blieb die Kompanie für die eidgenössischen Militärunternehmer die wichtigste Einkommensquelle. Zweifellos war aber die Kombination von Kompaniebesitz und einer Offiziersstelle in einer übergeordneten Truppeneinheit (Bataillon, Regiment) vorteilhaft, etwa wegen der höheren Entlöhnung oder dem Zugang zu wichtigen Informationen (Regimentsrechnung). Vgl. Hans Steffen, Die Kompanien Kaspar Jodok Stockalpers. Beispiel eines Soldunternehmens im 17. Jahrhundert, Brig 1975, S. 159–226; Viktor Ruckstuhl, Aufbruch wider die Türken. Ein ungewöhnlicher Solddienst am Ende des 17. Jahrhunderts. Mit besonderer Berücksichtigung Obwaldens und der Kompanie Schönenbüel, Zürich 1991, S. 64–71; Benjamin Hitz, Kämpfen um Sold. Eine Alltags- und Sozialgeschichte schweizerischer Söldner in der Frühen Neuzeit, Köln u.a. 2015, S. 171–174 und Urs Kälin, Die Urner Magistratenfamilien. Herrschaft, ökonomische Lage und Lebensstil einer ländlichen Oberschicht, 1700–1850, Zürich 1991, S. 125. Über die militärunternehmerischen Spielräume der Regimentskommandanten sind wir nur schlecht im Bild. Vgl. Hermann Suter, Innerschweizerisches Militär-Unternehmertum im 18. Jahrhundert, Zürich 1971, S. 102f.

5 Hans Conrad Peyer, Schweizer in fremden Diensten – Ein Überblick, in: Schweizer Soldat und MFD 67/6 (1992), S. 4–8.

6 Ebd., S. 4.

> wie die großen deutschen Kriegsunternehmer, die den Herrschern ganze Regimenter und Armeen zur Verfügung stellten.«[7]

Der regulierende Eingriff der Kantone setzte dem eidgenössischen Militärunternehmertum enge Grenzen. Ferner erforderten die politischen Verhältnisse in den eidgenössischen Polyarchien Verteilungslogiken, welche allzu starke Konzentrationsprozesse im Militärunternehmertum ebenfalls tendenziell behinderten. Zum einen wurden die Hauptmannschaften und höhere Offizierschargen von den Kriegsherren vergeben und wie Pensionen als Patronageressourcen eingesetzt.[8] Um ihre Interessenpolitiken effizient voranzutreiben, war es für die Patrons angezeigt, nicht nur einzelne wenige, sondern möglichst viele der tonangebenden Magistratenfamilien in möglichst vielen Orten auf ihre Seite zu ziehen und mit Hauptmannschaften und Offiziersstellen zu versorgen. Zum anderen hätte ein systematischer Ausschluss politisch einflussreicher Familienverbände im Geschäft mit Kompanien und Offiziersstellen oder anderweitigen Gewinnmöglichkeiten im Soldwesen systemstörende Verteilkonflikte innerhalb der Machteliten nach sich gezogen, woran die auf einen reibungslosen Söldnernachschub angewiesenen Kriegsherren kein Interesse haben konnten (Pfyffer-Amlehn-Handel).[9] In der Tat waren über das Werbegeschäft, Kompaniebesitz, Finanzgeschäfte oder über die politische Absicherung der vertraglichen Rahmenbedingungen (Allianzen, Kapitulationen), wie Urs Kälin mit Blick auf die Innerschweiz festgestellt hat, »praktisch alle Magistraten direkt am Solddienstwesen beteiligt.«[10] Die anfallenden Dividenden aus dieser einträglichen

7 Ebd., S. 4.

8 Urs Kälin, Salz, Sold und Pensionen. Zum Einfluss Frankreichs auf die politische Struktur der innerschweizerischen Landsgemeindemokratien im 18. Jahrhundert, in: Der Geschichtsfreund 149 (1996), S. 105–124, hier S. 112 u. 119–122; Katrin Keller, Ein Schweizer Gardehauptmann als französischer Unterhändler: Johann Peter Stuppas Werbeverhandlungen in der Eidgenossenschaft 1671, in: Philippe Rogger, Nadir Weber (Hrsg.), Beobachten, Vernetzen, Verhandeln: Diplomatische Akteure und politische Kulturen in der frühneuzeitlichen Eidgenossenschaft [Itinera, im Druck]. Zu den Praktiken der Söldnerrekrutierung siehe auch Christian Windler, »Ohne Geld keine Schweizer«. Pensionen und Söldnerrekrutierung auf den eidgenössischen Patronagemärkten, in: Hillard von Thiessen, Christian Windler (Hrsg.), Nähe in der Ferne. Personale Verflechtung in den Außenbeziehungen der Frühen Neuzeit, Berlin 2005, S. 105–133.

9 1569 flog in Luzern ein Schwurbündnis einflussreicher Luzerner Magistraten auf, das 1559 die Vergabe von Pensionen, Hauptmannschaften, politischen Ämtern oder einträglichen Gesandtschaftsreisen unter seine Kontrolle brachte. Diese Ereignisse und die darauffolgende Verurteilung der Verschwörer werden als Pfyffer-Amlehn-Handel bezeichnet. Siehe Kurt Messmer, Peter Hoppe, Luzerner Patriziat. Sozial- und wirtschaftsgeschichtliche Studien zur Entstehung und Entwicklung im 16. und 17. Jahrhundert, Luzern u. a. 1976, S. 78f.

10 Urs Kälin, Die fremden Dienste in gesellschaftsgeschichtlicher Perspektive. Das Innerschweizer Militärunternehmertum im 18. Jahrhundert, in: Norbert Furrer u. a. (Hrsg.), Gente ferocissima. Solddienst und Gesellschaft in der Schweiz (15.–19. Jahrhundert), Festschrift für Alain Dubois, Zürich 1997, S. 279–287, hier S. 284. Vgl. für die breite Beteiligung

Allmende galt es ungefähr gleichmäßig unter den Nutzungsberechtigten aufzuteilen – oder zumindest allzu große sichtbare Unterschiede zu vermeiden.[11] Hohe Kapitalanforderungen, Praktiken der politischen Einflussnahme fremder Mächte und korporative Logiken im Umgang mit kollektiven Ressourcen stellten, so scheint es, kein günstiges Umfeld für militärische Großunternehmen dar. Gemäß dem *Historischen Lexikon der Schweiz* besaß demnach kein eidgenössischer Militärunternehmer mehr als vier Kompanien gleichzeitig.[12] Um die anfallenden Investitions- sowie laufenden Betriebskosten zu bewältigen, die wirtschaftlichen Risiken zu reduzieren und die große Nachfrage der eidgenössischen Machteliten nach Hauptmannstellen bedienen zu können, lässt sich seit Ende des 16. Jahrhunderts vielmehr ein Trend hin zur Aufsplittung der Kompanien in Halb-, Viertel- und Achtelanteile feststellen.[13] Anders liegen die Verhältnisse allerdings dann, wenn man das eidgenössische Militärunternehmertum aus der Perspektive eines Familien- und Verwandtschaftsunternehmens betrachtet: Lenkt man den Blick weg vom militärunternehmerischen Einzelakteur und fokussiert stattdessen Familien- und Verwandtschaftsverbände, so konnte der simultane Kompaniebesitz bei einigen Familien bisweilen größere Ausmaße annehmen, die im europäischen Vergleich aber immer noch bescheiden waren.[14]

Die in der Eidgenossenschaft vorherrschende Kompaniewirtschaft[15] sah sich

der Luzerner Machteliten am Soldgeschäft Messmer, Hoppe, Luzerner Patriziat (wie Anm. 9), S. 77–93.

11 Vgl. Kälin, Salz (wie Anm. 8) und Daniel Schläppi, Das Staatswesen als kollektives Gut: Gemeinbesitz als Grundlage der politischen Kultur in der frühneuzeitlichen Eidgenossenschaft, in: Historical Social Research 32 (2007), S. 169–202.

12 Vgl. Hermann Romer, Militärunternehmer, in: Historisches Lexikon der Schweiz (HLS), URL:<http://www.hls-dhs-dss.ch/textes/d/D24643php>, Version vom 10.11.2009. Wie schwierig es mithin ist, den Kompaniebesitz eines Militärunternehmers auch auf der Basis einer herausragenden Überlieferungssituation zu rekonstruieren, zeigt Steffen, Kompanien (wie Anm. 4), S. 161–167.

13 Hitz, Kämpfen um Sold (wie Anm. 4), S. 182; Kälin, Dienste (wie Anm. 10), S. 282f.

14 Auch bei den Zurlauben besaß um 1700 kein Hauptmann mehr als vier Kompanien gleichzeitig. So besaß Brigadier Beat Heinrich Josef (1663–1706) bei seinem Tod aber immerhin drei Kompanien und Graf Beat Jakob (1656–1704) war Inhaber von Kompanien in vier verschiedenen Regimentern sowie einer Freikompanie. Wie viele Kompanien Graf Beat Jakob allerdings gleichzeitig besessen hat, ist aus Meier nicht ersichtlich. Siehe Kurt-Werner Meier, Die Zurlaubiana. Werden – Besitzer – Analysen, 2 Bde., Aarau u. a. 1981, Bd. 1, S. 154 u. Bd. 2, S. 958. Für den Kompaniebesitz der Militärunternehmerfamilie Zurlauben um 1700 siehe die Kurzbiographien etwa zu Graf Beat Jakob (1656–1704), Beat Heinrich Josef (1663–1706) oder Beat Jakob II. (1660–1717) ebd., S. 871–1007. Für die Urner Militärunternehmerfamilien vgl. Kälin, Magistratenfamilien (wie Anm. 4), S. 127f. und für die Walliser de Courten siehe Louiselle Gally-de Riedmatten, Du sang contre de l'or. Le service étranger en Valais sous l'Ancien Régime, Dissertation Universität Bern. Bern 2014, S. 707ff.

15 Zum Begriff siehe Stefan Kroll, Kompaniewirtschaft, in: Friedrich Jaeger (Hrsg.), Enzyklo-

seit Mitte des 17. Jahrhunderts einem substantiellen strukturellen Wandel unterworfen, als sich mit den stehenden Heeren die Dienstzeiten verlängerten und die Kriegsherren verstärkt reglementierend in die Organisation, Bewaffnung, Ausrüstung und Kriegführung eingriffen.[16] Diese Veränderungen zeitigten verschiedenartige Wirkungen auf die Gewinnmöglichkeiten in diesem Geschäft. Unter anderem trieb der mit den längeren Dienstzeiten einhergehende Attraktivitätsverlust des Solddiensts die Werbekosten drastisch in die Höhe und wirkte sich negativ auf die Erträge aus, die sich – vereinfacht gesagt – aus der Differenz zwischen Pauschaleinnahmen (Werbevorschüsse, Sold u. a.) und Ausgaben ergaben.[17] Obendrein verschärften sich die Bedingungen des ökonomischen Umfelds für die Kompanieinhaber zusätzlich, als sich Kriegsherren wie Ludwig XIV., Kostenvorteile durch die bündniswidrige Anwerbung von Freikompanien, die sich auch für Offensiveinsätze verwenden ließen, zu verschaffen suchten.[18]

Am Beispiel der dichten Aktenüberlieferung der Kompanie Zurlauben im Regiment Pfyffer soll in diesem Beitrag danach gefragt werden, wie die Kompaniewirtschaft in Grundzügen funktionierte und wie Beat Jakob II. Zurlauben (1660–1717) die militärunternehmerischen Herausforderungen um 1700 bewältigte. Aufgrund der Komplexität des Geschäfts und wohl auch wegen dem zunehmenden Kostendruck wurden die Ressourcenflüsse im Zusammenhang mit der Kompanie in französischen Diensten genau dokumentiert. Diese umfangreiche Aktenproduktion ermöglicht aufschlussreiche Einblicke in militärunternehmerische Praktiken, Verwaltungstechniken sowie Modi der Beziehungspflege und Nachrichtenbeschaffung.

Im ersten Teil dieses Beitrags wird deshalb Beat Jakob II. kurz vorgestellt und anschließend die Geschichte der Kompanie Zurlauben im Regiment Pfyffer skizziert. Rekonstruktion und Analyse des umfangreichen Kompaniearchivs folgen im zweiten Teil, worauf es im dritten Teil darum gehen wird, die empi-

---

pädie der Neuzeit Online, URL:<http://dx.doi.org/10.1163/2352-0248_edn_a2186000>, 13.6.2017.

16 Suter, Militär-Unternehmertum (wie Anm. 4), S. 8f. u. S. 50f.; Peyer, Schweizer (wie Anm. 5), S. 4 u. 7; Willy Pfister, Aargauer in fremden Kriegsdiensten, 2 Bde, Aarau u. a. 1980/1984, Bd. 1, bes. S. 13–15; Ruckstuhl, Aufbruch (wie Anm. 4), S. 72–78; Gustav Allemann, Söldnerwerbungen im Kanton Solothurn von 1600–1723, in: Jahrbuch für solothurnische Geschichte 18 (1945), S. 1–122, 19 (1946), S. 1–120, hier Bd. 19 (1946); Romer, Militärunternehmer (wie Anm. 12); Nathalie Büsser, Militärunternehmertum, Außenbeziehungen und fremdes Geld, in: Historischer Verein des Kantons Schwyz (Hrsg.), Geschichte des Kantons Schwyz, Bd. 3, Zürich 2012, S. 69–127, hier S. 114–116.

17 Vgl. Büsser, Militärunternehmertum (wie Anm. 16), S. 115 u. Ruckstuhl, Aufbruch (wie Anm. 4), S. 82–89. Wie komplex das Zusammenspiel von Einnahmen und Ausgaben im Militärunternehmertum war, illustriert Steffen, Kompanien (wie Anm. 4), S. 169–201.

18 Allemann, Söldnerwerbungen (wie Anm. 16), Bd. 18 (1945), S. 90–98. Auch die Zurlauben beteiligten sich am Geschäft mit Freikompanien, wie etwa das Beispiel Graf Beat Jakob zeigt. Siehe Anm. 14.

rischen Befunde im Kontext der politisch-militärischen Verflechtung dieses Geschlechts und der familial organisierten Kompaniewirtschaft zu bewerten.[19]

I. Beat Jakob II. und die Kompanie Zurlauben im Regiment Pfyffer

Beat Jakob II. wurde als Sohn von Beat Jakob I. (1615–1690) und Maria Margaretha Pfyffer von Wyher 1660 in Bremgarten geboren. Nach verschiedenen Studienaufenthalten in Einsiedeln, Luzern, Turin oder Paris heiratete er 1681 seine Cousine Maria Barbara Zurlauben (1660–1724). 1677 begann er seine Offizierskarriere als Fähnrich im Garderegiment in Frankreich, wurde 1682 zum Leutnant ernannt und führte seit 1686 den Titel eines Hauptmanns. Seine erste Kompanie in französischen Diensten, die er 1688 erhalten hatte, übergab er drei Jahre später, 1691, seinem Cousin und späteren Maréchal de camp Beat Jakob Zurlauben (1656–1704). Ab 1683 amtete Beat Jakob II. als Großrat der Stadt Zug und schaffte 1704 die Wahl zum Ammann von Stadt und Amt Zug. Seine zahlreichen politischen und militärischen Ämter sowie seine Stellung als französischer Pensionenausteiler und Pächter des Zuger Salzmonopols verschafften dem Ritter des St. Ludwigsordens (1710) eine einzigartige Machtposition innerhalb der Zuger Machtelite. Trotz steiler politischer Karriere war er als Inhaber von Kompanien und Halbkompanien im Dienst der spanischen Bourbonen und der französischen Krone weiterhin als Militärunternehmer tätig.[20] Bevor wir uns mit der militärunternehmerischen Tätigkeit Beat Jakobs II. im Dienst Ludwigs XIV. ausführlicher beschäftigen, soll vorab die Geschichte der Kompanie Zurlauben im Regiment Pfyffer, die der Zuger von 1702 bis 1715 bewirtschaftet hatte, umrissen werden.

1701, am Vorabend des Spanischen Erbfolgekriegs, veranlasste der franzö-

19 Wichtigste Quellengrundlage für diesen Beitrag bilden die Regesten und Register zu den Acta Helvetica, Gallica, Germanica, Hispanica, Sabaudica etc. necnon genealogica stemmatis ZurLaubiani / Sammlung Zurlauben, div. Bearbeiter, hrsg. von der Aargauischen Kantonsbibliothek, bisher Bde 1–179 (Serien 1–21) und Registerbde, 1–17, Aarau 1976–2014 [Abkürzung AH]. Da mit dem chronologischen online Verzeichnis der Dokumente der Serien 1–22 [Abkürzung Chronologisches Verzeichnis] gearbeitet wurde, werden im Folgenden alle benutzten Quellen aus diesem Bestand, somit auch die nicht edierten Aktenstücke, unter der Abkürzung AH ausgewiesen. Alle Dokumente lassen sich im chronologischen Verzeichnis identifizieren unter URL:<https://www.ag.ch/de/bks/kultur/archiv_bibliothek/kantonsbibliothek/sammlungen/zurlauben/zurlauben.jsp>, 14.6.2017. Bei den nicht edierten Bänden handelt es sich um die Nummern 153, 154, 158, 161–166, 174–186, die in der Aargauer Kantonsbibliothek in Aarau unter der Archivsignatur MsZF 1 eingesehen werden können.

20 Vgl. Urs Amacher, Zurlauben, Beat Jakob, in: HLS, URL:<http://www.hls-dhs-dss.ch/textes/d/D24468php>, Version vom 17.07.2013; Meier, Zurlaubiana (wie Anm. 14), Bd. 2, S. 945–949.

sische König die Errichtung von 100 neuen Infanterieregimentern, 120 neuen Kavalleriekompanien (bei bestehenden sollte der Mannschaftsbestand erhöht werden) und sieben neuen Dragonerregimentern.[21] Im Zuge dieser massiven Verstärkung seiner Streitkräfte hatte sich Frankreich im Februar 1702 an die Tagsatzung gewandt und die Orte um die Anwerbung von 6.000 Mann ersucht.[22] Unter welchen Umständen und wann genau nun Beat Jakob II. seine Hauptmannschaft erhalten hatte, kann aufgrund der guten Überlieferungssituation in groben Strichen nachgezeichnet werden. So dokumentiert sein Briefwechsel mit der französischen Ambassade in Solothurn, dass Beat Jakob II. mit dem damaligen Ambassador, Roger Brulart de Puysieux (1640–1719), beste Beziehungen pflegte. Von ihm wurde Beat Jakob II. im Januar 1702 über das französische Aufbruchsbegehren unterrichtet[23] und, noch vor Beginn des Sommers, um Unterstützung in dieser Angelegenheit gebeten: »et je vous prie de sonder un peu ceux de votre louable Canton tant sur cette levee que sur celle que doit proposer M le Comte [Carlo] Casati [...].«[24] Offenbar machte Beat Jakob II. seine Sache im Dienst der Bourbonen gut und es gelang ihm, eine Hauptmannstelle für sich zu sichern. Am 15. April 1702 erhielt er von Puysieux einen entsprechenden Zuschlag:

> »Rien n'est plus sûr que la Levée que je demande [...], et vous pourrés disposer d'une Compagnie de ... [100] hommes [...] soit pour vous ou pour vos amis, ainsy vous pouvés en toute assûrance prendre vos precautions sur cela.«[25]

Bei den zugesagten 100 Mann handelte es sich allerdings nicht um eine ganze Kompanie, sondern um eine Halbkompanie. Der andere Teil der Kompanie wurde, nachdem Beat Kaspar (1644–1706), Ammann und Halbbruder von Beat Jakob II., abgelehnt hatte, seinem Bruder Fidel (1675–1731) zugesprochen. Anfänglich sollte Fidel auch das Kommando über die Truppe übernehmen, was aber nie eingetreten ist.[26] Die Kompanie wurde deshalb unmittelbar nach deren

21 John A. Lynn, The Wars of Louis XIV, 1667–1714, London u. a. 1999, S. 271. Zusätzlich sollten die königlichen Milizen in den Provinzen reaktiviert werden. Ebd. Zur französischen Armee unter Ludwig XIV. siehe Guy Rowlands, The Dynastic State and the Army under Louis XIV. Royal Service and Private Interest, 1661–1701, Cambridge 2002.

22 Die eidgenössischen Abschiede aus dem Zeitraume von 1681 bis 1712. Bearb. von Martin Kothing und Johannes B. Kälin (Amtliche Sammlung der älteren eidgenössischen Abschiede, Bd. 6.2). Einsiedeln 1882, Nr. 485 (8. Februar 1702), lit. n, S. 965 und vgl. Nr. 492 (12. bis 14. Juni 1702), lit. g, S. 987, Nr. 493 (2. Juli 1702), lit. f, S. 994–996. Allerdings wandte sich Frankreich bereits kurz nach dem Tod König Karls II. von Spanien mit Anfragen für Truppenwerbungen an die Orte. Ebd., Nr. 453 (24. November 1700), S. 892.

23 Siehe die Schreiben von Puysieux an Beat Jakob II. in AH 65/188 (18. Januar 1702) und 77/32 (21. Januar 1702).

24 Schreiben von Puysieux an Beat Jakob II. von 1702 in AH 27/123.

25 Schreiben von Puysieux an Beat Jakob II. vom 15. April 1702 in AH 141/91.

26 Siehe AH 28/44, 28/171, 31/11, 114/24, 131/23, 131/97, 131/98, 131/99, 131/100, 131/105, 131/

Aufrichtung von 1702 bis 1703 von einem Schwager von Beat Jakob II., Wolfgang Damian Müller, im Rang eines Capitaine-Commandant[27] geführt und sollte auch bis zu ihrer Kassierung 1715 durch Stellvertreter kommandiert werden. Fidel beteiligte sich in den folgenden Jahren auch nicht an der Führung aus der Ferne und überließ das Geschäft mit der Familienkompanie (à insgesamt 200 Mann), so scheint es, ganz seinem Bruder.[28] Gemäß dem am 13. August 1702 ausgestellten Marschbefehl sollte sich die Kompanie Zurlauben im Sommer von Hüningen nach Valenciennes begeben.[29] Die Kompanie wurde daraufhin in das neu errichtete Regiment von Oberst Ludwig Christoph Pfyffer von Wyher (1658–1716), das laut der Kapitulation vom 15. September 1702 neun Kompanien à 200 Mann umfasste, integriert.[30] Die mithin der allem Anschein nach zeitlich versetzt erfolgten Nominierung Fidels zum Hauptmann und dessen anschließender Passivität unklaren Besitzverhältnisse sorgten bei den Modali-

---

106, 131/119, 131/122, 131/127, 131/129, 131/130, 131/132, 131/134, 131/140, 131/160, 141/17, 141/44, 141/95. Vgl. auch Meier, Zurlaubiana (wie Anm. 14), Bd. 2, S. 955, der Fidel als Hauptmann im Regiment Pfyffer ausweist. Mit dem Argument, dass Beat Kaspar sich außerstande sehe, die Werbung vorzunehmen, wurde die Halbkompanie an Fidel übertragen. Siehe das Schreiben von Puysieux an Beat Jakob II. vom 24. Mai 1702 in AH 28/44.

27 AH 131/122, 131/97. Zu seiner Ehe mit Maria Jakobea (1670–1741), der Schwester von Maria Barbara, siehe AH 131/134 und Meier, Zurlaubiana (wie Anm. 14), Bd. 2, S. 954.

28 Ob Fidel möglicherweise sogar als Mitinhaber ausgeschieden ist und die Halbkompanie Beat Jakobs II. allenfalls zu einer Vollkompanie aufgewertet wurde, habe ich nicht eruieren können. Wurde beispielsweise noch im Januar 1703 eine Werbeerlaubnis von Ammann und Rat von Stadt und Amt Zug für beide ausgestellt (AH 31/11), so erwähnte eine entsprechende Ratserkanntnis vom April 1709 Fidel nicht mehr (AH 133/9). Im chronologischen Verzeichnis befinden sich zudem keine größeren Aktenbestände zu Fidel im Zusammenhang mit der Kompanie. Mit Sicherheit aber war er am Rande mindestens bis am 16. Dezember 1703 in das Tagesgeschäft der Kompanie involviert, wie ein Schreiben vom damaligen Capitaine-Commandant Georg Karl Knopfli an Fidel zeigt (AH 147/65). Darüber hinaus engagierte er sich als eidgenössischer Landvogt im Rheintal (1708–1710) an der Rekrutenwerbung und war an der Kompanie auch finanziell beteiligt. Vgl. weiter unten Kap. Verflechtungszusammenhänge und familiale Unternehmensorganisation.

29 AH 7/85, 131/19. Vgl. dazu auch AH 77/31, 125/76, 65/199, 91/108, 98/102, 131/2, 131/6, 131/20, 131/25, 131/154, 131/156, 137/4.

30 Vgl. Beat Fidel Zurlauben, Histoire militaire des Suisses au service de la France, 8 Bde, Paris 1751–1753, hier Bd. 7, S. 332f. Anm. a, AH 130/73 Anm. 5. Für Kopien der Kapitulation und diesbezügliche Akten siehe AH 69/2, 131/3, 131/7, 131/8, 131/117, 131/119. Außer dem Luzerner Regiment Pfyffer wurde auch das Solothurner Regiment Vigier ausgehoben. Siehe AH 111/48 Anm. 6 mit Literaturangaben. Für die Besetzung der weiteren Hauptmannschaften und Offizierschargen im Regiment Pfyffer siehe Zurlauben, Histoire militaire, Bd. 7, S. 332f.: »Le Roi donna la charge de Lieutenant-Colonel à François-Joseph Sury de Steinbrougg, de Soleure, les autres compagnies furent levées par Joseph Lusser du Canton d'Ury; Zelger & Stultz du Canton d'Underwalden; Beat Jacques de Zur-Lauben [Fidel Zurlauben fehlt hier, PR], Landamme du Canton de Zug; Muller & Aebli du Canton de Glaris-Catholique; les deux Freres Jean-Fréderic & François-Philippe de Diesbach de Fribourg; Jean-Balthasar Fegelin de Seedorff, & N. Forel du même Canton, & par Abraham Scholl de Bienne. Balthasar Felber, de Lucerne, fut nommé Major de ce nouveau régiment (a).«

täten der Bezahlung der Halbkompanien für Irritation.[31] Den Soldaten selber, so berichtet Georg Karl Knopfli, Capitaine-Commandant, an Beat Jakob II., soll die Aufteilung der Kompanie in zwei Halbkompanien noch im September 1703 nicht bekannt gewesen sein.[32] Die Verleihung von zwei Halbkompanien an die Zurlauben im Regiment Pfyffer macht trotz der unklaren Rolle Fidels deutlich, dass Frankreich ein eminentes Interesse daran hatte, diese einflussreiche, pro-französische Zuger Familie weiterhin eng an sich zu binden und damit den Einfluss der französischen Faktion in Zug, der Innerschweiz und der Eidgenossenschaft auszubauen.

Mit welchen unternehmerischen Herausforderungen der großzügige Gunsterweis Frankreichs für den geschäftsführenden Hauptmann Beat Jakob II. aber verbunden war, illustriert eine Episode von 1708/09.[33] Oberst Pfyffer war während der Schlacht bei Oudenaarde in Flandern (11. Juli 1708) mit einem Teil seines Regiments in Kriegsgefangenschaft geraten. Auch die Kompanie Zurlauben hatte einige gefangene Soldaten zu vermelden.[34] Nach der Schlacht begab sich die Kompanie unter der Führung von Lieutenant-Colonel Sury mit dem Rest des Regiments nach Lille, das von August bis Dezember von der antibourbonischen Allianz belagert werden sollte. Die in Flandern erlittenen Verluste waren massiv. So zählte das Regiment Pfyffer nach Oudenaarde und Lille nur noch 600 Mann.[35] Wies die Kompanie Zurlauben im Juni 1708 noch einen Bestand von 201

31 Am 6. Juli 1703 schreibt Müller an Beat Jakob II.: »Und Weilen Mr Pheiffer eine ordre erhalten, dass die halben Compagnien auch die halbe gratification beziechen, wan sye Complet sien, so ist nothwendig, dass der H schw. von herren [franz.] Ambassadoren [Roger Brulart, Marquis de Puysieux] ein Certificat nehme, dass Jhme nicht mehrer als ein halbe Compagnie bewilliget worden, welchess Zu demonstrieren, weilen von H Ambassadoren der andere halbe Theil [dem] H Sch[wager] Capt. Fidel [Zurlauben] accordiert worden, Undt Zwar erst, nach deme dess herren halber Theill schon einige monath in Vallentiennes [=Valenciennes] gestanden undt alein auf dess h Namen passiert ist, undt von H Fidel damahlen nicht gedacht worden, sollte aber obinierth werden, dass der H. schwager 150 Man auss hüningen sambtlich undt also mehr alss ein halbe Compagn. nacher Valentiennes abgeschikht, und also beyde halbe theill niehmal separierth gewesen; finde ich dass disess ein gnad seye, dass der König [Ludwig XIV.] seinen supernumeraires [überzählige Soldaten, PR] die subsistance accordierth habe; welche dan erst im Januario [1703] für seinen bruder [Fidel Zurlauben] employert worden, alss welchere erst in selber Zeith der andere halbe Theill accordiert worden; ich Zweyfle nicht, der H. schwager werde eine reyss nacher solothurn [an die franz. Ambassade] sich nicht dauren lassen, so Mr Pheiffer auch guth findet, dan disess dem H. Schw. noch circa 1.000 lb ertragen wurde […].« Siehe AH 141/95.

32 Siehe das Schreiben an Beat Jakob II. vom 20. September 1703 in AH 152/82.

33 Zur wechselvollen Geschichte des Regiments Pfyffer vgl. Zurlauben, Histoire militaire (wie Anm. 30), Bd. 7, S. 333 Anm. a.

34 AH 97/156 und vgl. Zurlauben, Histoire militaire (wie Anm. 30), Bd. 7, S. 333 Anm. a, sowie Fredy Gröbli, Ambassador Du Luc und der Trücklibund von 1715. Französische Diplomatie und eidgenössisches Gleichgewicht in den letzten Jahren Ludwigs XIV, 2 Bde, Basel 1975, hier Bd. 1, S. 267.

35 Gröbli, Ambassador Du Luc (wie Anm. 34), Bd. 1, S. 267.

Mann aus, so sank dieser nach Oudenaarde im Juli auf 189 und brach in Lille im Oktober schließlich auf total 96 Mann ein. Im Winterquartier in Douai lichteten obendrein Sterblichkeit und Desertion die Reihen.[36] Es sollte bis Juli 1709 dauern, bis der personelle Bestand der Kompanie wieder auf 200 Mann aufgefüllt werden konnte.[37] Gleichzeitig beliefen sich die ausstehenden Soldgelder zuhanden des Regiments inzwischen auf 10.000 Livres, wobei das geschuldete Geld für das Jahr 1709 nachträglich lediglich zu einem Drittel und auch für das Jahr 1710 nur unregelmäßig ausbezahlt worden war.[38] An diesen Begebenheiten der Jahre 1708 bis 1710 lässt sich ermessen, wie unberechenbar das ökonomische Umfeld für Militärunternehmer mithin war. Doch sollte es für Beat Jakob II. noch schlimmer kommen. Nach Beendigung des Spanischen Erbfolgekriegs wurden die beiden Regimenter Pfyffer und Reding sowie drei halbe Freikompanien kassiert.[39] Den Marschbefehl für die Heimreise erhielt die Kompanie Zurlauben am 11. Februar 1715 zugestellt.[40] Dieses Vorgehen hatte »einen Sturm der Entrüstung hervorgerufen, weil davon in erster Linie Innerschweizer Kompaniebesitzer und, mit Pfyffer, Reding und Zurlauben, ausgerechnet die ergebensten Parteigänger Frankreichs betroffen waren.«[41] Bei der Entlassung der Regimenter soll Frankreich, wie ein Schreiben von Oberst Pfyffer an Beat Jakob II. vermuten lässt, seinen eidgenössischen Hauptleuten unter anderem Gratifikationen schuldig geblieben sein. Die für die Hauptleute aus dieser Entlassung resultierende Not, schreibt Oberst Pfyffer in seinem Brief nicht ohne paternalistisches Pathos, »gehe ihm derart zu Herzen, dass er sich kaum auszudrücken vermöge. Er könne bloß Gott bitten, diese zu trösten.«[42] In der Tat besteht Grund zur Annahme, dass die leeren Kassen Ludwigs XIV. auch Beat Jakob II. finanziell stark zusetzten und dass die Kompanie für den Zuger letztlich ein Verlustge-

36 Juni 1708: Bestand 201 (AH 139/221), Juli 1708: Bestand 189 (AH 139/232), September 1708: nur Teilrödel (AH 139/162, 139/158, 139/231), Oktober 1708: Bestand 96 (AH 139/222), November 1708: Bestand 129 (AH 130/159), Dezember 1708: Bestand 131 (AH 139/160), Januar 1709: Bestand 123 (AH 139/161), Februar 1709: Bestand 102 (AH 139/73), März 1709: Bestand 110 (AH 130/168), April 1709: fehlt, Mai 1709: Bestand 149 (AH 122/186), Juni 1709: Bestand 182 (AH 149/138). Vgl. Gröbli, Ambassador Du Luc (wie Anm. 34), Bd. 1, S. 267.

37 AH 122/132.

38 Gröbli, Ambassador Du Luc (wie Anm. 34), Bd. 1, S. 267.

39 11. Februar und 1. März 1715. Ebd., S. 246.

40 AH 83/13.

41 Kälin, Salz (wie Anm. 8), S. 121; Gröbli, Ambassador Du Luc (wie Anm. 34), Bd. 1, S. 246f. Siehe auch das Schreiben von Ludwig Christoph Pfyffer an Beat Jakob II. vom 31. März 1715 in AH 24/142.

42 Schreiben von Ludwig Christoph Pfyffer an Beat Jakob II. vom 31. März 1715 in AH 24/142. Vgl. auch das Schreiben der zu Luzern versammelten Tagsatzungsgesandten der katholischen Orte und dem Wallis an den französischen Ambassadoren François-Charles de Vintimille, Comte du Luc, vom 25. Februar 1715 in AH 70/184.

schäft darstellte.[43] Es verwundert deshalb nicht, dass er und andere Hauptleute darauf hofften, dass sie der Hof nach der Entlassung des Regiments weiterbeschäftigen würde.[44] Es galt um jeden Preis, mit Frankreich im Geschäft zu bleiben, wohl um die drohenden Einkommensverluste möglichst gering zu halten und - im besten Fall - für die in die unvermittelt entlassene Kompanie investierten Summen vielleicht doch noch entschädigt zu werden. Die Kompanie Zurlauben wurde zwar nicht retabliert, doch soll Beat Jakob II., glaubt man der Darstellung von Beat Fidel Zurlauben (1720–1799), wegen der Entlassung eine Pension von 6.000 Livres zugesprochen worden sein.[45]

II. Das Kompaniearchiv: Rekonstruktion und Analyse

Das auf der Grundlage der *Acta Helvetica* möglichst vollständig - wenn auch nicht lückenlos - rekonstruierte Kompaniearchiv umfasst um die 750 Dokumente. Für die Rekonstruktion wurden aus der thematischen Vielfalt an Überlieferung nur jene Schriftstücke von 1702 bis 1715 berücksichtigt, die in direktem Bezug zur Kompanie stehen - so schwierig eine solche Auswahl auch ist.[46] Anderweitige Handlungs- und Erwerbsfelder Beat Jakobs II. auch im Bereich des Militärs wurden für die Rekonstruktion ausgeklammert. Als umtriebiger Geschäftsmann nutzte Beat Jakob II. beispielsweise den gigantischen Rüstungsbedarf Frankreichs, indem er die Festung Hüningen mit Salpeter, Pulver und anderen kriegswichtigen Gütern belieferte. Ebenso wurden Akten, die seine Rolle als Klient, Lobbyist, politischer Informant und Pensionenausteiler

43 In einem Dokument ist unter anderem die Rede von einem Verlust von 23.000 Livres, die Beat Jakob II. mit seinen Kompanien in französischen Diensten erlitten haben soll. Siehe die Aufzeichnungen zur Situation von Beat Jakob II. Zurlauben nach Aufhebung der Kompanie Zurlauben im Regiment Pfyffer in AH 175/4 (nach Februar 1715) und vgl. Gröbli, Ambassador Du Luc (wie Anm. 34), Bd. 1, S. 247, der schätzt, dass 40 Prozent seiner Aufwendungen für die Kompanie Zurlauben im Regiment Pfyffer in Zwangsanleihen verloren gegangen waren. Beat Jakob II. versuchte seine Einbußen nach der Entlassung möglichst gering zu halten, indem er zwecks Eintreibung ausstehender Guthaben eigens ein Verzeichnis anlegte, welches die ihm von seiner Mannschaft geschuldeten Beträge detailliert auflistet (AH 82/57). Von seinen Soldaten ließ er entsprechende Schuldanerkennungen unterzeichnen (AH 82/19).

44 AH 24/142. Selbst der spanische Ambassador Lorenzo Verzuso, Marchese di Beretti-Landi, sagte Beat Jakob II. zu, sich für eine Weiterbeschäftigung der entlassenen Offiziere des Regiments Pfyffer einzusetzen. Siehe das Schreiben des spanischen Ambassadors an Beat Jakob II. vom 9. April 1715 in AH 28/21. Vgl. Gröbli, Ambassador Du Luc (wie Anm. 34), Bd. 1, S. 246.

45 Zurlauben, Histoire militaire (wie Anm. 30), Bd. 7, 335 Anm. a. Die gleiche Information findet sich bei Meier, Zurlaubiana (wie Anm. 14), Bd. 2, S. 945.

46 Für die große Hilfe bei der Zusammenstellung des Kompaniearchivs danke ich Katrin Keller.

Frankreichs in Zug und in der Eidgenossenschaft dokumentieren, nicht erfasst.[47] All diese Geschäftsfelder sind aber zweifellos eng mit seiner Kompaniewirtschaft verknüpft.

Der Umfang des Materials, das im Zusammenhang mit seiner Kompanie produziert wurde, ist immens. Als Ursachen dafür lassen sich sowohl exogene als auch endogene Faktoren anführen. Erstens korrelierte der Verwaltungs- und Dokumentationsaufwand in den Kompanien mit der wachsenden Militärbürokratie und der gesteigerten Aktenproduktion am französischen Hof.[48] Zweitens erklärt sich die Fülle des Materials auch damit, dass Beat Jakob II. die Kompanie wegen seiner gleichzeitig laufenden politischen Karriere nicht persönlich kommandierte. Die operative Führung der Kompanie überließ er stellvertretenden Kommandanten, wobei seine Abwesenheit im Feld einen ständigen brieflichen Nachrichtenaustausch u. a. mit den befehlshabenden Offizieren erforderte.[49] Drittens war die akribische Dokumentation politischer und militärischer Informationen sowie eine umfassende schriftliche Verwaltung von Kapital, Material und Personal für erfolgreiche Geschäftsgänge fundamental. Die tiefen Margen erforderten eine genaue Kenntnis der Ressourcenflüsse, wozu man sich mithin ausgefeilter buchhalterischer Techniken (tabellarische Darstellung, detaillierte Abrechnungen etc.) bediente.[50] Dass das angefallene Material im Zusammenhang mit seiner Kompanie nach einer gewissen Zeit nicht entsorgt, sondern aufbewahrt wurde, lässt außerdem vermuten, dass das Anle-

---

47 Vgl. dazu Nathalie Büsser, Salpeter, Kupfer, Spitzeldienste und Stimmenkauf: die kriegswirtschaftlichen Tätigkeiten des Zuger Militärunternehmers und Magistraten Beat Jakob II. Zurlauben um 1700 für Frankreich, in: Valentin Groebner u. a. (Hrsg.), Kriegswirtschaft und Wirtschaftskriege, Zürich 2008, S. 71–84.

48 Zur Militärbürokratie Frankreichs im 17. und frühen 18. Jahrhundert siehe John A. Lynn, Giant oft the Grand Siècle. The French Army, 1610–1715, Cambridge 1997, S. 67–106, bes. S. 68. Seit dem 16. Jahrhundert lässt sich im Militärunternehmertum eine wachsende Bürokratie beobachten. Vgl. Matthias Rogg, »Ein Kriegsordnung neu gemacht« – Die Entstehung, Aufgabe und Bedeutung militärischer Funktionseliten im 16. Jahrhundert, in: Günther Schulz (Hrsg.), Sozialer Aufstieg. Funktionseliten im Spätmittelalter und in der frühen Neuzeit, München 2002, S. 357–385, hier S. 371.

49 Im Unterschied zum 16. Jahrhundert war es im 17. und 18. Jahrhundert häufig der Fall, dass der Kompanieinhaber die operative Führung der Einheit nicht selber übernahm, sondern einem Capitaine-Commandant, teilweise auch Hauptmann per Commission oder Manimanist genannt, überließ. War es im 16. Jahrhundert nur im Gardedienst denkbar, dass der Hauptmann seine Truppe nicht gleichzeitig auch militärisch befehligte (Benjamin Hitz), so hatte im 17. Jahrhundert beispielsweise der Walliser Militärunternehmer Stockalper seine verschiedenen Kompanien – vielleicht mit Ausnahme des Jahres 1644 – nie selber angeführt. Siehe Suter, Militär-Unternehmertum (wie Anm. 4), S. 35; Kälin, Magistratenfamilien (wie Anm. 4), S. 125; Hitz, Kämpfen um Sold (wie Anm. 4), S. 183; Steffen, Kompanien (wie Anm. 4), S. 160.

50 Die Komplexität der damaligen Buchführung zeigt sich etwa auch am äußerst umfangreichen Aktenmaterial des Walliser Militärunternehmers Kaspar Stockalper. Steffen, Kompanien (wie Anm. 4).

gen eines physischen Wissensspeichers, auf den man jederzeit zugreifen konnte, für das unternehmerische Führen einer Kompanie ebenfalls von praktischer Bedeutung war. Das Archiv ermöglichte es dem Hauptmann, komplexe Geschäftsgänge nachzuvollziehen, getätigte Zahlungen zu belegen und erfolgte Zahlungseingänge zu kontrollieren oder sich über ausgewählte Sachverhalte in seiner umfangreichen Korrespondenz zu informieren. Die Möglichkeit, auf ein Kompaniearchiv zurückgreifen zu können, dürfte insbesondere für die Optimierung von Werbeprozessen, für die Evaluierung von Geschäftspartnern oder für die Kontrolle der Kostenentwicklung bedeutsam gewesen sein. Allgemein formuliert: Durch eine ausgeklügelte Buchhaltung und durch die Archivierung des mit der Kompanie in Zusammenhang stehenden Schriftguts ließen sich Handlungsoptionen und -grenzen erschließen.

Die Dichte und die Vielfalt der Überlieferung der Kompanie Zurlauben im Regiment Pfyffer ermöglichen es nun, das Material und seine Beschaffenheit nach formalen und inhaltlichen Gesichtspunkten zu analysieren. So machen die über 340 Briefe, die rund 180 Mannschaftsrödel[51] und die etwa 120 Abrechnungen den Hauptteil des Materials aus. Daneben finden sich Notizen,[52] Bestätigungen,[53] Austrittsbewilligungen und Entlassungsscheine für Soldaten,[54] Erklärungen,[55] von den monatlichen Musterungen herrührende zusammenfassende Bestandslisten,[56] Abschriften und Extrakte aus Reglementen, Kapitulationen und Allianzen,[57] Listen von entlassenen, desertierten, gefangenen, verstorbenen oder in fremde Regimenter eingetretenen Soldaten,[58] Rekrutenlisten,[59] Marschbefehle,[60] Memoiren,[61] Monturrödel,[62] Passierscheine,[63] Anstellungs- und Werbeverträge,[64] Quittungen,[65] Werbegenehmigungen

51 Von den Mannschaftsrödeln existieren vielfach zwei, manchmal auch drei (Teil)Exemplare. Siehe z. B. den Rodel vom August 1703 AH 140/131, 153/58, 164/103 oder vom Juli 1708 AH 139/22, 139/232, 167/11.
52 AH 175/4, 139/7, 87/130 etc.
53 AH 131/119, 106/11, 153/114 etc.
54 AH 75/104, 131/109.
55 AH 83/38, 131/6.
56 AH 86/180, 86/180 A, 86/180 B.
57 AH 69/2, 109/18, 118/60, 131/3, 131/117 etc.
58 AH 97/70, 139/13, 150/186.
59 AH 71/128, 81/45, 106/12 etc.
60 AH 7/85, 83/13, 131/19.
61 AH 52/150, 54/90, 139/38, 141/22 etc.
62 AH 142/277, 161/13, 161/14.
63 AH 164/4 A.
64 AH 91/108.
65 AH 153/100, 153/100 B, 106/13.

der Obrigkeit,[66] Schuldscheine,[67] Verzeichnisse über Schulden, abgegebene Effekten etc.,[68] Werbescheine[69] und französische Zahlungsbefehle.[70]

Zum einen verdeutlicht dieses Material, wie wichtig effiziente Strategien bei der Beschaffung betriebsnotwendiger Ressourcen (Söldner, Kapital, Ausrüstung, Informationen, politischer Support etc.) waren, um im Soldgeschäft des beginnenden 18. Jahrhunderts gewinnbringend zu wirtschaften. Denn die Höhe des Gewinns wurde nicht nur von den vertraglichen Rahmenbedingungen,[71] sondern auch von Faktoren wie

> »Rekrutierungskosten, Desertionen, Krankheitsfälle[n], Währungsdifferenzen, Ein- und Verkauf von Waren (Ausrüstung, Nahrungsmittel) sowie von der Behandlung durch den Kriegsherrn und dessen Zahlungsfähigkeit«

bestimmt.[72] Entscheidend für die Ertragslage war außerdem, »ob für das Anwerben von Rekruten Vorschüsse gewährt wurden, ob der Dienstherr die Ausrüstung stellte, wie die (Regiments-)Buchhaltung geregelt war, oder ob gerade Krieg herrschte.«[73]

Zum anderen gibt das Kompaniearchiv Auskunft darüber, wie Beat Jakob II. als Kompanieinhaber die Akquisition und Verwaltung von Ressourcen verschiedenster Art von seinem Wohnsitz aus, dem Weingartenhof in Zug, bewerkstelligte.[74] Dabei wird ersichtlich, dass seiner Ehefrau eine Schlüsselposition bei der Abwicklung des Tagesgeschäfts zukam. Sein politisches Engagement und speziell der häufige Besuch eidgenössischer Tagsatzungen[75] machte die Einbindung seiner Frau Maria Barbara in die Kompaniewirtschaft, wie Nathalie Büsser in ihrer Pionierstudie zu der Rolle von Frauen im Militärunternehmertum zeigte, zu einer organisatorischen Notwendigkeit.[76] Sie sorgte dafür, dass die

66 AH 31/11, 133/9, 141/37.
67 AH 82/19, 139/130, 163/81.
68 AH 161/10, 161/11, 161/12, 153/21 etc.
69 AH 72/195, 72/196.
70 AH 131/94.
71 Vgl. Suter, Militär-Unternehmertum (wie Anm. 4), S. 5–13 und Walter Bührer, Der Zürcher Solddienst des 18. Jahrhunderts. Sozial- und wirtschaftsgeschichtliche Aspekte, Bern u. a. 1977; Robert-Peter Eyer, Die Schweizer Regimenter in Neapel im 18. Jahrhundert (1734–1789), Bern 2008, S. 79–82, 87–148 u. 207–269.
72 Büsser, Militärunternehmertum (wie Anm. 16), S. 115.
73 Kälin, Dienste (wie Anm. 10), S. 282.
74 Kälin spricht diesbezüglich von der »Bewältigung von Knappheiten verschiedenster Art«. Ebd, S. 282.
75 Zwischen 1690 und 1716 fungierte Beat Jakob II. 62-mal als Tagsatzungsgesandter. Siehe Meier, Zurlaubiana (wie Anm. 14), Bd. 2, S. 946.
76 Nathalie Büsser, Drängende Geschäfte. Die Söldnerwerbung Maria Jakobea Zurlaubens um 1700 und ihr verwandtschaftliches Beziehungsnetz, in: Der Geschichtsfreund 161 (2008), S. 189–224, hier S. 217f. Vgl. auch Nathalie Büsser, Die Frau »Hauptmannin« als Schaltstelle für Rekrutenwerbungen, Geldtransfer und Informationsaustausch. Geschäftliche Tätigkei-

Kommunikation mit der Kompanie während seiner Abwesenheit nicht abbrach und personelle Angelegenheiten geregelt werden konnten.

Der Arbeitsalltag Beat Jakobs II. als geschäftsführender Hauptmann bestand im Wesentlichen aus Schreiben, Lesen und Rechnen. Krieg führte er mit der Kompanie Zurlauben im Regiment Pfyffer nicht.[77] Von Zug aus wurden mit Feder und Papier Soldaten rekrutiert (1), Kapital und Material akquiriert (2) oder Beziehungen gepflegt und Informationen beschafft (3).

(1) Einen besonders umfangreichen dokumentarischen Niederschlag im Kompaniearchiv fand das Werbegeschäft.[78] Das hatte ökonomische und organisatorische Gründe. So wurden die genauen Mannschaftsbestände vom Dienstherrn bei den monatlichen Musterungen überprüft. Wurde der personelle Sollbestand der Kompanie unterschritten, zog das mithin größere finanzielle Einbußen für den Hauptmann nach sich. Der Mannschaftsbestand legte die Höhe der monatlichen Soldpauschalen und Gratifikationen fest, die an die Hauptleute ausbezahlt wurden.[79] In einem standardisierten Verfahren wurde deshalb in den monatlich erstellten Mannschaftsrödeln der genaue Truppenbestand in Form einer Liste festgehalten. Nach der »Prima Planna«, bestehend aus Offizieren, Unteroffizieren, Schreiber, Chirurg und Feldscher, Trabanten, Musikanten und Marketendern folgen die insgesamt sechs Rotten, in welche die Soldaten eingeteilt worden waren. Exakt notiert wurden außerdem die Aufwendungen (Sold, Wochengelder und Extras an die Soldaten sowie anderweitige Unkosten und Ausgaben).[80]

> »Da Abgänge, sei es durch Tod, Desertion oder Beurlaubungen kaum zu vermeiden waren, sträubten sich die Hauptleute gegen häufige Musterungen. Nichts konnte ihnen

---

ten weiblicher Angehöriger der Zuger Zurlauben im familieneigenen Solddienstunternehmen um 1700, in: Rudolf Jaun, Pierre Streit (Hrsg.), Schweizer Solddienst. Neue Arbeiten, neue Aspekte, Birmensdorf 2010, S. 105–114. Siehe dazu AH 72/129, 46/80, 83/38, 86/41, 126/94, 142/268, 176/183.

77 Zum Alltag eidgenössischer Söldneroffiziere im Feld im 18. Jahrhundert siehe Marc Höchner, Selbstzeugnisse von Schweizer Söldneroffizieren im 18. Jahrhundert, Göttingen 2015, S. 37–121.

78 Zur Praxis der Söldnerrekrutierung vgl. Büsser, Drängende Geschäfte (wie Anm. 76), Rudolf Gugger, Preußische Werbungen in der Eidgenossenschaft im 18. Jahrhundert, Berlin 1997, Allemann, Söldnerwerbungen (wie Anm. 16) u. Pfister, Aargauer (wie Anm. 16), Bd. 1, S. 29–55 u. Bd. 2, S. 39–84.

79 Vgl. Gröbli, Ambassador Du Luc (wie Anm. 34), Bd. 1, S. 266; Büsser, Drängende Geschäfte (wie Anm. 76), S. 196; Steffen, Kompanien (wie Anm. 4), S. 170f.; Ruckstuhl, Aufbruch (wie Anm. 4), S. 78–82 und zur Soldpauschale S. 82–89: Je weniger der Hauptmann von der Soldpauschale des Kriegsherrn an seine Söldner und untergebenen Offiziere weitergab, desto höher war sein Gewinn.

80 Siehe z.B. AH 129/59 (Mannschaftsrodel vom November 1711) oder AH 130/168 (Mannschaftsrodel vom März 1709), wo verschiedene Arten von Ausgaben und Unkosten aufgelistet sind.

einträglicher sein, als für Leute bezahlt zu werden, die in Wirklichkeit überhaupt nicht vorhanden waren.«[81]

Gleichzeitig war die Anwerbung von Rekruten ein anspruchsvolles Unterfangen, bei dem die Kompanieinhaber verschiedene finanzielle, organisatorische und kommunikative Herausforderungen zu bewältigen hatten. Um den Sollbestand zu erreichen und Einkommenseinbußen zu vermeiden, musste angesichts der permanent hohen Personalfluktuation ein ständiges Netz von Werbeagenten unterhalten werden, im Falle Beat Jakobs II. in Zug, den Freien Ämtern, im Rheintal und anderen Gebieten.[82] Rund 20 Werber und eine Werberin lassen sich anhand des Kompaniearchivs namentlich identifizieren.[83] Ferner mussten Werbebewilligungen bei der Obrigkeit eingeholt,[84] Anstellungs- und Werbeverträge abgeschlossen,[85] Verzeichnisse angeworbener Soldaten studiert,[86] Abrechnung erstellt,[87] Quittungen kontrolliert,[88] Werbe- und Wirtshauskosten beglichen,[89] die Rekrutentransporte organisiert und Reisepässe ausgestellt werden[90] und Weiteres mehr.

(2) Bei der Kompaniewirtschaft handelte es sich um ein kapital- und materialintensives Geschäft. Die jährlichen Gesamtausgaben für seine Kompanie zwischen August 1703 und September 1704 veranschlagt Beat Jakob II. in einem

81 Ruckstuhl, Aufbruch (wie Anm. 4), S. 82.

82 Vgl. Büsser, Drängende Geschäfte (wie Anm. 76), S. 199–201. Rekrutiert wurde nicht allein in den deutschsprachigen Territorien, sondern etwa auch in den Ennetbirgischen Vogteien, wie ein Ratsbeschluss vom 18. April 1709 zeigt (AH 133/9).

83 Jakob Keller (von Sarmenstorf): AH 132/60, 76/86, Beat Josef Leonz Meyenberg (Landschreiber-Statthalter der Freien Ämter): AH 119/67 A, Tobias Brassel (Adlerwirt in St. Margrethen): AH 81/45, 83/124, 86/49, 94/68, 98/148, 106/11, Franz Remigius Keiser (Stadttrompeter der Stadt Zug): AH 106/16, 106/20, 106/48, 106/70, Franz Anton Sidler: AH 142/240, 142/247, 160/73, Franz Leonz Hänsli (?): AH 98/97, Theodor Beck (Unterleutnant der Kompanie Zurlauben): AH 91/108, Peter Anton Imhof (?): AH 106/13, Beat Jakob Meyer: AH 76/83, 76/84, Franz Leonz Hüsler: AH 137/177, 141/36, Balthasar Meyer (von Hägglingen): AH 81/58, 77/108, 142/25, Johann Jakob Mutschli (von Bremgarten): AH 99/38, Johann Rochus Meienberg (von Bremgarten): AH 150/137, Hans Heinrich Meier (Wirt in Kirchdorf): AH 138/79, Johann Rudolf Hess: AH 88/117, Heinrich Damian Leonz Zurlauben: AH 106/32, Melchior Keller (von Frauenfeld?): AH 137/4, Bartholomäus Megnet: AH 142/79, [Balthasar] Müller: AH 65/25, AH 97/174, Josef Hegner: AH 148/38. Bei der Werberin handelt es sich um Maria Regina Erhart (Wirtin zum Weißen Kreuz in Frauenfeld): AH 119/38. Ob es sich auch bei der Hirschenwirtin in Zug, Maria Klara Weber, um eine Werberin handelt, ist unsicher (AH 106/23, 106/24).

84 AH 31/11, 133/9, 141/37.

85 Siehe den Anstellungs- und Werbevertrag vom 28.7.1702 in AH 91/108.

86 AH 86/49, 81/58 etc.

87 AH 83/124.

88 AH 76/83, 76/84, 106/13 etc.

89 AH 98/97, 106/23, 106/24, 119/67 A, 129/53, 132/60, 140/93 etc.

90 AH 91/108, 149/83.

Memorial auf insgesamt 14.241 Pfund, 10 Schillinge und 8 Pfennige.[91] Blieben die Werbevorschüsse des Kriegsherren, Soldgelder und Gratifikationen über längere Zeit aus, was in Kriegszeiten durchaus häufig der Fall war, entschieden alleine Kapital und Kredit des Militärunternehmers über das Fortbestehen der Kompanie. Dass Beat Jakob II. als Kreditor des Königs fungierte, geht aus der ersten Zeile des besagten Memorials hervor: »Erstlich bezahlt dem König«.[92] Darauf folgen die einzelnen Ausgabenposten. Insbesondere die Rekrutenanwerbung verschlang beträchtliche finanzielle Mittel. Für die oben genannte Zeitspanne 1703/1704 veranschlagt Beat Jakob II. die jährlichen Werbekosten auf 5.500 Pfund.[93] Dieser Posten betrug somit fast 40 Prozent der Gesamtauslagen. Die Ausgaben für die Söldnerrekrutierung konnten aber je nach Kriegsverlauf noch viel höher sein. Wie teuer das Werbegeschäft pro Söldner de facto war, rechnete Oberst Pfyffer dem französischen Kriegsminister, Daniel-François Voysin de La Noiraye (1654–1717), im Jahr 1711 vor. Ihm, so Pfyffer, entstünden pro Rekrut Auslagen bis 75 Franken und bei einem »Landeskind« sogar bis 100 Franken.[94] Treffen die Angaben des Luzerners tatsächlich zu, dann benötigte Beat Jakob II. nach den großen Verlusten in Lille 1708, als der Bestand auf 96 Mann gesunken war, flüssige Gelder in der Höhe von rund 7.800 bzw. 10.400 Franken, um seine Kompanie wieder auf den Sollbestand von 200 Mann zu bringen – und das in einer Zeitspanne von nur neun Monaten. Die dafür nötige Summe entspricht ungefähr drei Jahrespensionen Frankreichs an den Stand Zug.[95] Um den Transfer dieser Gelder zu bewerkstelligen, war Beat Jakob II. auf gute Beziehungen zu liquiden Partnern angewiesen. Dabei kam dem Finanzplatz Basel möglicherweise eine größere Bedeutung zu. So lassen sich enge Kontakte des Zuger Militärunternehmers mit Philipp Dienast bzw. dem Basler Handelshaus Dienast & Linder bei der Abwicklung von Finanztransaktionen im Zusammenhang mit der Kompanie feststellen. Außerdem erfolgte der grenzübergreifende Geldverkehr mit Wechseln über einen Bankier namens Goy in Paris und die Ambassade in Solothurn. So schreibt Wolfgang Damian Müller, Capitaine-Commandant, am 11. Juli 1703 aus Condé an Beat Jakob II.:

> »Der H. schw. wird Meinem schreiben vom 6 diss [AH 141/95, PR] ersehen haben, worinnen vermeldet, dass 3000 lb. an Mr Goy [Bankier in Paris] undt 3000 lb. an Mr. [Philipp] Dienast [von Basel] übermacht habe, heüth berichtet mich Mr Goy, dass er Mr

---

91 AH 97/106.

92 AH 97/106.

93 AH 97/106.

94 Gröbli, Ambassador Du Luc (wie Anm. 34), Bd. 1, S. 266 Anm. 26.

95 Die Orte erhielten von Frankreich laut der Allianz von 1663 jährlich 3.000 Franken Pensionen und Friedgelder. Siehe Die eidgenössischen Abschiede aus dem Zeitraume von 1649 bis 1680. Bearb. von Johann Adam Pupikofer und Jakob Kaiser (Amtliche Sammlung der älteren eidgenössischen Abschiede, Bd. 6.1). Frauenfeld 1867, S. 1651 (Beilage 12).

[Joachim Passerat] de la Chapelle [Secrétaire-interprête an der franz. Ambassade] nacher Soleure ordre ertheilen werde, den H. schw. Zu satisfacieren [...]«.[96]

Aufgrund des hohen Kapitalbedarfs eidgenössischer Militärunternehmer kamen nicht selten die Obrigkeit, die Familie, Kirchen und Klöster oder Privatpersonen als Kreditgeber ins Spiel.[97] Allem Anschein nach war dies beim finanzkräftigen Beat Jakob II. nicht vonnöten.[98] Die exorbitanten Aufwendungen für die Rekrutenanwerbung finanzierte Beat Jakob II. 1710, so scheint es, mit seinem Vermögen, beispielsweise den Bodenzinsen seiner Güter im Unteren Freiamt.[99] Es ist zudem zu vermuten, dass Beat Jakob II. auch aus der Belieferung der Festung Hüningen mit Nahrungsmitteln und Ausrüstungsgegenständen[100] sowie mit der Versorgung seiner Kompanie mit Waffen, Kleidern oder Brot einen Gewinn erwirtschaftete, den er ins Werbegeschäft reinvestieren konnte.[101] So wurden den Söldnern die Verpflegung, die Abgabe von Kleidern und Ausrüstungsgegenständen, Arzt- oder Reisekosten und weitere Dienstleistungen als sogenannte Extras, wie diese Ausgaben in den Rödeln genannt werden, vom Hauptmann in Rechnung gestellt.[102] Der materielle Bedarf seiner Kompanie, das zeigt ein Blick auf einen zufällig ausgewählten Mannschaftsrodel vom Oktober 1706, war dabei äußerst vielfältig. Da wurden etwa Hemden, Hosen, Strümpfe, Röcke, Schuhe und Schuhsohlen, Bajonett- und Degenscheiden oder Brot an die Soldaten abgegeben.[103] Für Brotlieferungen haben sich – nebenbei bemerkt –

96 AH 131/99. Am 19. August 1703 schreibt Wolfgang Damian Müller an Beat Jakob II. dann aus Brüssel: »Heüth sende Mr Goy [Bankier aus Paris] einen wexell brieff ... [1035] lb. ... [13] Steüber 6 de[nar], so der H. schw[ager ...] Von Mr. [Joachim Passerat] de la Chapelle [Secrétaire-interprête an der franz. Ambassade] in solothurn nach belieben erheben khan, hatt also der H. schw. disess Jahr 12235 lb. 13 $\frac{1}{2}$ [Stüber] bezogen [...]«. AH 131/147 und vgl. zu Dienast und Goy auch 64/44, 131/105, 131/106, 131/132, 131/137, 136/133, 141/95, 152/84, 180/23. Möglicherweise bestanden für die Transaktionen über Basel Schnittstellen zwischen seiner Kompaniewirtschaft und dem Kriegsmaterialhandel mit der Festung Hüningen. Zu den Modi des Geldtransfers (Wechsel) siehe auch Büsser, Drängende Geschäfte (wie Anm. 76), S. 211.

97 Kälin, Magistratenfamilien (wie Anm. 4), S. 123; Hitz, Kämpfen um Sold (wie Anm. 4), S. 181.

98 Beat Jakob II. wies bei seinem Tod 1716 ein Vermögen von mehr als 70.000 Gulden aus und besaß größere Mengen Silbergeschirr. Siehe Büsser, Drängende Geschäfte (wie Anm. 76), S. 219.

99 Ebd., S. 211f. Siehe AH 41/125.

100 Büsser, Salpeter (wie Anm. 47), S. 71–84.

101 Vgl. Gröbli, Ambassador Du Luc (wie Anm. 34), Bd. 1, S. 266.

102 Ruckstuhl, Aufbruch (wie Anm. 4), S. 67f. u. 239–246; Steffen, Kompanien, S. 195–200.

103 AH 98/21. Für umfassende Zusammenstellungen des Materialverbrauchs der Kompanie Zurlauben siehe AH 97/52, 97/106, 105/94, 105/95, 105/95 A und vgl. die Monturrödel aus den Jahren 1712 (AH 161/14), 1713 (AH 161/13) und 1715 (AH 142/277).

auch spezielle Verzeichnisse erhalten.[104] Für die Versorgung der Kompanie vor Ort standen ein Marketender und ein Marketenderknecht im Sold des Zugers.[105] Als oberster Versorger und Ausrüster seiner Truppe unterhielt Beat Jakob II. Geschäftsbeziehungen mit Kaufleuten aus Valenciennes, Maubeuge oder Douai, die seine Kompanie an ihrem jeweiligen Standort mit Gütern belieferten.[106] Tuche bezog er unter anderem von einer Händlerin namens Veron oder einem Händler namens Bérault aus Paris.[107] Um sich zu verpflegen und mit ausreichend Material einzudecken, haben sich die Soldaten bei Beat Jakob II. in der Folge teilweise stark verschuldet. Der Sold reichte zur Bestreitung des soldatischen Alltags offenbar bei weitem nicht aus. Die Schulden seiner Workforce, wie der eingangs zitierte Redlich sagen würde, beliefen sich im Februar 1708 auf 11.971 Livres, 11 Sols und 1 $\frac{1}{2}$ Deniers.[108] Die Schulden mussten spätestens beim Abschied vom Soldaten beglichen werden. Dazu wurde eigens eine Schlussabrechnung erstellt.[109] Hohe Schulden beim Hauptmann verhinderten aber vermutlich in vielen Fällen eine Entlassung nach dem regulären Dienstende, weil nur entlassen wurde, wer schuldenfrei war.[110] Umgekehrt stand Beat Jakob II. bei einem Teil seiner Truppe im Februar 1708 selber mit 439 Livres und 7 Deniers in der Kreide.[111] Diese soldatischen Guthaben bei Beat Jakob II. gingen im Falle einer Flucht verloren und wirkten so vermutlich Desertionen entgegen.[112] Zu-

104 AH 161/10, 161/11. Vgl. zum sogenannten Kommissbrot Steffen, Kompanien (wie Anm. 4), S. 195–197.

105 Siehe z. B. AH 129/59 (Mannschaftsrodel vom 11.1711), 97/171 und vgl. Allemann, Söldnerwerbungen (wie Anm. 16), Bd. 18 (1945), S. 103 sowie Ruckstuhl, Aufbruch (wie Anm. 4), S. 67f.

106 AH 97/106.

107 Veron: AH 85/6, 85/88, 85/90, 85/131, 135/87, 140/24, 147/75, 176/51; Bérault: AH 131/131, 131/136, 141/17.

108 AH 131/44.

109 Siehe die Bittschreiben um Entlassung von Wolfgang Hasler von Altstätten vom 15. Februar 1712 (AH 139/18) und vom 4. April 1712 (AH 83/117) an Beat Jakob II.

110 Suter, Militär-Unternehmertum (wie Anm. 4), S. 139; Hitz, Kämpfen um Sold (wie Anm. 4), S. 205; Bührer, Zürcher Solddienst (wie Anm. 71), S. 46.

111 AH 131/44.

112 Im 16. und 17. Jahrhundert war es in der Kompaniewirtschaft Usus, dass die Söldner bei ihrem Hauptmann größere Guthaben anhäuften. Dies erklärt sich nicht allein mit allfälligen Zahlungsengpässen des Hauptmanns, sondern auch damit, dass etwa die ausbezahlten Wochengelder (dabei handelt es sich um die wöchentlichen Vorschüsse des Hauptmanns an die Soldaten zur Deckung der täglichen Ausgaben) oft tiefer ausfielen als der monatliche Sold. Mit der Bildung von soldatischen Guthaben beabsichtigen die Hauptleute, die Söldner vom Desertieren abzuhalten. Vgl. zu dieser Problematik Allemann, Söldnerwerbungen (wie Anm. 16), Bd. 18 (1945), S. 102, Steffen, Kompanien (wie Anm. 4), S. 253 u. Hitz, Kämpfen um Sold (wie Anm. 4), S. 204f. Wie das Beispiel der Kompanie Zurlauben aber zeigt, konnten um 1700 der Bedarf für Nahrungsmittel und Ausrüstung kaum mehr mit dem regulären Sold bestritten werden, was zu der hohen Verschuldung der Söldner bei ihrem Hauptmann Beat Jakob II. führte.

sammenfassend lässt sich deshalb sagen: Schulden waren – neben der formalen vertraglichen Bindung – der Klebstoff zwischen dem Hauptmann seinen Soldaten, der die Kompanie zusammenhielt.[113]

(3) Beinahe die Hälfte des rekonstruierten Kompaniearchivs machen die von über 65 Absendern eingegangenen 340 Briefe aus. Daran lässt sich ermessen, dass Beat Jakob II. sehr viel Zeit für Beziehungspflege und Informationsbeschaffung aufgewendet hat. Wie wichtig gute Beziehungen speziell zum diplomatischen Vertreter Frankreichs in der Eidgenossenschaft waren, hat die weiter oben beschriebene Rolle von Puysieux bei der Kompanievergabe an den Zuger Militärunternehmer gezeigt. Ferner dokumentieren die überlieferten Briefe von Louis Auguste de Bourbon, Duc du Maine (1670–1736), wie vorteilhaft auch der persönliche Kontakt zum Generaloberst der Schweizer und Bündner Truppen war, wenn es etwa darum ging, vakante Offiziersstellen für Familienmitglieder zu sichern.[114] Als sich das Ende des Krieges abzeichnete, war es dann ebenfalls der Generaloberst Duc du Maine, an den sich Beat Jakob II. flehentlich wandte, um eine sich abzeichnende Entlassung der Zurlaubenschen Kompanien zu verhindern:

> »ainsi que nous aurons une paix Generale la quelle produira peutestre une Reforme [=Entlassungen] dans les trouppes suysses, ie prends la liberté de supplier tres humblement Vostre Altesse serenissime de m'accorder la continuation de l'honneur de sa Protection pour conserver … [300] hommes [gemeint die Halbkompagnie im Garderegiment sowie die Vollkompagnie im Regiment Pfyffer] qui restent à ma famille«.[115]

Besonders häufig aber stand Beat Jakob II. mit seinen insgesamt fünf stellvertretenden Kommandanten in Kontakt. Rund 130 Briefe haben sich überliefert.[116] Diese Korrespondenz wurde unter anderem auch auf Französisch geführt, wobei diese unter gehobenen Kreisen wie den Zurlauben und ihresgleichen übliche

113 Siehe dazu in einem größeren Kontext Gabriele Jancke, Daniel Schläppi (Hrsg.), Die Ökonomie sozialer Beziehungen. Ressourcenbewirtschaftung als Geben, Nehmen, Investieren, Verschwenden, Haushalten, Horten, Vererben, Schulden, Stuttgart 2015.

114 Vgl. die Korrespondenz zwischen dem Duc Du Maine und Beat Jakob II. im Zusammenhang mit der Verleihung der halben Gardekompanie des 1706 verstorbenen Beat Heinrich Josef an Beat Franz Plazidus in AH 86/165 (April 1707) oder 101/19 (9. April 1707), 54/157 (Oktober 1707) oder 109/81 (24. Dezember 1708).

115 Schreiben von Beat Jakob II. an den Duc du Maine vom 18. Mai 1713 in AH 64/30.

116 Siehe die Schreiben der stellvertretenden Kommandanten Beat Franz Plazidus Zurlauben (AH 83/24, 61/57 etc.), Georg Karl Knopfli (AH 147/79, 147/50 etc.), Franz Leonz Meyenberg (AH 87/77, 86/106 etc.), Wolfgang Damian Müller (AH 131/122, 131/23 etc.) und Felix Utiger (AH 139/197, 142/157 etc.) im chronologischen Verzeichnis der Dokumente der Serien 1–22 (Dokumentbände 1–186). Beispiele für Abrechnungen der stellvertretenden Kommandanten finden sich in AH 97/31, 103/69, 125/84 etc. Im Gesamtverzeichnis finden sich vergleichbare Berichterstattungen aber auch von anderen Offizieren seiner Kompanie, zum Beispiel die rund 24 Schreiben des Fähnrichs Hans Kaspar Schreiber an Beat Jakob II. (AH 139/71, 97/156 etc.).

Praxis für seine Kommandanten zu Beginn ihrer Dienstzeit mithin eine größere Herausforderung darstellte. So schreibt Wolfgang Damian Müller am 25. November 1702 an Beat Jakob II. am Schluss eines teilweise auf Französisch verfassten Briefs entschuldigend:

> »Ob ich Zwahr mit 1000 fehler dem herren französisch geschriben, glaube mihr der H sicherlich dass biss hin nicht Zeith gehabt mich Zu perfectionieren, es wir aber alless besser gehen, Undt habe disen brieff auff der wacht in eill geschriben [...].«[117]

Angaben zu Finanzen oder zum Mannschaftsbestand waren möglichst ohne Verzug und lückenlos nach Zug zu melden. »Durch dise gegenwertigen Zeihlen«, schreibt etwa Felix Utiger, Capitaine-Lieutenant, an Beat Jakob II. am 23. Juli 1707,

> »woldte ich Nicht ermanglen Jhnen Anzuezeigen, das ich so bald ich die Decomptes von dem verwichnen monath Erhalten habe Selbige alsobald sonders weidtere Verspädtung durch dise post überschichen woldte, welche Decomptes Sie hier beyligendt finden werden, auch genugsamb Ersehen können die Stärckhe der Compagnie und was darbey abgehet wie auch die musterung wie man gepassierdt Zue finden.«[118]

Ebenso war der Kompanieinhaber laufend über die Ereignisse im Feld zu informieren: »Was die Zeidtungen dises landts [d.h. Frankreichs] anbetreffen thun«, schreibt Utiger im selben Brief,

> »haben wier im geringsten nichts Sunderen beyde arméen [d.h. die Frankreichs einerseits und diejenige Englands und Hollands anderseits] noch Jederzeit in gleicher situations Stehen und ohne Eintz[ig]e Bewegung, oder Mouvement. Das ich ihnen derentwegen keine sunderliche Nouvelles geben kann.«[119]

Ohne regelmäßige Nachrichten zum Tagesgeschäft ließ sich die Kompanie aus der Ferne unmöglich führen. Seine stellvertretenden Kommandanten (meist im Rang eines Capitaine-Commandant) versorgten Beat Jakob II. deshalb laufend mit Informationen über das Kriegsgeschehen, militärische Operationen sowie finanzielle, personelle und administrative Belange seiner Kompanie. Die Briefe erlauben aber nicht nur Einblicke in den militärischen Alltag, sondern geben auch Auskunft über die verwandtschaftlichen oder klientelistischen Verhältnisse zwischen Beat Jakob II. und seinen Stellvertretern im Feld. Anders als mit den befehlshabenden Offizieren gab es mit der Regimentsspitze scheinbar wenig zu besprechen. Die Korrespondenz mit Oberst Pfyffer war mit total 10 Schreiben im

117 AH 131/122.

118 AH 86/97. Er führt die Kompanie nach dem Weggang des stellvertretenden Kommandanten Beat Franz Plazidus Zurlauben. Im September 1707 fungierte Utiger bereits als Capitaine-Commandant. Siehe AH 89/147.

119 AH 86/97.

quantitativen Vergleich unerheblich.[120] Pfyffer beklagte sich im Juli 1707 etwa darüber, dass die häufig vakanten Offiziersstellen in der Kompanie Zurlauben endlich zu besetzen seien und dass wegen dem ausschweifenden Lebenswandel des stellvertretenden Kommandanten Utiger Konsequenzen gezogen werden müssten. Mit dem Vorschlag, dass die Stelle des »capitaine avec commission« mit dem aus Sicht Pfyffers äußerst fähigen Freiburgers Jean-Frédéric Diesbach zu besetzen sei, drang der Oberst indessen bei Beat Jakob II. nicht durch.[121]

III. Verflechtungszusammenhänge und familiale Unternehmensorganisation

Als Militärunternehmer agierte Beat Jakob II. in überregionalen und transnationalen Aktionsräumen. Als französischer Klient schuldete er dem König Loyalität und politische Dienste und als Militärunternehmer im Dienste Frankreichs ließ er seine soldatischen Arbeitsmigranten in fremden Kriegen auf geographisch fernen Schlachtfeldern aufmarschieren.[122] Kommunikation und Ressourcentransfer erfolgten dabei ganz selbstverständlich über territoriale, politische, ständische und kulturelle Schranken hinweg. Bis nach Paris oder in die nordfranzösische Peripherie nahe des Einsatzgebietes reichten auch seine Kontakte zur Versorgung seiner Kompanie oder zur Abwicklung von Finanztransaktionen. Mit Blick auf die militärunternehmerischen Aktivitäten Beat Jakobs II. werden solche grenzübergreifenden Praktiken und Ressourcentransfers auch innerhalb des Corpus helveticum sichtbar. Finanztransaktionen wurden, wie weiter oben angedeutet, teilweise über Basel abgewickelt. Es ist interessant zu sehen, wie mühelos konfessionelle Grenzen überwunden wurden, wenn es um Geschäftsinteressen ging. Politische Territorien wie die Gemeinen Herrschaften überzog Beat Jakob II mit einem Netz von Werbern und integrierte diese Räume als Rekrutierungsgebiete in seine Kompaniewirtschaft. Teil dieser Strategie war auch die Besetzung von Schlüsselpositionen, persönlich oder durch Familienangehörige und Verwandte, in der Verwaltung dieser Territorien. Als Landvogt im Thurgau oder in den Freien Ämtern machte sich Beat Jakob II. beispielsweise selber mit den lokalen Gegebenheiten vertraut, knüpfte, so ist zu vermuten, wichtige Kontakte zu Werbern und schaffte auf diese Weise wertvolle Synergien

120 AH 24/141, 24/142, 24/143, 28/67, 97/162, 131/100, 131/123, 131/140, 141/42, 181/177.

121 Siehe das Schreiben von Pfyffer an Beat Jakob II. vom 2. Juli 1707 in AH 24/143. Felix Utiger wirkte bis 1710 als stellvertretender Kommandant (siehe z. B. AH 98/150).

122 Zum Solddienst als grenzübergreifender Arbeitsmarkt vgl. Erik-Jan Zürcher (Hrsg.), Fighting for a Living. A Comparative History of Military Labour 1500–2000, Amsterdam 2013 u. Philippe Rogger, Benjamin Hitz (Hrsg.), Söldnerlandschaften. Frühneuzeitliche Gewaltmärkte im Vergleich, Berlin 2014.

zwischen seinen Aktivitäten als Polit- und Militärunternehmer. Angesichts dieses hohen Aufwands bei der Rekrutenwerbung entstanden familiale Joint Ventures, etwa als Beat Jakob II., sein Sohn Gardehauptmann Beat Franz Plazidus (1687–1770) und sein Schwager Beat Heinrich Josef (1663–1706) zumindest zeitweise die gleichen Werbenetzwerke nutzten.[123] Auch sein Bruder Fidel lieferte ihm (und seinem Sohn Beat Franz Plazidus) als Landvogt im Rheintal wertvolle Dienste bei der Söldnerrekrutierung.[124] Dabei wurde mithin auch das ständige Verwaltungspersonal in den gemeinen Herrschaften in die Rekrutenwerbung eingespannt, wie zum Beispiel Franz Fidel Anton Bessler, Landschreiber im Rheintal und Cousin von Beat Jakob II.[125] Selbst das Territorium des Klosters Engelberg war durch einen Cousin, dem Konventualen Leonz Zurlauben (1666–1724), in die Zurlaubenschen Werbegeschäfte involviert.[126] Außerdem wurden bisweilen auch militärische Geschäftsbeziehung durch überörtische Heiratsallianzen verwandtschaftlich gefestigt, wie das die Heirat von Beat Jakobs II. Vater, Beat Jakob I., mit Maria Margaretha Pfyffer von Wyher aus Luzern illustriert.[127]

Familie und Verwandtschaft waren zweifelsohne entscheidende Variablen im Soldgeschäft.[128] Anders als sein Vater heiratete Beat Jakob II. jedoch nicht in eine bedeutende Militärunternehmerfamilie in Zug, Luzern oder Schwyz hinein, sondern ehelichte eine Zurlauben. Dieser Entscheid von Beat Jakob II. deutet darauf hin, dass seine Familienpolitik darauf ausgerichtet war, geschäftsdienli-

---

123 AH 98/97, 102/79, 106/10, 106/33, 106/70, 181/93 und vgl. Büsser, Drängende Geschäfte (wie Anm. 76), S. 200f. Kollektive Strategien unter Militärunternehmern zur Vereinfachung des Werbegeschäfts, etwa die Aufteilung von Werbegebieten (sog. Communella), lassen sich auch auf der Ebene eines Kantons feststellen. Vgl. Kälin, Magistratenfamilien (wie Anm. 4), S. 115.

124 AH 83/115, 83/116, 83/120, 83/121, 63/28, 81/32, 81/34, 81/35, 81/38, 81/39, 81/43, 81/45, 86/49, 102/112, 181/93.

125 Siehe das Schreiben von Bessler an Beat Jakob II vom 31. März 1711 in AH 94/68 (zur Verwandtschaft ebenda). Es liegt auf der Hand, dass die Zurlauben ein Interesse daran hatten, dass solche Stellen in den Gemeinen Herrschaften nebst anderen Vorteilen auch wegen dem Werbegeschäft an nahe Verwandte vergeben wurden.

126 Siehe das Schreiben von Leonz Zurlauben an Beat Jakob II. vom 25. November 1713 in AH 72/124 (sowie die dazugehörigen Dokumente 72/195 und 72/196). Vgl. zu Leonz in Meier, Zurlaubiana (wie Anm. 14), Bd. 2, S. 965.

127 Schon 1567 besaß Anton Zurlauben eine Halbkompanie in einem Regiment Pfyffer. Urs Amacher, Zurlauben, in: HLS, URL:<http://www.hls-dhs-dss.ch/textes/d/D25422php>, Version vom 25.01.2015. Inwiefern diese Verwandtschaft bei der Kompanievergabe an Beat Jakob II. im Regiment Pfyffer konkret eine Rolle gespielt hat, geht aus dem überlieferten Material nicht hervor.

128 Siehe den Beitrag von Nathalie Büsser in diesem Band sowie Büsser, Drängende Geschäfte (wie Anm. 76), Kälin, Dienste (wie Anm. 10), S. 284 u. Philippe Rogger, Familiale Machtpolitik und Militärunternehmertum im katholischen Vorort. Die Pfyffer von Luzern im Umfeld des Dreißigjährigen Krieges, in: Berner Zeitschrift für Geschichte 77 (2015), S. 122–138.

che Ressourcen im Bereich der fremden Dienste für den zahlenmäßig vergleichsweise kleinen Zurlaubenschen Familienverband zu sichern. Welchen Nutzen die Familie aus dieser verwandtschaftlichen Eheschließung zog, zeigt sich etwa daran, dass Maria Barbara mit ihrem Vermögen, das der Familie nun erhalten blieb, die Werbungen ihres Bruders Beat Heinrich Josef weiterhin mitfinanzieren konnte.[129] Eine vergleichbare Logik stand möglicherweise auch hinter dem (sicher zu Beginn) gemeinsamen Besitz der Kompanie Zurlauben im Regiment Pfyffer, die von Beat Jakob II., nicht aber von Fidel bewirtschaftet wurde. Für Investitionskosten und für den laufenden Unterhalt der Kompanie Zurlauben stand der Familie das kumulierte Kapital beider Brüder zur Verfügung. Davon zeugen verschiedene Schuldenverzeichnisse, welche die Geldflüsse zwischen Beat Jakob II. und Fidel dokumentieren.[130] In den Aufzeichnungen kursieren etwa Forderungen für getätigte Rekrutenwerbungen, die ganz selbstverständlich mit Schulden verschiedenster Art verrechnet wurden. Der Vorteil dieser Form der geteilten Kompaniewirtschaft ist evident: Vereinfachter Zugriff auf flüssige Mittel bei gleichzeitiger Halbierung der unternehmerischen Risiken für die Anteilseigner. Der vermögende Beat Jakob II. lieh auch seinem stets klammen Schwager Beat Heinrich Josef bis zu dessen Tod 1706 hohe Geldbeträge.[131] Als Gegenleistung hatte dieser auf eigene Kosten in Paris für die militärische Schulung von Beat Jakobs II. Söhnen zu sorgen.[132] Nach dessen Tod 1706 gelangte schließlich Beat Franz Plazidus in den Besitz der halben Gardekompanie seines Onkels.[133] Gerade diese letzte Begebenheit zeigt, dass im Militärunternehmertum bezüglich Investitionen und Profit über die eigene Lebenszeit hinaus kalkuliert wurde. Die Amortisation des investierten Kapitals benötigte in

129 Büsser, Drängende Geschäfte (wie Anm. 76), S. 211.

130 Siehe AH 154/40 (8. September 1703, Rechnung von Beat Jakob II. Zurlauben über dessen Guthaben bei Fidel Zurlauben), 181/93 (1709–1710, Abrechnung von Fidel Zurlauben für Beat Jakob II. Zurlauben über Ausgaben für Söldnerwerbung), 180/183 (23. November 1714, Verzeichnis der Schulden von Fidel Zurlauben bei seinem Bruder Beat Jakob II. Zurlauben seit 1708), 180/109 (23. November 1714, Aufstellung der Forderungen von Fidel Zurlauben an seinen Bruder Beat Jakob II. Zurlauben), 176/127 (25. Januar 1715, Rechnung der Schulden und Forderungen zwischen Fidel Zurlauben und Beat Jakob II. Zurlauben, aufgestellt von Fidel) und 183/76 (25. Januar 1715-Mai 1717, Rechnung der Schulden und Forderungen zwischen Fidel Zurlauben und Beat Jakob II. Zurlauben resp. dessen Erben, aufgestellt von Fidel). Siehe auch AH 177/61 (2. Mai 1717, Schreiben von Franz Keller an Fidel Zurlauben betreffend Schulden von Beat Jakob II. Zurlauben im Zusammenhang mit Söldnerwerbung) und vgl. für die Schuldenbeziehung zwischen den beiden Brüdern allgemein AH 154/106, 181/23, 181/71, 183/150 und 184/154.

131 Siehe z. B. den Schuldbrief von Beat Heinrich Josef zugunsten Beat Jakobs II. über 10814 Franken vom 2. Dezember 1698 in AH 111/46 und vgl. Büsser, Drängende Geschäfte (wie Anm. 76), S. 219.

132 Büsser, Drängende Geschäfte (wie Anm. 76), S. 219.

133 Meier, Zurlaubiana (wie Anm. 14), Bd. 2, S. 975.

diesem Geschäft in der Regel mehrere Jahre,[134] weshalb es auch im genuinen Interesse der Militärunternehmer lag, ihre Kompanien möglichst lange bewirtschaften und im besten Fall an die nachfolgende Generation weitergeben zu können. Mit Blick auf das von Beat Jakob II. überlieferte Material wird denn auch deutlich, dass nicht nur Kredite, sondern auch Kompanien und Offiziersstellen systematisch an Familienmitglieder und Verwandte vergeben wurden. So gelangte seine frühere Kompanie in französischen Diensten 1691 an seinen Cousin Beat Jakob (1656–1704),[135] anschließend verhalf er seinen Söhnen Beat Franz Plazidus (1687–1770; Leutnant 1702, Hauptmann 1703)[136] und Beat Ludwig (1692–1730; Leutnant 1710)[137] sowie seinem Schwager Wolfgang Damian Müller (Capitaine-Commandant 1702) zu Offiziersstellen in seiner Kompanie im Regiment Pfyffer. Die Kompaniewirtschaft des Zugers liefert, so lässt sich bilanzieren, umfangreiche empirische Evidenz für die von der Forschung ins Feld geführten Beobachtungen, dass die alteidgenössischen Kompaniewirtschaft familial, arbeitsteilig und intergenerationell funktionierte[138] und dass die Militärunternehmer über mannigfache interpersonale Beziehungsnetze in transnationalen und transregionalen Gewaltmärkten operierten.[139]

IV. Generationenübergreifendes Familienunternehmen ohne Eigentum – Schluss

Um den immateriellen, materiellen und personellen Bedarf einer Kompanie bedienen zu können, war eine breite grenzübergreifende Vernetzung mit politischen, wirtschaftlichen und militärischen Akteuren erforderlich. Die damit verbundenen kommunikativen Anforderungen waren hochkomplex und die Ressourcenflüsse verlangten eine aufwändige Buchführung. Insbesondere die Unberechenbarkeit des Krieges, das administrativ und finanziell aufwändige Werbegeschäft und die schwankende Zahlungsmoral der Kriegsherren machten die Kompaniewirtschaft zu einem äußerst risikobehafteten Unternehmen. In-

134 Suter, Militär-Unternehmertum (wie Anm. 4), S. 99–104.

135 Urs Amacher, Zurlauben, Beat Jakob, in: HLS, URL:<http://www.hls-dhs-dss.ch/textes/d/D24468php>, Version vom 17.07.2013.

136 Meier, Zurlaubiana (wie Anm. 14), Bd. 2, S. 975; AH 66/139.

137 AH 106/92 (Mannschaftsrodel Mai 1710) und vgl. Meier, Zurlaubiana (wie Anm. 14), Bd. 2, S. 980.

138 Siehe den Beitrag von Nathalie Büsser in diesem Band sowie Büsser, Drängende Geschäfte (wie Anm. 76), Büsser, Militärunternehmertum (wie Anm. 16), S. 118–121 und Kälin, Dienste (wie Anm. 10), S. 284.

139 Philippe Rogger, Benjamin Hitz, Söldnerlandschaften – räumliche Logiken und Gewaltmärkte in historisch-vergleichender Perspektive. Eine Einleitung, in: Philippe Rogger, Benjamin Hitz, Söldnerlandschaften, S. 9–43.

sofern bleiben die Beobachtungen von Redlich, der die ökonomischen Bedingungen im Militärunternehmertum problematisiert sowie die unternehmerischen Bewältigungsstrategien und Praktiken der Militärunternehmer detailliert ausgeleuchtet hat, auch noch nach über 50 Jahren seit Erscheinen seines monumentalen Werks relevant und stimulierend. Anknüpfend an Redlichs unternehmensgeschichtlichen Ansatz lässt sich am Beispiel der Kompaniewirtschaft Beat Jakobs II. darlegen, wie kreativ die eidgenössischen Militärunternehmer auf diese betriebswirtschaftlichen Herausforderungen reagiert hatten. Denn gerade mit seiner auf den Familienverband ausgerichteten Organisation der Kompanie Zurlauben beherzigte Beat Jakob II. eine ökonomische Logik, um die betrieblichen Risiken im Militärunternehmertum möglichst zu minimieren. In der Tat verleiht die Zurlaubensche Kompaniewirtschaft dem Modell des Wirtschaftshistorikers Hartmut Berghoff empirische Plausibilität, das unter anderem die Verwandtschaft als wichtiges soziokulturelles Fundament ökonomischer Netzwerke postuliert.[140] Transaktionskosten konnten dank familiärer Solidarität und gegenseitigem Vertrauen tief gehalten werden. Häufige Kreditvergaben innerhalb der Zurlauben oder die gemeinsame Nutzung der Werbeinfrastruktur scheinen dies zu bestätigen. Die Familienräson ermöglichte es sogar, den Saldenausgleich innerhalb dieses Solidarverbands auf spätere Generationen zu verschieben. Denn der Return on Investment im kapitalintensiven Militärunternehmertum erforderte einen langfristigen Planungshorizont. Aus diesem Grund dürfte die Kassierung des Regiments Pfyffer Anfang 1715 nach nur rund 13 Jahren für Beat Jakob II. und die anderen Kompanieinhaber einem finanziellen Desaster gleichgekommen sein. Vor diesem Hintergrund erscheint es notwendig, die in der Forschungsliteratur verbreitete Verwendung des Eigentumbegriffs im Zusammenhang mit der Kompaniewirtschaft eidgenössischer Hauptleute in fremden Diensten (Eigentumskompanie) zu überdenken. Angesichts der Abhängigkeit der Militärunternehmer von ihren Kriegsherren ist es meines Erachtens plausibler, von temporären Verfügungsrechten über militärische Ressourcen (Kompanien, Offiziersstellen) in fremden Heeren zu sprechen.[141] Denn die Entscheidung über die Errichtung, Weitergabe und Entlassung

140 Hartmut Berghoff, Die Zähmung des entfesselten Prometheus? Die Generierung von Vertrauenskapital und die Konstruktion des Marktes im Industrialisierungs- und Globalisierungsprozess, in: Hartmut Berghoff, Jakob Vogel (Hrsg.), Wirtschaftsgeschichte als Kulturgeschichte. Dimensionen eines Perspektivenwechsels, Frankfurt/M. u. a. 2004, S. 143–168, hier S. 149f. Ich danke André Holenstein, der mich im Zusammenhang mit unserem SNF-Forschungsprojekt *Militärunternehmertum und Verflechtung. Strukturen, Interessenlagen und Handlungsräume in den transnationalen Beziehungen des Corpus Helveticum in der frühen Neuzeit* auf die neue Institutionenökonomie hingewiesen hat. Siehe zum Forschungsprojekt URL:<http://www.hist.unibe.ch/forschung/forschungsprojekte/militaerunternehmertum_amp_verflechtung/index_ger.html>, 29.6.2017.

141 Ich danke an dieser Stelle Ulrich Pfister für die anregende Diskussion über mögliche al-

von Regimentern und Kompanien lag alleine in den Händen der Kriegsherren. Die ökonomischen Strategien der Militärunternehmer waren zwar intergenerationell angelegt, erblich war das Geschäft mit Kompanien in fremden Diensten aber nicht. Es bestanden keinerlei Rechtsansprüche seitens der eidgenössischen Militärunternehmerfamilien auf ihre Kompanien. Vielmehr stellte die fehlende Bestandsgarantie der militärischen Einheiten, wie die Entlassung der Kompanie Zurlauben im Regiment Pfyffer veranschaulicht, ein erheblicher unternehmerischer Risikofaktor für die Hauptleute dar.

ternative Begrifflichkeiten zum Eigentumsbegriff im Anschluss an mein Referat. Es muss in der künftigen Forschung zweifellos verstärkt auch darum gehen, die deskriptive Ebene, auf welcher der hier vorliegende Beitrag vornehmlich anzusiedeln ist, mit neueren unternehmenstheoretischen Ansätzen zu konfrontieren. Dazu aber muss genügend empirisches Material vorhanden sein, das zumindest partiell noch erarbeitet werden muss.

Dominik Sieber

In der kirchlichen Etappe. Eigene Geistliche, fromme Geschenke und das Soldgeschäft der Zurlauben im 18. Jahrhundert*

Abb. 1: Feier zum 50-jährigen Priesterjubiläum von Plazidus Zurlauben 1720; Klosterarchiv Einsiedeln, Rheinau R 78

Viele Zurlauben werden Söldner und Politiker, viele Familienangehörige machen aber auch eine kirchliche Karriere – dies weniger als Weltgeistliche, sondern als Mönche und Nonnen, vor allem in den schweizerischen Klöstern des Benediktiner- und Zisterzienserordens.[1] Einige erreichen dabei auch höchste Ämter, was in einem Bild sichtbar wird, das die zwei berühmtesten Zurlauben-Geistlichen vereint: Auf ihm feiert der 74-jährige Plazidus Zurlauben (1646–1723), Abt zwischen 1684 und 1723 im Benediktinerkloster Muri, sein 50-jähriges Priesterjubiläum. Er zelebriert dazu 1720 eine heilige Messe, bei der

* Für Kaspar von Greyerz zum 70. Geburtstag.

1 In der schriftlichen Fassung des Vortrags sind einige Quellen und Überlegungen dazu gekommen, ausgehend von der Diskussion an der Tagung: Ich danke den Teilnehmerinnen und Teilnehmern für ihre Kritik.

ihm, rechts auf dem Bild, sein 70-jähriger Bruder Gerold II. Zurlauben (1649–1735) assistiert. Gerold ist zwischen 1697 und 1735 im Benediktinerkloster Rheinau ebenfalls Abt. Man sieht den beiden Brüdern ihr hohes Alter an: Der Haarkranz um die Tonsur ist grau geworden, die Männer haben ein langes und erfolgreiches Leben im Kirchendienst hinter sich.[2]

Wenn somit ein Karrieremuster der Zurlauben ganz auf die Kirche ausgerichtet war, so stellt sich die Frage: Hat das zurlaubische Kerngeschäft, das Soldunternehmertum, von diesen kirchlichen Verbindungen profitiert? Hat man sich in der Familie gegenseitig in die Hände gearbeitet? Und sind solche Beziehungen auf Vorwürfe von Missbrauch, ja Korruption gestoßen?

Da es sich bei den Söldnern und Geistlichen der Zurlauben um Partner mit gleichem sozialen Status handelt (ungleich dem Verhältnis zwischen Patron und Klient), beruhen die folgenden Beobachtungen nicht auf dem Konzept des Klientelismus, sondern gehen von einem innerfamiliären Beziehungsnetz aus.[3] Die Verwicklungen von Zurlauben-Geistlichen ins Soldgeschäft werden dabei vor allem in der Korrespondenz der *Acta Helvetica* aus der ersten Hälfte des 18. Jahrhunderts verfolgt: Damals stand die Familie auf dem Höhepunkt ihrer Macht und erlebte gleichzeitig einen spektakulären, politischen Niedergang – Hilfeleistungen waren nun besonders gefragt und haben auch markante Spuren in den Quellen hinterlassen.

---

2 Das Bild zum 50-jährigen Priesterjubiläum von Plazidus Zurlauben findet sich im Klosterarchiv Einsiedeln, Rheinau R 78 (»Gratulatio latina et graeca carminico-symbolica a conventu rhenoviensi oblata principi Placido Murensi ad secundas primitias«). Ich danke Waltraud Hörsch für den Hinweis auf die Quellen in Einsiedeln. Zu Abt Plazidus vgl. Kurt W. Meier, Die Zurlaubiana. Werden – Besitzer – Analysen. Eine Zuger Familiensammlung, Grundstock der Aargauischen Kantonsbibliothek. 2 Bde, Aarau u.a. 1981, S. 938–941; Rupert Amschwand u.a., Artikel Plazidus Zurlauben, in: Helvetia Sacra. Abteilung III: Die Orden mit Benediktinerregel, Bd. 1, Frühe Klöster, die Benediktiner und Benediktinerinnen in der Schweiz, redigiert von Elsanne Gilomen-Schenkel, Bern 1986 [abgekürzt: Helvetia Sacra III/1], S. 940f.; Urs Amacher, Zurlauben, Plazidus, in: Historisches Lexikon der Schweiz (HLS), URL:<http://www.hls-dhs-dss.ch/textes/d/D19502.php>, Version vom 18.11.2014. Zu Gerold II. vgl. Rudolf Henggeler, Artikel Gerold II. Zurlauben von Zug, in: Ders., Professbuch der Benediktinerabteien Pfäfers, Rheinau, Fischingen, Zug 1931, S. 229–232; Meier, Zurlaubiana, S. 941–944; Judith Steinmann, Peter Stotz, Artikel Gerold Zurlauben (II.), in: Helvetia Sacra III/1, S. 1157f.; Judith Steinmann, Zurlauben, Gerold [II.], in: HLS, URL:<http://www.hls-dhs-dss.ch/textes/d/D42180.php>, Version vom 26.09.2013.

3 Zum Konzept des Klientelismus vgl. Ulrich Pfister, Politischer Klientelismus in der frühneuzeitlichen Schweiz, in: Schweizerische Zeitschrift für Geschichte 42 (1992), S. 28–68, mit der Definition von Klientelismus S. 29.

I. Nikotin, Kaffee und Knochen: Geschenke an Zurlauben-Geistliche

Die Zurlauben besuchen und schreiben sich oft und halten ihre Umwelt mit Geschenken bei guter Laune. Bücher, Schokolade und Tabak machen die Runde – und auffällig häufig werden die Geistlichen der Familie mit Genussmitteln beglückt. So erfreut 1745 ein Tabaksgeschenk den Mönch Gerold Müller (1694–1757),[4] der als Sohn von Maria Jakobea Zurlauben (1670–1741),[5] einer Halbschwester von Abt Gerold II., im Kloster Rheinau lebt. Gerold schreibt seinem Spender in Zug, dem Pfarrer Beat Jakob Anton Zurlauben, der gleichzeitig sein Onkel und »geistlicher« Vater ist, mit Freude zurück:

> »Der zur prob übermachte taback lasst sich trefflich wohl meliren mit dem strassburger [Tabak], dessen ich von schafhausen aus mich bediene, wirdt demnach das gethane grossgünstige Offertum mit kindtlicher danckerkantlichkeit acceptiren.«[6]

Gerold Müller raucht aber nicht nur gern, sondern trinkt permanent Kaffee, den ihm ebenfalls Beat Jakob Anton Zurlauben schenkt. Gerold bedankt sich dafür mit heißen Gebeten:

> »Sage beynebens hochverpflichten danckh für überschicktes treffliche caffée, welches, da Es zu meiner gesundtheit gedeylich seye, ich vornemlich darum wünsche, damit ich länger im standt seye, für das leiblich und geistliche wohlseyn meines Allerliebsten Herren Vatters [Beat Jakob Anton Zurlauben] Gott zu bitten.«[7]

Müllers unablässiges Beten-Können dank Kaffee ist natürlich eine schlaue Rechtfertigung für jeden klösterlichen Genuss. Eine ähnliche Begründung findet sich in der Bitte Müllers an Beat Jakob Anton Zurlauben, er möge Kaffee nach Rheinau schicken, da ihm dieser wegen der Fastenspeisen, die gerade im Kloster gekocht werden (»concoquendis cibis esurialibus«), willkommen sei – im Klartext: Der Kaffee soll Müller während der Fastenzeit bei Kräften halten.[8] So oder so: Die Kaffeelieferungen von Zug nach Rheinau hören in der Folge nie auf.[9]

---

4 Zu Gerold Müller vgl. Rudolf Henggeler, Artikel P. Gerold (Joseph Lazarus) Müller von Zug, in: Ders., Professbuch der Benediktinerabteien (wie Anm. 2), S. 311f.

5 Vgl. Meier, Zurlaubiana (wie Anm. 2), S. 954.

6 Schreiben vom 25. Februar 1745, *Acta Helvetica* [abgekürzt: AH] 79/103. Zu den 186 Bänden der *Acta Helvetica*, die einerseits ediert oder als Regest in Buchform vorliegen (Bände 1–151; retrodigitalisiert) bzw. andererseits als Regest in PDF-Form publiziert sind, vgl. URL:<https://www.ag.ch/de/bks/kultur/archiv_bibliothek/kantonsbibliothek/sammlungen/zurlauben/zurlauben.jsp.>, 28.02.2018. Alle Dokumente der AH sind künftig in einer Datenbank zugänglich.

7 Schreiben vom 16. April 1744, AH 79/112.

8 Schreiben vom 26. Januar 1742, AH 167/49.

9 Ein Kaffeegeschenk Beat Jakob Anton Zurlaubens an Gerold Müller wird in AH 184/27 erwähnt (Dorsualnotiz vom 16. Januar 1745); eine Bitte Gerolds an Beat Jakob Anton Zurlauben um Kaffee vom 9. März 1747 findet sich ebenda 185/13; zum Dank Gerolds an Beat Jakob

Unter den Zurlauben-Geistlichen sind aber auch Wein und Spirituosen als Geschenke willkommen. So schickt Beat Franz Plazidus Zurlauben (1687–1770), der als Kompanie-Inhaber im französischen Garderegiment Karriere macht (1743 wird er Oberst des Garderegiments, 1745 Generalleutnant),[10] seinem Bruder Beat Jakob Anton,[11] der in Zug die familieneigene Kirchenpfründe verwaltet, aus Paris 1739 zwölf Flaschen Karmelitenschnaps – eine Frühform des heute noch bekannten Getränks *Klosterfrau Melissengeist.*[12] Beat Jakob Anton verschenkt ebenfalls Karmelitenschnaps (»bouteilles d'eau de Carmes«) an seinen Schwager, den Major Beat Kaspar Uttinger.[13] Und er vermacht seinem Bruder Augustin (1696–1742),[14] der als Mönch und Rhetorikprofessor im Kloster Rheinau lebt, häufig Schokolade,[15] Bücher[16] und Raucherwaren[17] – Augustin wiederum bittet im Gegenzug Beat Jakob Anton nebst Büchern um anständigen Tabak.[18] Als klösterliche Empfängerin von Genussmitteln ist schließlich auch die Nonne Maria Euphemia Christina Helena Zurlauben (1723–1787) zu erwähnen.[19] Sie ist Zisterzienserin im thurgauischen Kloster Tänikon und Schwester des bekannten Familiennachlassbetreuers und Militärhistorikers Beat Fidel Zurlauben (1720–1799):[20] Von Beat Fidels Schwieger-

Anton für Kaffee vom 20. September 1749 vgl. ebenda 184/180; zum Dank Gerolds für Kaffee, Zucker und Geld vom 29. November 1753, womit auf Beschluss des Abts ein Buch angeschafft wird, vgl. ebenda 70/119; am 28. März 1754 wiederum schreibt Gerold an Beat Jakob Anton, er habe noch Kaffee, weshalb ihm Schnupftücher als Geschenk willkommen seien (ebenda 154/88); zum Dank Gerolds für ein Geldgeschenk von Beat Jakob Anton vom 13. März 1755, mit dem Kaffee und Tee erstanden werden, vgl. ebenda 182/175.

10 Vgl. Urs Amacher, Zurlauben, Beat Franz Plazidus, in: HLS, URL:<http://www.hls-dhs-dss.ch/textes/d/D49602.php>, Version vom 17.07.2013.

11 Zu Beat Jakob Anton Zurlauben vgl. Meier, Zurlaubiana (wie Anm. 2), S. 969–974; Kurt-Werner Meier u.a., Benefiziat Beat Jakob Anton Zurlauben (1684–1755) und die St. Konradspfründe, in: Zuger Verein für Heimatgeschichte (Hrsg.), Ehrengabe an Dr. iur. Damian Bossard-Bütler im Hof, 27. Juni 1975 [...] anlässlich der Ernennung von Damian Bossard-Bütler zum Ehrenmitglied und zur Renovation des Zurlaubenhofes, Zug 1975, S. 39–61.

12 Vgl. das Schreiben vom 3. August 1739, AH 175/146.

13 Schreiben vom 22. September 1740, AH 167/55.

14 Vgl. Rudolf Henggeler, Artikel P. Augustin (Johann Marquard) Zurlauben von Zug, in: Ders., Professbuch der Benediktinerabteien (wie Anm. 2), S. 313.

15 Vgl. etwa das Schreiben vom 15. September 1740, AH 162/103: Beat Jakob Anton lässt Augustin verschiedene Schokoladen zur Probe zukommen; falls Augustin diejenigen mit mehr Zucker vorziehe, solle er dies mitteilen.

16 Vgl. AH 168/21 (32. Juni 1734).

17 Vgl. AH 184/73 (21. Juli 1733).

18 Vgl. AH 164/12 (11. März 1728). Vgl. zudem den Dank von Augustin Zurlauben vom 10. Oktober 1728 an Beat Jakob Anton für erhaltene Bücher (AH 163/139).

19 Vgl. Meier, Zurlaubiana (wie Anm. 2), S. 990f.

20 Zu Beat Fidel Zurlauben vgl. Ebd., S. 985–990; Ursula Pia Jauch, Beat Fidel Zurlauben. 1720–1799: Söldnergeneral & Büchernarr, Zürich 1999; Urs Amacher, Zurlauben, Beat Fidel, in: HLS, URL:<http://www.hls-dhs-dss.ch/textes/d/D24467.php>, Version vom 04.03.2014.

mutter Maria Elisabeth Kolin-Landtwing erhält Maria Euphemia in Tänikon Schokolade geschenkt.[21]

Die berühmten Rotfische aus dem Zugersee, die »Röteli«, machen sich als Präsent ebenfalls gut. So wünscht sich Beat Fidel Zurlauben am 11. Oktober 1749 vom Onkel Beat Jakob Anton, er möge ihm, sobald die (Fang-)Zeit der Röteli gekommen sei, hundert Stück aus Zug nach Solothurn schicken.[22] Dort werden die Fische dann ein Geschenk für den Ambassador, den französischen Gesandten, der für die eidgenössischen Soldgeschäfte die entscheidende Schaltstelle ist und entsprechend umworben wird.[23] Beat Fidel dankt später dem Onkel für die erhaltenen Fische: Die Röteli hätten dem Ambassador Marquis de Paulmy und dessen Gattin hervorragend geschmeckt, der Bote solle noch weitere nach Solothurn bringen.[24] Nicht allen aber bekommt der Zuger Fisch. So bedankt sich zwar Josef Franz Schorno, der Generalvisitator des Bistums Konstanz, am 24. Januar 1735 bei Beat Jakob Anton Zurlauben für die erhaltenen Röteli, von denen er gleich nachts einen großen Kochtopf zum Haus des Weihbischofs in Konstanz geschickt habe; er selber aber vertrage die in Essig eingelegten (und so konservierten) Speisen seit seiner Jugend nicht.[25]

Typisch für diese vielen – süßen oder salzigen, aufmunternden oder berauschenden – zurlaubischen Gaben ist, dass sie keinen schnellen Gewinn abwerfen. Ihre Wirkung ist indirekt und auf lange Dauer angelegt: Mit diesen Investitionen auf dem religiösen Markt bauen die Zurlauben Vertrauen auf, das sie später dazu nutzen, beim Klerus Unterstützung für die eigene Soldpolitik zu finden oder Wertschätzung, wenn Stellen in Klöstern mit Familienangehörigen besetzt werden sollen.

Das größte Geschenk der Zurlauben an die Kirche sind Knochen. Heinrich Damian Leonz Zurlauben[26] reist dafür 1725 nach Rom, um eine Katakombenheilige namens Christina zu erwerben.[27] Katakombenheilige sind die Überreste

---

21 Schreiben von Maria Euphemia Christina Helena an Beat Fidel und Maria Franziska Verena Antoinetta Zurlauben vom 7. Februar 1757, AH 169/127.

22 AH 186/70.

23 Zur Bedeutung des französischen Ambassadors in Solothurn vgl. Andreas Affolter, Verhandeln mit Republiken. Die französisch-eidgenössischen Beziehungen im frühen 18. Jahrhundert, Köln u. a. 2017.

24 Schreiben vom 31. Oktober 1749, AH 176/265.

25 AH 162/37.

26 Vgl. Meier, Zurlaubiana (wie Anm. 2), S. 977–979.

27 Vgl. Urs Amacher, Barocke Körperwelten. Wie Ritter Heinrich Damian Leonz Zurlauben die Katakombenheilige Christina von Rom nach Zug brachte, Olten 2010. Als weitere große zurlaubische Kirchengeschenke sind erwähnenswert: Einerseits die Stiftung der St. Konrads-Kapellenpfrund im Zuger Zurlaubenhof, vgl. Meier u. a., Benefiziat Beat Jakob Anton (wie Anm. 11); andererseits die Errichtung eines Familien-Epitaphs 1719 in der St. Oswald-Kirche in Zug, vgl. Linus Birchler, Die Kunstdenkmäler des Kantons Zug, hrsg. von der Stiftung von Schnyder von Wartensee, II. Halbd., Die Kunstdenkmäler von Zug-Stadt, Basel 1935, S. 292f.

früher Christen, die man in Rom ab dem 16. Jahrhundert massenhaft ausgräbt und die der Papst rasch und geschickt zu den Spuren der ersten christlichen Märtyrer erklärt – bald boomt denn auch die Nachfrage nach solchen Reliquien in ganz Europa.[28] Heinrich Damian Leonz vermacht das erstandene Skelett der heiligen Christina dem Zuger Rat, der allerdings nur mäßig über das Geschenk erfreut ist, weil er hohe Ausgaben befürchtet, und dies mit Recht: Die Knochen von Katakombenheiligen erhielten nämlich, bevor sie in einer Kirche ausgestellt wurden, eine aufwändige Fassung, sie wurden mit kostbaren Edelsteinen und Stoffen geschmückt – das ging alles schnell ins Geld. Schließlich aber übernimmt Beat Jakob Anton Zurlauben die meisten Kosten. Er organisiert auch die große Prozession, die Translation der Heiligen Christina zum Jakobsaltar in der Zuger St. Oswaldskirche, und erhält dafür von Rom einen vollkommenen Ablass für alle Prozessionsteilnehmer zugesichert. Zudem lässt er das Altarbild Christinas malen sowie ein Lied zu Ehren der Heiligen komponieren.[29]

Die Heilige Christina bringt der Familie aber letztlich keinen Gewinn, was am Charakter des Schenkenden liegt: Heinrich Damian Leonz Zurlauben ist gelehrt und cholerisch zugleich, wie so viele andere Zurlauben. Er verliert wegen seines aufbrausenden Charakters bald jede Stelle und überwirft sich mit den meisten seiner Geschwister. Als er etwa dem Bruder Beat Franz Plazidus die Leitung von dessen Kompanie abjagen will, meint dieser nur, dass ein militärisches Kommando zu Heinrich Damian Leonz passe wie Manschetten an einem Schwein.[30] Die heilige Christina stellt ein letzter Versuch Heinrich Damians dar, sich mit der Familie und der Zuger Gesellschaft zu versöhnen. Aber bei diesem Zurlauben versagen selbst heilige Knochen.

---

28 Bis 1700 werden in die Schweiz ca. 60 Katakombenheilige vermittelt, vgl. Hansjakob Achermann, Die Katakombenheiligen und ihre Translationen in der schweizerischen Quart des Bistums Konstanz, Stans 1979. Zu den Katakombenheiligen vgl. auch Seminar für Kulturwissenschaft und Europäische Ethnologie der Universität Basel, Nidwaldner Museum Stans (Hrsg.), Zeichen zeigen. Glauben in der Innerschweiz, Stans 2007, S. 143–146 (Heike Hoffmann); Urs Amacher, Heilige Körper. Die elf Katakombenheiligen des Kantons Solothurn samt der Geschichte der Heiligen Jucundus (Malters), Theodorus (Neu St. Johann) und Polykarp (Schwyz), Olten 2016.

29 Vgl. Amacher, Barocke Körperwelten (wie Anm. 27). Zum Ablauf der Translation vgl. den Vorschlag von Beat Jakob Anton Zurlauben (AH 147/100) sowie das Ratsprotokolle der Stadt Zug vom 9. August 1727, Staatsarchiv Zug, BüA Zug A 39–26/19, S. 202. Beat Jakob Anton Zurlauben lässt das Altarbild Christinas (vgl. die Abbildung bei Amacher, Barocke Körperwelten (wie Anm. 27), S. 33) vermutlich durch den Zuger Maler Johannes Brandenberg malen. Im 19. Jahrhundert wurde die Katakombenheilige Christina den Blicken der Öffentlichkeit unter einem Altar entzogen.

30 Schreiben vom 23. März 1730 an Beat Jakob Anton Zurlauben, AH 184/9 (»La place d'officier luy convient comme des manchettes a un cochon, cest un plaisant faquin de demander le commandement de ma comp.e sans ma permission, si j'estois a mesme je luy ferois bien sentir son impertinance«).

II. Memoria, Think-Tank und Bank: Geschenke von Zurlauben-Geistlichen

Normalerweise erhalten die weltlichen Zurlauben für ihre Geschenke aber einiges zurück. Als Gegenleistung können sie vom Klerus zunächst – wenig überraschend – Pädagogik erwarten. Die meisten Familienmitglieder durchlaufen ihre erste Ausbildung in einem Kloster: So lernen viele Zurlauben-Töchter bei den Zisterzienserinnen die Kunst des Schreibens und eines standesgemäßen Lebens.

Zu den weiteren Gaben des Klerus zählt – ebenfalls wenig überraschend – die Seelsorge, hier vor allem die Memoria. Gerade das jährliche (oder häufigere) kirchliche Totengedächtnis ist in einer Söldnerfamilie gefragt: In ihr sterben die militärisch aktiven Männer oft und rasch weg, da ist seelsorgerischer Beistand gewünscht – die Zurlauben-Geistlichen beten denn auch eifrig.[31] Vor allem der Rheinauer Benediktinermönch Augustin Zurlauben tut sich dabei hervor: Die verstorbenen Angehörigen werden bei ihm mit vielen Gebeten in Fürbitter für die ganze Familie verwandelt.

Der größte Nutzen des eigenen Klerus für die Familie aber ist ein intellektueller und administrativer zugleich. Dies kommt besonders im 1. Harten- und Lindenhandel zum Ausdruck, der in Zug zwischen 1728 und 1735 die Herrschaftselite entmachtet und die Zurlauben für immer aus dem inneren Kreis der lokalen Macht entfernt. Es handelt sich dabei um einen der klassischen Ressourcen- und Verteilungskonflikte in der alten Eidgenossenschaft: Die ländlichen Orte Zugs – Ägeri, Menzingen und Baar – kritisieren Fidel Zurlauben (1675–1731),[32] den ehemaligen Ammann von Stadt und Amt Zug und jetzigen Verwalter der französischen Pensionen sowie Pächter des Salzmonopols, dass er die französischen Pensionen willkürlich verteile. Konkret meint dies: dass er ihnen zu wenig zukommen lasse. Man greift die Familie Zurlauben aber auch wegen des Monopols im Handel mit dem lebensnotwendigen und teuren Salz an. Fidel Zurlauben wird schließlich dazu verurteilt, erhaltene Salzgelder an das Regiment zurückzuzahlen: Er flieht deswegen 1729 nach Luzern, wo er im Exil 1731 stirbt. Der große Rest der Familie aber bleibt in Zug zurück – politisch desavouiert und mit dem finanziellen Ruin konfrontiert.[33]

---

31 Vgl. etwa das Schreiben von Augustin Zurlauben vom 6. März 1737 an Beat Jakob Anton Zurlauben über das Beten von Messen für die Familie (AH 154/69).

32 Vgl. Meier, Zurlaubiana (wie Anm. 2), S. 954–957.

33 Zum 1. Harten- und Lindenhandel in Zug vgl. Hans Koch, Der schwarze Schumacher: Der Harten- und Lindenhandel in Zug 1728–1736, Zug 1940, insbesondere S. 38–58; Fabian Brändle, Demokratie und Charisma. Fünf Landsgemeindekonflikte im 18. Jahrhundert, Zürich 2005; André Grüter, Eine Familie mit dem Rücken zur Wand. Nöte, Herausforderungen und Krisenmanagement der Familie Zurlauben während des ersten Zuger Harten-

In dieser Krise zeigt sich, was man am eigenen Klerus hat. Gerold II., der Abt in Rheinau, arbeitet sogleich mit Verve auf das Comeback der Familie hin – zusammen mit seinen Neffen Augustin Zurlauben und Gerold Müller, ebenfalls Mönche in Rheinau, sowie dem Neffen Beat Jakob Anton, dem Pfarrer in Zug. Man rät und vermittelt. Man bietet den verfolgten Angehörigen hinter Klostermauern Schutz (viele Zurlauben-Anhänger fliehen während des 1. Harten- und Lindenhandels nach Rheinau).[34] Man will familiäre Streitereien schlichten[35] und empfiehlt, vor allem Gerold II., das Einheiraten in mächtige Zuger Familien, um wieder an Macht und Geld zu gelangen.[36] Die eigenen Geistlichen lobbyieren zudem, wenn auch erfolglos, um den Besitz der lukrativen Landschreibereistelle in den Freien Ämtern sowie der Wälismühle in Bremgarten, die der Familie Zurlauben verloren gegangen sind.[37] Und schließlich will der Klerus auch neue Erwerbsmöglichkeiten für die Familie erschließen: So kämpft Beat Jakob Anton Zurlauben dafür, den Stiftungsbrief der von ihm verwalteten zurlaubischen Konradspfründe so umzuformulieren, dass er in der St. Konradskapelle, der Pfrundkapelle, weniger Predigerpflichten hat, um u.a. anderswo zusätzliches Geld als Geistlicher zu verdienen.[38]

Die Geistlichen der Familie sind in dieser kritischen Zeit vor allem um einen nüchternen Blick auf die familiären Einkünfte besorgt. So dokumentieren sie die Besitzansprüche der Zurlauben und stellen die nötigen Dokumente und Le-

und Lindenhandels. Masterarbeit Universität Freiburg/Schweiz bei Prof. Volker Reinhardt, Triengen 2015; die Beiträge von Cécile Huber/Katrin Keller und Daniel Schläppi in diesem Band.

34 Vgl. etwa das Schreiben von Augustin Zurlauben an Beat Jakob Zurlauben vom 16. März 1734 über die Exulanten (Mitglieder der Familie Zurlauben), die in Rheinau eingetroffen sind, und deren Aufenthaltsort in der Stadt, AH 164/77.

35 Vgl. etwa das Schreiben von Gerold II. an Beat Franz Plazidus Zurlauben vom 24. Januar 1732 (AH 178/53) bzw. zum Hintergrund die Notizen von Gerold II. über den zerrütteten Zustand der Familie Zurlauben nach 1726 (AH 185/35).

36 Vgl. die Schreiben von Gerold II. in AH 175/21 (31. Januar 1732), 153/33 (19. Februar 1732, u.a. betreffend die Rückeroberung der Wälismühle und der Landschreiberei in den Freien Ämtern) und 163/8 (5. März 1732).

37 Die Landschreiberstelle des Freiamts ist zwischen 1629 und 1712 quasi im Besitz der Familie Zurlauben, ab 1689 nur noch nominell, weil ein Brandenberger den Zurlauben-Nachfolger vertritt. Der 2. Villmergerkrieg von 1712 schafft dann neue Besitz- und Machtverhältnisse, und die Zurlauben verlieren diese wichtige Einnahmequelle, vgl. Die Rechtsquellen des Kantons Aargau. Zweiter Teil: Rechte der Landschaft, Bd. 8, Die Freien Ämter I. Die Landvogteienverwaltung bis 1712, bearb. von Jean Jacques Siegrist, Aarau 1976, S. 382–410.

38 Gegen eine Änderung des Stiftungsbriefs widersetzt sich ab 1735 Johann Jakob Kolin, der neue Besitzer des Zurlaubenhofs. Wegen der Reduktion einer Messe kürzt er Beat Jakob Anton Zurlauben ein Drittel (80 Gulden) von dessen Pfründnerlohn, was Streitereien bis 1642 zur Folge hat, vgl. Meier u.a. (wie Anm. 11), Benefiziat Beat Jakob Anton, S. 48f. Dieser Konflikt hat einen vielseitigen Niederschlag in AH 162 hinterlassen. Der Einsatz von Beat Jakob Anton Zurlauben als Pfarrer an einem weiteren Ort gelingt letztlich nicht, vgl. etwa AH 162/46 (Schreiben von Augustin an Beat Jakob Anton vom 3. Mai 1736).

bensläufe (»attestats de vie«) zusammen, um die Renten aus Frankreich zu beziehen. Vor allem Beat Jakob Anton Zurlauben erwirbt sich dabei Meriten als Hüter alter Papiere: Er entwickelt sich zum archivalischen Gewissen der Familie und amtet als Finanzexperte der Zurlauben, wobei er mit Erfolg nach 1728 fortsetzt, was er schon vorher war: Ein agiler Verwalter und Geldgeber seines Bruders Beat Franz Plazidus Zurlauben. Dieser benötigt für seine Gardekompanie in Paris ständig neue Söldner, etwa aus Zug, wofür er sich gern an Beat Jakob Anton hält. Das klingt in einem Schreiben vom 29. November 1726 etwa so:

> »Ich hoffe sehr, dass Sie meiner Bitte nachkommen und mir Geld leihen, das ich für Rekrutierungen nötig habe. Ich bitte Herrn Müller [Stadtschreiber von Zug und ehemaliger Leutnant von Beat Franz Plazidus], er soll keine Mühe und keinen Aufwand scheuen, um schöne Rekruten für die Garde zu werben.«[39]

Beat Jakob Anton zeigt sich gegenüber dem Bruder in Paris meistens folgsam. Er schießt das gewünschte Geld vor und nimmt französische Gelder in Empfang, um diese an die gewünschten Stellen weiterzuleiten.[40] Er agiert als Bank vor Ort, etwa für die von Beat Franz Plazidus nach Zug geschickten Zins-Gelder, die den Geschwistern Zurlauben dank ihrem Familienkapital auf dem Pariser Hôtel de Ville jährlich zustehen.[41] Und er orientiert Beat Franz Plazidus über dessen Guthaben in der Schweiz, wie dies ein guter Kassenwart eben tut.[42] Dass Geistliche, Kirchen und Klöster in der Frühen Neuzeit auch als Financiers tätig werden, ist der Forschung nicht unbekannt. Dank den *Acta Helvetica* lassen sich solche klerikalen Kreditgeschäfte aber sehr detailliert im Kreise einer Familie rekonstruieren.[43]

---

39 AH 176/281 (»J'espere [...] que vous vouderés bien a la priere que je vous y fais, vous employer pour emprunter de l'arg.t sur mon compte en ayant besoin pour les recreues. [...] Je prie mr. Müller qu'il n'epargne ny peine ny soin pour avoir une belle recrue pour les gardes«).

40 Vgl. das Schreiben von Beat Jakob Anton Zurlauben vom 10. Juli 1727 (AH 176/260), in dem er dem Werber Paul Anton Müller eine Abrechnung über seine hohen Ausgaben für die Rekrutierungen zugunsten von Beat Franz Plazidus in den Monaten Juli 1726 bis März 1727 schickt; das Schreiben von Beat Franz Plazidus an Beat Fidel vom 3. Juli 1739, in dem Vorschüsse von Beat Jakob Anton für Werbungen erwähnt sind (AH 180/111); oder das Schreiben von Plazid Josef Leonz Meyenberg vom 4. März 1748, in dem er Beat Jakob Anton Zurlauben das Handgeld für den angeworbenen Konrad Uttinger von Zug zukommen lässt (AH 154/130).

41 Vgl. etwa die Quittung vom 6. Dezember 1727 von Beat Jakob Anton Zurlauben für die für sich und die Geschwister erhaltenen, auf dem Pariser Hôtel de Ville lastenden Leibrenten (AH 179/116); oder das Schreiben von Beat Franz Plazidus vom 22. Juli 1739 an Beat Fidel mit dem Hinweis auf einen an Beat Jakob Anton Zurlauben überwiesenen Wechselbrief mit den Leibrenten für die Familie (AH 180/78).

42 Vgl. das Schreiben von Beat Jakob an Beat Franz Plazidus Zurlauben vom 26. September betreffend die Mittel, die der Bruder »allhier in dem land« besitzt, AH 179/107.

43 Zur vormodernen Banktätigkeit der Kirche, in diesem Fall des Rheinfelder St. Martin-

III. Der Klerus rekrutiert. Das Kloster Rheinau als Werbeplatz für Söldner

Beat Jakob Anton stellt nicht nur die nötigen Finanzen in der Familie bereit, er wird auch selber im militärischen Geschäft aktiv: So wirbt er Soldaten für die Zurlauben;[44] er bemüht sich um Werbekonzessionen (also die Lizenz für einen Soldherrn, an einem Ort rekrutieren zu dürfen);[45] und er kontrolliert, dass die neu ausgehobenen Soldaten auch rechtzeitig nach Frankreich abmarschieren und nicht schon vor Dienstbeginn desertieren, aber auch, dass sie nach einem Aufenthalt in der Schweiz wieder in die französische Armee zurückkehren.[46] Kurz: Beat Jakob Anton erweist sich in der Zuger »Etappe«, im Hinterzimmer der Armee also, als begabter Organisator des Krieges, auch wenn er vom herrischen Bruder Beat Franz Plazidus mitunter Kritik anhören muss, wenn ein Rekrut nicht bei der Kompanie eintrifft: Beat Jakob Anton solle deshalb in Zukunft besser auf den Charakter der rekrutierten Männer achten, um nicht wieder einem Betrüger aufzusitzen.[47]

Beat Jakob Anton ist im 18. Jahrhundert aber nicht der einzige Kleriker der Familie mit einer militärischen Begabung. Andere kirchliche Mitspieler im Soldgeschäft sind Gerold II. und die verwandten Mönche im Kloster Rheinau, das unter diesem Abt Gerold eine Blütezeit erlebt. Das Benediktinerkloster Rheinau liegt auf einer Insel in einer markanten Flussschleife des Hochrhein, in der Nähe von Schaffhausen. 1862 wurde es vom Kanton Zürich, zu dem es jetzt gehörte, aufgehoben.[48]

Chorherrenstifts, vgl. Walter Hochreiter u. a., Drinnen, Draußen, Dabei. Die Geschichte der Stadt Rheinfelden, Basel u. a. 2014, S. 36 u. 99.

44 Vgl. etwa AH 186/146 (Schreiben von Beat Jakob Meyer an Beat Jakob Anton Zurlauben vom 5. Dezember 1728), 148/65 (Schreiben von Leutnant Beat Jakob Meyer an Beat Jakob Zurlauben vom 12. Juli 1739) und 20/248 (Schreiben von Beat Jakob Anton an Beat Franz Plazidus Zurlauben vom 29. November 1745).

45 Vgl. das Schreiben von Beat Franz Plazidus an Beat Jakob Anton Zurlaubenvom 16. November 1728, er solle für ihn Werbebewilligungen für die Freien Ämter, den Thurgau und das Rheintal anfertigen lassen (AH 176/256); ähnlich auch AH 186/148 (5. September 1731). Eine Werbekonzession im Originalwortlaut findet sich unter AH 146/93 (Werbeerlaubnis für Johann Franz Landtwing vom 16. März 1736 für den Thurgau, ausgestellt vom Ulrich Franz Josef Segesser, dem Landvogt im Thurgau).

46 Vgl. etwa AH 186/160 (24. August 1727), 186/143 (24. Dezember 1731) und 186/140 (14. Januar 1732).

47 »A moins que vous cognoissiés les sujets et que vous soyiés moralement certain qu ils seront fidels, car vous scavés comme moy qu il y en a deja eu plusiers qui vous ont trompés« (AH 180/173 (3. August 1746)).

48 Zum Kloster Rheinau vgl. Stotz Steinmann, Artikel »Rheinau«, in: Helvetia Sacra III/1, S. 1101–1165.

Abb. 2: Porträt von Abt Gerold II. Zurlauben vor dem Hintergrund des Klosters Rheinau, umgeben von den Heiligen Fintan und wohl Benedikt von Nursia (mit Buch) sowie dem Kloster- und Familienwappen (Turm und Löwe mit Lindenblättern). Links unten sieht man die Felsen des Rheinfalls bei Schaffhausen; am unteren Bildrand befindet sich die Brücke, die nach Süddeutschland führt, sowie das Wirtshaus Salmen, der wichtige Ort für Söldnerwerbungen; Kupferradierung von Johann Georg Seiler, Konstanz 1734; Zentralbibliothek Zürich, Graphische Sammlung und Fotoarchiv, GRA 1.87[49]

In dem reichsfreien Kloster Rheinau herrschte bis 1798 ein Abt über eine Kleinstadt von 500 Bewohnern und über mehrere Dörfer im Umland. Gleichzeitig stand das Kloster ab 1455 unter dem Schutz der Eidgenossenschaft – es war eine eidgenössische Schirmvogtei, woraus Zürich und Bern wiederholt ihr Recht

49 Vgl. Stefan V. Keller, Rheinauer Druckgrafiken des 16. bis 19. Jahrhunderts, hrsg. von der Gesellschaft der Trinkstube zu Rheinau, Rheinau 2011, S. 94. Ich danke Waltraud Hörsch für die Identifizierung des Heiligen Benedikt.

ableiteten, sich in die Klosterpolitik einzumischen, während die katholischen Orte eher die Freiheiten des Klosters bewahren wollten. Die städtischen Bürger lehnten sich im 18. Jahrhundert in zwei großen Prozessen gegen die Klosterherrschaft auf und klagten gegen eine absolutistische Gerichtsbarkeit sowie Handelszwänge. Letztlich änderte sich an den Rheinauer Verhältnissen aber bis Ende der alten Eidgenossenschaft nichts, weil die tonangebenden Parteien von der Eigenständigkeit und territorialpolitisch komplexen Lage des Klosters und der Stadt zu sehr profitierten, als dass sie am Status quo hätten etwas ändern wollen.[50]

Welchen Nutzen bot Rheinau für die Eidgenossenschaft, für die Familie Zurlauben? Die Stadt war in der Frühen Neuzeit ein Umschlagplatz für Getreide aus der Kornkammer Schwaben, das bis Zürich oder Glarus gehandelt wurde. Rheinau war aber vor allem ein wichtiger Werbeplatz: Im Wirtshaus Salmen an der Rheinbrücke gingen Soldherren und Söldner ein und aus und sie kamen von nah und von fern – das Heilige Römische Reich und das für die Schweiz wichtige süddeutsche Söldnerreservoir lagen gleich jenseits des Flusses.[51]

Dieser Werbeplatz Rheinau wird von den Zurlauben ab 1728 ausgiebiger genutzt.[52] Der Grund dafür liegt auf der Hand: Da die Familie nach dem 1. Harten- und Lindenhandel in Stadt und Land Zug für längere Zeit nur unter erschwerten Bedingungen werben kann, weicht sie auf Nebenplätze aus. Abt Gerold II. wird nun zur umworbenen Person, weil er für Rheinau Werbekonzessionen ausstellt. Für einen Soldunternehmer ist es entscheidend, dass er eine solche (zeitlich begrenzte) Erlaubnis, Rekruten auszuheben, besitzt, die ihn u. a. vor Konkurrenz schützt. Darauf verweist ein Schreiben von Plazid Josef Leonz Meyenberg an Beat Jakob Anton Zurlauben vom 31. November 1735: Meyenberg rät dem Pfarrer Zurlauben, er solle sich in Zug rasch um eine Bewilligung für Werbungen in den Gemeinen Herrschaften bemühen, damit mit der Rekrutie-

50 Zur Geschichte des Klosters und der Stadt Rheinau im 18. Jahrhundert vgl. Stephan Aregger, Bürgerschaft gegen klösterliche Obrigkeit. Eine Fallstudie zu den Rheinauer Unruhen in der ersten Hälfte des 18. Jahrhunderts, Lizentiatsarbeit Universität Zürich bei Prof. Dr. Kaspar von Greyerz, 2002; ders., Städtchen, Kloster und Eidgenossen im 18. Jahrhundert. Das Leben in Rheinau unter dem Krummstab, in: Zürcher Taschenbuch 127 (2007), S. 175–207. Ich danke Stephan Aregger für viele Ratschläge und Quellenhinweise.

51 Zu Werbungen des Salmenwirts für die Zurlauben vgl. das Schreiben von Beat Franz Plazidus an Beat Jakob Anton Zurlauben vom 9. Februar 1726 mit der Mitteilung, der Rheinauer Mönch Augustin Zurlauben solle dem Wirt mitteilen, die Ausgaben für die Soldaten aufzuschreiben (AH 48/68). Zum Interesse der Eidgenossenschaft für den süddeutschen Söldnermarkt vgl. Benjamin Hitz, Wer ging überhaupt und weshalb? Die Eidgenossenschaft als Söldnerlandschaft. Das Beispiel von Luzern im späten 16. Jahrhundert, in: Philippe Rogger, Benjamin Hitz (Hrsg.), Söldnerlandschaften. Frühneuzeitliche Gewaltmärkte im Vergleich, Berlin 2014, S. 203–222, hier S. 205f.

52 Zu Rekrutierungen durch die Zurlauben vor 1728 vgl. etwa AH 48/47 und 182/171 (beide vom 11. September 1725).

rung begonnen werden könne, bevor andere Werber eintreffen und die Preise (für neue Soldaten) entsprechend ansteigen.[53]

Die zurlaubischen Familienangehörigen erbeten von Gerold II. einerseits den Durchzug ihrer Truppen durch das Rheinauer Gebiet,[54] andererseits (und häufiger) wünschen sie aber Werbekonzessionen, so beispielsweise die Gatten der Nichten von Gerold II.: Major Beat Kaspar Uttinger, verheiratet mit Anna Maria Louisa Zurlauben (1701–1766),[55] bittet am 25. Januar 1735 um den rheinauischen Werbeplatz für seine sardinische Kompanie:

> »[Es] tuoht die gnad so Jhr Hochwürdt und Gnaden [Gerold II. Zurlauben] des werbens halben Meiner frauwen schon lengster zuogesagt, Mich veranlassen Nochmalen underdänigest bitlich Einzuokommen, weilten dismalen [ich] Einiger Manschafft höchstens Nötig [bin], Jhro Hochwürdt und Gnaden wolten doch gnädigest Beruohen den werbplatz in Rihnauw Mir zuo Eröfnen [...]. Sonderlich weillen Nirgens anderstwo weis Noch kan Einen werbplatz haben.«

Ein Hauptmann Steiner würde diese Werbungen durchführen.[56]

Die Gattin des genannten Majors Beat Kaspar Uttinger hat eine Schwester namens Maria Helena Barbara Zurlauben (1696–1755),[57] die mit dem Zuger Hauptmann Jakob Bernhard Brandenberg verheiratet ist. Dieser will kurze Zeit nach Uttinger ebenfalls in Rheinau rekrutieren, in seinem Fall für den Auftraggeber Neapel bzw. den König beider Sizilien. Über die Konkurrenz zu Schwager Uttinger ist dabei Hauptmann Brandenberg gar nicht amüsiert. Er schreibt am 22. Mai 1735 Gerold II.:

> »Mich bewunderth [...] Sehr, dass Hr. Haubtman Steiner Solche Progressen in Rheinau Kan machen [...] dan Hr. Major Utiger lauth seiner Frauwen [Anna Maria Louisa Zurlauben] Angaben schon wirt Complet seyn. Bitt mir aber Solches nit in bösem zu gedenckhen, dan Jhr Hochw. Gnaden schon von selbsten wüssen wirt, was zu thuon, weswegen dero befelch mich underziehe.«[58]

Gerold II. wird Brandenberg die gewünschte Werbekonzession ausgestellt haben, findet sich doch in den *Acta Helvetica* ein Soldvertrag Brandenbergs mit

53 Die Werbekonzession wird für Beat Franz Plazidus gewünscht, vgl. AH 184/117.

54 Zu einer Anfrage an Gerold II. betreffend Durchzug und Aufenthalt von geworbenen Söldnern auf Rheinauer Territorium vgl. das Schreiben von Beat Franz Plazidus Zurlauben an Gerold II. Zurlauben vom 10. Oktober 1734, AH 164/92. Das Antwortschreiben von Gerold II. vom 29. Oktober 1734 findet sich vermutlich unter AH 164/87 (Schriftvergleich) – zumindest hält der Verfasser in einer Notiz fest: »wen die reecrum nit lang«, was sich wohl auf den Aufenthalt der Soldaten auf Rheinauer Boden betrifft. Darauf reagiert Beat Franz Plazidus beschwichtigend unter AH 164/90 (Schreiben vom 19. November 1734), so dass Gerold II. die Erlaubnis zum Durchmarsch erteilt, vgl. AH 164/79 (26. Dezember 1734).

55 Vgl. Meier, Zurlaubiana (wie Anm. 2), S. 996.

56 AH 79/113.

57 Vgl. Meier, Zurlaubiana (wie Anm. 2), S. 1003f.

58 AH 79/36.

einem Niklaus Eck aus dem Kurfürstentum Mainz, der 1735 in Rheinau abgeschlossen wurde.[59]

Eine weitere Nichte Gerolds II., die verwitwete Maria Barbara Abundantia Schmid-Zurlauben (1687–1749),[60] schreibt am 28. Dezember 1732 aus Baar ebenfalls nach Rheinau. Sie wünscht vom Onkel insgeheim eine Rheinauer Werbelizenz für ihren Sohn: Dieser lebe in Barcelona und soll in Rheinau den alleinigen Werbeplatz für seine spanische Kompanie erhalten. Gleichzeitig bittet die Nichte um die Auskunft, wie man u.a. in Stühlingen (das nicht weit von Rheinau liegt) rekrutieren könne. Der Grund für ihr Schreiben wird am Schluss des Briefes deutlich: Maria Barbara Abundantia Zurlauben ist in materieller Not und möchte als Witwe ihre acht kleinen Kindern »mit got und ehren ehrlich erziehen« können.[61]

Wir wissen im Einzelnen nicht, wie Gerold II. auf den starken Werbe-Wettbewerb unter seinen rekrutierenden Nichten und Neffen reagiert hat. Über das konkrete Soldgeschäft schweigt sich der Rheinauer Abt nämlich meistens aus; auch in seinen Tagebüchern[62] äußert er sich darüber kaum, auch wenn er, das zeigen andere Quellen, für das Soldgeschäft durchaus einmal Geld vorschießt.[63] Selber scheint Gerold II. an den Werbekonzessionen aber nichts verdient zu haben – in den Rechnungsbüchern Rheinaus sind keine entsprechenden Einnahmen verbucht. Die militärischen Bittsteller scheinen für ihre Werbelizenz somit nichts bezahlt zu haben; allerdings macht der ziemlich große Geldposten »Miscellanea« (Vermischtes) in den klösterlichen Rechnungsbüchern etwas stutzig. Man möchte mehr über die Herkunft dieser monetären Diversa wissen, doch dafür bräuchte es eingehendere Forschungen.[64]

---

59 Vgl. AH 70/156.

60 Vgl. Meier, Zurlaubiana (wie Anm. 2), S. 1002.

61 Vgl. Staatsarchiv Zürich, Archiv des Kloster Rheinau, J 15 (Jurisdictio territorialis und Werbungen (1442–1748)).

62 Es gibt mehrere Tagebücher von Gerold II. Zurlauben im Klosterarchiv Einsiedeln: R 180 (ein Tagebuch mit u.a. einer Statistik aller gehaltener Messen); R 181 (»Ephemerides religiosae«, 2 Bde mit Notizen zur Amtsführung als Abt sowie Konventsoberhaupt, jedoch mit wenig Mitteilungen zur Welt außerhalb des Klosters); R 182 (»Diarium Rhenoviense 1697–1735«, 2 durchpaginierte Bücher mit summarischen Notizen über Aktivitäten in und um Rheinau, stark auf den Klosteralltag konzentriert, auf Administration, Karriereverläufe, Messen, Besuche, Prozessionen, erhaltene Objekte, Weihungen, Grundsteinlegungen u.a., mit in Bd. 2, S. 394, der Erwähnung einer Werbung im April 1731 sowie S. 423 u. 430 der Ankunft und Unterbringung von Flüchtlingen aus Zug im Zusammenhang des 1. Harten- und Lindenhandels). Generell geht Gerold II. Zurlauben in seinen Tagebüchern auf Familiäres aber kaum ein. Ich danke Waltraud Hörsch für den Hinweis auf diese Tagebücher und deren Charakteristik.

63 Vgl. Staatsarchiv Zürich, Archiv des Kloster Rheinau, J 15, mit (ca. 1714) der Erwähnung von äbtischen Geldern für das Regiment Schulenberg im Zusammenhang mit savoyischen Werbungen.

64 Vgl. Klosterarchiv Einsiedeln, Rheinau J 302 a (Einnahmen und Ausgaben der äbtischen

Gerold II. scheint als Abt gegen außen den Eindruck erwecken zu wollen, unparteiisch über dem Soldgeschäft zu thronen; militärisch neutral ist er familienintern aber nicht. So fasst er mit dem Neffen Beat Jakob Anton eine Verlagerung des zurlaubischen Soldgeschäfts in Richtung Spanien ins Auge.[65] Dies ist angesichts des in Zug schwierig gewordenen Geschäfts mit Frankreich klug und baut gleichzeitig auf den Rheinauer Erfahrungen auf, wo vor allem für Spanien, Sizilien, Savoyen und Neapel geworben wird.[66] Die anderen Familienangehörigen, insbesondere Beat Franz Plazidus, widersetzen sich aber dem Ansinnen – Frankreich bleibt für die Zurlauben der zentrale militärische Arbeitgeber bis ans Ende des Ancien Régime.

Insgesamt versteht es Gerold II. sehr gut, für seine Familie die Strippen zu ziehen, wenn auch im Hintergrund. War das übliche Familienpolitik – oder entsprach es einem speziellen Charakterzug Gerolds, politischen Entscheidungen gerne nachzuhelfen? Pater Blasius Hauntinger, der Biograph Gerolds, bezichtigt zumindest den Rheinauer Abt einmal offen des Nepotismus; dies im Zusammenhang mit einer von Gerold beeinflussten Pfarrwahl 1729, was die Rheinauer Mönche nur schwer ertragen hätten:

> »Wenn man die sache [...] betrachtet, so findet man mehrere spuren, die den abbt Gerold des sogenannten nepotismus verdächtig machen [...] ein fehler, der großen herren gerne eigen ist [...] solche ereigniße [mögen] auch anlaß gegeben haben, daß das gute verständnis, und zutrauen zwischen ihm und seinen religiosen nach und nach lau, und kälter wurde.«[67]

Wenn dieser Nepotismus auf Gerold tatsächlich zutrifft (entstanden ist die Biographie Hautingers allerdings erst 1797), so wird davon sicher auch einiges für die Verwandten im Soldgeschäft abgefallen sein.

Direkter involviert in die Werbungen als Abt Gerold sind in Rheinau die unteren Chargen des Klosters – sowie Beat Jakob Anton in Zug. Letzterer bittet etwa am 18. Februar 1744 seinen Bruder Beat Franz Plazidus und den Neffen Beat Fidel, der sich zu dieser Zeit ebenfalls in Paris aufhält, sie sollen Gerold Werner, dem Sohn des Rheinauer Obervogts Anton Werner, alle Sehenswürdigkeiten an der Seine zeigen, der Rheinauer Obervogt könne der Familie bei ihren Wer-

---

Kammer (1697–1725)) und J 302 b (Einnahmen und Ausgaben der äbtischen Kammer (1726–1735)).

65 Vgl. die entsprechenden Schreiben von Gerold II., Beat Jakob Anton und Beat Franz Plazidus Zurlauben im März und April 1733, AH 154/99, 186/9, 186/111 und 154/73.

66 Zur Herkunft der Konzessionsgesuche betreffend Werbungen in Rheinau vgl. Staatsarchiv Zürich, Archiv des Kloster Rheinau, J 15.

67 Pater Blasius Hautinger, Vita Geroldi II. [1797], Klosterarchiv Einsiedeln, Rheinau R 69, Bd. 3, S. 70f.; der zitierte Eintrag findet sich zum 22. Juni 1729. Ich danke Stephan Aregger für den Hinweis auf diese Quelle.

bungen zu Diensten sein.[68] Gesagt, getan, mit dem gewünschtem Effekt. Der Rheinauer Mönch Gerold Müller schreibt nämlich Beat Fidel Zurlauben am 28. August 1744, dass der Obervogt sein gutes Einvernehmen beweise, ja seine

> »besondere regard a vous [...] wiirklich erzeigt [habe], da Er dise 2 vor äugen stehende [Rekruten] mihr zugeführt [...]. Der einte Joseph Holtzscheitter von Jestetten [...] seiner profession ein trefflicher schuster [...] Der andere [ebenfalls ein Schuster] Hanns Georg Schmidt von Griessen aus dem Cleggow [Klettgau] [...] Wie dann [ich] dieselbe [...] will recommendirt haben, in ansehen ihrer schönen postur, und allbereit besitzender militärischen exercitien. Dise stundt hat sich ebenfahls auf discrétion ergeben der von mihr schon lang bombardirte Maurerjung, ein wohlbesetzter junger Mann, der just der rechten länge seyn wirdt, aber jugend-halber noch mehr aufwachsen kan.«[69]

Man kann diesen Rekruten-Signalementen entnehmen, dass die Soldaten in der französischen Gardekompanie eine bestimmte Größe aufweisen mussten: Gewünscht waren 5 Fuß und 5 Daumen aufwärts, also eine Größe ab ca. 1 Meter 75.[70] Um dies zu kontrollieren, bittet Gerold Müller im Herbst 1744 Beat Fidel Zurlauben sogar um ein spezielles Metermaß:

> »Bitte aber zuberichten, ob, wan sich [mir] widerum eine occasion offeriren solte, ich sothane [solche] leüt zu des H. Vetter diensten engagiren dörfte: und wan dem also, mihr die schnür von der länge [Schnur zum Ausmessen der Gardesoldaten] zuzuschicken, weil ich die erstere ex incuria [aus Unachtsamkeit] von einander gelöst.«[71]

Der Rheinauer Obervogt Anton Werner bleibt für die Zurlauben ein treuer Lieferant von Soldaten nach Frankreich (später übernimmt diese Aufgabe sein Sohn Gerold)[72], und auch der Mönch Gerold Müller macht als Werber in Rheinau

68 Vgl. AH 22/152.

69 AH 97/173.

70 Ein Pariser Fuß entspricht ca. 32 cm, ein Daumen ca. 3 cm. Dieses Gardemaß wird auch 1739 genannt, vgl. AH 180/4. Aufschlussreich sind die Vorgaben von 1767 zur Anwerbung von thurgauischen Rekruten für die Gardekompanie Zurlauben: Der Wachtmeister Rauch soll nur noch auf 5 Fuß und 4 Daumen achten – die Attraktivität des Solddienstes scheint gesunken zu sein, die Ansprüche an die Größe werden kleiner (AH 179/100). In Signalementen von sechs Rekruten aus Rheinau, die 1765 durch Beat Fidel Zurlauben für die Gardekompanie angeworben worden sind, bewegen sich die Größen zwischen 5 Fuß und 3–6 Daumen, vgl. Beilage eines Schreibens vom 19. August 1765 von AbrahamAméz-Droz/Amédroz, Offizier des Schweizer Garderegiments und in Belfort für Rekrutierungen zuständig, an Beat Franz Plazidus (AH 179/65 und 179/67).

71 Nach dem 4. Oktober 1744 geschrieben, AH 101/88.

72 Vgl. das Schreiben des Rheinauer Abts Bernhard II. Rusconi an Beat Fidel Zurlauben in Zug vom 16. Februar 1745 (AH 86/26): »Puisque Mr Wernher [Obervogt der Stadt Rheinau] s'est donné la peine par ancienne connoîssance et amitié de vous enrôler 6 hommes, qui sont d'Jestetten, et per conséquent de mes sujets [das Dorf Jestetten gehörte zur Herrschaft des Klosters Rheinau], je vous les recommende, en vous priant, que vous ayez la bonté, de les traiter comme vous avés coutume de faire à ceux, qui sont de vôtre Canton même. Je sçais deja

weiter.[73] Er ist aber nicht der Einzige in der Familie, der Rekrutierungen von einem Kloster aus unternimmt. So berichtet am 23. September 1725 die Äbtissin des Thurgauer Zisterzienserinnenklosters Tänikon, Maria Euphemia Zurlauben (1657–1737),[74] ihrem Cousin Beat Jakob Anton Zurlauben, sie habe dessen Schreiben vom 7. September 1725 entnommen, dass Beat Franz Plazidus Zurlauben in Paris Soldaten benötige. Sie kenne gerade drei Kandidaten, welche die geforderte Mindestgröße aufweisen; es wäre deshalb gut, wenn der Fähnrich Kaspar Leonz Weber bald in den Thurgau käme, um diese Rekruten zu werben. Tänikon sei allgemein ein gutes Pflaster, um neue Soldaten zu finden:

> »Wann seye den [...] haubtmann [Beat Franz Plazidus] khönnen sehen, werden gewüss noch andere auch lust [zum Dienst] bekhommen [...] die mir bewüste caerlin sind nur 2 stund von hier [...] der hr. vetter wolle so guot sein und den hn. bruoder [Beat Franz Plazidus] berichten, dass er sein reiss auf Dennickhen befürdere, wird gwüss soldaten bekhommen«.[75]

Auch Beat Fidel Zurlauben wird als Werber in Rheinau aktiv. Der Rheinauer Mönch Peter Schädler hält in seinem Tagebuch unter dem 11. August 1765 fest:

> »Kamme an Herr Marechal Baron Zurlauben [Beat Fidel] von Zug, verbleibte etwelche täg allhier; annotirte in der Bibliotheca villes. Item würbt 6 Man unter die Frantzosische Guardi; darunter der Closter Gärtner undt Beschließer, die 4 übrige von Rheinau und Altenburg.«[76]

Es kann heute nicht mehr beurteilt werden, ob es die Rheinauer Klosterangehörigen sympathisch fanden, wenn man ihnen – und sei es auch durch die Zurlauben – den Gärtner oder andere Angestellte für den Kriegsdienst abwarb. Solche (unfreundlichen) Übernahmen stellen allerdings letzte Akte einer untergehenden Epoche dar: Der Rheinauer Werbeplatz verliert für die Zurlauben, parallel zu ihrem politischen und ökonomischen Niedergang, im Laufe des

---

par renomée aussi que par l'experience, que vous avez toujours eü beaucoup de regards pour nos sujets, et cela me cause de la joye, de sorte, que si vous en demandés d'avantage à l'avenir, je ne manquerai pas de satisfaire à vos demandes. [...] PS. à propos je vous prie de leur donner (à Zoug) l'engagement, afin qu'ils puissent l'envoyer à Leurs Peres et Meres, autrement ils le depenseroint mal à propos, et leurs Peres et Meres n'en seroient pas contents. Jl faut tout faire pour la premiere fois pour encourager le monde«. Zum Rekrutierungs-Engagement von Gerold Werner, des Sohns des Obervogts, für die Zurlauben vgl. AH 87/121 und 87/127 (beide vom 25. Februar 1745), 172/82 (8. Januar 1759).

73 Vgl. AH 97/26 (4. Oktober 1744), 142/141 (30. Januar 1745), 87/147 (4. Februar 1745), 185/13 (9. März 1747) und 154/65 (20. Januar 1752).

74 Vgl. Meier, Zurlaubiana (wie Anm. 2), S. 960.

75 AH 177/73.

76 Diarium P. Petrus Schedler/Schädler, Bd. 3, S. 177 (Klosterarchiv Einsiedeln, Rheinau R 189.3). Ich danke Waltraud Hörsch für den Hinweis auf diese Quelle. Die sechs geworbenen Rheinauer kommen später auf dem Weg nach Paris durch Belfort, vgl. die oben erwähnten AH 179/65 und 179/67 mit den Signalementen der Rekrutierten.

18. Jahrhunderts an Attraktivität, bis das Kloster in den *Acta Helvetica* ab 1750 kaum noch Erwähnung findet.

In der Schweiz verläuft die Anwerbung von Söldnern in der 2. Hälfte des 18. Jahrhunderts generell schleppender. Das wird auch in den *Acta Helvetica* deutlich: So berichtet Plazid Josef Leonz Meyenberg, der Verwalter der Oberen Freien Ämter, Beat Jakob Anton Zurlauben in einem Brief vom 4. März 1748, dass die Männer in den Freien Ämtern lieber Seide spinnen und Hungers sterben würden als einem Offizier zu dienen.[77] Auf das abnehmende Interesse am bezahlten Kriegsdienst weist zudem das Schreiben des Zürchers Johann Martin Usteri an Beat Fidel Zurlauben vom 10. Januar 1759 hin: Neue Rekruten zu finden, so Usteri, sei aufgrund des Erfolgs der Manufakturen schwieriger geworden (»à cause des fabriques qui vont extraordinaire«).[78] Ein anderes Wirtschaften hat in der Schweiz offenbar lohnende Alternativen zu den fremden Kriegsdiensten geschaffen.

Beat Fidel Zurlaubens Profession hätte sich aber weiter vererben können. Das zeigt einer der letzten Einträge zu Werbungen in den *Acta Helvetica*, der sich in einem Brief der neunjährigen Maria Josefa Agatha Theresia Zurlauben (1765–1828) findet, der Tochter Beat Fidels.[79] Das Mädchen hält sich im Kloster Fahr auf und schreibt kurz nach dem 6. Dezember 1774 seiner Mutter Maria Barbara Helena Elisabeth Zurlauben-Kolin einen Dankesbrief für die zu St. Nikolaus erhaltenen Geschenke. Gleichzeitig erkundigt sie sich, wann der Vater nach Fahr kommen werde. Ihre Patin (Maria Antonia Kolin, Nonne im Kloster Fahr) wünsche dies auch, der Vater solle in Fahr nämlich einen Dienstvertrag abschließen. Ein weiterer, schöner Mann sei in Fahr ebenfalls für den Kriegsdienst bereit, fordere allerdings ein beträchtliches Handgeld, sonst »gehet er zu einem anderen haubtmann«; in Klingnau werde eben stark die Werbetrommel gerührt. Und noch ein dritter, schöner und großgewachsener Mann würde sich, so die auskunftsfreudige Tochter, den Rekruten Beat Fidel Zurlaubens anschließen, besitze jedoch ein schlechtes Auge. Das Mädchen erkundigt sich sogar, ob dieses Handicap ein Hindernis darstelle und wieviel Handgeld man geben könne. Kurz: Auch Maria Josefa Agatha Theresia Zurlauben wäre, wie so viele andere Frauen in der Familie, eine gute Soldunternehmerin geworden, wenn sie die Lizenz dafür erhalten hätte.

77 Vgl. AH 154/130.

78 Vgl. AH 179/135.

79 Vgl. AH 178/30. Zu Maria Josefa Agatha Theresia Zurlauben vgl. Meier, Zurlaubiana (wie Anm. 2), S. 992.

IV. Kleriker und Krieger der Zurlauben: Gemeinsame Familieninteressen oder korrupte Verhältnisse?

Eine Verbindung von Kirche und Militär wird in den *Acta Helvetica* mehr als deutlich: Kaffee und Tabak, Reliquien und Pädagogik, Gebete und Kredite, Werbegelder und Rekruten machen in der Familie Zurlauben im 18. Jahrhundert häufig die Runde – zwischen den eigenen Kriegern und Klerikern kommt es zu einem ständigen Geben und Nehmen. Die kirchliche Etappe ist dabei für das zurlaubische Soldunternehmen sowohl logistisch wie auch finanziell von großer Bedeutung: Im Hinterzimmer des Krieges, aber auch sehr direkt beteiligen sich die Geistlichen am Soldgeschäft. Sie engagieren sich dort, wo Söldner rekrutiert und organisiert, Kriegsgelder bereit gestellt, verletzte Familienseelen gepflegt und wo – nach 1728 – Pläne für das Comeback der Familie geschmiedet werden. Freilich fällt dieses Engagement nie so stark aus, dass eine kirchliche Institution für die Zurlauben zu einer Durchgangsstation würde, falls Ersatz für einen verstorbenen Militärangehörigen gefragt wäre: Einmal im Kloster, bleibt man als Zurlauben im Kloster; die familieneigenen Geistlichen ergreifen nie eine soldatische Karriere, auch wenn Not am Mann ist.

So offen wie im Falle Rheinaus sprechen die *Acta Helvetica* den Nutzen der militärisch-kirchlichen Begünstigungen für die Familie Zurlauben allerdings selten an. Gerade deshalb sind die Briefe des Rheinauer Mönchs Gerold Müller, dem der geschenkte Kaffee immer wieder die Zunge löst, so wertvolle Quellen. Dank ihnen lässt sich das klerikale Klüngeln der Zurlauben im Soldgeschäft im Detail verfolgen, wobei eine spezielle Duftnote von Weihrauch und Pulverdampf aus den Quellen aufsteigt.

Offen muss angesichts des bisher bekannten Quellenmaterials die Frage bleiben, ob die zurlaubischen Krieger mit ihren Geschenken die Geistlichen in der Familie korrumpiert haben. Schon jetzt lässt sich aber sagen: Anders als bei Patronage-Beziehungen zu fremden Personen zielte die Zusammenarbeit in der Familie Zurlauben nicht auf klientelartige Abhängigkeiten ab – es handelte sich vielmehr um das geschickte Bewirtschaften familiärer Ressourcen, wie es in der Frühen Neuzeit allgemein üblich war:[80] Dies bot kaum Angriffsflächen für Kritik, war weniger missbrauchsanfällig und war, im Gegensatz zu den antizurlaubischen Vorwürfen im 1. Harten- Lindenhandel, auch kaum einem Korruptionsverdacht[81] ausgesetzt – höchstens, wenn sich Verwandte in ihren Ansprüchen

80 Ich danke Nathalie Büsser für diesen Hinweis.

81 Wobei ich mich an eine pragmatische Definition von Korruption halte: als »kritische Bewertung von Handlungen und Praktiken, die im Konflikt zwischen öffentlich-universalen und privat-individualistischen Normen entstehen. In der Regel geht es um Kritik an der Verteilung von Ressourcen, die einem Amtsträger zugänglich sind sowie um die Bewertung seiner Motive« (Ronald G. Asch u. a., Einleitung, in: Dies. (Hrsg.), Integration – Legitimation

zurückversetzt sahen, etwa Heinrich Damian Leonz Zurlauben oder der werbende Hauptmann Jakob Bernhard Brandenberg. Um aber betreffend der Korruptionsanfälligkeit der Familie Zurlauben zu noch schlüssigeren Antworten zu gelangen, braucht es eine intensivere Erforschung der *Acta Helvetica* sowie weiterer Quellen.

Kleine Geschenke erhalten persönliche Freundschaften, große Gaben zielen auf das Prestige einer ganzen Familie ab. Mit der Zirkulation von materiellen und immateriellen Gaben bauten die Zurlauben in Politik, Militär und der Machtsphäre der Kirche Vertrauen auf und nutzten so entstandene Verbindlichkeiten für ihr Soldgeschäft. Vor diesem Hintergrund erscheint es lohnenswert, der Rolle des Klerus und der Klöster im Schweizer Soldwesen intensiver nachzugehen – in den *Acta Helvetica* etwa auch, was die Bedeutung des Klosters Muri als Werbeplatz unter Fürstabt Plazidus Zurlauben betrifft. Dabei wird sich genauer zeigen, wie die Geistlichen der Zurlauben, ähnlich den zurlaubischen Frauen,[82] von einer »stabilitas loci«, ihrer Verwurzelung vor Ort, profitierten, die sie gewinnbringend ins familiäre Soldgeschäft einbrachten: im lokalen Kontext Zugs und Rheinaus – und über die Grenzen der Eidgenossenschaft hinaus.

– Korruption. Politische Patronage in Früher Neuzeit und Moderne, Frankfurt/M. 2011, S. 20). Zu einer stärker auf die Frühe Neuzeit bezogenen Korruptions-Definition vgl. Andreas Suter, Korruption oder Patronage? Außenbeziehungen zwischen Frankreich und der Alten Eidgenossenschaft als Beispiel (16.–18. Jahrhundert), in: Niels Grüne, Simona Slanička (Hrsg.), Korruption. Historische Annäherungen an eine Grundfigur politischer Kommunikation, Göttingen 2010, S. 167–203, hier S. 176.

82 Vgl. Nathalie Büsser, Die »Frau Hauptmannin« als Schaltstelle für Rekrutenwerbungen, Geldtransfer und Informationsaustausch. Geschäftliche Tätigkeiten weiblicher Angehöriger der Zuger Zurlauben im familieneigenen Solddienstunternehmen um 1700, in: Hans-Jörg Gilomen u. a. (Hrsg.), Dienstleistungen. Expansion und Transformation des »dritten Sektors« (15.–20. Jahrhundert), Zürich 2007, S. 143–153.

Marian Füssel

Stehende Söldner-Heere? Europäische Rekrutierungspraktiken im Vergleich (1648–1789)

Die zentrale Ausgangshypothese meiner folgenden Ausführungen ergibt sich schon aus dem Titel. Handelte es sich bei den stehenden Heeren des 17. und 18. Jahrhunderts nicht vielmehr um »stehende Söldnerheere«?[1] Nimmt man eine Formulierung Johannes Burkhardts hinzu, ließe sich auch von »stehengebliebenen« Söldnerheeren sprechen, obwohl eine direkte Kontinuität eher zweifelhaft ist.[2] Mir geht es jedoch weniger um die Verzeitlichung von ›Stehenbleiben‹ oder ›Neuanfang‹ nach 1648 als um die Frage nach den sozialen und kulturellen Konsequenzen von stehenden Heeren als stehenden Söldnerheeren. Man kann selbstverständlich auch von der Seite der Söldnermärkte argumentieren und mit Michael Sikora darauf hinweisen, dass die »Vermehrung und Verstetigung des Militärs im späten 17. und 18. Jahrhundert« nicht allein durch »inländische Werbung« bewältigt wurde, sondern »auch durch zunehmenden Rückgriff auf andere Rekrutierungsformen, deren Abgrenzung zur freiwilligen Werbung in der Praxis sich durchaus verflüssigen konnte«; durch diese »Vermengung der Rekrutierungsmodi« entferne man sich allerdings »vom reinen Typ des Söld-

1 Der Begriff ist in der Literatur nicht unumstritten. Matthias Rogg etwa schreibt: »Die meisten der heute kursierenden Begriffe wie Berufssoldaten, Miles Perpetuus (lat. immerwährender Soldat) oder stehende Söldnerheere sind unpräzise, sperrig oder schlicht missverständlich«. Matthias Rogg, Die Ursprünge: Ritter, Söldner, Soldat. Militärgeschichte bis zur Französischen Revolution 1789, in: Karl Volker Neugebauer (Hrsg.), Grundkurs deutsche Militärgeschichte, Bd. 1, München 2006, S. 1–121, hier S. 78, vgl. bereits auch Gerhard Papke, Von der Miliz zum stehenden Heer. Wehrwesen im Absolutismus, in: Militärgeschichtliches Forschungsamt (Hrsg.), Handbuch zur deutschen Militärgeschichte 1648–1939, Bd. 1, München 1993, S. 1–311, hier S. 154.

2 Johannes Burkhardt, Der Dreißigjährige Krieg, Frankfurt/M. 1992, S. 216; vgl. zuletzt differenzierend ders.: Vollendung und Neuorientierung des frühmodernen Reiches 1648–1763, Stuttgart 2006, S. 132–138, sowie bereits Bernhard R. Kroener, »Das Schwungrad an der Staatsmaschine«? Die Bedeutung der bewaffneten Macht in der europäischen Geschichte der Neuzeit, in: Bernhard R. Kroener, Ralf Pröve (Hrsg.), Krieg und Frieden. Militär und Gesellschaft in der Frühen Neuzeit, München u. a. 1996, S. 1–23 hier S. 4–6; vgl. zuletzt dezidiert das Kapitel Kein ›stehengebliebenes‹ Heer. Die Sattelzeit 1650–1700, in: Bernhard R. Kroener, Kriegswesen, Herrschaft und Gesellschaft 1300–1800, München 2013, S. 36–43.

ners«.[3] Dem ist zweifellos zuzustimmen, und so hat bereits Michael Howard festgestellt, es könne wohl als »nicht die geringste Leistung der europäischen Zivilisation« gelten, dass sie »aus den Wolfsrudeln, die so viele Jahrhunderte lang die schutzlosen Völker Europas terrorisiert hatten, trainierte und gehorsame Jagdhunde – in gewisser Hinsicht vielleicht sogar dressierte Pudel gemacht« habe.[4] Was Howard hier nicht ohne Ironie insinuiert, ist ein klassisch zivilisationsgeschichtliches Modernisierungsnarrativ, das mittlerweile auf mehreren Ebenen brüchig geworden ist. So stellt sich gegenwärtig eher den Eindruck ein, dass die Epoche der »Jagdhunde« vielleicht eher die Ausnahme als den historischen Regelfall oder gar den Fluchtpunkt der Geschichte organisierter Gewalt darstellt, und auch die Annahme der sozialdisziplinierenden Wirkung der Verstaatlichung der europäischen Heere wurde mittlerweile merklich relativiert.

Die Erforschung von Rekrutierungspraxis, Soldatenhandel und Kompaniewirtschaft zählt zu den klassischen Themen der sogenannten neuen Militärgeschichte. An ihnen ließ sich ebenso das Verhältnis von Militär und Gesellschaft bestimmen wie die Rolle der Armeen im frühmodernen Staatsbildungsprozess.[5] Nachdem die neue Militärgeschichte zwar begrifflich wenig Platz für eine Militärgeschichte *nach* der neuen Militärgeschichte gelassen hat, haben ihre Vertreter – in Deutschland gewiss am prominentesten Bernhard R. Kroener, in Großbritannien Jeremy Black – jedoch mittlerweile selbst am Ausbau des Ansatzes zu einer Militärgeschichte als ›Kulturgeschichte der Gewalt‹ gearbeitet.[6] Vor diesem Hintergrund sollten sich auch die Bearbeiter klassisch sozialgeschichtlicher Themenfelder wie Rekrutierung oder Patronage dazu angeregt sehen, neue Perspektiven aufzunehmen. Eine wichtige Perspektivenweitung kommt zunächst aus der Sozialgeschichte selbst, die seit den 1990er Jahren den Solddienst verstärkt als Arbeit und die Söldner mit den Worten von Jan Lucassen als »the other proletarians« thematisiert hat.[7] Erik-Jan Zürcher hat daran an-

3 Michael Sikora, Anmerkungen, in: Philippe Rogger, Benjamin Hitz (Hrsg.), Söldnerlandschaften. Frühneuzeitliche Gewaltmärkte im Vergleich, Berlin 2014, S. 261–269, hier S. 267f.; zum Typus des Söldners vgl. auch ders.: Söldner – historische Annäherungen an einen Kriegertypus, in: Geschichte und Gesellschaft 29 (2003), S. 210–238.

4 Michael Howard, Der Krieg in der europäischen Geschichte. Vom Mittelalter bis zu den neuen Kriegen der Gegenwart, 2. Aufl., München 2010, S. 103.

5 Ralf Pröve, Zum Verhältnis von Militär und Gesellschaft im Spiegel gewaltsamer Rekrutierungen (1648–1789), in: Zeitschrift für Historische Forschung 22 (1995), S. 191–223 sowie in ders.: Lebenswelten. Militärische Milieus in der Neuzeit: Gesammelte Abhandlungen, Berlin 2010, S. 7–37 (zitiert wird im Folgenden nach Lebenswelten); Rainer Freiherr von Rosenberg, Soldatenwerbung und militärisches Durchzugsrecht im Zeitalter des Absolutismus: eine rechtsgeschichtliche Untersuchung, Frankfurt/M. 1973.

6 Kroener, Kriegswesen (wie Anm. 2), S. 127ff.

7 Jan Lucassen, The Other Proletarians: Seasonal Labourers, Mercenaries and Miners, in: Catharina Lis u.a. (Hrsg.), Before the Unions. Wage Earners and Collective Action in Europe, 1300–1850, Cambridge 1994, S. 171–194.

knüpfend einen Sammelband mit Fallstudien zu *Fighting for a living* publiziert und daraus eine Typologie militärischer Arbeit entwickelt.[8] Zürcher unterscheidet reziproke, tributäre und warenförmige Militärdienste.[9] Reziproke sind am seltensten anzutreffen und meinen wechselseitige Schutzverpflichtungen, wie sie vor allem im asiatischen Raum anzutreffen sind, tributäre sind etwa Verhältnisse wie die der Kosaken zur Zarenarmee oder die Janitscharen der Osmanen, während die warenförmige Verpflichtung bestimmte staatlich verantwortete Vertragsverhältnisse mit den Anbietern der Gewaltmärkte meint. Häufig treffen wir jedoch auf Mischformen der letzten beiden Typen, auch wenn in Europa im 17. und 18. Jahrhundert das warenförmige Modell tendenziell dominiert haben dürfte.

Mit der jüngeren militärhistorischen ›Arbeitsmarktforschung‹ sind auch diverse nationale Grenzziehungen der Historiographie, wenn nicht vollständig überwunden, so doch zumindest reflektiert worden, wie etwa der 2014 publizierte Sammelband von Philippe Rogger und Benjamin Hitz zu *Söldnerlandschaften. Frühneuzeitliche Gewaltmärkte im Vergleich* es getan hat. Rogger und Hitz haben eindrücklich etwa die Differenzen im Sprachgebrauch der Deutschen und der Schweizer Historiographie aufgezeigt. Sprächen die Deutschen meist pejorisierend von »Soldatenhandel«, nützten die Schweizer eher im Geist merkantilen Selbstbewusstseins Begriffe wie »Allianzverträge«, »Soldbündnisse« oder »Kapitulationen«.[10] Der sogenannte Soldatenhandel hatte von jeher eine schlechte Presse, sei es in der älteren nationalistischen Geschichtsschreibung als Schwächung des Alten Reiches auf dem Weg zum Nationalstaat, sei es in der bundesrepublikanischen Kritik am Umgang eines Landesherrn mit seinen Untertanen als menschenunwürdiger Quasi-Versklavung.[11] Besondere Aufmerksamkeit haben bislang im Reich die Verkäufe bzw. Vermietungen kurhessischer, braunschweigischer, kurhannoverscher oder württembergischer Truppen gefunden.[12] Diese Dienste begannen jedoch nicht erst mit dem amerikanischen

8 Erik-Jan Zürcher (Hrsg.), Fighting for a living: a comparative history of military labour 1500–2000, Amsterdam 2013.

9 Erik-Jan Zürcher, Le recrutement et l'emploi des militaires en Europe, au Proche-Orient et en Asie, 1500–2000, in: Le Mouvement Social 241 (2012), S. 131–149, hier S. 135–137.

10 Philippe Rogger, Benjamin Hitz, Söldnerlandschaften – räumliche Logiken und Gewaltmärkte in historisch vergleichender Perspektive. Eine Einführung, in: Dies. (Hrsg.), Söldnerlandschaften (wie Anm. 3), S. 9–43, hier S. 11f.

11 Jan Lucassen u.a., Artikel »Soldatenhandel«, in: Enzyklopädie der Neuzeit, Bd. 12, Stuttgart u.a. 2010, Sp. 167–172. Zum Bild in der Öffentlichkeit des 18. Jahrhunderts vgl. Christine Braun, Soldaten zu verkaufen? Zu Diskussion über die Subsidienpolitik deutscher Fürsten in der gebildeten deutschsprachigen Öffentlichkeit Ende des 18. Jahrhunderts, in: Holger Th. Gräf u.a. (Hrsg.), Die »Hessians« im Amerikanischen Unabhängigkeitskrieg (1776–1783). Neue Quellen, neue Medien, neue Forschungen, Marburg 2014, S. 187–202.

12 Charles W. Ingrao, The Hessian Mercenary State. Ideas, Institutions and Reform under Frederik II, 1760–1785, Cambridge 1987; Peter K. Taylor, Indentured to liberty: peasant life

Unabhängigkeitskrieg, sondern gehen bis in das 17. Jahrhundert zurück. Als erster ›Soldatenhändler‹ im Reich gilt Christoph Bernhard von Galen (1606–1678), Fürstbischof von Münster, der seit 1665 Truppen vermietete, gefolgt 1685 von Johann Georg III. von Sachsen.[13]

Auch bildete die Schweiz keineswegs die einzige Herkunftsregion von frühneuzeitlichen Söldnern, allerdings war sie eine besonders langlebige.[14] Noch 1859 dienten Schweizer Söldner im Königreich Neapel. Andere wichtige »Söldnerexportregionen« bildeten etwa Schottland, Irland, Italien, Süddeutschland, Nordwestdeutschland, die Landgrafschaft Hessen-Kassel, Böhmen, Kroatien oder Albanien.[15] Wichtige ›Importregionen‹ stellten die niederländische Republik, die Habsburgermonarchie und England inklusive der jeweiligen kolonialen Einflusszonen dar. Im Folgenden soll es jedoch weniger um eine Verräumlichung von Söldnerlandschaften, militärischen Migrationsregimes[16] und Konfliktzonen gehen als um die Frage nach den historischen Mustern der Rekrutierungspraktiken stehender Söldnerheere. Ich gehe in einem Dreischritt vor und thematisiere zunächst den Wandel der Heere und ihrer Kompaniewirtschaft nach dem Dreißigjährigen Krieg (I.), gehe dann auf die sozialen Praktiken der Anwerbung auf Mikroebene der konkreten Akteure ein (II.), um drittens am Beispiel des Kantonsystems eine grundlegende Paradoxie des Soldsystems im Prozess der Verstaatlichung zu diskutieren (III.).

---

and the Hessian military state, 1688–1815, Ithaca, NY 1994; Peter H. Wilson, War, state and society in Württemberg, 1677–1793, Cambridge 1995; Inge Auerbach, Die Hessen in Amerika 1776–1783, Darmstadt 1996; Richard S. Taylor, German auxiliaries in the American revolution. A reevaluation of the Soldatenhandel as it transpired in the Markgraftum of Ansbach-Bayreuth, [Little Rock] 1996; Peter H. Wilson, The German »Soldier Trade« of the Seventeenth and Eighteenth Centuries. A Reassesment, in: The International History Review 17 (1996), S. 757–792; Stephan Huck, Soldaten gegen Nordamerika: Lebenswelten Braunschweiger Subsidientruppen im amerikanischen Unabhängigkeitskrieg, München 2011; Chen Tzoref-Ashkenazi, German soldiers in colonial India, London 2014.

13 Wilhelm Kohl, Christoph Bernhard von Galen. Politische Geschichte des Fürstbistums Münster 1650–1678, Münster 1964, S. 198–205; zu Sachsen vgl. Friedrich Kapp, Der Soldatenhandel deutscher Fürsten nach Amerika. Ein Beitrag zur Kulturgeschichte des achtzehnten Jahrhunderts, 2. Aufl., Berlin 1874, S. 8.

14 Hans Rudolf Jaun (Hrsg.), Schweizer Solddienst. Neue Arbeiten, neue Aspekte, Birmensdorf 2010; Norbert Furrer u. a. (Hrsg.), Gente ferocissima. Solddienst und Gesellschaft in der Schweiz (15.–19. Jahrhundert), Festschrift für Alain Dubois, Lausanne u. a. 1997.

15 Rogger, Hitz, Einführung (wie Anm. 10), S. 13.

16 Zum Konnex von Militär und Migration in der Frühen Neuzeit mit umfangreichen Literaturnachweisen vgl. zuletzt Matthias Asche, Bellizität, Staat und Migration im Alten Reich, in: Jochen Oltmer (Hrsg.), Handbuch Staat und Migration in Deutschland seit dem 17. Jahrhundert, Berlin u. a. 2016, S. 87–116.

I. Wandel der Kriegführung – Stehende Söldnerheere – Kompaniewirtschaft

Vom späten 16. Jahrhundert bis zur Mitte des 17. Jahrhunderts existierten Aufgebote der sogenannten Landesdefensionen und Söldnerarmeen noch nebeneinander.[17] Die Landesdefensionen bildeten militärisch ausgebildete Milizen von Bauern und Stadtbürgern, die von den Ständen finanziert wurden und vor allem zu Verteidigungszwecken aufgestellt wurden.[18] Während des Dreißigjährigen Krieges wurden sie von den Söldnerheeren jedoch allmählich verdrängt und jene bewaffneten Untertanenformationen existierten fortan nur noch »auf dem Papier«.[19] Das Heer wurde damit zu einem »Instrument des Monarchen« und verlor seinen Charakter als eine »Institution des Landes«.[20] Mit dem Dreißigjährigen Krieg kam es zunächst zu einem Aufstieg von Kriegsunternehmern, da keine der beteiligten Mächte zu Beginn über eine ausreichend große Streitmacht verfügte.[21] Wie Bernhard Kroener prägnant herausgestellt hat, lag die »eigentliche Macht« jedoch »in den Händen der Obristen als Regimentsinhaber und Subunternehmer«, die wir so oder ähnlich in ganz Europa antreffen.[22] Je länger der Krieg währte und je enger die Versorgunglage wurde, desto mehr gelang es den Obristen im Reich, die zwischen ihnen und dem Landesherrn vermittelnden Söldnerführer auszuschalten und direkt zu verhandeln. Für den Landesherrn eröffnete dies die Möglichkeit, die Anstellung allmählich von einem »privatrechtlichen Vertragsverhältnis« in ein fürstenstaatliches »Dienstverhältnis« zu überführen.[23] Mit der Anstellung von Offizieren im Frieden über das sogenannte »Wartgeld« oder Dienstgeld verstärkte sich die Bindung an den Landesherrn weiter.[24] Dies bedeutete jedoch keine Verstaatlichung der Kompa-

---

17 Ralf Pröve, Landesdefensionswesen, in: Enzyklopädie der Neuzeit, Bd. 7, Stuttgart 2008, Sp. 471–473; Kroener, Kriegswesen (wie Anm. 2), S. 31f. u. 36.

18 Helmut Schnitter, Volk und Landesdefension: Volksaufgebote, Defensionswerke, Landmilizen in den deutschen Territorien vom 15. bis zum 18. Jahrhundert, Berlin 1977; Winfried Schulze, Die deutschen Landesdefensionen im 16. und 17. Jahrhundert, in: Johannes Kunisch, Barbara Stollberg-Rilinger (Hrsg), Staatverfassung und Heeresverfassung in der europäischen Geschichte der Frühen Neuzeit, Berlin 1986, S. 129–149.

19 Pröve, Landesdefensionswesen (wie Anm. 17), Sp. 471f.

20 Otto Hintze, Staatsverfassung und Heeresverfassung [1906], in: Ders., Staat und Verfassung. Gesammelte Abhandlungen zur allgemeinen Verfassungsgeschichte, hrsg. von Gerhard Oestreich, 3. Aufl., Göttingen 1970, S. 52–83, hier S. 70.

21 Vgl. Lothar Höbelt, Götterdämmerung der Condottieri. Der Dreißigjährige Krieg, in: Stig Förster u. a. (Hrsg.), Die Rückkehr der Condottieri? Krieg und Militär zwischen staatlichem Monopol und Privatisierung. Von der Antike bis zur Gegenwart, Paderborn 2010, S. 128–139.

22 Kroener, Kriegswesen (wie Anm. 2), S. 37.

23 Ebd.

24 Ebd.

niewirtschaft bzw. Regimentsökonomie als solcher.[25] Die Regimentschefs erhielten sich ihre Reservatrechte wie Selbstergänzung, Offizierswahl oder Erteilung des Heiratskonsenses bis weit in das 18. Jahrhundert und zum Teil darüber hinaus.

Eine Kompanie bildete nicht nur eine taktische, sondern auch eine wirtschaftliche Einheit mit eigener Kasse und einem komplexen sozioökonomischen Berechtigungssystem.[26] Die Anwerbung unterlag dem jeweiligen Chef. Die Finanzierung der Rekrutenwerbung wurde jedoch nur in Kriegszeiten oder bei besonderen außenpolitischen Spannungen vom Landesherrn geleistet. In Friedenszeiten flossen ganz unterschiedliche Beiträge in die Kasse des Regimentschefs, wie Ralf Pröve am kurhannoverschen Beispiel herausgearbeitet hat: einen vom Sold abgezogenen »Deserteurgroschen« von jedem Mannschaftsgrad, der Sold und das »Verpflegungsgeld« von bis zu vier vakanten Stellen, bei Abdankung vor Ablauf der regulären Dienstzeit von jedem Soldaten eine Zahlung von 20 Talern und weitere zehn Taler für den Ersatz der Uniformen von Deserteuren, Überschüsse aus der Bekleidungskasse, zwei Taler für jeden Rekrutierten aus der Kompaniewachtkasse und zehn Taler von jedem Soldaten, der befördert wurde.[27]

Aus dieser genossenschaftlich-unternehmerischen Mischfinanzierung mussten dann die Werbungskosten beglichen werden, die sich ihrerseits aus einer ganzen Reihe von Punkten zusammensetzten. Der erfolgreiche Werber – häufig ein Unteroffizier der eigenen Kompanie – erhielt eine Prämie, der Angeworbene ein Handgeld, hinzu kamen Reisekosten, Verpflegungskosten des Geworbenen, dessen erste Ausrüstung sowie weitere Spesen. Jeder Soldat, der einen weiteren warb, konnte mit einer Prämie rechnen, die bis zu mehreren Reichstalern reichen konnte.[28] Insofern bildete das Regiment durch sein ökonomisches Berechtigungssystem tatsächlich ein auf das kollektive Ziel ständiger Selbstergänzung ausgerichtetes Unternehmen. Innerhalb der merkantilistischen Wirtschaftsmentalität waren dem freien Werben jedoch räumliche wie soziale Grenzen gesetzt. Höchstes Ziel war, Untertanen anderer Territorien zu werben und gleichzeitig möglichst keine eigenen Landeskinder an andere Territorien zu ›verlieren‹. Im zeitgenössischen Diskurs wurden solche ökonomischen Kalküle noch durch proto-nationale und sicherheitspolitische Argumente unterstützt,

25 Fritz Redlich, The German Military Enterpriser and his work force: A study in European economic and social history, 2 Bde, Wiesbaden 1964/65; David Parrott, Business of war: military enterprise and military revolution in early modern Europe, Cambridge 2012, S. 260–306; Stefan Kroll, Artikel »Kompaniewirtschaft«, in: Enzyklopädie der Neuzeit, Bd. 6, Stuttgart u. a. 2007, Sp. 1020–1032.

26 Vgl. am britischen Beispiel Alan J. Guy, Oeconomy and Discipline. Officership and Administration in the British Army 1714–63, Manchester 1985 sowie zu Preußen Otto Büsch, Militärsystem und Sozialleben im alten Preußen 1713–1807, Berlin 1962, S. 113–134.

27 Pröve, Rekrutierungen (wie Anm. 5), S. 15.

28 Ebd., S. 16.

wenn etwa der Aufklärer Johann Michael von Loen 1752 die Sicherheit und den Nutzen der »National-Truppen« der Unbändigkeit und Unordnung der »um Sold gedungenen« fremden Truppen gegenüberstellt.[29] Zahlreiche Landesverordnungen gegen »fremde Kriegsdienste« konnten jedoch Werbezüge nicht-legitimierter Werbetrupps im jeweils eigenen Land nicht verhindern.[30] Zeitgenössische Werbeplakate zeigen, dass Anwerbung medial tatsächlich auch viel mit Werbung im modernen Sinn von Produktwerbung zu tun haben konnte.[31]

Besonders Preußen hatte es in der Werbung jenseits der eigenen Landesgrenzen zu einer berüchtigten Professionalität im gesamten Reichsgebiet gebracht, so dass es kaum verwundert, wenn die Ikone des einfachen preußischen Soldaten des 18. Jahrhunderts, der Schweizer Ulrich Bräker in Rottweil im heutigen Baden-Württemberg angeworben wurde.[32] Was die Verhältnisse des Solddienstes innerhalb der Schweiz angeht, so zählte Preußen zu den nicht »avouierten« Nationen, also Ländern, die feste Soldverträge mit den Kantonen unterhielten.[33] Eine Ausnahme bildete von 1696 bis 1813 eine hundertköpfige Leibwache.[34] Die dennoch reich dokumentierten einzelnen Werbungen Preußens in den Kantonen der Schweiz zielten in erster Linie auf Deserteure und Ausländer, was sich auch anhand der räumlich eher peripheren Werbeplätze in Basel, Graubünden, Neuenburg oder Schaffhausen ablesen läßt.[35]

Die Werber gingen dabei nicht willkürlich vor, sondern informierten sich meist genau über die körperliche Konstitution und die sozialen Verhältnisse eines potentiellen Rekruten.[36] Schien der Kandidat geeignet, erfolgte der persuasive Zugang über Alkohol und Wirtshausgespräche oder der direkt gewaltsame durch Kidnapping.[37]

29 Johann Michael von Loen, Der Soldat oder Abhandlung vom Kriegs-Stand, Frankfurt/M. 1752, S. 455f.

30 Pröve, Rekrutierungen (wie Anm. 5), S. 16f.; Artikel »Werbung«, in: Johann Heinrich Zedler, Universal-Lexicon, Bd. 55, Halle u. a. 1748, Sp. 77–90, hier Sp. 77f.

31 Vgl. das Werbungsplakat des Infanterieregiments von Anhalt von 1762/63, in: Neugebauer (wie Anm. 1), Grundkurs, S. 81. Zu den Werbeplakaten im europäischen Vergleich siehe Ilya Berkovich, Motivation in War. The Experience of Common Soldiers in Old-Regime Europe, Cambridge 2017, S. 133–138.

32 Ulrich Bräker, Sämtliche Schriften. Bd. 4 Lebensgeschichte und vermischte Schriften, München 2000, S. 428–446; vgl. dazu Jürgen Kloosterhuis, Donner, Blitz und Bräker. Der Soldatendienst des »armen Mannes im Tockenburg« aus der Sicht des preußischen Militärsystems, in: Alfred Messerli, Adolf Muschg (Hrsg.), Schreibsucht. Autobiographische Schriften des Pietisten Ulrich Bräker, Göttingen 2004, S. 129–187; Karl Lange, Preußens Soldatenwerbung im 18. Jahrhundert, in: Jahrbuch des Kreises Wesel 26 (2004), S. 105–111.

33 Rudolf Gugger, Preußische Werbungen in der Eidgenossenschaft im 18. Jahrhundert, Berlin 1997, S. 15–16.

34 Ebd., S. 43–46.

35 Ebd., S. 248.

36 Pröve, Rekrutierungen (wie Anm. 5), S. 25.

37 Vgl. die zeitgenössische Werbeszene bei Hans Friedrich von Fleming, Von der Teutschen

Die Tricks der Werber reichten vom Zustecken von Geldmünzen, die man später als akzeptiertes Handgeld auslegte, bis zu allen Formen des Schenkens und Spendierens von Geld oder Nahrung, die als einvernehmliches Anbahnen des Soldvertrages interpretiert werden konnten.[38] Es handelte sich somit auch um »Prakticken« im Sprachgebrauch der Zeitgenossen.[39]

Vom Dreißigjährigen Krieg bis zum Ende des 17. Jahrhunderts veränderten sich die Zusammensetzung der Heere und die Formen der Kriegführung mit deutlichen Konsequenzen für Heeresaufbringung und Rekrutierung. Zunächst ein Bewegungskrieg, der größtenteils mit Reiterverbänden geführt wurde, wandelte sich im letzten Drittel des 17. Jahrhunderts die Kriegführung zunehmend zu einem Belagerungskrieg.[40] Das hatte einen Ausbau der Infanterieverbände und eine gewaltige Vergrößerung der Heere zur Folge. Die vormals dominante Kavallerie machte zu Zeiten des Spanischen Erbfolgekrieges den geringeren Anteil aus.[41] Der Bedeutungsgewinn der Infanterie und ein sich allmählich wiedereinstellender wirtschaftlicher Aufschwung führten dazu, dass sich der traditionelle Modus der Rekrutierung – die freiwillige Werbung – als immer diffiziler erwies. Nur Bevölkerungsgruppen mit prekären Einkommensverhältnissen machten den Militärdienst mit den Worten Kroeners zu »einem selbstverständlichen und sozial akzeptierten Bestandteil ihrer Lebensplanung«.[42]

Während die Gesamtbevölkerung des Alten Reiches zwischen 1650 und 1800 von 18 Millionen auf 27 Millionen anwuchs, stieg gleichzeitig die Anzahl der Soldaten um das Zwölffache.[43] In der zweiten Hälfte des 18. Jahrhunderts ist jedoch europaweit in vielen Ländern eine Stabilisierung bzw. sogar ein tendenzieller Rückgang der Truppen zu verzeichnen, misst man den prozentualen Anteil an der wachsenden Gesamtbevölkerung.[44]

Besonders Preußen und England standen im Fokus der Erforschung des rasanten militärischen Wachstums, das auch in Zeiten des allgemeinen Rückgangs

---

Werbung, in: Ders., Der Vollkommene Teutsche Soldat, Leipzig 1726 (ND Osnabrück 1967), S. 122–128, Bild hinter S. 124.

38 Pröve, Rekrutierungen (wie Anm. 5), S. 27.

39 Vgl. Valentin Groebner, Pracktick, die politischen Zeichen und die neuen Medien der Neuzeit, in: Ders., Gefährliche Geschenke. Ritual, Politik und die Sprache der Korruption in der Eidgenossenschaft im späten Mittelalter und am Beginn der Neuzeit, Konstanz 2000, S. 251–265.

40 Vgl. Jürgen Luh, Kriegskunst in Europa 1650–1800, Köln u. a. 2004, S. 81–128.

41 Sie umfasste in der Armee Ludwigs XIV. allerdings immer noch zwischen 27 und 30 Prozent der Armee und spielte taktisch eine zentrale Rolle vgl. John Lynn, The Wars of Louis XIV 1667–1714, London 1999, S. 68f.

42 Kroener, Kriegswesen (wie Anm. 2), S. 47.

43 Peter H. Wilson, The Politics of Military Recruitment in Eighteenth-Century Germany, in: English Historical Review 17 (2002), S. 536–568, hier S. 538.

44 Kroener, Schwungrad (wie Anm. 2), S. 6–9.

tendenziell anhielt: Preußen einerseits als im 18. Jahrhundert am raschesten wachsende Militärnation Europas mit dem höchsten anteiligen Verhältnis von Bevölkerung und Soldaten, England andererseits als global führende Seemacht mit chronischem Personalmangel und großen innenpolitischen Vorbehalten gegenüber einem umfangreicheren stehenden Heer im eigenen Land.[45] Preußens Armee wuchs von 40.000 Mann 1713 auf 83.000 Mann im Jahr 1740 und verfügte im Siebenjährigen Krieg über rund 200.000 Soldaten.[46] Der Anteil der konskribierten ›Inländer‹ betrug nie mehr als ca. 35 Prozent.[47] In Großbritannien stiegen die Zahlen von 26.891 im Jahr 1738 auf 76.516 im Jahr 1748 und 117.633 im Jahr 1762.[48] Hinzu kam jedoch noch die Navy, deren Männer sich von 12.000 im Jahr 1739 über 50.000 zu Beginn des Siebenjährigen Krieges 1756 und bis zu 70.000 an dessen Ende beliefen.[49] Während der diversen Kriege wurde dafür ein mehr oder minder gewaltsames ›Pressen‹ erlaubt.[50] Während auf den britischen Inseln ein Ausländeranteil (also von jenseits Großbritanniens) bei etwa 0,3 Prozent lag, sah die Situation bei den Armeen auf dem Kontinent und in Nordamerika anders aus: hier dienten insgesamt rund 15 Prozent ›auswärtige‹ Soldaten.

Im Gegensatz zu Frankreich scheint in Spanien das Problem der freiwilligen Rekrutierung im eigenen Land besonders drastisch gewesen zu sein.[51] Das spanische Pendant zum Kantonsystem war die sogenannte *quinta*, also die Zwangsaushebung eines Fünftels der männlichen Bevölkerung eines Ortes.[52] Auch in Spanien griff die Regierung jedoch zusätzlich gezwungenermaßen auf privatisierte Formen der Heeresaufbringung zurück, wie die Arbeiten von Francisco Andújar Castillo zeigen konnten.[53] Besonders flächendeckend arbei-

45 Lois G. Schwoerer, »No standing armies!« The antiarmy ideology in seventeenth-century England, Baltimore, MD 1974.

46 Pröve, Rekrutierungen (wie Anm. 5), S. 24.

47 Jean Chagniot, Guerre et société à l'époque moderne, Paris 2001, S. 205.

48 Stephen Conway, The Mobilization of Manpower for Britain's Mid-Eighteenth-Century Wars, in: Historical Research 77 (2004), S. 377–404, hier S. 378f.

49 Ebd., S. 379.

50 Jeremiah Ross Dancy, The myth of the press gang: volunteers, impressment and the naval manpower problem in the late eighteenth century, Woodbridge 2015; Nicholas Rogers, The press gang. Naval impressment and its opponents in Georgian Britain, London 2007; Daniel James Ennis, Enter the press-gang. Naval impressment in eighteenth-century British literature, London u. a. 2002.

51 Chagniot, Guerre et société (wie Anm. 47), S. 208–213.

52 Cristina Borreguero Beltrán, El reclutamiento militar por quintas en la España del siglo XVIII: origines del servicio militar obligatorio, Valladolid 1998.

53 Francisco Andújar Castillo, Guerra, venalidad y asientos de soldados en el siglo XVIII, in: Studia historica. Historia moderna 35 (2013), S. 235–268; ders., La privatización del reclutamiento en el siglo XVIIIel sistema de asientos, in: Studia historica. Historia moderna 25 (2003), S. 123–147; ders., Los militares en la España del siglo XVIII. Un estudio social,

tete das Aushebungssystem des russischen Zarenreiches, von dem theoretisch alle unterprivilegierten, steuerzahlenden Männer betroffen waren.[54] In der Praxis führte das jedoch dazu, dass dem jeweiligen pater familias in der Entscheidung, wen er aus seinem Familienverband auswählte, eine gewisse Macht zuwuchs.[55] Die Möglichkeit eine Exemtion käuflich zu erwerben, öffnete zudem der Korruption Tür und Tor.[56] Das von der Idee her egalitäre Aushebungssystem verkehrte sich so in die Cliquenwirtschaft vermögender Familienvorstände.[57]

Das enorme Wachstum der Zahlen europaweit leitet zu der Frage über, wie die konkrete Praxis der Anwerbung sich entwickelte, und welche Akteure freiwillig oder unfreiwillig rekrutiert wurden. Die militärhistorische Forschung hat inzwischen eine ganze Reihe von unterschiedlichen Rekrutierungspraktiken regional und zeitlich unterschieden: die »Werbung von Freiwilligen«, das »Pressgangsystem«, die »Aushebung«, die »Konskription«, die »Wehrpflicht«, das »preuß. Kantonsystem« oder das schwedische »Einteilungswerk«.[58] Gewaltsame Werbung trat dabei nicht nur in Kriegszeiten als immer selbstverständlichere Form der Rekrutierung hinzu und führte gerade angesichts der zahlreichen Kriege zu den – historisch weitgehend dekonstruierten – bis heute jedoch wirkmächtigen kulturellen Repräsentationen des 18. Jahrhunderts, als eines Zeitalters der »sozialen Militarisierung«.[59]

II. Sozialprofil der Rekruten und soziale Praxis der Rekrutierung

Was aus Sicht der solddienstleistenden ›Arbeitnehmer‹ vielleicht gegen den Begriff der stehenden Söldnerheere sprechen könnte, ist die Frage der Freiwilligkeit. So steht auf der einen Seite der ›klassische‹ Söldner von der Renaissance bis zum Dreißigjährigen Krieg, auf der anderen Seite der patriotisch motivierte Soldat der Französischen Revolution. Dazwischen bleibt nur die Vorstellung von

Granada 1991; Rafael Torres Sánchez, Military Entrepreneurs and the Spanish Contractor State in the Eighteenth Century, Oxford 2016.

54 John Leslie Howard Keep, Soldiers of the Tsar: army and society in Russia, 1462–1874, Oxford 1985, S. 143–174.

55 Ebd., S. 149.

56 Ebd.

57 Ebd. S. 150.

58 Ralf Pröve, Artikel »Rekrutierung«, in: Enzyklopädie der Neuzeit, Bd. 10, Stuttgart u. a. 2009, Sp. 1040–1042, hier Sp. 1040; Michael Sikora, Artikel »Wehrpflicht«, in: Enzyklopädie der Neuzeit, Bd. 14, Stuttgart 2011, Sp. 744–749; zu Schweden vgl. Michael Busch, Absolutismus und Heeresreform – Schwedens Militär am Ende des 17. Jahrhunderts, Bochum 2000. Einen zeitgenössischen europäischen Überblick gibt der Artikel »Werbung«, in: Zedler, Universal-Lexicon (wie Anm. 30), Sp. 87f.

59 Zur Diskussion des Konzeptes der sozialen Militarisierung vgl. Peter H. Wilson, Social militarisation in eighteenth-century Germany, in: German History 18 (2000), S. 1–39.

Zwang, wie sie zum klassischen, inzwischen längst überwundenen Absolutismusklischee ebenso passt wie zum Bild der Pressgangs in britischen Hafenstädten.[60] Eine Gegenüberstellung, die ähnlich schon die Zeitgenossen bemühten. So stellt Fleming 1726 in seinem *Vollkommenen Teutschen Soldaten* eine gute alte Zeit der freien Werbung im Reich dem Zwang der eigenen Gegenwart gegenüber:

> »Vor Alters wurden die Soldaten freywillig geworben [...] Nachdem aber aus allerhand Affecten der grossen Herrn, mancherley unnöthige Kriege erreget wurden, und man die armen bleßirten und invaliden Soldaten Hülfloß gelassen, so daß vielen jungen Leuten der Appetit zum Kriege ziemlich vergangen, so fieng man nachgehends an, auf die gewaltsame Werbung bedacht zu seyn, und man nahm die Leute zusammen, wie man sie bekommen konnte, sie mochten zum Kriege Lust haben oder nicht.«[61]

Die Frage nach der Motivation, sich werben zu lassen, ist zweifellos komplex zu diskutieren.[62] Die Motive werden in der Forschung allgemein in drei Gruppen eingeteilt: erstens besondere finanzielle Engpässe, soziale Not und der Wunsch der eigenen sozialen Umgebung (Familie, Handwerksbetrieb, Hof) zu entkommen, zweitens der bewusste Eintritt in das Militär als »ernsthafte und respektable ökonomische Alternative zum zivilen Leben« und schließlich, von der analytischen Diktion her etwas unbefriedigend, »Abenteuerlust, Übermut und Neugier«.[63] Vor allem die immer wieder angeführte »Abenteuerlust« bedürfte einer genaueren Historisierung.[64]

Ebenso findet sich in der älteren Literatur immer wieder das pauschale Bild von »Abschaum« und sozialen »drop-outs«; eine Einschätzung, die mittlerweile europaweit durch zahlreiche Fallstudien widerlegt werden konnte. So konnte etwa Ralf Pröve für Kurhannover in einer Stichprobe ermitteln, dass jeder dritte Soldat einen Beruf gelernt hatte. Noch höher gestalten sich die Werte, die Stefan Kroll für das sächsische Militär ermitteln konnte. Aufgrund der vielen Ausnahmen blieb in Sachsen nur ein geringer Teil der Bevölkerung überhaupt anwerbefähig. Zusätzlich nutzten die lokalen Obrigkeiten offenbar den Militärdienst als »Korrekturanstalt für sozial abweichendes Verhalten«.[65] Das Gros re-

60 Zum Mythos der Pressgangs vgl. Dancy, Myth (wie Anm. 50) und Ennis, Press Gang (wie Anm. 50). Zum Absolutismus vgl. Nicholas Henshall, The Myth of absolutism: change and continuity in early modern European monarchy, London 1992, sowie Lothar Schilling (Hg.), Absolutismus, ein unersetzliches Forschungskonzept? Eine deutsch-französische Bilanz, München 2008.

61 Fleming, Soldat (wie Anm. 37), S. 122.

62 Vgl. zuletzt ausführlich auf der Grundlage von Selbstzeugnissen Berkovich, Motivation (wie Anm. 31), S. 128–164.

63 Pröve, Rekrutierungen (wie Anm. 5), S. 19–20.

64 Vgl. auch die Überlegungen von Fabrizio Battistelli zum »postmodernen Soldaten« bei Berkovich, Motivation (wie Anm. 31), S. 153.

65 Stefan Kroll, Soldaten im 18. Jahrhundert zwischen Friedensalltag und Kriegserfahrung.

krutierte sich jedoch aus anderen Gruppen, vor allem den Dienstknechten, Handwerksgesellen (besonders des Textilgewerbes) und ländlichen Tagelöhnern bzw. Gelegenheitsarbeitern. Von 1742 neu angeworbenen 1.615 Unteroffizieren konnten immerhin 46,7 Prozent eine erlernte Profession angeben. Mit 106 stehen die Schneider an der Spitze; neben den Handwerkern finden sich auch eigentlich freigestellte Bergleute (22), Kaufleute (7) und Studenten (26).[66] Aus der gleichen Gruppe der 1.615 Unteroffiziere waren 19 Prozent verheiratet, 36 Soldaten waren unter 16 Jahre und 118 waren 40 Jahre und älter. Das Durchschnittsalter lag bei 23,6 Jahren.

Auch das klassische Stereotyp vom »rank and file« der britischen Armee des 18. Jahrhunderts als einer Ansammlung von Unterschichtenangehörigen und devianten Gestalten ist inzwischen durch diverse Arbeiten von Stephen Conway relativiert worden. Conway konnte zeigen, dass viele der einfachen Soldaten aus dem Bereich des gelernten wie ungelernten Handwerks und dem Einzelhandel kamen und vor allem in Zeiten hoher Arbeitslosigkeit in die Armee strömten.[67] Unter Rückgriff auf E.P. Thompsons Begriff der »moralischen Ökonomie« argumentiert Conway, dass die Soldaten des 18. Jahrhundert ein ›kontraktualistisches‹ Dienstverständnis gehabt hätten.[68] Nicht bloßer Zwang habe die Armeen zusammengehalten, sondern die moralische Ökonomie wechselseitiger Verpflichtungen, die im Falle einer Nichterfüllung seitens der Offiziere bzw. der Obrigkeit auch Desertion und Rebellion als legitime Form des Protestes gekannt habe. In Analogie zum militärischen Arbeiter eine Art legitimer Streik.

Die Konfession der Rekruten spielte offenbar angesichts permanenten Mangels eine geringe bis gar keine Rolle bei der Anwerbung, wie unter anderen Jean Chagniot und Ralf Pröve vergleichend herausgearbeitet haben.[69] Was nicht heißen soll, dass konfessionelle Motive nicht bestimmte militärische Arbeitsmigrationen wiederum befördert haben. Vor diesem Hintergrund ist auch die, meines Erachtens ohnehin fragwürdige, These Peter Hersches zu überdenken,

---

Lebenswelten und Kultur in der kursächsischen Armee 1728–1796, Paderborn u.a. 2006, S. 163; Walter Thum, Die Rekrutierung der sächsischen Armee unter August dem Starken 1694–1733, Leipzig 1912.

66 Kroll, Soldaten (wie Anm. 65), S. 164.

67 Vgl. Conway, Manpower (wie Anm. 48), S. 391 ff. u. S. 398 ff.; Stephen Conway, Peter Way, Class and the common soldier in the seven years' war, in: Labor history 44/4 (2003), S. 455–483.

68 Stephen Conway, Moral Economy, Contract, and Negotiated Authority in American, British, and German Militaries, ca. 1740–1783, in: The Journal of Modern History 88/1 (2016), S. 34–59.

69 Chagniot, Guerre et société (wie Anm. 47), S. 205–213; Ralf Pröve, Reichweiten und Grenzen der Konfessionalisierung am Beispiel der frühneuzeitlichen Militärgesellschaft, in: Kaspar von Greyerz u.a. (Hrsg.), Interkonfessionalität – Transkonfessionalität – binnenkonfessionelle Pluralität. Neue Forschungen zur Konfessionalisierungsthese, Gütersloh 2003, S. 73–90, hier S. 83–85.

dass die Militarisierung der frühneuzeitlichen Barockgesellschaft vor allem eine Angelegenheit protestantischer Territorien gewesen sei, während der Barockkatholizismus eher zur Friedfertigkeit tendiert habe.[70] Zur Ausstattung dieser These mit Evidenz wurden Territorien wie Frankreich oder Savoyen ebenso ausgelassen wie etwa das von Jutta Nowosadtko erforschte Fürstbistum Münster.[71]

Lenkt man den Blick von den Landesherrschaften auf die Söldner selbst, so lässt sich das Bild kriegsdienstunwilliger Katholiken noch weniger halten. Was machen wir etwa mit den berühmten Wildgänsen, den Abertausenden von katholischen Iren im Dienste kontinentaleuropäischer Mächte wie Österreich oder Spanien?[72] Die Habsburgermonarchie warb 3.000 Rekruten pro Jahr von jenseits ihrer Grenzen, eine Zahl die sich nach dem Siebenjährigen Krieg auf 5.000 erhöhte.[73] Ähnliche konfessionelle Migrationswege ließen sich auch für die schottischen Söldner untersuchen.[74] Die Abnehmer von Schweizer Söldnern achteten offensichtlich auch auf die Konfession: In den Niederlanden dienten nur Soldaten aus den reformierten Kantonen, während in Spanien nur Katholiken akzeptiert wurden.[75] Eine akteurszentrierte Sicht wird wohl eher die Perspektive der klassischen Konfessionalisierungsforschung stützen, dass die strukturellen Homologien zwischen den Konfessionskulturen auch im militärischen Bereich gegenüber den Unterschieden eher überwiegen.

Je nach sozialem Hintergrund konnte der Militärdienst eine vergleichsweise lukrative Angelegenheit sein, so wurde bei der Anwerbung direkt ein Handgeld von bis zu acht Talern gezahlt. War das Handgeld vereinbart, ging es in die Garnison oder im Kriegsfall in das Lager des Regimentes. So reiste etwa der Badergeselle Markus Uhlmann (1738–1764) aus Feuerthalen im Kanton Zürich 1759 inmitten des Siebenjährigen Kriegs zu Fuß zum Zürcher Regiment des Militärunternehmers Hans Ulrich Lochmann (1700–1777), welches in französischen Diensten stand und in Wesel stationiert war.[76]

70 Peter Hersche, Muße und Verschwendung. Europäische Gesellschaft und Kultur im Barockzeitalter, 2 Bde, Freiburg/Brsg. 2006, Bd. 2, S. 674–682.

71 Jutta Nowosadtko, Stehendes Heer im Ständestaat. Das Zusammenleben von Militär- und Zivilbevölkerung im Fürstbistum Münster 1650–1803, Paderborn 2011.

72 Christoph Hatschek, Michael Kenny (Hrsg.), Die Wildgänse. Irische Soldaten im Dienste der Habsburger, Wien 2003; Enrique García Hernán, Óscar Recio Morales (Hrsg.), Extranjeros en el ejército: militares irlandeses en la sociedad española, 1580–1818, Madrid 2007.

73 Wilson, Politics (wie Anm. 43), S. 539.

74 Andrew Mackillop, More fruitful than the soil: army, empire and the Scottish Highlands, 1715–1815, East Linton 2000.

75 Marc Höchner, Selbstzeugnisse von Schweizer Söldneroffizieren im 18. Jahrhundert, Göttingen 2015, S. 27.

76 Jean-Pierre Bodmer (Hrsg.), Markus Uhlmann, Das abwechselnde Fortün oder das veränderte Schicksal eines Jünglingen. Ein Reisebericht aus der Zeit des Siebenjährigen Krieges, Zürich 1980, S. 15.

Vor Ort wurde der Rekrut der Reihe nach einem Arzt, dem Kompaniechef und dem Auditeur vorgeführt. Angesichts der zahlreichen angeworbenen Frauen in den europäischen Armeen der Frühen Neuzeit sollte die Intensität der medizinischen Examinierung nicht zu hoch eingeschätzt werden, geprüft wurden vor allem Zähne und Füße, die für das Schießen und für den Marsch unabdingbar waren.[77] Der Auditeur oder Beeidungskommissar stellte dem künftigen Soldat eine Reihe bestimmter Fragen, wobei in erster Linie der Gesundheitszustand und anderweitige militärische Dienstverhältnisse eine Rolle spielten.[78] Insbesondere in Preußen, aber nicht nur dort, spielte vor allem die Körpergröße eine zentrale Rolle, so dass bei besonders hoch gewachsenen jungen Männern einerseits besonders unnachgiebig agiert wurde, andererseits in der Vermittlung enorme Beträge erzielt werden konnten.[79] So zahlten die Preußen ab 1,90 m rund 600 Taler und gingen zur Zeit des Soldatenkönigs im Höchstfall des Iren James Kirkland mit einem Körpermaß von 2,17 m sogar bis zu 9.000 Talern.[80]

Zum Einsetzungsritus des Soldaten gehörte vor allem die Einkleidung und Ausrüstung, die sogenannte »Mundirung« oder »Montirung«.[81] In einem klassischen Investiturritual wurde er so vom Zivilisten in einen Soldaten verwandelt. Im Adelungschen Wörterbuch heißt es dazu:

> »In engerer und gewöhnlicherer Bedeutung ist die Montur die Kleidung der gemeinen Soldaten, welche ihnen von ihrem Herren gegeben wird, sie so wohl unter sich, als von

77 Marian Füssel, Frauen in der Schlacht? Weibliche Soldaten im 17. und 18. Jahrhundert zwischen Dissimulation und Sensation, in: Klaus Latzel u.a. (Hrsg.), Soldatinnen. Gewalt und Geschlecht im Krieg vom Mittelalter bis heute, Paderborn 2011, S. 159–178.

78 Pröve, Rekrutierungen (wie Anm. 5), S. 18.

79 Immer wieder findet sich in Selbstzeugnissen der Hinweis auf die Körpergröße. Über den preußischen Musketier Dominicus heißt es etwa, er sollte wegen »seiner propren Statur und Größe« zu »des Königs Diensten hingegeben werden.« Dietrich Kerler (Hrsg.), Aus dem siebenjährigen Krieg. Tagebuch des preußischen Musketiers Dominicus, München 1891 (ND Osnabrück 1972), S. 6. Der braunschweigische Soldat Grotehenn berichtet er sei »von geburth von ziemlich großen Eltern ihres leibes, aber kleinen und geringen Vermögens geboren worden, folglich blieb ich auch kein zwerg«. Die Folge war eine Rekrutierung, der er sich zunächst durch Flucht entzog, nach einem Monat jedoch aufgespürt und mit den Händen auf den Rücken gebunden und den Knöpfen von den Beinkleidern geschnitten zum Dienst abgeführt wurde. Marian Füssel, Sven Petersen (Hrsg.), Johann Heinrich Ludewig Grotehenn, Briefe aus dem Siebenjährigen Krieg. Lebensbeschreibung und Tagebuch, Potsdam 2012, S. 140.

80 Volker Schobess, Die Langen Kerls von Potsdam: Die Geschichte des Leibregiments Friedrich Wilhelms I. 1713–1740, Berlin 2007, S. 97.

81 Vgl. zum Begriff des Einsetzungsrituals vgl. Pierre Bourdieu, Einsetzungsriten, in: Ders., Was heisst sprechen? Die Ökonomie des sprachlichen Tausches. Wien 1990, S. 84–93; zur »Montierung« in dem Zusammenhang vgl. Marian Füssel, Der Wert der Dinge. Materielle Kultur in soldatischen Selbstzeugnissen des Siebenjährigen Krieges, in: Militär und Gesellschaft in der Frühen Neuzeit 13/1 (2009), S. 104–121.

> den Soldaten eines andern Herren zu unterscheiden, im gemeinen Leben gleichfalls die Montirung«.[82]

Bernhard Kroener hat dabei darauf hingewiesen, dass der Uniformierung als »Initiationsritus« eine »weitaus höhere Bedeutung zukam als dem Fahneneid auf den Landesherrn«.[83] Hier zeigt sich der enorme Stellenwert der materiellen Kultur und vestimentärer Codes im frühmodernen Militär.[84]

Der Schweizer Markus Uhlmann schildert 1759 seine »Mundierung« eher als Kontrollmechanismus:

> »Sobald die Munsterung vorbey, wurde mir bey 6 Soldaten Quartier in einer Zält gegeben und des Nachmittags Mundierung, damit ich nicht könnte fortgehen, sonder erkennt zu werden, so es mir etwan nicht anstehen möchte. Meinen Rok müißte ich verkauffen, weilen es nicht müglich ware, ihne in dem Feld mitzuschleppen; hiervor wurde mir mit großer Müche $\frac{1}{2}$ CrThlr. Gegeben.«[85]

Auch der »arme Mann im Tockenburg«, schildert die Folgen der Mundirung in großer Detailliertheit. Bräker, der nach eigener Darstellung etwas ahnungslos in seinen Soldatendienst gedungen worden war, realisierte sein Schicksal, dass er nicht als Diener, sondern Soldat geworben wurde, erst als ein Feldwebel eine Soldatenmontur vor ihm auf dem Tisch ausbreitete, ein Sechsgroschenstück dazu legte und mit den Worten kommentierte: »Das ist vor dich, Mein Sohn«.[86] Sein Los ließ sich nun nicht mehr abwenden: »Itze führte man mich in die Montirungskammer, und passte mir Hosen, Schuh' und Stiefeletten an; gab mir einen Hut, Halsbinde, Strümpfe u.s.f.«[87] Der Initiationscharakter der Montirung wird durch den gleich darauf zu leistenden Eid komplettiert:

> »Dann mußt' ich noch, mit etwa zwanzig andern Recrutten zum Herrn Oberst Latorf. Man führte uns in ein Gemach, so groß wie eine Kirche, brachte etliche zerlöcherte Fahnen herbey, und befahl jedem einen Zipfel anzufassen. Ein Adjutant, oder wer er war, las' uns einen ganz Sack voll Kriegsartikel her, und sprach uns einige Worte vor, welche die mehrern nachmurmelten; Ich regte mein Maul nicht – dachte dafür was ich gern wollte – ich glaube an Aennchen; schwung dann die Fahne über unsre Köpfe, und entließ uns.«[88]

---

82 Johann Christoph Adelung, Grammatisch-kritisches Wörterbuch der Hochdeutschen Mundart, Band 3. Leipzig 1798, S. 275–276; vgl. auch bereits den Artikel »Mundierung, Montierung, Montour, Mondirung, Montur«, in: Johann Heinrich Zedler, Universal-Lexicon, Bd. 22, Halle u. a. 1739, Sp. 800–803.

83 Kroener, Kriegswesen (wie Anm. 2), S. 40.

84 Füssel, Wert der Dinge (wie Anm. 81); Marian Füssel, Sven Petersen, Ananas und Kanonen. Zur materiellen Kultur globaler Kriege im 18. Jahrhundert, in: Historische Anthropologie 23/3 (2015), S. 366–390.

85 Bodmer, Fortün (wie Anm. 76), S. 15.

86 Bräker, Lebensgeschichte (wie Anm. 32), S. 439.

87 Ebd., S. 441.

88 Ebd., S. 442.

Rund ein halbes Jahr später desertierte Bräker während der ersten großen Schlacht des Siebenjährigen Krieges bei Lobositz. Sein Landsmann Markus Uhlmann desertierte im Juli 1759 wenige Wochen nach seiner Anwerbung in die Niederlande.[89] Die Frage nach Loyalität und militärischem Dienstverhältnis bringt mich zu meinem dritten Punkt.

III. Das Söldner-Paradox und die Suche nach sozialer Einbettung im Kantonsystem

Eine vieldiskutierte Sonderform der Rekrutierungspraxis, die als Vermittlungsmechanismus für den »unlösbaren Widerspruch« zwischen der Rücksichtnahme auf die Wirtschafts- und Steuerleistungen eines Territoriums und dem Aufbau einer schlagkräftigen Armee interpretiert werden kann, ist das sogenannte Kantonsystem, wie es vor allem für Preußen prominent thematisiert worden ist.[90] Die bis heute anhaltende Diskussion über die sozialen, kulturellen, wirtschaftlichen und politischen Konsequenzen des Kantonsystems gehen wesentlich zurück auf die Dissertation von Otto Büsch aus dem Jahre 1952, die 1962 unter dem Titel *Militärsystem und Sozialleben im Alten Preussen 1713–1807* erschien.[91] Das Kantonsystem wurde in Preußen 1733 eingeführt und galt bis 1814. Ein Kanton bezeichnete zunächst »einen Bezirk zur Rekrutierung des Mannschaftsersatzes der Armee aus dem Lande«.[92] Ein bestimmter Anteil der Bauern und ihrer Grundherren konnte auf diese Weise angeblich mehr als in anderen Ländern in den Militärdienst eingespannt werden. Beide hatten bis zu einem gewissen Alter der Armee zu dienen – der eine als gemeiner Soldat, der andere als Offizier – und beide hatten ihre Abgaben zu entrichten – der Adel durch ein »Lehensritterpferdegeld«, der Bauer durch eine »Kriegskontribution«. Büsch spricht daher auch von einem »System sozialer Doppelbeanspruchung der Untertanen«. Dennoch ist zu betonen, dass nicht jeder automatisch gezogen wurde, es handelte sich vielmehr um eine regulierte Anwerbungspraxis. So kann

89 Bodmer, Fortün (wie Anm. 76), S. 23–30.

90 Vgl. zuletzt Jürgen Kloosterhuis, Kantonsystem und Regimentskultur. Katalysatoren des preußischen Militärsozialisationsprozesses im 18. Jahrhundert, in: Wolfgang Neugebauer (Hrsg.), Oppenheim-Vorlesungen zur Geschichte Preußens, Berlin 2014, S. 77–139.

91 Büsch, Militärsystem (wie Anm. 26). Kritisch dazu Martin Winter, Untertanengeist durch Militärpflicht? Das preußische Kantonsystem in brandenburgischen Städten im 18. Jahrhundert, Bielefeld 2005. Als Überblick über die Kritik an Büschs Thesen vgl. auch Jutta Nowosadtko, Krieg, Gewalt und Ordnung. Einführung in die Militärgeschichte, Tübingen 2002, S. 118–123.

92 Büsch, Militärsystem (wie Anm. 26), S. 1.

es mittlerweile als Konsens der Forschung gelten, dass es »keinen funktionalen Zusammenhang zwischen Gutsherrschaft und Kantonsystem gegeben hat«.[93]

Nach seiner militärischen Ausbildung konnte der Bauer in Friedenszeiten wieder zur Arbeit auf dem Hof beurlaubt werden. Neben der jährlichen Exerzierzeit hinderte den Bauern vor allem seine Kleidung daran zu vergessen, dass er »eigentlich« Soldat war. So war ihm bei Strafe verboten, Montierungsrock, Hut und Halsbinden in der Öffentlichkeit abzulegen. Das militärische Erscheinungsbild der Bevölkerung wurde noch dadurch verschärft, dass ein regelrechter second-hand-Markt getragener Uniformen existierte, da ein Soldat berechtigt war, eine getragene Uniform nach einem Jahr zu verkaufen, und er eine neue dafür erhielt. Mancher ausländische Reisende konnte so den Eindruck eines Volkes in Waffen gewinnen, da vom König angefangen bis zum kleinen Bauern jeder in der Uniform der preußischen Armee einhergehen konnte. Dem französischen Gesandten am preußischen Hof, dem Comte de Mirabeau, wurde daher immer wieder – allerdings zu Unrecht – folgendes Zitat zugeschrieben: Die meisten Länder besäßen eine Armee, Preußen hingegen sei eine Armee, die ein Land besitzt bzw. eine Armee die sich einen Staat geschaffen habe.[94] Jedem Regiment war eine bestimmte Menge von 5.000–8.000 Feuerstellen auf dem Land oder in der Stadt zugewiesen, aus denen es seine Rekruten ausheben durfte. Jeder Kompanie kam ein Distrikt zu, aus dem sie jährlich drei bis vier Kantonisten ziehen durften. Die Chefs der Kompanien führten Listen, in die sie bereits 14/15jährige Bauernsöhne »enrollierten« und damit für die zukünftige Rekrutierung verpflichteten. Die entscheidende Grenze war dabei die Konfirmation, denn damit galten die Jünglinge als eidesfähig.

Zu diesen »Einländern« gesellten sich die sogenannten »Ausländer«, also Söldner, die nicht aus dem jeweiligen Kanton stammten. Das Kantonsystem ist zwar immer wieder als eine Art Vorläufer der modernen, allgemeinen Wehrpflicht angesprochen worden, doch liegen ihre Wurzeln wohl eher in der Werbungspraxis.[95] Denn um sich nicht gegenseitig ins Gehege zu kommen, brauchte es ein Ordnungssystem, das die Kompetenzen eindeutig verteilte. Die Mischung aus »Einländern« und »Ausländern« ermöglichte man finanziell durch die Beurlaubung. Denn beurlaubte man die Soldaten aus bäuerlichen Milieus für zwei Drittel des Jahres, entzog man dem Land nicht die nötige Arbeitskraft und sparte

93 Vgl. Nowosadtko, Krieg (wie Anm. 91), S. 120.
94 Vgl. dazu Bernhard R. Kroener, »Eine Armee, die sich ihren Staat geschaffen hat«? Militärmonarchie und Militarismus, in: Bernd Sösemann , Gregor Vogt-Spira (Hrsg.), Friedrich der Große in Europa. Geschichte einer wechselvollen Beziehung, Bd. 2, Stuttgart 2012, S. 233–249, hier S. 234.
95 Sikora, Wehrpflicht (wie Anm. 58), Sp. 746.

gleichzeitig Geld für die Anwerbungszüge der »Ausländer« an.[96] Auch hat die Forschung einen Zusammenhang hergestellt zwischen der Einführung des Kantonsystems mit seiner Beurlaubungslogik und dem Rückgang der Desertionsrate. Zwischen 1717 und 1740 sei die Zahl der Deserteure von 1.593 auf durchschnittlich 400 gesunken, eine Entwicklung, die sich wesentlich der »festen Regelung des Beurlaubungswesens« verdanke.[97] Wichtigstes Kriterium der Diensttauglichkeit war wie schon erwähnt die Körpergröße: mindestens 1,72, durchschnittlich 1,80 und ab 1,88 Gardemaß.[98]

Die angeworbenen Söldner unterzeichneten sogenannte »Capitulationen«, mit denen sie sich meist auf 6 Jahre verpflichteten. Kritiker von Büsch und den Historikern, die ihm gefolgt sind, haben unter anderem geltend gemacht, dass die Entwicklung des Kantonsystems keine preußische Eigenheit allein sei. Auch in Hessen-Kassel seit 1762 und in Österreich ab 1770/71 habe man ähnliche Rekrutierungsformen eingeführt.[99] Ein weiterer Kritikpunkt ist Büschs Konzentration auf vornehmlich normative Quellen, die zu einer verzerrten Sicht der Verhältnisse geführt habe.[100] So ist das preußische Kantonsreglement insgesamt von einer Vielzahl von Ausnahmen, sogenannten »Exemtionen« geprägt, die die tatsächliche gesellschaftliche Prägekraft zumindest einschränkten. Entgegen der Annahme Büschs griff das Kantonsystem auch in den Städten, wie etwa die Arbeit von Martin Winter gezeigt hat. Hier galt jedoch eine ähnliche Rücksichtnahme auf die »Produktionsfamilie« wie auf dem Land.[101] So blieben viele Stadtbürger, Handwerker in Mangelberufen, Manufakturarbeiter und bäuerliche Grundbesitzer beispielsweise von der Enrollierung ausgenommen, um ihre Wirtschaftskraft vollständig zu erhalten. Die These von der militarisierenden Disziplinierung der Landbevölkerung lässt sich so allerdings nicht aufrechterhalten.[102]

96 Winter, Untertanengeist (wie Anm. 91), S. 82–83; Wilson, Social militarisation (wie Anm. 59), S. 16.

97 Hartmut Harnisch, Preußisches Kantonsystem und ländliche Gesellschaft: das Beispiel der mittleren Kammerdepartments, in: Kroener, Pröve, Krieg und Frieden (wie Anm. 2), S. 137–165, hier S. 142.

98 Kloosterhuis, Donner (wie Anm. 32), S. 133; Wolfgang Hanne, Anmerkungen zur Körpergröße des altpreußischen Soldaten. Taktischer Hintergrund, Anforderungen und Praxis, in: Zeitschrift für Heereskunde LIX (1995), S. 41–47.

99 Wilson, Social militarisation (wie Anm. 59), S. 8, Michael Hochedlinger, Rekrutierung – Militarisierung – Modernisierung. Militär und ländliche Gesellschaft in der Habsburgermonarchie im Zeitalter des aufgeklärten Absolutismus, in: Stefan Kroll, Kersten Krüger (Hrsg.), Militär und ländliche Gesellschaft in der Frühen Neuzeit, Hamburg 2000, S. 327–375, hier S. 349–351.

100 Vgl. etwa mit Bezug auf die »Durchsetzungsdefizite« staatlicher Edikte Winter, Untertanengeist (wie Anm. 91), S. 463.

101 Ebd., S. 458.

102 Ebd.

Zur »positiven« Interpretation des Kantonsystems zählen auch Versuche, die enorme militärische Effizienz Preußens etwa im Siebenjährigen Krieg im Wesentlichen auf die Kantonstruktur zurückzuführen. Friedrich der Große selbst formulierte in einem politischen Testament: »Diese Kantone machen die Truppenteile unsterblich, indem sie diesen Rekruten liefern und sie in Kriegszeiten immer wieder auffüllen.«[103] Zu dieser Ersatzlogik trat eine – nicht ganz frei von nationalistischen Vorurteilen formulierte – Vorstellung, dass die Inländer die bessere Disziplin sowie höhere Tapferkeit und Kriegsbegeisterung aufgewiesen hätten, da ihr ursprünglicher sozialer Zusammenhalt (aus Dorf oder Stadtviertel) eine höhere soziale Kohäsionskraft entfaltet hätte. In jedem Fall war das Kantonsystem mitverantwortlich für die quantitative Präsenz des preußischen Heeres, denn Preußen stand von seiner Fläche auf Rang 10 und von seiner Einwohnerzahl gar auf Rang 13 der europäischen Staatenwelt, verfügte aber 1740 über die viertstärkste Armee.[104] Solange die Selbstergänzung der Armeen des Ancien Régime nach einem »privatrechtlichen System [...] nach Söldnermanier« funktionierte, konnten diese nicht zu einem wirklichen Teil von Staat und Gesellschaft werden. Das Kantonsystem versuchte diesen Widerspruch zu vermitteln, war aber nicht in der Lage ihn aufzulösen.[105]

IV. Fazit: Konsequenzen

Es sollte deutlich geworden sein, dass die stehenden Heere als Söldnerheere einen massiven Einfluss sowohl auf Möglichleiten und Grenzen der Kriegführung als auch auf die lokalen wie transterritorialen Arbeitsmärkte Europas besaßen. Die Auswirkungen auf die Kriegführung konnten hier kaum expliziert werden, waren jedoch nicht unerheblich, man denke nur an den kleinen Krieg und seine irregulären Gewaltakteure wie Panduren und Kosaken (eher noch »Wölfen« in der Diktion Howards), den Zusammenhang von Patriotismus, Mobilisierung und Desertion sowie die Wiederauffüllungsmöglichkeiten der Regimenter im Kriegszeiten. Schließlich wird man Autoren wie David Parrott zustimmen müssen, die eine vollständig staatlich rekrutierte und verwaltete Armee eher als die Ausnahme als den Regelfall der europäischen Gewaltgeschichte begreifen. Das Kantonsystem sollte daher weniger als Vorläufer der allgemeinen Wehrpflicht thematisiert werden, denn als spezifisch vormodernes Instrument sozialer Konsensfindung. In der ständisch organisierten Gesellschaft

103 Politisches Testament Friedrichs des Großen (1752), in: Richard Dietrich (Hrsg.), Politische Testamente der Hohenzollern, München 1981, S. 132–255, hier S. 225.

104 Büsch, Militärsystem (wie Anm. 26), S. 2.

105 Zu den Harmonisierungsbemühungen des Kantonsystems vgl. auch am Beispiel der Habsburgermonarchie Hochedlinger, Rekrutierung (wie Anm. 99), S. 370–371.

war eine verstaatlichte allgemeine Wehrpflicht kaum denkbar.[106] Stattdessen regulierten ständisch eingebettete Märkte den Solddienst.[107] Gewaltmärkte und ständische Berechtigungssysteme bildeten keinen Widerspruch, sondern formten eine spezifische Rekrutierungspraxis aus, die nicht mit der Brille des 19. und 20. Jahrhunderts in den Blick genommen werden sollte. Stehende Söldnerheere sind daher kein Oxymoron, sondern ein geeignetes heuristisches Begriffswerkzeug zur Historisierung vormoderner Soldgeschäfte. In der Sprache der Arbeitsmärkte gesprochen sollte künftig nicht nur den ›Arbeitgebern‹ und Vermittlern der Solddienste Aufmerksamkeit gelten, sondern vor allem den Erfahrungen und Lebenswelten der Arbeitnehmer. Konzepte wie die moralische Ökonomie nach Thompson ermöglichen es ähnlich wie die Frage nach der Einbettung von Märkten, anachronistische Vorstellungen von der effizienten top-down Logik obrigkeitlicher Disziplinierungsapparate zurecht zu rücken und den ›Eigen-Sinn‹ der in Solddienste tretenden ›Arbeiter‹ zu würdigen.[108]

106 Ausnahmen bildeten Programme der Landesdefension oder lokale Milizen, die aber nur in einem weiten Verständnis von Wehrplicht zuzuordnen wären, nicht dem engeren der »allgemeinen Wehrpflicht« vgl. Sikora, Wehrpflicht (wie Anm. 58); Pröve, Landesdefensionswesen (wie Anm. 17).

107 Zur sozialen ›Einbettung‹ (embeddedness) von Märkten vgl. Karl Polanyi, The great transformation: politische und ökonomische Ursprünge von Gesellschaften und Wirtschaftssystemen, Frankfurt/M. 1978; Mark Granovetter, Economic action and social structure. The problem of embeddedness, in: The American Journal of Sociology 91,3 (1985), S. 481–510.

108 Alf Lüdtke, Eigen-Sinn: Fabrikalltag, Arbeitererfahrungen und Politik vom Kaiserreich bis in den Faschismus, Hamburg 1993.

Anhang

Ortsregister

Im Folgenden sind die Einträge zu den Lemmata »Eidgenossenschaft, Europa, Frankreich, Schweiz, Zug« wegen ihres unangemessenen Umfangs nicht berücksichtigt worden.

Personenregister

Zum Titelbild

Aus einer Luzerner Ratsstube tragen die Eidgenossen in ihren Hüten das Geld heraus, das ihnen der französische Botschafter Antoine de Baissey, für den Dienst in Italien bezahlte (um 1495).

Seit ihren Erfolgen in den Burgunderkriegen (1474–1477) und zu Beginn der Italienischen Kriege (1494–1559) gehörten die Schweizer zu den begehrtesten Söldnern Europas. Könige, Herzöge und Republiken warben bei der eidgenössischen Tagsatzung um die Erlaubnis, Kriegsknechte rekrutieren zu dürfen. Dafür bezahlten sie den Kantonen sogenannte Pensionen. Neben diesen offiziellen Zahlungen verteilten die Botschafter der fremden Mächte auch heimlich Geschenke in Form von Geld, Schmuck, teuren Kleidern oder Ehrentiteln an die einflussreichsten Magistraten in den Kantonen. Diese verdeckten Zuwendungen wurden oft als Bestechung interpretiert und so avancierte die – von Zwinglis Reformation genährte und teilweise in Revolten kulminierende – Kritik an Korruption und Klientelismus zum steten Begleiter des Soldgeschäfts in der frühen Neuzeit.

»Diebold Schilling-Chronik 1513«, Eigentum Korporation Luzern, (Standort: ZHB Luzern, Sondersammlung).

Zur Schriftenreihe
»Herrschaft und soziale Systeme in der Frühen Neuzeit«

herausgegeben im Auftrag
des Arbeitskreises Militär und Gesellschaft
in der Frühen Neuzeit e. V.

von Matthias Asche, Horst Carl, Marian Füssel,
Bernhard R. Kroener, Stefan Kroll, Markus Meumann,
Ute Planert und Ralf Pröve

Legitimation, Praxis und Wirksamkeit von Herrschaft gehören zu den zentralen Themen der Geschichtswissenschaft. Insbesondere die Frühe Neuzeit war maßgeblich von einem Verdichtungsprozess von Herrschaft geprägt. Allerdings sind die bisher dominierenden Interpretationsmuster zur Beschreibung von Herrschaftspraxis und Staatsbildung in der letzten Zeit immer mehr in die Kritik geraten. Dies gilt schon seit längerem für den der Ideenwelt des 19. Jahrhunderts entlehnten, ursprünglich teleologisch fundierten Staatsbegriff im Allgemeinen sowie für das davon abgeleitete Konzept des Absolutismus. Aber auch jüngere, stärker auf sozialen und räumlichen Vorstellungen basierende Modelle wie Otto Brunners »Land und Herrschaft« oder Gerhard Oestreichs Konzept der Sozialdisziplinierung sind problematisch geworden. Ursächlich für dieses Unbehagen ist nicht zuletzt die idealtypische Begriffsbildung, die den Ergebnissen empirischer Forschung auf Dauer nicht standhalten konnte und so schließlich an erkenntnistheoretischem Nutzen verloren hat.

Über die idealtypische Begriffsbildung hinaus scheint es deshalb notwendig, Herrschaft konkret, und zwar in ihren räumlichen wie in ihren sozialen Dimensionen und Reichweiten zu beschreiben. Herrschaft wird somit als soziale Praxis begriffen, die Herrschende und Beherrschte in einer kommunikativen und sich wandelnden, allerdings durch obrigkeitlich gesetzte Normen einerseits sowie ungeschriebene Traditionen andererseits begrenzten Beziehung verband.

Diese soziale Praxis entwickelte sich innerhalb der Grenzen eines Herrschaftsgebietes, oftmals aber zunächst innerhalb des kleineren Rahmens rechtlich, ökonomisch und sozial in sich geschlossener, voneinander abgegrenzter räumlicher und sozialer Einheiten. Um Herrschaft präzise beschreiben zu können, erscheint es daher ratsam, sie im Rahmen solcher Einheiten zu untersuchen, die oftmals zugleich Herrschaftsraum wie Herrschaftsinstrument sein konnten. Besonders gilt dies für Formationen, die sich aufgrund von Selbstbeschreibung und Sinnstiftung, aber auch ihrer funktionalen und kommunikativen Binnenstrukturen als »soziale Systeme« charakterisieren lassen.

Zweifellos das herausragende Beispiel eines solchen sozialen Systems ist das Militär, also die Söldnerhaufen der aufziehenden Neuzeit und die Stehenden Heere des 17. und 18. Jahrhunderts. Gerade in diesen sich im und nach dem Dreißigjährigen Krieg immer stärker institutionalisierenden, mittels spezifischer Regeln und Symbole zusammenschließenden und zugleich nach außen abgrenzenden Armeen spiegelt sich die Herrschaftsproblematik der Frühen Neuzeit in besonders eindringlicher Weise wider. Zum einen war die militärische Gesellschaft der Frühen Neuzeit mit ihren Soldaten und deren Angehörigen in ihrer Binnenstruktur zugleich sozial wie auch rechtlich und hierarchisch, also herrschaftlich organisiert. Zum anderen war das Militär selbst Herrschaftsinstrument – im Krieg nach außen und im Frieden nach innen. Aber auch andere, weniger geschlossen auftretende Formationen und Institutionen kannten die doppelte Funktion als Objekt und Subjekt von Herrschaft, als deren Erprobungsfeld wie als deren Instrument. Dazu gehörten beispielsweise die übrigen Bereiche organisierter öffentlicher Herrschaftsausübung wie der sich immer weiter differenzierende Polizei- und Verwaltungsapparat oder die Justiz.

Die in der vorliegenden Schriftenreihe erscheinenden Bände widmen sich der Geschichte dieser sozialen Systeme in unterschiedlichen thematischen und methodischen Zugängen, aus der Binnensicht ebenso wie aus der Außenperspektive. Immer aber steht dabei die doppelte Frage nach ihrer Herrschaftsfunktion wie nach ihrer Herrschaftsintensität im Vordergrund.

Veröffentlichungen des AMG

Seit 2000 verfügt der Arbeitskreis über die Schriftenreihe
Herrschaft und soziale Systeme in der Frühen Neuzeit

Bände bei V&R unipress (ab Band 14):

Bd. 25: Kaspar von Greyerz, André Holenstein, Andreas Würgler (Hrsg.), Soldgeschäfte, Klientelismus, Korruption in der Frühen Neuzeit, Göttingen 2018, 296 S. [ISBN 978-3-8471-0859-7].

Bd. 23: Johann von Diest, Wirtschaftspolitik und Lobbyismus im 18. Jahrhundert, Göttingen 2016, 392 S. [ISBN 978-3-8471-0603-6].

Bd. 22: Florian Schönfuß, Mars im hohen Haus, Göttingen 2017, 478 S. [ISBN 978-3-8471-0575-6].

Bd. 21: Frank Zielsdorf, Militärische Erinnerungskulturen in Preußen im 18. Jahrhundert. Akteure - Medien - Dynamiken, Göttingen 2016, 306 S. [ISBN 978-3-8471-0496-4].

Bd. 20: Andreas Rutz (Hrsg.), Krieg und Kriegserfahrung im Westen des Reiches 1568–1714, Göttingen 2015, 392 S. [ISBN 978-3-8471-0350-9].

Bd. 19: Jutta Nowosadtko, Diethelm Klippel (Hrsg.), Militär und Recht (16.–19. Jahrhundert). Gelehrter Diskurs - Praxis - Transformationen, Göttingen 2016, 289 S. [ISBN 978-3-8471-0338-7].

Bd. 18: Marc Höchner, Selbstzeugnisse von Schweizer Söldneroffizieren im 18. Jahrhundert, Göttingen 2015, 284 S. [ISBN 978-3-8471-0321-9].

Bd. 17: Jan Kilián (Hrsg.), Michel Stüelers Gedenkbuch (1629 - 1649). Alltagsleben in Böhmen zur Zeit des Dreißigjährigen Krieges, Göttingen 2014, 462 S. [ISBN 978-3-8471-0235-9].

Bd. 16: Ralf Pröve, Carmen Winkel (Hrsg.), Übergänge schaffen: Ritual und Performanz in der frühneuzeitlichen Militärgesellschaft, Göttingen 2012, 158 S. [ISBN 978-3-8471-0023-2].

Bd. 15: Horst Carl, Ute Planert (Hrsg.), Militärische Erinnerungskulturen vom 14. bis zum 19. Jahrhundert. Träger - Medien - Deutungskonkurrenzen, Göttingen 2012, 384 S. [ISBN 978-3-89971-995-6].

Bd. 14: Jan Peters (Hrsg.), Peter Hagendorf - Tagebuch eines Söldners aus dem Dreißigjährigen Krieg, Göttingen 2012, 238 S. [ISBN 978-3-89971-993-2].

Ankündigung:

Bd. 24: Keita Saito, Das Kriegskommissariat der bayerisch-ligistischen Armee während des Dreißigjährigen Krieges, Göttingen 2018, ca. 270 S. [ISBN 978-3-8471-0538-1].

Ältere Bände:

Bd. 13: Matthias Meinhardt, Markus Meumann (Hrsg.), Die Kapitalisierung des Krieges. Kriegsunternehmer in Spätmittelalter und Früher Neuzeit, Münster u. a. 2015, 408 S. [ISBN 978-3-643-10108-2].

Bd. 12: Anuschka Tischer, Offizielle Kriegsbegründungen in der Frühen Neuzeit. Herrscherkommunikation in Europa zwischen Souveränität und korporativem Selbstverständnis, Münster u. a. 2012, 338 S. [ISBN 978-3-643-10666-7].

Bd. 11: Ralf Pröve, Lebenswelten. Militärische Milieus in der Neuzeit. Gesammelte Abhandlungen, Münster u. a. 2010, 222 S. [ISBN 3-643-10768-8].

Bd. 10: Ewa Anklam, Wissen nach Augenmaß. Militärische Beobachtung und Berichterstattung im Siebenjährigen Krieg, Münster u. a. 2008, 312 S. [ISBN 978-3-8258-0585-2].

Bd. 9: Matthias Asche, Michael Herrmann, Ulrike Ludwig, Anton Schindling (Hrsg.), Krieg, Militär und Migration in der Frühen Neuzeit, Münster u. a. 2008, 344 S. [ISBN 978-3-8258-9863-6].

Bd. 8: Ursula Löffler, Vermittlung und Durchsetzung von Herrschaft auf dem Lande. Dörfliche Amtsträger im Erzstift und Herzogtum Magdeburg, 17.–18. Jahrhundert, Münster u. a. 2005, 256 S. [ISBN 3-8258-8077-X].

Bd. 7: Beate Engelen, Soldatenfrauen in Preußen. Eine Strukturanalyse der Garnisonsgesellschaft im späten 17. und 18. Jahrhundert, Münster u. a. 2005, 672 S. [ISBN 3-8258-8052-4].

Bd. 6: Sebastian Küster, Vier Monarchien – Vier Öffentlichkeiten. Kommunikation um die Schlacht bei Dettingen, Münster u. a. 2004, 560 S. [ISBN 3-8258-7773-6].

Bd. 5: Matthias Rogg, Jutta Nowosadtko (Hrsg.) unter Mitarbeit von Sascha Möbius, »Mars und die Musen«. Das Wechselspiel von Militär, Krieg und Kunst in der Frühen Neuzeit, Münster u. a. 2008, 408 S. [ISBN 978-3-8258-9809-1].

Bd. 4: Michael Kaiser, Stefan Kroll (Hrsg.), Militär und Religiosität in der Frühen Neuzeit, Münster u. a. 2004, 352 S. [ISBN 3-8258-6030-2].

Bd. 3: Markus Meumann, Jörg Rogge (Hrsg.), Die besetzte res publica. Zum Verhältnis von ziviler Obrigkeit und militärischer Herrschaft in besetzten Gebieten vom Spätmittelalter bis zum 18. Jahrhundert, Münster u. a. 2006, 416 S. [ISBN 3-8258-6346-8].

Bd. 2: Markus Meumann, Ralf Pröve (Hrsg.), Herrschaft in der Frühen Neuzeit. Umrisse eines dynamisch-kommunikativen Prozesses, Münster u. a. 2004, 256 S. [ISBN 3-8258-6000-0].

Bd. 1: Stefan Kroll, Kersten Krüger (Hrsg.), Militär und ländliche Gesellschaft in der frühen Neuzeit, Münster u. a. 2000, 390 S. [ISBN 3-8258-4758-6].

Weitere Veröffentlichungen des AMG:

Karen Hagemann, Ralf Pröve (Hrsg.), Landsknechte, Soldatenfrauen und Nationalkrieger. Militär, Krieg und Geschlechterordnung im historischen Wandel, Frankfurt am Main 1998 (= Geschichte und Geschlechter, Bd. 26), 368 S. [ISBN 3-593-36101-9].

Bernhard R. Kroener, Ralf Pröve (Hrsg.), Krieg und Frieden. Militär und Gesellschaft in der Frühen Neuzeit, Paderborn 1996, 356 S. [ISBN 3-506-74825-4].

Bei Fragen zur Produktsicherheit wenden Sie sich bitte an:
If you have any questions regarding product safety, please contact:

Brill Deutschland GmbH
Robert-Bosch-Breite 10
37079 Göttingen
info@v-r.de